A ALMA
DE NIETZSCHE

Maudemarie Clark
University of California, Riverside e Colgate University
David Dudrick
Colgate University

A ALMA DE NIETZSCHE

Uma Nova e Provocativa Interpretação da obra
Além do Bem e do Mal

Tradução
MÁRIO MOLINA

Editora Cultrix
SÃO PAULO

Título original: *The Soul of Nietzsche's — Beyond Good and Evil.*
Copyright © 2012 Maudemarie Clark e David Dudrick.
Publicado originalmente por Cambridge University Press.
Copyright da edição brasileira © 2016 Editora Pensamento-Cultrix Ltda.
Texto de acordo com as novas regras ortográficas da língua portuguesa.
1ª edição 2016.
Todos os direitos reservados. Nenhuma parte desta obra pode ser reproduzida ou usada de qualquer forma ou por qualquer meio, eletrônico ou mecânico, inclusive fotocópias, gravações ou sistema de armazenamento em banco de dados, sem permissão por escrito, exceto nos casos de trechos curtos citados em resenhas críticas ou artigos de revistas.

A Editora Cultrix não se responsabiliza por eventuais mudanças ocorridas nos endereços convencionais ou eletrônicos citados neste livro.

Editor: Adilson Silva Ramachandra
Editora de texto: Denise de Carvalho Rocha
Gerente editorial: Roseli de S. Ferraz
Preparação de originais: Luciana Soares da Silva
Produção editorial: Indiara Faria Kayo
Assistente de produção editorial: Brenda Narciso
Editoração eletrônica: Fama Editora
Revisão: Nilza Agua

Dados Internacionais de Catalogação na Publicação (CIP)
(Câmara Brasileira do Livro, SP, Brasil)

Clark, Maudemarie
    A alma de Nietzsche : uma nova e provocativa interpretação da obra Além do bem e do mal / Maudemarie Clark, David Dudrick ; tradução Mário Molina. — São Paulo : Cultrix, 2016.

    Título original: The soul of Nietzsche's Beyond good and evil.
    Bibliografia
    ISBN 978-85-316-1351-7

    1. Filosofia alemã 2. Nietzsche, Friedrich Wilhelm, 1844-1900. A seguir do bem e do mal — Crítica e interpretação I. Dudrick, David, 1972-. II. Título.

16-01396   CDD-193

Índices para catálogo sistemático:
1. Nietzsche : Filosofia alemã 193

Direitos de tradução para o Brasil adquiridos com exclusividade pela
EDITORA PENSAMENTO-CULTRIX LTDA., que se reserva a
propriedade literária desta tradução.
Rua Dr. Mário Vicente, 368 — 04270-000 — São Paulo, SP
Fone: (11) 2066-9000 — Fax: (11) 2066-9008
http://www.editoracultrix.com.br
E-mail: atendimento@editoracultrix.com.br
Foi feito o depósito legal.

Dedicado um ao outro
E a nossas esposas
Connie Jones e Julie Dudrick

"Minha ambição é dizer em dez frases o que os outros dizem num livro — o que os outros *não* dizem num livro."

— "Incursões de um Extemporâneo",
em *Crepúsculo dos Ídolos*

SUMÁRIO

Nota sobre Textos e Citações 13

Introdução: Aprendendo a Ler *Além do Bem e do Mal*..................... 15

    I.1 O Problema.. 16

    I.2 Duas Estratégias 19

    I.3 Nosso Projeto 23

PARTE UM: A VONTADE DE VERDADE E A VONTADE DE VALOR   27

1 Abrindo Caminho: O Prefácio de Nietzsche........................... 31

    1.1 Primeiro Tema: Dogmatismo em seus Últimos Estertores 31

    1.2 Kant e Spir sobre o Dogmatismo 35

    1.3 Segundo Tema: Diagnóstico do Fracasso do Dogmatismo.... 41

    1.4 Terceiro Tema: Esperança para o Futuro da Filosofia 45

2 A "Magnífica Tensão do Espírito" 50

    2.1 *ABM* 1: Introdução à Vontade de Verdade 51

    2.2 *ABM* 2: Introdução à Vontade de Valor 57

    2.3 A Função de *ABM* 3 e 4... 70

    2.4 Os Enigmas de *ABM* 3 e 4.. 71

    2.5 O "Homem" como Medida 76

    2.6 Resolvendo os Enigmas de *ABM* 3 e 4 78

    2.7 Conclusão... 86

3 A Filosofia e a Vontade de Valor 87

    3.1 *ABM* 5: Os Preconceitos e Valores dos Filósofos 88

    3.2 *ABM* 10: Antirrealistas Céticos, Positivistas e Niilistas 90

    3.3 *ABM* 11: Sucessores de Kant... 95

    3.4 Conclusão... 109

4 A Ciência e a Vontade de Verdade 110

4.1 *ABM* 14: Explicação 111

    4.2 *ABM* 14: "Crença nos Sentidos" 120

    4.3 *ABM* 15: Dedicando-se à Fisiologia com uma Consciência Clara 122

    4.4 *ABM* 15: O Sensualismo como Hipótese Reguladora 127

    4.5 O Contexto Histórico: Lange e Spir 131

    4.6 Conclusão 137

5 Reconciliando a Vontade de Verdade e a Vontade de Valor 138

    5.1 Prefácio de *A Gaia Ciência*: A Verdade Revelada 140

    5.2 *GC* 371 e 372: A "Tensão do Espírito" 141

    5.3 *GC* 373 e 374: Valores e Intencionalidade 145

    5.4 *GC* 373 e 374: Relevância de Spir 150

    5.5 *GC* 374: À Luz de Spir 153

    5.6 A Verdade Revelada, Revisitada 156

PARTE DOIS: A VONTADE DE PODER   163

6 A Alma de Nietzsche 167

    6.1 *ABM* 6 e 9: Vontade de Poder e Vontade de Valor 168

    6.2 *ABM* 6: Duas Interpretações 174

    6.3 *ABM* 12: Indo "Ainda mais Longe" que Boscovich 183

    6.4 *ABM* 12: Uma "Hipótese Antiga e Venerável" 191

    6.5 Valores e Motivação Humana 199

7 A Vontade 205

    7.1 *ABM* 19: A Fenomenologia do Querer 207

    7.2 *ABM* 19: Querer 215

    7.3 O Erro Ligado ao Querer 222

    7.4 Dois Tipos de Teoria Psicológica 226

    7.5 A Genealogia da Ordem Política 231

    7.6 Conclusão 242

8 As Outras Doutrinas da Vontade de Poder 243

    8.1 *ABM* 13: Vida como Vontade de Poder 245

8.2 *ABM* 22: Realidade Física como Vontade de Poder 256

8.3 *ABM* 36: O Mundo como Vontade de Poder 263

8.4 Conclusão.. 278

Conclusão 281

C.1 Por que Nietzsche Escreve do Modo como Escreve? 281

C.2 Educação e a Alma.. 294

Agradecimentos... 303

Bibliografia... 307

Índice.. 315

Nota sobre Textos e Citações

Incorporamos ao texto quase todas as referências a fontes secundárias, citando apenas o nome do autor (menos quando o contexto já o deixa claro), a data de publicação e o número da página da obra. No caso das obras de Nietzsche, usamos a *Sämtliche Werke. Kritische Studienausgabe*, organizada por G. Colli e M. Montinari (1980). As traduções que consultamos estão relacionadas na Bibliografia. No caso de *ABM*, usamos três traduções diferentes, tentando combinar seus pontos positivos, e fizemos algumas alterações nas traduções de outras obras, assumindo assim responsabilidade pelas traduções em todo o texto.

Citamos as obras de Nietzsche por meio das seguintes abreviaturas:

A	*O Anticristo*
ABM	*Além do Bem e do Mal*
AR Aurora:	*Reflexões sobre os Preconceitos Morais*
EH	*Ecce Homo*
GM	*Genealogia da Moral*
GC	*A Gaia Ciência*
HD	*Humano, Demasiado Humano*
KSA	*Sämtliche Werke. Kritische Studienausgabe*
KSB	*Sämtliche Briefe. Kritische Studienausgabe*
SE	"Schopenhauer como Educador"
CI	*Crepúsculo dos Ídolos*
VM	"Sobre a Verdade e a Mentira no Sentido Extramoral"
Z	*Assim Falou Zaratustra*

Introdução
Aprendendo a Ler *Além do Bem e do Mal*

Por que Nietzsche não escreve como um filósofo? Por que não expõe claramente seus pontos de vista e dá argumentos para defendê-los? O fato de não fazer isso tem levado alguns leitores a achar que ele não é de todo um filósofo, mas somente um poeta, um guru ou alguém que se autoproclamou sábio. Embora não seja exatamente um disparate, essa opinião não está mais em voga. Os vínculos que podem ser traçados entre Nietzsche e outras figuras na história da filosofia — passada e presente — são simplesmente numerosos e interessantes demais para negarmos que a filosofia é o jogo que ele estava tentando fazer, a conversa na qual estava tentando entrar. Mas então por que não escreve como outros filósofos? Em particular, será que reduz ao mínimo a argumentação em seus escritos a fim de rejeitar algo que é essencial à filosofia como tradicionalmente compreendida e praticada?

Durante algum tempo a opinião-padrão pareceu dizer que sim, que o modo como escreve expressa uma rejeição de todo "projeto de verdade" da filosofia tradicional. Intérpretes que trabalham sob a influência da pós-modernidade encaram Nietzsche como um primeiro defensor do ataque à verdade, da rejeição, como ilusórias, de todas as pretensões à verdade. Nietzsche não escreve "como um filósofo", segundo esta explicação, precisamente porque rejeita uma preocupação com a verdade, a razão e a argumentação. Rejeita o paradigma "logocêntrico" da filosofia que informa o trabalho dos que realmente escrevem "como filósofos". Mas essa visão pós-moderna da filosofia de Nietzsche não é mais dominante, tendo sido convincentemente contestada pelas análises de Nietzsche "simpáticas à verdade". Essas análises chegam em suas obras a um compromisso com a verdade e, em seus últimos trabalhos, a um "respeito uniforme pela ciência, a verdade e os fatos" (Clark, 1990, p. 105).[1] Mas então por que ele escreve de um modo que sugere outra coisa? Como podem os defensores do Nietzsche "simpático à verdade" contribuir para nossa compreensão de por que Nietzsche escreve do modo como escreve? Essas questões se encontram por trás do presente livro. No entanto, não tratamos diretamente delas até a Conclusão. Achamos que responder à pergunta de por que Nietzsche escreve assim requer uma atenção mais cuidadosa a *como* ele escreve do que encontramos na literatura atual. Essa atenção é especialmente necessária no caso de *Além do Bem e do Mal* (*ABM*), o livro com o qual nos ocuparemos aqui. Há um problema com relação a esse livro, na realidade dois problemas, os quais acreditamos que só podemos resolver prestando mais atenção a *como* ele é escrito, *aprendendo* como ele deve ser lido.

I.1 O PROBLEMA

Dos treze livros de Nietzsche, *Além do Bem e do Mal* (*ABM*) é plausivelmente considerado a mais importante exposição de sua filosofia. Abordando todos os tópicos importantes de sua filosofia mais tardia, é o livro mais abrangente e causa a mais forte impressão por ter pretendido ser uma exposição fundamental dessa filosofia.[2] Muitos filósofos, no entanto, dariam preferência à *Genealogia da Moral* (*GM*), sob a alegação de que constitui uma contribuição mais importante à filosofia. Ela certamente dá uma contribuição mais acessível. A forma é mais clara, tornando muito mais fácil determinar o tema, as teses defendidas e os argumentos. O conteúdo o faz parecer um livro importante e original. Mas no verso da página que trazia o título, na prova da *GM* submetida ao editor, Nietzsche deu instruções para que o livro fosse "anexado como apêndice" a *ABM* "como um esclarecimento e um suplemento" (*KSA* 14: 377). Parece estranho dar mais importância a um

---

1. Entre os livros que contribuíram para a superação do Nietzsche pós-moderno estão Wilcox (1974), Schacht (1985), Clark (1990), Leiter (2002a) e Richardson (1996 e 2004).

2. *Crepúsculo dos Ídolos* pode ser quase tão abrangente, mas está concebido como uma exposição sucinta e simplificada, tendo com *ABM* uma relação análoga a dos *Prolegômenos* de Kant com a primeira *Crítica* ou as *Investigações* de Hume com o *Tratado*. Nietzsche defendia com entusiasmo *Assim Falou Zaratustra* (*Z*), afirmando que o livro "ocupava um lugar especial" não só no conjunto de sua obra, mas na história da filosofia (*EH* III: *Z* 6). Contudo, ele também declarava que *ABM* "diz as mesmas coisas" que *Assim falou Zaratustra*, "mas de modo diferente, muito diferente" (carta a Burckhardt, de 2 de setembro de 1886) (*KSB* 7: 254), estando presumivelmente a diferença no fato de que *Z* fala poeticamente, enquanto *ABM* fala filosoficamente ou, pelo menos, muito mais filosoficamente do que *Z*. E se os dois livros dizem a mesma coisa, mas um deles fala mais filosoficamente, esse então deveria certamente ser considerado a obra mais importante de filosofia, que é do que nos ocupamos aqui.

apêndice que ao livro que ele se propunha a esclarecer e suplementar. A solução poderia ser simplesmente considerar *GM* como parte de *ABM*, como faz Laurence Lampert (2001). Isso tornaria *ABM* o livro que Nietzsche mencionou a um jovem jornalista americano como sua obra "de maior alcance e mais importante".[3]

Mas quer o livro inclua ou não *GM*, há dois grandes problemas com os quais se defrontam os que aceitam esse julgamento relativo à importância de *ABM*, especialmente se eles também julgam que Nietzsche seja um filósofo importante. O primeiro diz respeito à forma. O livro em si (isto é, sem contar *GM*) contém nove grandes partes (bem como um prefácio e um poema na conclusão). Cada parte tem um título e é subdividida em seções consecutivas numeradas ou "aforismos" (o termo tradicional). A extensão dessas seções, que geralmente não possuem título, varia de uma frase a algumas páginas. O problema é que pouca coisa parece aglutinar esses elementos. A descrição do livro feita por Rolf-Peter Horstmann (2002, p. xxii) capta a impressão que *ABM* deixa com frequência nos leitores: "*Além do Bem e do Mal* [...] lembra uma coleção de anotações improvisadas [...] numeradas e organizadas sem grande rigor em grupos relacionados a determinados temas... A impressão é de uma compilação aparentemente arbitrária de notas que são [...] apresentadas de modo engenhoso, mas muito pessoal".[4]

Ninguém que encare *Além do Bem e do Mal* como uma obra importante de filosofia pode se satisfazer com essa visão sobre ela. Mas embora Walter Kaufmann nos tenha advertido anos atrás contra a leitura de *Além do Bem e do Mal* como mera "coleção de aforismos a serem garimpados", evidentemente tem sido difícil resistir à tentação. Os intérpretes tendem a explorar o livro em busca do que possam usar para seus objetivos, mostrando pouco interesse em encontrar uma maneira de ler a obra como um todo. A impressionante caracterização do

---

3. A declaração real de Nietzsche foi que *GM* e *ABM* figuravam como seus livros "de maior alcance e mais importantes". Isso foi em 1887, antes de ele escrever os últimos cinco livros. Mas nenhum destes se equipara a *ABM* como candidato à *Hauptwerk* de Nietzsche, como sustentamos especificamente acerca do *Crepúsculo dos Ídolos* em nossa nota anterior.

4. Observe que o título *ABM* realmente não nos diz sobre o que trata o livro, e os títulos dos capítulos com frequência também não nos dizem do que eles tratam. Nesse sentido, *ABM* difere substancialmente da outra obra em nove partes de Nietzsche, *Humano, Demasiado Humano* (*HD*). Aqui o título de fato nos diz do que se trata — como Nietzsche afirmou mais tarde: "Onde você vê coisas ideais, eu vejo o que é humano, ah, demasiado humano" (*EH* III: *HD*). E os títulos de suas partes nos informam quanto ao assunto de cada parte. Assim, a segunda parte de *HD* é sobre os sentimentos morais, como sugere o título. Mas a segunda parte de *ABM*, "O Espírito Livre", não é sobre espíritos livres. Se o título é apropriado, deve ser porque ela se dirige a espíritos livres. Mas isso não ajuda a nos dar um sentido de unidade.

livro como uma obra de "estonteante obscuridade", feita por Alexander Nehamas, sugere a necessidade de uma explicação: trechos memoráveis de *ABM* — por exemplo: "o cristianismo é um platonismo para o povo" — nos ofuscam por seu brilho, deixando-nos cegos ao material menos notável que existe ao redor. Esse brilho torna fácil negligenciar como o livro está organizado e como as seções estão interconectadas. O resultado, segundo Nehamas (1988, p. 46), é que "ainda não sabemos como ler o livro. Simplesmente não compreendemos sua estrutura, seu fio narrativo. Na verdade, nem mesmo sabemos se tem ou não um fio narrativo".[5]

O segundo problema diz respeito ao conteúdo de *ABM*, boa parte do qual parece demasiado tosco e muito mal fundamentado para ser considerado boa filosofia. Isso inclui, por exemplo, os comentários depreciativos sobre as mulheres (*ABM* 231-239), os ingleses em geral (*ABM* 252) e Darwin, Mill e Spencer em particular (*ABM* 253). Poderíamos estar inclinados a descartá-los como periféricos ao principal interesse de *ABM*, especialmente se estivesse mais claro qual é esse interesse. Mas tal descarte é impossível no caso da crítica não menos áspera à democracia, que se estende por todo o livro. Naturalmente, poderia simpatizar-se com uma atitude crítica. Mas é difícil manter a simpatia quando se reconhece que a crítica está ligada a uma série de elementos problemáticos. Esses elementos incluem um sonho sobre filósofos que "criarão" valores ou "legislarão" sobre eles (*ABM* 213); uma depreciação dos seres humanos comuns, que só existiriam e teriam permissão de existir para o serviço e a utilidade geral (*ABM* 61); e uma crítica às religiões por preservar em demasia os que deveriam perecer (*ABM* 62). Se itens que soam da mesma maneira podem ser encontrados em outros escritos que Nietzsche publicou, é quase sempre numa forma muito mais branda.[6]

Esse contraste é também verdadeiro para o nítido assalto de *ABM* à verdade, que começa no prefácio e se estende pelo menos até o final da Parte Um e início da Parte Dois. Em nenhuma outra obra publicada encontramos negativas tão fortes tanto da possibilidade de alcançar a verdade quanto da utilidade em fazê-lo. Mas esta parece ser a substância do relativismo calouro. Ela pode agora ser aceita

---

5. Nehamas passa a apresentar uma explicação da estrutura de *ABM*, à qual retornaremos.

6. Da mesma maneira, os comentários ferinos sobre as mulheres que podem ser encontrados em outros livros de Nietzsche (embora, como o célebre comentário sobre o chicote, com frequência não na voz do próprio Nietzsche) não se equiparam à declaração extrema de *ABM* de que um homem com sagacidade e benevolência "deve ver a mulher como fazem os orientais: deve ver a mulher como uma posse, como propriedade que pode ser aferrolhada, como algo predestinado ao serviço e que nele alcança sua perfeição" (*ABM* 238).

como óbvia pelos pós-modernos em toda a academia (embora não como verdade, é claro, se tal preocupação for levantada). Mas os filósofos tipicamente rejeitam esse ceticismo pós-moderno sobre a verdade, julgando que os argumentos usados para o respaldar são ao mesmo tempo equivocados e superficiais. Clark (1990) afirma que o próprio Nietzsche chegou a compartilhar esse julgamento. Segundo o que nos diz, Nietzsche foi o primeiro a enxergar além da posição pós-modernista sobre a verdade após tê-la proclamado ele próprio em sua obra inicial. Mas ele não rejeita a posição pós-moderna antes de *GM*, escrita depois de *ABM*. Se Clark está correta, a obra posterior de Nietzsche pode ser poupada da acusação de que se mantém atrelada a uma posição problemática e superficial sobre a verdade, mas *ABM* não pode. Essa lacuna contribui para a dificuldade de considerar *ABM* como a mais importante exposição da filosofia de Nietzsche, muito menos como a obra de um filósofo importante.

E há também o fato de que a célebre doutrina da vontade de poder tenha uma presença central no livro, muito mais que em qualquer outro. Que Nietzsche tenha chamado atenção para a importância das relações de poder na vida humana entra certamente como crédito a seu favor. Mas a doutrina apresentada e defendida em *ABM* é que a vida, a psicologia humana e talvez a própria realidade devem ser compreendidas fundamentalmente como vontade de poder, e essa pretensão não ajudou muito a melhorar a reputação de Nietzsche entre os filósofos. Sua reputação continua a crescer entre filósofos sérios, mas sempre a despeito da doutrina da vontade de poder, nunca por causa dela.[7]

I.2 DUAS ESTRATÉGIAS

A pessoa, então, se aproxima de *ABM* com a expectativa razoável de que se trata da obra mais importante de Nietzsche, mas se defronta com o que parece ser um conjunto mal conectado de pensamentos, muitos variando do pueril ao ilógico. O que devem fazer os defensores do *status* do livro? Uma opção é aceitar as características óbvias do livro como suas verdadeiras características, mas argumentar que Nietzsche lhes está dando um importante *emprego* filosófico. Essa estratégia é aplicada de modo mais convincente por Alexander Nehamas e mais recentemente por Rolf-Peter Horstmann. Tanto Nehamas quanto Horstmann explicam a forma

---

7. Por exemplo, Daniel Dennett se refere "à barulheira sobre o poder" de Nietzsche (Dennett, 1996, p. 465), e Philippa Foot questiona, à base dessa doutrina, a estatura de Nietzsche como psicólogo (Foot, 1994, pp. 12-3).

de *ABM* e pelo menos parte de seu conteúdo problemático por sua utilidade para comunicar uma postura filosófica que não pode ser eficientemente apresentada com o emprego de recursos filosóficos mais tradicionais. Essa postura é o célebre perspectivismo de Nietzsche. Embora Nehamas e Horstmann interpretem de forma um tanto diferente o perspectivismo, ambos tentam interpretá-lo de modo a não o deixar subscrever a problemática tese pós-moderna de que todas as nossas crenças são ilusórias ou falsas. Interpretam-no, em vez disso, como a defesa de que as verdades são sempre "parciais": as afirmações só podem ser verdadeiras *de* uma determinada perspectiva. O perspectivismo, segundo Nehamas (1985, p. 33), não consiste numa negação de que as crenças de uma pessoa sejam verdadeiras, "mas somente na visão de que as crenças de uma pessoa não são, e não precisam ser, verdadeiras para todos". Contudo, como o próprio Nehamas explica, essa posição é difícil de defender.

O problema é que, "pelo simples fato de ser apresentado", qualquer ponto de vista "surge inevitavelmente sob a convicção de que é verdadeiro. E então, apesar de quaisquer afirmações em contrário, é exposto como um ponto de vista que todos devem aceitar pelo fato de ser verdadeiro". Daí Nehamas (1985, p. 131) conclui que "todo esforço para apresentar um ponto de vista, por mais que sua natureza interpretativa seja explicitamente admitida, cria um inevitável compromisso dogmático", pretendendo dizer com isso um compromisso com a verdade do ponto de vista e "ponto-final". Consequentemente, Nietzsche deve incluir como dogmático ou antiperspectivista qualquer um que apresente uma afirmação como verdadeira ou mesmo que simplesmente faça a afirmação. Então como pode Nietzsche assumir uma posição a favor do perspectivismo e contra o dogmatismo sem transformar sua própria posição numa posição dogmática? Nehamas vê em *ABM* uma "solução sem precedentes" para esse problema, para o qual os recursos filosóficos tradicionais — a apresentação de pontos de vista e discussão — são inadequados. Se tentarmos evitar o dogmatismo simplesmente *dizendo:* "Mas isto é apenas uma interpretação", é provável que o leitor desconsidere ou o ponto de vista (porque sugerimos que não podemos dar razão para que outros o aceitem) ou a restrição (se for independentemente atraído para ele). Num caso ou noutro, não conseguimos comunicar a natureza perspectivada (ou interpretativa, como Nehamas diz) dos pontos de vista que estamos apresentando. A alternativa é evitar ao máximo "descrever, sustentar e articular" nossos pontos de vista e, em vez disso, exemplificá-los. Segundo Nehamas (1988, p. 63), essa é a "principal razão pela qual *Além do Bem e do Mal,* como tantas obras de Nietzsche, é tão desprovido de argumentação". Nietzsche materializa suas opiniões e atitudes com relação à vida na própria obra (no narrador que ele obriga o leitor a postular), oferecendo-as assim "à inspeção de sua audiência" e "recomendando-as, é claro, pelo simples fato de ter optado por oferecê-las". Contudo, não argumentando a favor delas, evita sugerir que devam ser aceitas por todo mundo. E a aparente falta de organização de *ABM* é apenas uma ausência das estritas conexões lógicas entre afirmações e ideias que encontramos em obras mais tradicionais de filosofia. Mas há conexões, sustenta Nehamas, precisamente como as que encontramos numa boa conversa, em que um tópico dá lugar a outro não porque esteja logicamente conectado, mas devido a um tipo mais solto de conexão que vem à cabeça de um dos participantes. A forma de *ABM* é, portanto, a de um monólogo, o que é perfeitamente adequado ao que Nehamas toma como o projeto de Nietzsche em *ABM*: o de nos apresentar a uma pessoa, um personagem filosófico, cujas opiniões ele meramente traz a nosso exame, mas a favor do qual não argumenta.

Essa é uma leitura engenhosa, e concordamos com Nehamas que Nietzsche acha de fato problemática a forma tradicional de escrita filosófica. Mas em última análise sua explicação de *ABM* não pode pretender ser muito plausível (embora só possamos mostrar isso com a explicação alternativa que nosso livro proporciona). Ela tenta salvar o prestígio de *ABM* colocando-o a serviço de uma postura filosófica; o problema é que a própria postura é problemática. Simplesmente não fica claro que sentido pode ser dado à noção de uma "verdade parcial", de uma afirmação "verdadeira a partir de uma certa perspectiva". Se esse ponto de vista nos conduz imediatamente a paradoxos de autorreferência, como Nehamas admite, simplesmente não fica claro que razão Nietzsche teria tido para aceitá-lo ou para tentar apresentá-lo à consideração de seus leitores. E, de fato, Nietzsche nunca diz que a verdade é perspectivada, mas apenas que o conhecimento o é (por exemplo, *GM* III: 12).[8] No mínimo, vamos nos perguntar se há uma explicação alternativa da importância filosófica de *ABM*.

Laurence Lampert forneceu essa explicação. Enquanto Hortsmann e Nehamas veem em *ABM* um repúdio da tarefa e dos métodos da filosofia tradicional, Lampert (2001, p. 2) pensa que *ABM* pretende mostrar que esse sentido da filosofia "é desejável e possível" — portanto, "que há motivos plausíveis para a adequação da mente a uma determinada interpretação da totalidade das coisas e motivos

---

8. Ver Leiter (1994) e Clark (1998a) para explicações do perspectivismo antes como afirmação sobre o conhecimento que como afirmação sobre a verdade.

plausíveis para a aceitação pela mente dessa interpretação como um ensinamento a ser seguido na vida". O livro como um todo é "um argumento coerente que nunca afrouxa: o que é descoberto sobre filosofia e religião, sobre o que pode ser conhecido e o que pode ser digno de crédito, atribui necessariamente ao filósofo uma tarefa ou responsabilidade monumental com relação à moral e à política" (Lampert, 2001, p. 7).

Lampert admite que não podemos ler esse "argumento coerente" na superfície de *ABM:* para o leitor não iniciado, o livro parece caracterizado pela falta de unidade, até mesmo pela aleatoriedade e pela falta de argumentação.[9] Ele explica o fosso entre essa aparência e a realidade do texto de Nietzsche afirmando que *ABM* está escrito em vista da distinção entre o "exotérico e o esotérico" (Lampert, 2001, p. 4). Essa distinção não brota do nada. O próprio Nietzsche nos diz que era reconhecida por filósofos, "entre os indianos como entre os gregos, persas e muçulmanos, em suma onde quer que se acreditasse numa hierarquia de condição social e *não* em igualdade e direitos iguais" (*ABM* 30). Muitos leitores podem considerar implausível que Nietzsche não esteja realmente dizendo (não esteja empenhado em dizer) o que para eles parece tão obviamente estar sendo dito em *ABM.* Mas dado o que ele diz sobre a distinção entre o esotérico e o exotérico, é mais implausível que *ABM* não esteja escrito em vista dessa distinção — portanto, que não haja níveis inteiramente diferentes de acesso ao conteúdo de *ABM.* Segundo Lampert, a visão do texto como casual e desorganizado é a visão exotérica. Nietzsche escreve de modo a encorajar a leitura dessa maneira porque, "dada a influência do irracional, criar um lugar para o racional em meio ao irracional requer sutileza estratégica: é tarefa para um escritor engenhoso que conhece seu público e sabe como atraí-lo" (Lampert, 2001, p. 1). Lampert, por conseguinte, afirma que o texto desorganizado, exotérico, é precisamente aquele com que no primeiro momento os leitores de Nietzsche serão atraídos. Ao contrário, o texto

---

9. Duas das cartas de Nietzsche sugerem a Lampert que esse não pode ser o fim da história. Uma, para Georg Brandes (8 de janeiro de 1888) (*KSB* 8: 228), comenta sobre a incapacidade dos leitores em reconhecer que "estão lidando [em *ABM*] com uma antiga lógica de uma sensibilidade filosófica completamente determinada e *não* com uma miscelânea de uma centena de variados paradoxos e heterodoxias"; uma segunda, para Jacob Burckhardt (22 de setembro de 1886) (*KSB* 7: 254), nos conta que *ABM* "diz as mesmas coisas que meu *Zaratustra*, mas de modo diferente, muito diferente". Parece claro que uma mera coleção de aforismos não poderia expressar "uma antiga lógica de uma sensibilidade completamente determinada" (*KSB* 8: 228) ou dizer de modo diferente o que é dito pela narrativa unificada de *Zaratustra.*

esotérico é o "argumento coerente que nunca afrouxa", que começa a se revelar a leitores já educados pelo próprio *ABM*.

I.3 NOSSO PROJETO

Neste livro, damos apoio à *abordagem geral* de Lampert para interpretar *ABM*. Em particular, fornecemos provas de que *ABM* está deliberadamente escrito em vista da distinção entre o exotérico e o esotérico. Também fornecemos provas de que os problemas relativos à forma e ao conteúdo de *ABM* podem ser resolvidos se reconhecermos que o material problemático só aparece como tal quando o texto é lido exotericamente. Esse material não faz parte do texto esotérico que se revela quando começamos a atender ao apelo de Nietzsche para "*aprender* a ler [a lê-lo] bem" (*AR* P: 5). Mas não defendemos essa abordagem do mesmo modo que Lampert, e nossos comentários sobre os *detalhes* do texto esotérico de *ABM* diferem muito consideravelmente dos seus.

Embora mencionado por Nietzsche, o esoterismo se tornou parte da cultura intelectual contemporânea por meio de Leo Strauss e seus seguidores. A principal fonte das diferenças entre nossa abordagem e a de Lampert é que o esoterismo que encontramos em *ABM* tem pouco em comum com a variedade straussiana e não foi descoberto sob a influência de Strauss (aliás, nem de Lampert). Lampert não se inclui mais como um seguidor de Strauss, tentando distanciar a si próprio e a Nietzsche da "nobre mentira" (2001, p. 4). No Capítulo 2, sustentamos que, ainda assim, sua interpretação reproduz muita coisa de Strauss sobre *ABM*. Nossa abordagem difere radicalmente daquela que associamos aos seguidores de Strauss, a qual envolve dois traços relacionados que a tornam digna de objeção. Em primeiro lugar, a abordagem deles parece se limitar a um diálogo com um grupo de conhecedores do assunto à custa da revelação pública dos motivos que teriam para interpretar os textos como o fazem. Em segundo lugar, a atitude com relação à filosofia analítica contemporânea (anglo-americana), incluindo o trabalho na história da filosofia, chega à beira do desprezo. Nós, ao contrário, não oferecemos qualquer "método" especial nem qualquer manual para tentar penetrar o "código" de Nietzsche. Pelo que podemos dizer, não existe tal código e o único "método" que recomendamos — e tentamos praticar — para examinar o "Nietzsche esotérico" é o de tentar tirar o melhor sentido, do modo mais rigoroso possível, do que ele realmente diz. E julgamos os filósofos analíticos desprezados pelos straussianos e os filósofos modernos ignorados por eles (especialmente Hume e Kant) particularmente úteis para isso.

Não obstante, concordamos com Lampert que é necessário distinguir um nível exotérico de um nível esotérico em que *ABM* está escrito e pode ser lido. Negamos que a forma e a unidade da obra e, portanto, o conteúdo filosófico possam ser adequadamente apreciados sem reconhecermos que seu significado de superfície difere substancialmente daquilo que Nietzsche realmente discute. E isso é simplesmente inacessível aos leitores sem uma significativa superação das impressões iniciais. Assim, o *status* de *ABM* como obra-prima de Nietzsche e trabalho de grande profundidade filosófica depende do reconhecimento dessa distinção.

Em particular, sustentamos que o livro está escrito para tornar natural e bastante plausível lê-lo de um modo que podemos caracterizar como rudemente naturalista. Essa leitura dá suporte a tendências naturalistas e empiristas em filosofia à custa de interesses filosóficos mais tradicionais, principalmente normativos. A leitura esotérica que defendemos admite que Nietzsche é naturalista num sentido importante. Mas insiste que ele não vira as costas às aspirações normativas da filosofia tradicional. Em particular, contrariamente à influente leitura feita por Brian Leiter de Nietzsche como naturalista, ele não afirma que a filosofia deveria seguir os métodos das ciências. Esclarecemos esse ponto em detalhe no Capítulo 5. O que importa aqui é que *ABM* traz uma abordagem da filosofia a qual mostra muito mais simpatia pela filosofia tradicional do que muitos têm admitido.

Procuramos demonstrar isso basicamente por meio de uma leitura detalhada do prefácio e da primeira parte de *ABM* (as primeiras 23 seções, ou aforismos). Chamamos essa primeira parte de "*ABM* Um" para distingui-la de sua primeira seção, *ABM* 1. Mostrou-se impossível dar conta do livro inteiro assim que descobrimos quanta coisa existe em *ABM* Um. Talvez não pudesse ser de outro modo. Como escreve Julian Young (2010, p. 411), *ABM* é "na realidade [...] dois livros de tamanho desigual, um dizendo respeito à 'filosofia teórica', o outro à filosofia 'prática', à 'ética' no sentido realmente mais amplo da palavra. O primeiro é encontrado em grande parte, mas de modo algum exclusivamente, na Parte I, o segundo nas oito partes restantes". Foi exatamente o que descobrimos ao trabalhar com o livro. *ABM* Um apresenta um conjunto profundamente integrado de variações sobre temas filosóficos tradicionais, os quais dizem respeito à história e à natureza da filosofia e à natureza da alma humana e da vontade. Eles fornecem a base teórica para a filosofia prática do livro, que é encontrada nas reflexões sobre ética, política e educação, às quais o restante do livro é dedicado. Não podemos mostrar isso no presente livro, porque não podemos lidar com todo esse material.

Mas a Conclusão apresenta o início de nossa explicação mostrando como a compreensão que Nietzsche tem da alma é a base do projeto educacional a que julgamos que o restante do livro está dedicado. E Young está correto quando observa que as bases filosóficas de *ABM* não são encontradas "exclusivamente" no prefácio e em *ABM* Um. É por isso que não nos confinamos a essas seções, mas também discutimos em detalhe algumas seções particularmente relevantes de *ABM* que não estão contidas em sua primeira parte (por exemplo, *ABM* 36). Fazemos a mesma coisa com várias seções de duas outras obras que Nietzsche escreveu no ano em que completava *ABM*, *Genealogia da Moral* e a segunda edição de *A Gaia Ciência*. Podemos encontrar no prefácio e em *ABM* Um o que encontramos lá sem consultar essas seções, mas achamos que elas constituem uma contribuição substancial para vermos o que está lá.

PARTE UM

A VONTADE DE VERDADE E A VONTADE DE VALOR

A Parte Um consiste de cinco capítulos, os quais estabelecem a estrutura básica que propomos para a compreensão do "fio narrativo" de *ABM* e de como o livro pode ser considerado a obra-prima de Nietzsche.

O Capítulo 1 contém uma descrição detalhada do prefácio de *ABM*, argumentando que ele mostra como o livro tem muito mais de um tratado filosófico do que habitualmente se supõe. Os leitores são impedidos de constatar essa similaridade devido àquilo que torna o livro de Nietzsche (fora o inegável brilho de seu estilo) diferente do tratado filosófico típico. Em particular, assim como Platão, Nietzsche não está interessado em expor todo o conteúdo a seus melhores leitores; para chegar a esse conteúdo, eles terão de encontrá-lo por si mesmos. Em função disso, embora o prefácio nos ofereça uma narrativa relativamente direta da história da filosofia como base para a compreensão dos objetivos do livro, ele só proporciona os contornos gerais dessa história, encobrindo lacunas evidentes da narrativa com referências, imagens e metáforas que não esclarece. Nossa hipótese é que *ABM* Um, se soubermos o que procurar nele, destina-se a preencher o contorno geral da história apresentada no prefácio. E o melhor meio de saber o que procurar é reconhecer as brechas em nossa compreensão dele e, particularmente, de suas metáforas.

A "magnífica tensão do espírito" é a mais importante dessas metáforas. Nietzsche a emprega no prefácio de *ABM* no intuito de caracterizar a situação da filosofia no momento em que escreve. Por "espírito" (*der Geist*), ele entende "pensamento consciente", especialmente da variedade filosófica. A sugestão é que o futuro que Nietzsche concebe para a filosofia ("além do bem e do mal") depende da adequada resolução dessa tensão. Nietzsche vai sugerir que os jesuítas e o iluminismo democrático tentaram resolvê-la da maneira errada. A fim de compreender, portanto, as preocupações de *ABM*, parece importante compreender a natureza dessa tensão. Porém nem o prefácio nem o livro em si parecem fornecer qualquer informação relevante.

Argumentamos no Capítulo 1 que a chave para compreender a metáfora é reconhecer que a tensão em questão deve ser produzida por um conflito entre duas diferentes forças. Esse reconhecimento nos impele a examinar o livro de Nietzsche em busca dessas duas forças. Nós as encontramos na vontade de verdade e no que chamamos "a vontade de valor".

ABM 1-4 começa a preencher a moldura interpretativa esboçada no prefácio. Argumentamos no Capítulo 2 que Nietzsche, contrariamente às aparências e à maioria das interpretações, não está nem atacando a vontade de verdade nem negando a possibilidade de alcançar a verdade em *ABM* Um. Quando parece estar fazendo isso, está na realidade *ilustrando* o que *descreve* no prefácio: a saber, a "magnífica tensão" entre a vontade de verdade e a vontade de valor. A principal tese de *ABM* Um com relação à vontade de verdade é que o dogmatismo só foi superado pelo fortalecimento do impulso de verdade relativamente ao impulso de valor — o que, segundo o filósofo, quer dizer aprender a manter o impulso de valor a distância. Dito isso, argumentamos no Capítulo 3 que Nietzsche nega que a vontade de valor deva ser eliminada da filosofia. Ao contrário, uma leitura de *ABM* 5, 10 e 11 mostra que a satisfação da vontade de valor é crucial para que uma filosofia seja bem-sucedida.

No Capítulo 4, voltamo-nos para *ABM* 14-16 a fim de elucidar o que Nietzsche encara como resultado do fortalecimento da vontade de verdade: a saber, a adesão dos filósofos ao empirismo e ao naturalismo. Essas doutrinas são fruto da superação do dogmatismo para o qual os filósofos foram originalmente conduzidos pela vontade de valor. Mas esse não é um resultado completamente não problemático, como demonstramos no Capítulo 5. Naturalismo e empirismo não podem proporcionar o quadro completo para o qual Nietzsche pensa que a filosofia deva se dirigir, pois ele insiste que nem um lado nem outro da "magnífica tensão do espírito" pode ser invalidado, e essas doutrinas não satisfazem a vontade de valor. Sugere assim que tanto a vontade de valor quanto a vontade de verdade serão satisfeitas na filosofia que ele está apontando para "além do bem e do mal". Como isso é possível? No Capítulo 5, usamos passagens de *GC* V, escritas imediatamente depois de *ABM*, para argumentar que Nietzsche é levado pela vontade de valor a uma versão modificada do naturalismo apresentado no Capítulo 1, um naturalismo capaz de incorporar valores. O naturalismo ao qual o fortalecimento da vontade de verdade conduz não é, de fato, correto. A contribuição da vontade de valor à filosofia é precisamente moderar o naturalismo e o empirismo com os quais a superação do dogmatismo deixou a filosofia.

1

Abrindo Caminho *O Prefácio de Nietzsche*

Que *ABM* tem muito mais de um tratado filosófico do que parece já é sugerido pela semelhança impressionante entre seu prefácio e o da *Crítica da Razão Pura*, de Kant, amplamente reconhecido como o maior tratado filosófico na língua nativa de Nietzsche. O prefácio de Nietzsche certamente não soa nem está concebido exatamente como o de Kant. É mais curto e mais vivo, e o estilo é brilhante. Acima de tudo, seu tom difere do de Kant, que é absolutamente sério do princípio ao fim, enquanto Nietzsche começa com uma piada ou brincadeira. E enquanto Kant coloca antes do prefácio uma dedicatória que parece extremamente reverente a um patrocinador, Nietzsche não tem patrocinador (mas observe *GM* I: 12), e seu tom, pelo menos no início, é irreverente. Apesar dessa e de outras diferenças estilísticas, o conteúdo do prefácio de Nietzsche — o que ele realmente está dizendo lá — é muito semelhante ao de Kant. Cada autor nos apresenta um relato da história da filosofia e situa o respectivo livro como sua legítima culminância. Como veremos no Capítulo 3, Nietzsche se posiciona, mais adiante no livro, como herdeiro legítimo de Kant. O relato de Nietzsche da história da filosofia não é idêntico ao de Kant, é antes uma variação: envolve três temas principais, cada qual iluminado por uma comparação aos temas kantianos.

1.1 PRIMEIRO TEMA: DOGMATISMO EM SEUS ÚLTIMOS ESTERTORES

O prefácio de Nietzsche começa de maneira infame: "Supondo-se que a verdade seja fêmea — quê?" O traço seguido por "quê?" sugere que a suposição de Nietzsche tem por objetivo sobressaltar ou chocar.[1] Como Burnham (2007, p. 2) corretamente sugere, é equivalente a uma "reação retardada": Nietzsche se retrata como surpreso pela implicação do que acabou de dizer. Infelizmente, muitos intérpretes parecem tão surpresos que começam a fazer livres associações sobre mulheres e/ou verdade e acham difícil se concentrar no que deve ser essa implicação. Supor que a verdade seja fêmea nada tem a ver com mulheres e tem muito pouco a ver com verdade. A implicação pela qual Nietzsche pretende ficar surpreso é que ele agora tem um novo modo de encarar os filósofos dogmáticos e fazer troça deles, a saber, apontando-os como ineptos e inexperientes quando se trata do sexo feminino. Depois de várias linhas zombando dos dogmáticos sob o pretexto de que a "terrível seriedade e canhestra impertinência com que até agora tenderam a abordar a verdade têm sido meios ineptos e inaptos de cativar uma mulher", Nietzsche expressa sua posição mais literalmente:

> O que é certo é que ela não se deixou cativar — e hoje qualquer tipo de dogmatismo só consegue sobreviver abatido e desencorajado. Se é que consegue sobreviver. Pois há zombadores afirmando que ele desmoronou, que todo dogmatismo caiu por terra e, ainda mais, que o dogmatismo está em seus últimos estertores. (*ABM* P)

Se presumirmos por ora que Nietzsche queria dizer por "dogmatismo" o mesmo que Kant, é então plausível interpretar o primeiro tema de *Além do Bem e do Mal* como um tema familiar, o qual diz respeito ao fracasso e à situação degradada da metafísica, um tema que já não era novo quando Kant o mencionou quase um século antes com um conjunto aparentado (embora ridicularizado) de metáforas.

---

1. Omitindo o traço e traduzindo *wie* (uma típica expressão de surpresa ou perplexidade) como "e agora?", a tradução [inglesa] de Kaufmann suprime essa sugestão e faz a frase parecer muito mais suave, como se Nietzsche estivesse nos pedindo para pensar nas consequências lógicas de supor que a verdade fosse, como Kaufmann traduz, "uma mulher". A escolha desse segundo termo também ajuda a suprimir o aspecto da frase que a tornaria surpreendente ou causaria perplexidade aos leitores, pois as duas palavras que Kaufmann traduz como "mulher" no trecho, primeiro *Weib* e, um pouco mais adiante, *Frauenzimmer* (que Hollingdale traduz como "garota"), são no mínimo termos menos respeitosos que o habitualmente usado para "mulher" (*die Frau*). Sua tradução, portanto, tende a embelezar excessivamente a frase, encorajando os leitores a pensar nela em termos mais românticos do que ela autoriza. Sim, ela obviamente sugere alguma coisa erótica e talvez prenuncie o complexo e sutil erotismo com o qual Nietzsche pretende dotar a filosofia nesse livro. Com relação a isso, contudo, e em si mesma, a frase é mais rude que erótica.

Kant começa o prefácio à primeira edição (A) da primeira *Crítica* caracterizando a metafísica como o "campo de batalha de [das] controvérsias intermináveis" a que a razão é levada porque é "sobrecarregada de perguntas que não pode dispensar, pois lhes são dadas como problemas pela natureza mesma da própria razão, mas que ela também não pode responder, pois são perguntas que transcendem todo poder da razão humana". Isso é seguido por uma descrição poética (para Kant) dos tempos difíceis em que a metafísica caiu, que vale a pena citar na íntegra.

> Houve um tempo em que a metafísica era chamada rainha de todas as ciências e, se tomarmos a intenção pelo feito, ela merecia, graças à importância crucial de seu objeto, esse título honroso. Agora, à maneira de nossos dias, a rainha se mostra, sob todas as avaliações, desprezível; e a nobre dama, repudiada e desamparada, lamenta-se como Hécuba: "A maior de todas por raça e nascimento, eis-me agora desterrada, impotente" [Ovídio, *Metamorfoses* 13, pp. 508-10]. De início, sob a gerência dos dogmáticos, seu domínio era despótico. Contudo, como suas leis ainda conservavam traços de antiga barbárie, esse domínio foi aos poucos, devido a guerras internas, degenerando em completa anarquia; e os céticos, uma espécie de nômades que têm repugnância por qualquer cultivo permanente do solo, despedaçavam, de vez em quando, a unidade civil. Mas como eram, felizmente, pouco numerosos, não podiam impedir que os dogmáticos, embora nunca chegando a um consenso sobre um plano comum, tentassem continuamente reconstruí-la. Já em tempos recentes, pareceu que todas essas divergências chegariam ao fim e a legitimidade das teses concorrentes seria completamente decidida por meio de uma certa *fisiologia* do entendimento humano (pelo famoso Locke); mas aconteceu que, embora tivessem feito remontar o nascimento da suposta rainha à vulgaridade da experiência comum e suas pretensões tivessem se tornado devidamente suspeitas, ela ainda afirmava sua reivindicação porque de fato esta *genealogia* lhe fora falsamente atribuída; assim, a metafísica caiu no mesmo velho e carcomido dogmatismo e, por fim, na mesma falta de prestígio da qual a ciência devia ter sido resgatada. (A viii-x; destaques do original)

Embora Kant torne a metafísica feminina, enquanto feminina para Nietzsche é a verdade que os metafísicos procuram, as metáforas dos dois não são significativamente diferentes, dado que a metafísica é um acervo de (pretensas) verdades metafísicas.

Quando reescreveu o prefácio para a segunda edição (B), Kant se desfez amplamente das metáforas e colocou diretamente sua posição: tanto a lógica quanto, muito mais recentemente, a ciência natural foram "levadas para o curso seguro de uma ciência após passar muitos séculos tateando" (B xii-xiv). A ciência natural, em particular, "até o ponto er 1 que está baseada em princípios empíricos", carrega agora o sentimento de que está na trilha certa, que progresso foi feito e continuará a ser feito, que podemos contar com seus métodos no intuito de adquirir conhecimento da natureza. Ou, como Nietzsche expressando a mesma posição em *ABM* 204, "a ciência está florescendo hoje e tem sua boa consciência estampada no rosto". A metafísica, ao contrário, Kant continua, tem sido até agora incapaz de "entrar no curso seguro de uma ciência".

> Pois nela a razão fica continuamente confusa, mesmo quando reclama uma percepção *a priori* (como é sua pretensão) daquelas leis que a experiência mais banal confirma. Na metafísica temos de voltar atrás inúmeras vezes em nosso caminho, porque descobrimos que ele não leva aonde queremos ir. Ela está tão longe de alcançar unanimidade nas afirmações de seus adeptos que mais parece um campo de batalha, especialmente montado para testar os poderes da pessoa num arremedo de combate; nesse campo de batalha nenhum combatente jamais ganhou um centímetro que seja de terreno, nem foi capaz de consolidar qualquer posse na vitória. Portanto, não há dúvida de que até hoje o procedimento da metafísica tem sido um mero tatear e, o que é pior, um tatear entre meros conceitos. (B xiv-xv)

A situação da metafísica como Kant apresenta aqui é semelhante à visão da filosofia sustentada pelos "jovens cientistas naturais" que Nietzsche cita em *ABM* 204, que não veem "nada na filosofia além de uma série de sistemas refutados e um esforço perdulário que 'não beneficia ninguém'". E as metáforas de Kant para descrever essa situação no prefácio de sua segunda edição estão agora, sob certo aspecto, mais próximas do prefácio de Nietzsche, na medida em que o foco não está mais na rainha, mas no combate inepto entre seus pretendentes.

Assim que reconhecemos que Nietzsche está usando "dogmatismo" da mesma forma que Kant, o primeiro tema de seu prefácio parece ser simplesmente uma variação mais brilhantemente expressa do tema de Kant relativo à situação corrente da filosofia, a saber, a ideia de que as esperanças originais da filosofia não foram realizadas porque a metafísica, a mais elevada das disciplinas filosóficas, não dá mostras de ser capaz de alcançar a meta de conquistar a verdade. Os outros temas centrais do prefácio de Nietzsche são também variações sobre Kant — primeiro, sobre o diagnóstico de Kant acerca do que deu errado com a metafísica e, segundo, sobre as esperanças dele para o futuro da filosofia. Antes de examiná-los, porém, vamos averiguar se Nietzsche realmente usa "dogmatismo" da mesma maneira que Kant e se oferece uma explicação mais cuidadosa do significado kantiano desse termo.

1.2 KANT E SPIR SOBRE O DOGMATISMO

Geralmente se presume que Nietzsche inclui entre os dogmáticos um grupo muito maior que os metafísicos pré-kantianos. Segundo a influente discussão de Nehamas, um compromisso dogmático é simplesmente um compromisso com a verdade de uma opinião. Nehamas (1985, p. 33) parece negar isso: "A oposição de Nietzsche ao dogmatismo não consiste na ideia paradoxal de que é errado pensar que as crenças de alguém são verdadeiras, mas somente na percepção de que as crenças de alguém não são, e não precisam ser, verdadeiras para todos". Embora isso pareça acarretar que podemos afirmar a verdade de uma crença sem sermos dogmáticos se evitarmos sugerir que ela seja verdadeira para todos, o problema é que, como Nehamas mais tarde deixa claro, é impossível evitar essa sugestão.

> [...] a interpretação, pelo simples fato de ser fornecida, é inevitavelmente fornecida na convicção de que é verdade. E depois, apesar de quaisquer afirmações em contrário, é apresentada como uma visão que todos devem aceitar em razão de ser verdade. [Portanto] cada esforço de apresentar um ponto de vista, por mais explicitamente que se admita sua natureza interpretativa, cria um inevitável compromisso dogmático. O problema não é que a fé na verdade não seja suficientemente questionada, mas que um ponto de vista não possa ser absolutamente questionado enquanto está sendo apresentado. Mesmo um ponto de vista negando que exista algo como a verdade tem de ser apresentado como verdade. (Nehamas, 1985, p. 131)

Segundo a leitura de Nehamas, então, Nietzsche deve incluir como dogmático qualquer um que expresse uma afirmação como verdade, ou mesmo que simplesmente expresse uma afirmação. A interpretação que Nehamas faz de *ABM*, a qual analisamos na Introdução, é uma tentativa de mostrar como Nietzsche pode assumir uma posição contra o dogmatismo nesse sentido sem ser ele próprio um dogmático.

Sustentamos que Nehamas se equivoca acerca do "dogmatismo" de Nietzsche. Como Nietzsche nunca define o termo ou seus cognatos, devemos determinar-lhes o significado com base no que torna mais inteligíveis os trechos em que ele os usa e com base em seu significado no próprio contexto histórico de Nietzsche. Mas considerações textuais e históricas depõem contra a leitura de Nehamas e sugerem que Nietzsche emprega os termos praticamente como Kant.

Do punhado de trechos relevantes de sua obra publicada, o prefácio de *ABM* faz as afirmações mais detalhadas sobre os dogmáticos e fornece claramente a base mais substancial para a determinação de como Nietzsche usa o termo. Mas ele apresenta a história da filosofia até agora como a história do dogmatismo e afirma que "zombadores" hoje sustentam "que todo dogmatismo caiu por terra; ainda mais: que todo dogmatismo está em sua última arfada". Essa afirmação faz pouco sentido histórico se interpretarmos o dogmatismo nos termos de Nehamas, como meramente uma afirmação ou um compromisso com a verdade de uma opinião. A preocupação de Nehamas é do final do século XX (ou pode ser uma preocupação secular), mas não é plausível ver a história da filosofia em seus termos ou supor que Nietzsche o tenha feito. E certamente Nietzsche pensa que essa história é algo mais específico do que meramente expor verdades que levaram a "edifícios filosóficos tão sublimes e incondicionais quanto os construídos pelos dogmáticos até agora". O óbvio elemento extra que levaria à construção de sistemas filosóficos "incondicionais" é a suposição de que a verdade pode ser conquistada por meios aprioríscos, daí não ser condicionada nem desafiável por evidência empírica. O sentido da espetadela de abertura de Nietzsche nos dogmáticos como amantes desastrados e fracassados é que eles não conseguiram alcançar a verdade porque não tinham pistas sobre como se ocupar dela — porque seus métodos eram defeituosos, não porque houvesse algo de problemático em buscá-la. O prefácio de *Além do Bem e do Mal*, portanto, faz mais sentido se o dogmático de Nietzsche é um metafísico, construtor de um sistema apriorístico no modo pré-kantiano.[2]

---

2. Admitimos que há um trecho que de fato parece apoiar a interpretação de Nehamas e que é a única outra passagem em *ABM* que menciona o dogmático pelo nome. Em *ABM* 43, Nietzsche pergunta se "esses filósofos que estão a caminho" são "novas verdades da 'verdade'". Ele responde: "É bastante provável, pois até agora todos os filósofos amaram suas verdades, mas eles certamente não serão dogmáticos. Isso há de ofender o orgulho e também o gosto deles, se supomos que a verdade deles seja uma verdade para todos os homens — o que tem sido até agora o desejo secreto e o significado oculto de todas as aspirações dogmáticas. 'Meu juízo é meu juízo'; ninguém mais obtém facilmente o direito a ele — isso é o que tal filósofo do futuro pode talvez dizer de si mesmo". Esse trecho de fato parece dar suporte à leitura de Nehamas. Contudo, dada a importante evidência que temos para nossa leitura kantiana do emprego por Nietzsche de "dogmatismo", ele parece deixar a cargo dos leitores a procura de uma interpretação alternativa de *ABM* 43. Aqui está nossa sugestão. Como argumentamos nos Capítulos 2 e 3, Nietzsche acredita que a filosofia é sempre guiada pela vontade de valor, de modo que aquilo que os filósofos têm chamado de "verdade" geralmente tem tido seus valores mascarados como verdades. Dogmáticos são aqueles que tentaram defender seus valores como verdades apelando à possibilidade de um conhecimento *a priori*. O resultado final foi que, com efeito, argumentaram que todos deviam aceitar seus valores. *ABM* 43 pode ser interpretado como plenamente de acordo com nossa interpretação se admitirmos que ela reivindica que os

Uma segunda razão para admitir que Nietzsche está usando "dogmático" no sentido kantiano é que foi desse modo que o termo foi usado pelos filósofos contemporâneos os quais Nietzsche estava estudando enquanto escrevia *Além do Bem e do Mal*. Esse grupo inclui sobretudo Afrikan Spir, mas também Gustav Teichmüller e outros. Tratamos aqui de Spir e do relacionamento dele com Kant com algum detalhe, porque Spir exerceu grande influência sobre *Além do Bem e do Mal*, e seu trabalho é quase desconhecido dos leitores do livro. Fica claro, a partir das anotações de Nietzsche, que ele estava relendo e tomando notas sobre *Denken und Wirklichkeit* [*Pensamento e Realidade*], de Spir, enquanto escrevia *Além do Bem e do Mal* (Green, 2002; Clark, 2005), a tal ponto que *ABM* poderia ser lido como um diálogo com Spir. Comprovações dessa sugestão só podem vir de uma análise de trechos específicos, mas por ora a questão é fornecer premissas suficientes sobre Spir e Kant a fim de definir a noção de "dogmático" em que Nietzsche provavelmente estava se baseando.

Aqui estão as linhas iniciais da obra em dois volumes de Spir:

> Desde Kant, a distinção entre a tendência dogmática e a crítica na filosofia tornou-se familiar a todos. O dogmático quer tomar decisões sobre os objetos de cognição sem primeiro investigar a faculdade de cognição em si e estabelecer sua natureza, leis e limites. A filosofia crítica, ao contrário, converte esta última investigação num problema primeiro e fundamental.
>
> Devemos evidentemente observar que, na realidade, o dogmatismo só é encontrado nas doutrinas que tentam ultrapassar os limites da experiência. Pois jamais poderia ocorrer nem a Kant nem a qualquer outra pessoa razoável exigir que não se comece uma pesquisa empírica antes que a doutrina da cognição receba confirmação definitiva. De outro modo ainda não teríamos ciência, pois a teoria da cognição está muito distante de sua definição e forma definitivas. Só há dogmatismo na metafísica. (Spir, 1877, I: 1)

Assim, para Spir, em contraste com a noção empregada por Nehamas, afirmar a verdade de afirmações empíricas não transforma ninguém num dogmático. O dogmatismo associa-se à metafísica, a "doutrinas que tentam ultrapassar os limites da experiência", e não à ciência empírica. Dado o impacto da obra de Spir

---

filósofos do futuro não usarão o método dos dogmáticos para defender seus valores, nomeadamente o apelo à possibilidade de um conhecimento *a priori*, e que eles não compartilharão a aspiração dos dogmáticos a ter seus valores aceitos por todos. Mas não há razão para supor que se afastem da aspiração dos dogmáticos negando a objetividade dos valores.

sobre *Além do Bem e do Mal*, seria realmente surpreendente se Nietzsche iniciasse o livro usando "dogmático" de modo muito diferente do emprego da palavra realizado por Spir — pelo menos sem uma explicação. E em vista das semelhanças entre o prefácio de Nietzsche e o prefácio de Kant à primeira *Crítica*, parece extremamente improvável que ele fizesse isso. Consideremos como evidência histórica adicional o comentário de Spir sobre os metafísicos algumas páginas à frente:

> Devo confessar que encaro a abordagem metafísica da filosofia como uma espécie de doença mental, que não há de ser posta de lado por meio de argumentos. Pois o que podem fazer os argumentos com pessoas que veem bastante bem que, em todos os ramos da ciência, é obtido um conhecimento real e, apesar disso, acreditam com toda a seriedade que algo, mesmo um simples átomo de conhecimento, possa ser conquistado no caminho trilhado pelos metafísicos? (Spir, 1877, I: 4)

Dado que Spir usa indistintamente "dogmático" e "metafísico", essa detonação tipo Nietzsche dos metafísicos, seguida por uma referência à "inconsistência fundamental e ao caráter não científico do filosofar metafísico", transforma Spir num exemplo dos "zombadores" retratados no prefácio de Nietzsche, os quais afirmam "que todo dogmatismo veio abaixo; mais ainda, que todo dogmatismo está em seus últimos estertores". É difícil imaginar quais zombadores Nietzsche poderia ter tido em mente dada a interpretação de Nehamas.

A fim de ser exato, contudo, é preciso deixar claro que a terminologia de Spir, a qual admitimos estar sendo seguida por Nietzsche, sem dúvida diverge ligeiramente da de Kant, pois Kant negaria que "dogmático" e "metafísico" tivessem a mesma extensão. Traçando uma distinção entre dogmatismo e o uso de procedimentos dogmáticos em filosofia, Kant explica que sua filosofia rejeita o dogmatismo, mas não

> [...] se opõe ao *procedimento dogmático* da razão em sua pura cognição como ciência (pois a ciência tem sempre de ser dogmática, isto é, tem de provar suas conclusões estritamente *a priori* de princípios seguros); ela se opõe apenas ao dogmatismo, isto é, à presunção de progredir unicamente com uma pura cognição de conceitos (filosóficos) segundo princípios que a razão esteve usando durante um longo tempo sem primeiro investigar de que modo e com que direito os obteve. O dogmatismo é, portanto, o procedimento dogmático da razão pura, sem uma *crítica precedente de sua competência.* (B xxxv)

Assim, procedimentos "dogmáticos" são métodos completamente apriorísticos em oposição a métodos empíricos. "Dogmatismo" é o nome dado por Kant a esses sistemas filosóficos que presumem *de forma não crítica* a competência da razão pura — razão que opera sem contar com informação obtida pelos sentidos — no intuito de adquirir conhecimento substantivo da realidade. Os dogmáticos, dessa forma, presumem a possibilidade de conhecer objetos que se encontram além dos limites da experiência.

Kant acredita que todos os grandes sistemas metafísicos se originam dessa suposição e que é precisamente a incapacidade de questioná-la que tem impedido que a metafísica seja posta na trilha segura da ciência. Assim, para Kant, o dogmatismo e a metafísica não precisam andar juntos. O dogmatismo é a confiança acrítica na capacidade de uma razão conhecer objetos *a priori*. A metafísica é o agregado de conhecimento supostamente *a priori* de objetos. Assim, se a questão relativa à competência da razão pura — isto é, de procedimentos dogmáticos ou *a priori* — para produzir verdades sobre objetos pode ser levantada e respondida *antes* de nos envolvermos com a metafísica em si, a possibilidade de uma metafísica não dogmática ou crítica poderia, dessa maneira, ser formulada.

É exatamente isso que Kant admite ter feito. A questão central de Kant relativa à *possibilidade* de juízos sintéticos *a priori* é a questão de como procedimentos dogmáticos podem justificar afirmações que estão destinadas a nos prover de verdades substantivas sobre objetos. Nossa entrada de dados vindos dos objetos acontece por meio da experiência sensorial. Como podemos então justificar afirmações sobre objetos *a priori*, isolados de um tal influxo? Dogmáticos são aqueles que não veem o problema aqui e, portanto, não oferecem solução. E como não veem o problema, não veem problema em reivindicar o conhecimento de objetos que se encontram além da experiência, por exemplo a existência de Deus.

A solução de Kant para o problema envolve sua famosa "inversão copernicana": podemos conhecer verdades substantivas sobre objetos independentemente de qualquer insumo vindo deles, porque podemos conhecer *a priori* as condições necessárias sob as quais uma coisa pode ser objeto de experiência para nós. Assim, é possível um conhecimento substantivo *a priori* de objetos, mas a um certo custo, a saber, que ele nos diga apenas como devem ser os objetos para serem possíveis objetos de conhecimento empírico. Contrariamente ao que os dogmáticos supunham, ele não pode nos dizer como são as coisas em si, isoladas da experiência, e certamente não pode nos dizer nada sobre objetos que se encontram além de toda experiência. Dessa maneira, a filosofia crítica de Kant afirma a capacidade da razão na medida em que ela procede dogmaticamente a fim de justificar teses filosóficas substantivas (por exemplo, cada evento tem uma causa), desde que essas teses só digam respeito a aparências ou a possíveis objetos de experiência, e não a coisas em si mesmas. Afirmando, então, a possibilidade de proceder dogmaticamente em filosofia sem cair no dogmatismo, afirma a possibilidade de uma metafísica crítica ou não dogmática.

Kant, então, concebe métodos dogmáticos em oposição a métodos empíricos, enquanto concebe dogmatismo em contraste com filosofia crítica. Retornando agora a *Pensamento e Realidade*, de Afrikan Spir, constatamos que, como Kant, Spir (I: 4) rejeita o dogmatismo e adota o criticismo, o qual proclama "a única [orientação] correta e científica" em filosofia. Ao contrário de Kant, no entanto, Spir (I: 1-2) acha que o dogmatismo e a metafísica caminham juntos e, portanto, encara "a distinção entre a tendência dogmática e a tendência crítica em filosofia" como equivalente àquela entre metafísica e filosofia crítica. Isso só se justifica porque Spir rejeita a tese de Kant relativa à possibilidade de uma metafísica crítica, que, como veremos, é precisamente o que ele faz.

A outra diferença relevante entre Kant e Spir é que Spir classifica os empiristas, aqueles que "não admitem nem reconhecem qualquer outra fonte de conhecimento além da experiência", como filósofos críticos, porque eles também se empenham numa crítica da razão pura, questionando a aptidão de métodos dogmáticos para chegar à verdade substantiva. Como os empiristas concluem que os métodos dogmáticos sempre falham, Kant os exclui do círculo de filósofos críticos e os chama de "céticos". Mas isso apenas mostra de que lado Kant está — do lado daqueles que acreditam que métodos dogmáticos produzem verdades substantivas relativas a objetos, mesmo que apenas relativas a objetos da experiência. Não mostra, contudo, que o empirismo não possui aquela característica responsável por colocar a filosofia crítica acima do dogmatismo. Spir está realmente do lado de Kant contra o empirismo, insistindo que existe uma fonte não empírica de conhecimento. Ele pode, não obstante, rejeitar a possibilidade da metafísica, até mesmo da variedade crítica, porque, embora encare o aspecto *a priori* como radicalmente necessário a qualquer conhecimento, não apenas nega que ele proporcione conhecimento de objetos que transcendem a experiência (de acordo com Kant), mas também insiste que ele realmente falsifica objetos empíricos. Há razão para pensar que essa posição inabitual é a principal fonte da tese de falsificação de Nietzsche, a afirmação de que o conhecimento sempre falsifica a realidade, o que, como discutimos no Capítulo 2, desempenha um papel fundamental em *ABM* (Green, 2002; Clark, 2005).

Apesar do desacordo com eles, Spir tem em alta conta os praticantes britânicos do empirismo, "cujos princípios fundadores desenvolveram e defendem com uma cautela, sensibilidade e seriedade científica que merecem o maior reconhecimento". Spir vê o empirismo como uma doutrina a qual, embora apoiada em pressupostos equivocados, deveria atrair muitos "pensadores conscienciosos e argutos". "Na verdade, pode-se dizer que, desde que a doutrina dos elementos *a priori* e das condições de conhecimento não foi estabelecida sobre uma base científica, o empirismo é realmente a única pressuposição correta" (Spir, 1877, I: 7). Como argumentamos no capítulo seguinte, Nietzsche rejeita tanto a aposta de Kant numa metafísica crítica quanto a base da tese de Spir, a qual estabelece os "elementos *a priori* e as condições de conhecimento". Se aceitasse o restante da explicação que Spir dá a essas questões, como pensamos que o faz, parece que ficaria com o empirismo como a única alternativa séria ao dogmatismo existente até então, a única filosofia verdadeiramente "crítica".

Concluímos, então, que Nietzsche quase certamente usou "dogmático" e "metafísico" de modo indistinto. Naturalmente, os termos têm diferentes significados para ele. Alguém é dogmático em virtude da atitude para com o conhecimento ou metafísico em virtude das afirmações que encara como verdade. Os termos, no entanto, identificam o mesmo grupo de filósofos. Além disso, como acabamos de sugerir, parece provável que, para Nietzsche, os empiristas constituam o grupo oposto aos dogmáticos. Kant vê a história da filosofia, conforme temos mostrado, como uma luta entre dogmáticos e céticos ou empiristas. Ao examinarmos os outros temas do prefácio de Nietzsche, esperamos tornar plausível a ideia de que Nietzsche via a história da filosofia da mesma maneira.

1.3 SEGUNDO TEMA: DIAGNÓSTICO DO FRACASSO DO DOGMATISMO

Nietzsche começa seu segundo tema num tom sério, embora a primeira declaração pareça relativamente branda: "Falando seriamente, há bons motivos para esperar que, por mais solenes, decisivos e definitivos que fossem seus ares, toda dogmatização em filosofia tenha sido apenas um nobre diletantismo [*Anfängerie*] infantil". Nietzsche introduz, assim, sua variação sobre o diagnóstico de Kant do fracasso da metafísica dogmática. Embora ambos os filósofos rejeitem o dogmatismo, nenhum dos dois simplesmente o descarta. Ambos querem que a promessa dogmática seja cumprida e, nesse sentido, Nietzsche difere dos "zombadores" como Spir. Tanto Kant quanto Nietzsche, portanto, balizam o futuro da filosofia sobre um diagnóstico do fracasso do dogmatismo. Contudo, oferecem diagnósticos muito diferentes. Kant considera os argumentos do dogmático uma tentativa necessária e necessariamente malsucedida de responder a perguntas que surgem da natureza da própria razão até ser empreendida uma crítica da razão pura e até ser descoberto "o ponto em que a razão interpretou-se mal" (A xi-xii). Nietzsche só alude a seu diagnóstico no prefácio, mas o que diz deixa perfeitamente claro que rejeita o de Kant. Isso é sugerido pela afirmação relativa a como era preciso *pouca coisa*

> [...] para fornecer a pedra fundamental de edifícios filosóficos tão sublimes e inabaláveis quanto aqueles que os dogmáticos costumavam construir — alguma superstição popular vinda de tempos imemoriais (como a superstição da alma que ainda hoje continua causando problemas, como o tema da superstição do ego), talvez um jogo de palavras, uma sedução gramatical ou uma audaciosa generalização sobre a base de fatos muito limitados, muito pessoais, muito humanos, demasiado humanos. (*ABM* P)

Ao contrário de Kant, então, Nietzsche parece pensar que os sistemas do dogmático estavam baseados em maus argumentos que nada tinham a ver com a natureza da razão. Examinaremos melhor o que ele pensa desses argumentos nos Capítulos 2 e 3.

Mas há um segundo lado na atitude de Nietzsche com relação ao dogmatismo. Embora rejeite seus argumentos em termos muito mais severos que Kant, sua expectativa de que a metafísica dogmática fosse simplesmente um estágio inicial da filosofia é expressa em termos ainda mais fortes.

> A filosofia dos dogmáticos, vamos esperar, foi só uma promessa cruzando os milênios; como foi a astrologia em tempos mais remotos, quando em benefício da qual foram despendidos talvez mais trabalho, dinheiro, perspicácia e paciência do que até agora se gastou com qualquer ciência real: devemos o estilo grandioso da arquitetura na Ásia e no Egito à astrologia e a suas teses "supraterrestres". (*ABM* P; cf. *GC* 300)

Isso é uma variação na sugerida comparação de Kant entre a metafísica dogmática e a alquimia. Depois de afirmar que resolveu "para plena satisfação da razão" as questões que levavam à metafísica dogmática, Kant acrescenta que "a resposta a essas questões não saiu exatamente como a dogmaticamente exaltada ânsia de saber poderia ter esperado; pois é impossível satisfazê-la a não ser por meio de artes mágicas nas quais não tenho habilidades" (A xiii).[3] A fórmula de Kant pode também ser comparada a um importante tema de *Além do Bem e do Mal* que é no mínimo sugerido em seu prefácio: a importância dos aspectos pessoais e "desejantes" ou lascivos da vida e do pensamento humanos, e a impossibilidade de as formas mais elevadas de vida ou pensamento existirem sem eles. Sua referência à "ânsia de saber" que só poderia ser satisfeita por artes mágicas sugere que ele reconhece a mistura desse elemento "inferior" na filosofia dogmática e o encara precisamente como o elemento que não pode ser satisfeito por uma filosofia adequadamente "disciplinada" — só o aspecto impessoal é merecedor de estima e satisfação.[4] Para Kant, os filósofos devem desistir do que originalmente queriam a fim de obter a satisfação que a filosofia é capaz de proporcionar.

Como Kant, Nietzsche sugere que o tipo de conhecimento desejado pela metafísica dogmática seria de um tipo "supraterrestre" ou, de qualquer modo, não natural, um conhecimento que não está ao alcance dos seres humanos. Contudo, como sugerem os capítulos à frente, seu diagnóstico de por que a filosofia queria esse tipo de saber é tal que ele será capaz de afirmar que esse conhecimento pode ser alcançado. O desejo tem de ser refinado, mas o objeto original não precisa ser abandonado. Por ora, no entanto, podemos ver apenas que, embora sua visão do resultado inicial seja mais negativa que a de Kant, Nietzsche apresenta o desejo por trás da filosofia dogmática em termos mais positivos do que Kant, como a inspiração para algo grandioso.

> De modo a se gravarem nos corações da humanidade com demandas eternas, parece que todas as grandes coisas devem primeiro vagar como caricaturas monstruosas e assustadoras [Hollingdale: "grotescas"]: a filosofia dogmática foi uma tal caricatura, como a doutrina védica na Ásia e o platonismo na Europa. (*ABM* P)

Isso reafirma o segundo tema de Nietzsche, os lados positivo e negativo de sua atitude com relação ao dogmatismo, em termos muito mais fortes. Sim, houve

---

3. O verbo aqui é o mesmo que Nietzsche usa para zombar dos filósofos dogmáticos como inábeis com relação a mulheres.

4. Considere, a esse respeito, o mote que Kant acrescentou à segunda edição: "De nossa própria pessoa, nada diremos. Mas quanto ao assunto que nos interessa, pedimos que os homens pensem nele não como uma opinião, mas como uma obra; e que o considerem levantado não para criarmos alguma seita ou para nosso entretenimento, mas para estabelecer os princípios do bem-estar e dignidade humanos". (B ii)

alguma coisa nobre no dogmatismo, e ele foi um estágio necessário da filosofia, assim como a infância é necessária para a vida adulta. Suas pretensões solenes e dogmáticas, no entanto, não eram uma brincadeira infantil, mas uma "monstruosa e assustadora caricatura" da própria filosofia. Não obstante, ele conseguiu gravar "demandas eternas" no coração humano. O que são essas demandas? Nietzsche não nos diz no prefácio — ou aliás, pelo menos explicitamente, em nenhuma parte do livro. Mas essa é uma questão crucial para termos em mente durante a leitura de *Além do Bem e do Mal*. Seja como for, se essas demandas são eternas, elas não têm de desaparecer e nem podem. Evidentemente, se são realmente eternas, não poderiam ter sido "gravadas" no coração humano pela filosofia dogmática ou qualquer outra coisa. Devemos, então, presumir que Nietzsche não está usando o termo de modo muito literal. Mas pelo menos podemos tomar seu uso de "eternas" nesse contexto como indicação de que ele não quer que essas demandas desapareçam e pensa que qualquer filosofia digna de sua herança vai satisfazê-las ou incrementá-las.

O prefácio pelo menos nos dá uma direção em que procurar uma compreensão dessas demandas quando nos fornece seus únicos exemplos de doutrinas filosóficas dogmáticas: "a invenção por Platão do espírito puro e do bem em si", presumivelmente as afirmações de Platão sobre a Forma do Bem e sobre a razão como parte independente da alma apta para conhecer a Forma do Bem.[5] Voltamos a essas doutrinas no Capítulo 6, mas note aqui simplesmente que Nietzsche por certo não precisa de uma noção mais ampla de "dogmatismo" que a de Kant e a de Spir para considerar essas doutrinas platônicas exemplos de dogmatismo.[6]

---

5. Observe, no entanto, que ele não chama exatamente Platão de dogmático; meramente chama suas duas invenções de "erro de dogmático". Isso implica que qualquer um que realmente aceitasse a "invenção de Platão" como a verdade seria contado como dogmático, mas parece deixar aberta a possibilidade de que o próprio Platão não o fosse. Essa possibilidade pode parecer, no entanto, excluída pela pergunta de algumas linhas à frente: "Como pôde o mais belo produto da antiguidade, Platão, contrair tal doença?"

6. Nietzsche nos diz várias coisas sobre a "invenção" de Platão. Primeiro, é "o pior, o mais durável e mais perigoso de todos os erros". Segundo, implicou "pôr a verdade de cabeça para baixo e renegar a própria perspectiva, condição básica de toda vida". Terceiro, ela agora foi superada. Mas esses pontos levantam mais perguntas do que respondem. Poderíamos achar que mostram que Nehamas está correto em ver o perspectivismo, a afirmação da perspectiva, como a alternativa de Nietzsche ao dogmatismo. Admitiríamos isso, mas salientaríamos que o prefácio deixa completamente em aberto a questão de como interpretar o perspectivismo: por exemplo, como doutrina referente à natureza da verdade e do valor, como Nehamas e Horstmann a interpretam, ou como uma doutrina epistemológica, como vamos considerá-la.

1.4 TERCEIRO TEMA: ESPERANÇA PARA O FUTURO DA FILOSOFIA

Os aspectos positivos ou otimistas do segundo tema são mais especificados quando o prefácio de Nietzsche chega a seu terceiro tema principal. Agora que o erro do platonismo "está superado, agora que a Europa está de novo respirando livremente após o pesadelo e pode pelo menos desfrutar de um [...] sono mais saudável, nós, *cuja tarefa é a própria vigília*, somos os herdeiros de toda essa energia que foi criada pela luta contra tal erro". Há muito que esclarecer a esse respeito: quem somos "nós", qual é nossa "tarefa", como e por quem o platonismo foi enfrentado e superado e como compreender a "energia" herdada dessa luta. O prefácio fornece pouca ajuda sobre esses assuntos. E depois existe a pausa, representada pelas reticências, entre "desfrutar de um" e "sono". O que ela se destina a fazer? Em primeiro lugar, as reticências sugerem que aquilo que vem depois não é o que poderíamos ter esperado. Poderíamos, por exemplo, ter esperado que a luta contra o dogmatismo tornasse possível uma vida mais saudável. Isso se ajusta à visão de Nietzsche da conexão entre dogmatismo e o ideal ascético, à qual retornaremos em capítulos posteriores. Em segundo lugar, parece ser uma referência brincalhona à famosa afirmação de Kant de que Hume o despertara de seu "cochilo dogmático", a que Nietzsche alude mais diretamente em *ABM* 209. Juntando os dois pontos, temos a sugestão de que não basta que a filosofia ultrapasse o dogmatismo; ela tem de superar tanto o dogmatismo quanto o *cochilo*. O que isto implica é exposto em uma nova série de metáforas:

> Mas a luta contra Platão ou, para falar mais claramente e "para o povo", a luta contra a milenar opressão clerical cristã — pois o cristianismo é um platonismo para "o povo" — criou na Europa uma magnífica tensão do espírito, de um tipo que jamais existira na Terra: com um arco tão tenso podemos agora atirar nos alvos mais distantes. (*ABM* P)

Aqui Nietzsche apresenta a tarefa daqueles "cuja tarefa é a própria vigília", como a de usar a tensão criada pela luta contra o platonismo. Evidentemente ele pensa que o futuro da filosofia depende de ser mantida a tensão em questão até que ela possa ser produtiva (até que a flecha possa ser atirada). Mas o que é exatamente essa "magnífica tensão do espírito"? O prefácio de Nietzsche nada faz para explicá-la. Trata-se, como dissemos, de uma daquelas metáforas que se espera que decifremos sozinhos, com base no que Nietzsche nos diz no restante do livro. Segundo nossa hipótese, o livro de Nietzsche está concebido para nos dar o que precisamos para tapar os buracos deixados pelo prefácio, mas só *se soubermos o que estamos procurando*. No intuito de reconhecer a "magnífica tensão do espírito" quando a encontrarmos no livro, devemos ter uma ideia do que estamos procurando. Nehamas e Horstmann nem sequer mencionam essa "magnífica tensão". Lampert a menciona, de fato repetidamente, e também menciona várias fontes para a imagem do arco tenso; contudo, deixa a ideia extremamente vaga. Além disso, deixa escapar a fonte mais útil para compreender por que Nietzsche emprega a imagem do arco tenso, que é *A República* de Platão, em que Sócrates a emprega num argumento crucial a fim de demonstrar que existem diferentes partes da alma.

Como discutimos no Capítulo 6, a teoria de Platão sobre a alma é fundamental para o que Nietzsche está concluindo em *Além do Bem e do Mal*. Mas já no prefácio, como vimos, ele nos diz que "a invenção de Platão do espírito puro e do bem como tal" é um "erro de dogmático" e o "pior, mais durável e mais perigoso de todos os erros". Assim, quando ele identifica a luta contra o dogmatismo com a "luta contra Platão", no trecho citado mais acima, está se referindo em particular à luta contra o "erro de dogmático" de Platão. Parte desse erro (e a mais importante, porque a outra parte depende dela) é precisamente a teoria da alma, que confere à razão um papel independente e preponderante nela, concebendo-a assim como "o espírito puro". Nietzsche começa a oferecer uma visão alternativa das partes da alma na seção intermediária de *ABM* Um. Para nossos objetivos atuais, porém, o ponto mais importante é a observação de Sócrates de que "é errado dizer do arqueiro que suas mãos ao mesmo tempo afastam o arco e o puxam para si. Deveríamos dizer que uma das mãos afasta o arco e a outra o puxa para ele" (*A República* 439b-c). Isso nos dá uma imagem do que se requer para um arco tenso — a saber, duas diferentes forças movendo-se em direções opostas. É útil pensar na "magnífica tensão do espírito" de Nietzsche também como produto de tendências opostas de diferentes partes ou aspectos da alma do filósofo, a parte que afasta o dogmatismo e a parte que o puxa de volta para o filósofo.[7] Isso, contudo, não nos leva muito longe na compreensão da natureza da tensão, pois

---

7. Talvez o prefácio esteja destinado a exibir algo dessa tensão precisamente ao afastar repetidamente o dogmatismo, como uma "caricatura monstruosa e assustadora" ou como implicando o "pior, mais durável e mais perigoso de todos os erros", e depois puxando-o de volta como algo que se gravou "nos corações da humanidade com eternas demandas" e com relação ao qual não deveríamos ser "ingratos".

ainda conhecemos muito pouco sobre as duas forças opostas que a produzem. O que há no filósofo que afasta o dogmatismo? E o que o puxa de volta? Presumivelmente neste segundo caso a coisa tem relação com as "demandas eternas" que o dogmatismo gravou no coração humano. Não ficamos com a menor ideia do que são essas demandas. Mas pelo menos sabemos que é isso que devíamos estar procurando na obra.

À medida que o prefácio avança para a conclusão, desenvolve-se brevemente uma tensão com relação à própria tensão, a qual evidentemente não é um bem absoluto.

> Os europeus sentem sem dúvida essa tensão como um estado de angústia; e já houve duas grandes tentativas de relaxar o arco, uma vez por meio do jesuitismo, uma segunda vez por meio do iluminismo democrático — que, com a ajuda da liberdade de imprensa e da leitura de jornais pôde de fato fazer com que o espírito não se sentisse mais tão facilmente como "carência". (*ABM* P)

A sugestão aqui é que tanto o iluminismo democrático quanto o jesuitismo tentaram quebrar a tensão do arco suprimindo uma das direções ou forças que a criavam. Isso torna lógica a sugestão de Nietzsche de que a vitória contra o dogmatismo pode simplesmente deixar os filósofos com um "sono" mais saudável. A intenção de Nietzsche é presumivelmente não quebrar a tensão entre as duas forças, já que a flecha é realmente atirada, mas apenas impedir que a flecha seja atirada inutilizando o arco, isto é, solapando um dos movimentos necessários para a tensão. Isso sugere que, para compreender a "magnífica tensão do espírito", devemos localizar duas forças, cada uma das quais se apresentando de tal forma que é plausível imaginar o iluminismo democrático ou o jesuitismo trabalhando contra ela.

Apesar da possibilidade de uma tal oposição, o prefácio termina com uma nota forte e otimista:

> Mas nós que não somos nem jesuítas nem democratas, nem mesmo suficientemente alemães, nós *bons europeus* e espíritos livres, *muito* livres — ainda temos isso, a necessidade integral do espírito e a tensão integral de seu arco! E talvez também a flecha, a tarefa e, quem sabe, o alvo.

Deixando claro que o arco tenso pertence ao espírito ou à mente (*Geist*), esse final enfatiza que é o espírito — por meio do qual Nietzsche, em outro lugar, quer dizer claramente pensamento ou consciência — que incorpora a "magnífica tensão" para a qual ele chama nossa atenção, uma tensão que é gerada, sugerimos, por duas forças opostas. Isso nos dá uma caracterização crucial do "nós" que exemplifica essa tensão do espírito: "nós, *bons europeus* e espíritos livres, *muito livres*". Temos uma boa razão para pensar que Nietzsche identifica a filosofia de suas obras do período intermediário com aquela do "espírito livre".[8] Para a contracapa da primeira edição de *A Gaia Ciência* (1882), Nietzsche escreveu o seguinte anúncio: "Com este livro chegamos à conclusão de uma série de escritos de FRIEDRICK NIETZSCHE, cujo objetivo comum é construir *uma nova imagem e o ideal do espírito livre*". Ele então listou os livros pertencentes à série: *Humano, Demasiado Humano* e suas várias adições, *Aurora* e *A Gaia Ciência* (Schaberg, 1995, pp. 85-6). Lida a essa luz, a sugestão no final do prefácio é que é a filosofia das próprias obras do período intermediário de Nietzsche que exemplifica a "magnífica tensão" a qual ele espera que vá gerar o futuro da filosofia.

Para resumir, o prefácio de *Além do Bem e do Mal* anuncia três temas principais e interconectados relativos ao passado, ao presente e ao futuro da filosofia. A história da filosofia é a história do dogmatismo e da luta contra ele desenvolvida pelos que se mantiveram céticos à sua pretensão de conhecer a realidade por meios *a priori*. O dogmatismo está agora nos últimos estertores, e seus dogmas mais importantes foram superados, nomeadamente "a invenção de Platão do espírito puro e do bem como tal". Podemos, não obstante, acalentar esperanças para o futuro da filosofia se pudermos compreender por que o dogmatismo fracassou e qual é a situação atual da filosofia. Essa situação é que a luta contra Platão resultou numa "magnífica tensão do espírito", a qual está encarnada na filosofia de que nós, "*bons europeus* e espíritos livres, *muito* livres", dispomos e que torna possível "atirar nos alvos mais distantes". O futuro da filosofia depende evidentemente da recusa em quebrar essa tensão, da disposição de preservá-la e talvez acentuá-la para que possa ser produtiva.

Hoje tudo isso levanta mais perguntas que respostas. Mas pelo menos nos deixa saber o que deveríamos procurar no texto. No intuito de compreender as aspirações de Nietzsche para o futuro da filosofia, três questões se destacam como

---

8. Assim como a do Bom Europeu, que parece improvável que Nietzsche esteja usando num sentido especificamente político (isto é, tendo relação com esperanças da unificação política da Europa). Um bom europeu num sentido não político seria alguém devotado aos valores iluministas que tornaram a Europa "Europa". Pense na dedicatória do primeiro volume de *HD* à memória de Voltaire.

particularmente importantes. Primeira, qual é seu diagnóstico do fracasso da filosofia dogmática ou da metafísica? Segunda, o que são as "demandas eternas" incutidas na alma humana pela metafísica dogmática? Terceira, e principal foco de nossa atenção, o que é exatamente a "magnífica tensão do espírito" que caracteriza a situação presente da filosofia e é a chave para seu futuro? Embora Nietzsche nunca nos dê uma resposta direta a qualquer uma dessas perguntas, sustentamos que nos dá as pistas para imaginar as respostas em *ABM* Um, pistas que ele completa no restante do livro.

2

A "Magnífica Tensão do Espírito"

Voltando agora a *ABM* Um, dedicamos o presente capítulo a uma análise de seus primeiros quatro aforismos. Sustentamos que esses aforismos nos proporcionam os recursos para compreender por que Nietzsche caracteriza a situação atual da filosofia como "uma magnífica tensão do espírito". A compreensão dessa metáfora funciona como uma chave importante, talvez *a* chave, para a compreensão do próprio livro. O prefácio sugere que Nietzsche deposita suas esperanças para o futuro da filosofia num relaxamento adequado da tensão do arco que constitui a filosofia contemporânea. Desembrulhar essa metáfora deve nos permitir compreender como essa tensão está constituída e fornecer uma pista para a filosofia que é o alvo do arco. Como o título do livro sugere que se trata de uma filosofia encontrada "Além do bem e do mal", é provável que a compreensão da metáfora seja também crucial para a compreensão do próprio livro. Infelizmente, o prefácio pouco nos diz que pareça ajudar com a metáfora. Embora nos informe que o arco só fica adequadamente relaxado pela soltura da flecha, nos deixa no escuro com relação a como compreender a flecha ou a tensão dela e, portanto, a filosofia que é o alvo. Mas se reconhecermos isso e nos aproximarmos de *ABM* Um com perguntas sobre essas matérias, não teremos de olhar muito longe para obter respostas.

Isso é especialmente verdadeiro se reconhecermos que a tensão a que nos referimos deve envolver duas forças opostas. Neste capítulo, sustentamos que os dois primeiros aforismos de *ABM* nos apresentam as duas forças (impulsos ou vontades), a vontade de verdade e a vontade de valor, e que estas são vistas de forma plausível como os dois lados de "uma magnífica tensão do espírito". *ABM* 3 e 4 podem então, plausivelmente, ser vistos como uma tentativa de ilustrar ou exemplificar essa tensão e fornecer uma indicação inicial da futura filosofia a ser concretizada por sua adequada resolução. No intuito de encarar os aforismos desse modo, porém, devemos empreender uma leitura esotérica deles. Como veremos, essa leitura esotérica não difere em gênero de uma interpretação filosoficamente rigorosa dos trechos, embora difira em grau, pois Nietzsche a cumpre de modo muito mais rígido a fim de chegar a uma tal interpretação filosoficamente rigorosa.

2.1 *ABM* 1: INTRODUÇÃO À VONTADE DE VERDADE

Que *ABM* 1 introduza a vontade de verdade é obviamente algo para se pensar. O aforismo começa designando essa vontade e falando sobre ela, a qual não havia sido mencionada anteriormente no livro:

> A vontade de verdade,* que ainda nos levará a muitas aventuras, essa famosa integridade da qual todos os filósofos falaram até agora com reverência, quantos problemas essa vontade de verdade já pôs diante de nós! Que problemas estranhos, perversos, problemáticos! Já é uma longa história — no entanto é como se tivesse apenas começado. (*ABM* 1)

Não estamos afirmando apenas que a vontade de verdade é introduzida em *ABM* 1, mas que introduzi-la é um ponto central desse aforismo. Defendemos tal interpretação mostrando, antes de mais nada, como entender sua principal implicação: Nietzsche considera importante nos fazer prestar atenção a essa vontade logo no início de *ABM* Um. Nossa explicação é que a vontade de verdade é uma face da magnífica tensão do espírito, a qual o prefácio nos diz que Nietzsche vê na filosofia contemporânea, e que o próprio *ABM* é uma tentativa de diagnosticar a situação atual da filosofia e de apontá-la para um novo futuro. Faz sentido que Nietzsche encare a vontade de verdade como uma face da magnífica tensão do espírito porque, como o prefácio nos diz, foi a "luta contra Platão" e especificamente contra seu "erro de dogmático" que "criou na Europa uma magnífica tensão do espírito". O "erro de dogmático" de Platão foi um erro "que significava pôr a verdade de cabeça para baixo" (*ABM* P). Assim, faz sentido que Nietzsche veja a vontade de verdade como a instigadora da luta contra o dogmatismo de Platão e, portanto, como uma das forças que constituem a tensão que ele vê na filosofia contemporânea. Esse ponto, é claro, só nos ajudará a esclarecer a natureza dessa

---

* Isto é, *o amor pela verdade.* (N. do T.)

tensão se formos capazes de localizar uma outra força, a qual resista à vontade de verdade. Essa seria presumivelmente a força ou vontade que serviu de inspiração inicial para o dogmatismo de Platão. Sustentamos na seção seguinte que é precisamente tal vontade que Nietzsche introduz em *ABM* 2.

Desenvolvemos agora a segunda parte da estratégia para defender nossa interpretação de *ABM* 1 considerando sua principal alternativa. Conforme a leitura habitual de *ABM* 1, sua finalidade não é tanto introduzir a vontade de verdade, mas atacá-la. Mesmo Lampert (2001, p. 18), que acha que *ABM* acaba afirmando o valor tanto da verdade quanto da filosofia, pretende que ele começa com um "assalto" contra ambas. Seu argumento é presumivelmente que *ABM* 1 ataca o valor da verdade, iniciando um ataque à filosofia desdobrado nos vários aforismos que se seguem.[1] Isso não parece absurdo. *ABM* Um é intitulado "Sobre os Preconceitos dos Filósofos", o que prepara os leitores para interpretar seus conteúdos de um modo crítico aos filósofos. E, se alguém estiver procurando alguma coisa crítica nos filósofos em *ABM* 1, será fácil pensar que o problema é a questão do valor da verdade. À medida que prosseguirmos, no entanto, veremos que o título de *ABM* Um é um tanto (e deliberadamente) enganador. Realmente diz respeito aos "prejulgamentos" ou valores essenciais à filosofia, não ao que está errado com os filósofos. Mas leitores que não perceberam isso (ou seja, a vasta maioria dos que não leram várias vezes o livro) acharão natural reportar a leitura de *ABM* Um a temas que parecem críticos aos filósofos. No caso de *ABM* 1, isso significa concentrar-se nas seguintes perguntas que ele faz sobre a vontade de verdade: "Está certo que queremos a verdade: mas por que não antes a inverdade? Ou a incerteza? Ou mesmo a ignorância?". Dificilmente causa espanto se os leitores presumem que aqui Nietzsche está atacando a vontade de verdade com a suposição quanto ao valor da verdade. Sustentamos que não deviam fazê-lo.

Primeiro, considere como Nietzsche apresenta essas questões sobre a vontade de verdade: elas teriam surgido como parte da perigosa empresa à qual fomos incitados pela própria vontade de verdade. Tendo sido durante tanto tempo impelidos por essa vontade a responder às *suas* questões, finalmente aprendemos a fazer perguntas sobre ela.

---

1. Embora um primeiro olhar possa sugerir que o prefácio de *ABM* já questiona a possibilidade ou a importância de se alcançar a verdade, vimos que ele não o faz. Nietzsche zomba não da procura da verdade, mas somente dos meios "ineptos e inaptos" empregados pelos dogmáticos para tentar atingi-la. Se o prefácio está pedindo uma investigação da questão, é apenas a investigação de uma verdade *a priori*.

Quem é realmente que está nos fazendo as perguntas aqui? *O que* realmente é isto em nós que quer a "verdade"? De fato, fizemos uma longa pausa na questão sobre a causa desta vontade — até finalmente chegarmos a uma parada completa diante de uma questão ainda mais fundamental. Perguntamos sobre o valor desta vontade. Está certo que queremos a verdade: mas por que não antes a inverdade? Ou a incerteza? Ou mesmo a ignorância? O problema do valor da verdade, portanto, se colocou na nossa frente — ou fomos nós que nos colocamos diante dele? Quem é o Édipo aqui? Quem é a esfinge? Trata-se, ao que parece, de uma encruzilhada de dúvidas e pontos de interrogação. E finalmente quase começou a nos parecer que esses problemas jamais tinham sido colocados antes; você acreditaria que fomos os primeiros a percebê-los, a encará-los, a correr o risco? Pois há risco neles e talvez não exista risco maior. (*ABM* 1)

Observe que Nietzsche usa frequentemente "nós" por questão de "polidez", como ele nos diz em *Crepúsculo dos Ídolos* (*CI* "Razão" 5; cf. *GM* III: 27). A história de aventura que conta em *ABM* 1 é realmente sua própria história; ele dedicou boa parte de seu trabalho inicial à questão da causa da vontade de verdade, mas nos conta que finalmente se deparou com a questão "mais fundamental" relativa ao valor dessa vontade, a qual, ao que parece, havia simplesmente tomado como evidente.[2] Narrando assim a aventura de sua própria história intelectual, Nietzsche está nos dizendo onde esteve e que questões levantou. Não está realmente *levantando* essas questões em *ABM* 1, mas apenas *mencionando-as* ao explicar como elas chegaram a ser levantadas. Não está, portanto, colocando em questão o valor da verdade, muito menos negando-o. Como no prefácio, está agindo aqui, antes de mais nada, como historiador da filosofia.

Nosso ponto de vista parece demasiado forte, dado que Nietzsche fala nas últimas linhas da citação anterior em ter sido o primeiro a levantar a questão do valor da verdade e do risco em fazê-lo. Mesmo se ele estiver só mencionando, e não levantando a questão, *ABM* 1 não está chamando atenção para a questão e sua importância? Admitimos que sim, mas ainda queremos insistir que chamar atenção para a questão ou sua simples menção não é o ponto principal do aforismo. Nossa principal evidência disso (fora a evidência de nossa própria interpretação

---

2. Suas primeiras pesquisas relativas à causa da vontade de verdade (em VM e *HD*) simplesmente tomavam o valor da verdade e a vontade de verdade como evidentes. Ver Clark e Leiter (1997) para o relato da evolução de Nietzsche acerca desse problema em geral e com relação à moralidade.

do tema do aforismo) é que a questão quanto ao valor de verdade não estrutura *ABM* Um nem ressurge nele. Sabemos de *ABM* 1 que a vontade de verdade deve finalmente enfrentar a questão de seu próprio valor. Mas nada aqui implica que a confrontação produzirá uma resposta negativa. De fato, a tese de que a história da vontade de verdade "apenas começou" sugere fortemente que Nietzsche não a extingue em suas opiniões em *ABM* 1. Além disso, existe aparentemente muito mais a aprender sobre a vontade de verdade antes que a confrontação possa ocorrer, dado que ela de fato não ocorre até *ABM* 230.[3] O ponto principal de *ABM* 1 é concentrar nossa atenção antes na vontade de verdade que na questão referente ao valor da verdade.

Que Lampert (2001) veja *ABM* 1 de forma diferente parece resultado da influência deformadora que Leo Strauss exerce sobre sua interpretação. Lampert concentra a leitura do aforismo na questão relativa ao valor da verdade; a justificativa implícita para fazê-lo é que isso explica um aspecto reconhecidamente importante do trecho, a observação sobre o risco em que ele termina. O problema do valor da verdade, diz ele, é "por que valorar [a verdade] se isso põe tudo mais em risco" (2001, p. 20). Mas aqui se lê demais no trecho, que nem diz nem sugere que a verdade ponha tudo em risco. Diz apenas que é arriscado — de fato "talvez não exista risco maior" que *colocar a questão* do valor da verdade. Lampert (2001, p. 21) assume o risco de mentir contando com "a probabilidade de que isso destrua as falsificações que têm sustentado a vida humana e force a humanidade a enfrentar o caráter letal da verdade. Que a verdade é letal é a mais letal das verdades". Assim, como a verdade é o oposto das falsificações sobre as quais a vida humana foi construída, os seres humanos (excluindo os filósofos) devem encará-la antes como "letal" que valiosa. Esse é o começo da leitura straussiana feita por Lampert de *ABM*, que essencialmente divide a humanidade em dois tipos: os filósofos e os demais. Os filósofos podem conviver com a verdade; os outros não. Lampert leva Nietzsche a ver nos primeiros filósofos o que Strauss via neles, a saber, pensadores que mentiam para o público sobre questões acerca das quais conheciam bem a perigosa verdade. Mas mesmo se for essa a visão de Nietzsche (sobre o que temos algumas dúvidas), ela não leva a uma grande compreensão do risco a que ele se refere em *ABM* 1. As "falsificações" em questão — basicamente, as "nobres mentiras" de Platão relativas à imortalidade, a um mecanismo cósmico

---

3. E quando a resposta é dada, em *ABM* 231, é provável que só aqueles que aprenderam a seguir a estrutura de *ABM* sejam capazes de compreendê-la.

de recompensa e punição, e talvez às formas — *já* foram expostas como ilusões pelo trabalho da vontade de verdade, segundo o mesmo trecho citado por Lampert para dar suporte à sua interpretação (*GC* 357; cf. *GM* III: 24-27). O mesmo ponto está implícito no prefácio, em sua afirmação relativa ao sucesso "da luta contra Platão". Mas as "falsificações" de Platão têm sido superadas sem levantar qualquer questão sobre o valor da verdade, o que é especialmente óbvio, pois Nietzsche foi o primeiro a levantá-la. Porque colocar *essa* questão é o que *ABM* 1 toma por arriscado, e as "falsificações" já foram desmascaradas antes de sua colocação. Contudo, a interpretação straussiana de Lampert não leva devidamente em conta o risco a que Nietzsche se refere em *ABM* 1.

É mais lógico supor que Nietzsche considere arriscado colocar questões sobre a vontade de verdade (incluindo sua pressuposição referente ao valor da verdade) devido às *verdades sobre a vontade de verdade* que é provável que a investigação sobre essas matérias exponha. Como veremos mais tarde neste livro, isso faz sentido dada a explicação de *ABM* Um sobre como as vontades ou os compromissos são constituídos. Torna-se arriscado expor a verdade sobre a vontade de verdade *não* porque a vontade de verdade tenha desmascarado falsificações sobre as quais a vida humana tem sido construída (o que de fato é o caso), mas porque a vontade de verdade é constituída de tal forma que não parecerá ser útil pelo entendimento de nosso ideal corrente (um ideal ao qual os filósofos estão pelo menos tão firmemente ligados quanto os outros humanos). Formular questões sobre a vontade de verdade é, portanto, arriscado, se queremos manter respeito pela vontade de verdade e pela filosofia, tanto entre filósofos quanto entre as pessoas em geral, como acreditamos que Nietzsche faz. E como a questão quanto ao valor da verdade não é mencionada no restante de *ABM* Um (de fato, como vimos, só o será em *ABM* 230), parece improvável que a função de mencionar o risco de formulá-la seja focar a atenção dos leitores nessa questão ou mesmo chamar atenção para ela.

Mas por que Nietzsche mencionaria a questão relativa ao valor da verdade se não desejasse chamar nossa atenção para ela? Temos duas respostas. Primeiro, ele certamente quer sugerir aos leitores que o acompanhar na história da vontade de verdade é uma aventura arriscada. O próprio Nietzsche diz que seu "leitor perfeito" é um "aventureiro e descobridor nato" (*EH* III: 3), e o risco está intimamente relacionado à aventura. Assim, o retrato que Nietzsche faz da vontade de verdade no início de *ABM* parece destinado a atrair o leitor aventureiro que ele quer. Em segundo lugar, ele menciona a questão do valor da verdade a fim de revelar o contraste entre dois tipos de perguntas, uma sobre causas, a outra sobre valores, que ele faz aqui especificamente sobre a vontade de verdade. A pergunta sobre "a causa dessa vontade" é uma pergunta sobre sua *origem*, sobre como a vontade de verdade passou a existir. É a pergunta para a qual grande parte dos primeiros trabalhos de Nietzsche estavam voltados, mais explicitamente o ensaio não publicado "Sobre a Verdade e a Mentira no Sentido Extramoral" (VM), mas também, num grau ou noutro, *O Nascimento da Tragédia* (*NT*), *Meditações Inoportunas* (*MI*), *Humano, Demasiado Humano* (*HD*) *e A Gaia Ciência* (*GC*). O trecho de *ABM* 1 citado mais cedo agora mostra reconhecer que sua investigação sobre a origem dessa vontade omitiu uma questão "mais fundamental" relativa "ao valor de uma tal vontade", que ele equipara ao problema do "valor da verdade". A formulação dessa questão como "por que não antes a inverdade?" indica que ela diz respeito antes ao *objeto* e não à origem da vontade de verdade e que é um *tipo* de questão diferente da que diz respeito à causa da vontade, da que diz respeito a razões ou justificativas. "Por que não antes a inverdade?" significa: por que não deveríamos preferir a inverdade à verdade (pelo menos em algumas circunstâncias)? O que *justifica* o valor primordial que atribuímos à verdade? Isso sugere que ele compreende a *vontade* de verdade como um *compromisso* com o valor da verdade (o que se ajusta à sua identificação da vontade de verdade com a integridade na frase inicial de *ABM* 1). Perguntar sobre o "valor" dessa vontade é pedir uma justificativa a fim de admitir que a verdade tenha sempre mais valor que a inverdade. Mas por que essa questão é "mais fundamental" que aquela relativa à causa da vontade de verdade? Por que não são apenas dois diferentes tipos de questão? Propomos que isso acontece porque explicar a origem de um compromisso, explicar como ele passou a existir requer uma explicação da justificativa do compromisso aceito por aqueles que o assumem. Se, como no caso dos primeiros trabalhos de Nietzsche, ignoramos a necessidade de uma tal explicação, é provável que isso aconteça porque estamos simplesmente presumindo que o objeto do compromisso é valioso. Presume-se, assim, que encontramos uma justificativa para avaliá-lo sem levar nossa suposição ao nível da consciência articulada ou reconhecer qualquer alternativa a essa avaliação. Como Nietzsche não conseguiu levantar o problema da justificativa, suas primeiras explicações da vontade de verdade estavam deixando escapar uma grande parte da história de como ela passou a existir, a saber, a história de como a justificativa para preferir a verdade à inverdade se desenvolveu. Sem essa parte da história, a explicação que sobra envolvia uma séria distorção, como podemos ver comparando os primeiros relatos de Nietzsche sobre a origem da vontade de verdade (especialmente em VM) com o relato que ele dá em *GM*

III. No último, o ideal ascético desempenha um grande papel porque explica como a verdade passou a ser valorizada do modo que tem de ser valorizada se devemos ter uma vontade de verdade. Essa é uma parte da história que Nietzsche conta explicitamente em *GM* III, mas a qual já está implícita em várias seções de *ABM*, incluindo *ABM* 2.

Nietzsche então começa *ABM* Um assinalando a diferença entre dois tipos de questão. O primeiro diz respeito a causas ou origens; requer uma *explicação* de como uma coisa passa a existir. O segundo diz respeito a valores ou razões; requer uma *justificativa* para acreditar numa coisa, fazê-la ou valorizá-la. Mas esses dois tipos de questão interagem quando se trata de explicar algo sobre o pensamento ou o comportamento de seres humanos. Se queremos explicar por que uma pessoa fez ou pensou uma coisa, temos de levar em conta por que faria sentido para ela fazer isso, ou seja, que razão ela admitiria ter para fazer o que fez. O fato de Nietzsche distinguir, no início mesmo do livro, esses dois tipos de questão dificilmente seria acidental e deve nos encorajar a procurar descobrir como ele usa essa distinção em seções subsequentes. Veremos que essa distinção desempenha um papel importante nos aforismos que se seguem. Nossa explicação para o fato de Nietzsche mencionar o problema do valor da verdade em *ABM* 1 é, então, que o aforismo tem uma função importante além de introduzir a vontade de verdade — a função de introduzir a distinção entre dois tipos de questão sobre compromissos. Ele usa a vontade de verdade como exemplo precisamente porque seu principal objetivo é concentrar nossa atenção na vontade de verdade. E, de novo, ao enfatizar o risco envolvido na colocação da questão do valor da verdade, espera aproximar dela leitores que têm atração pelo risco. Portanto a questão do valor da verdade de fato se estende sobre toda a empresa de *ABM*. O leitor e a leitora perceptivos saberão desde o início que essa questão deve finalmente ser enfrentada. Mas se eles se concentram nesse aspecto de *ABM* 1 ao passar para *ABM* 2, perderão as coisas mais importantes que estão acontecendo nesses aforismos de abertura.

2.2 *ABM* 2: INTRODUÇÃO À VONTADE DE VALOR

Passando agora a *ABM* 2, sustentamos que ele está destinado a nos apresentar ao outro lado da "magnífica tensão do espírito", o lado que chamamos "a vontade de valor". Enquanto a vontade de verdade pretende acreditar apenas no que corresponde ao modo como o mundo realmente é, a vontade de valor pretende representar o mundo em relação ao que é valioso, em relação a como o mundo deveria ser. Nietzsche deixará claro em *ABM* 5-8 que a segunda se manterá por trás de toda a filosofia. Em *ABM* 2, ele a introduz como inspiração para uma espécie particular de filosofia, a saber, a filosofia metafísica. Tendo introduzido a vontade de verdade em *ABM* 1, Nietzsche nega em *ABM* 2 que a filosofia metafísica seja apenas ou primariamente o trabalho dessa vontade. Há outra coisa guiando o metafísico, que Nietzsche chama de "valoração" e "fé", e é aqui que ele introduz a vontade de valor.

ABM 2 não costuma ser lido dessa maneira. Antes de entrar nos detalhes de nossa interpretação, consideremos duas alternativas a ela. Comecemos com a citação do discurso que abre o aforismo:

> Como *poderia* uma coisa surgir de seu oposto? A verdade do erro, por exemplo? Ou a vontade de verdade da vontade de engano? Ou o ato desinteressado do egoísmo? Tais origens são impossíveis; quem sonha com elas é um louco, pior ainda que louco; as coisas de valor mais elevado têm de ter outra origem, uma origem *própria* — não podem ser derivadas deste mundo transitório, sedutor, enganador, vil, deste turbilhão de ilusão e luxúria. Antes vêm do regaço do Ser, do não transitório, do deus oculto, da "coisa em si" — é onde seu fundamento deve se encontrar e em nenhuma outra parte! (*ABM* 2)

Quem está falando aqui? Segundo Lampert (2001, p. 24), é "o velho dogmatismo se insurgindo para condenar o questionador [de *ABM* 1] e proclamar sua fé inabalável na verdade". Lampert, assim, associa os dois primeiros aforismos de *ABM* por meio da questão do valor da verdade. Recorre a *ABM* 1 a fim de levantar a questão e ao discurso de abertura de *ABM* 2 no intuito de fornecer a resposta do dogmatismo a ela.

Mas isso não parece certo, mesmo ignorando nossa negação de que Nietzsche esteja realmente levantando essa questão em *ABM* 1. Embora o discurso de abertura admita o valor da verdade, sua proclamação diz respeito à *origem* da verdade e de outras dessas coisas valiosas; e, nos comentários que se seguem a ela, Nietzsche atribui essa proclamação não a antigos dogmáticos, mas a "metafísicos de todas as épocas" (*ABM* 2). Como discutimos no Capítulo 1, "dogmático" e "metafísico" têm diferentes significados para Nietzsche. Ser um dogmático é aceitar uma afirmação sobre o conhecimento, a de que o verdadeiro conhecimento existe *a priori*, enquanto se é metafísico em virtude de uma reivindicação ontológica, a saber, que existe um segundo ou metafísico mundo ontologicamente distinto do mundo que pode ser conhecido empiricamente.

Que essa reivindicação ontológica é o foco de Nietzsche em *ABM* 2 parece ficar claro com o fato de que o discurso de abertura visa justificar a defesa de um mundo metafísico, um *segundo* mundo além do mundo empírico. A justificativa proferida é que coisas de valor mais elevado "não podem ser derivadas deste mundo transitório, sedutor, enganador, vil, deste turbilhão de ilusão e luxúria". O mundo "vil" em questão aqui é claramente o mundo natural, o mundo acessível à percepção e ao pensamento empírico, o qual *ABM* 2 caracteriza do ponto de vista da atitude dos metafísicos para com ele. A tese implícita na construção feita por Nietzsche do discurso dos metafísicos é que eles acham necessário sustentar um mundo metafísico, um segundo mundo para além do mundo natural ou empírico, precisamente como *a fonte, o lugar de origem*, de coisas tão altamente valorizadas como o saber, a verdade e a virtude.

Lampert admite que o discurso de abertura responde a uma pergunta relativa à *origem* de coisas como a verdade (ou sua posse), mas insiste, não obstante, que a intenção de Nietzsche ao construir esse discurso diz respeito ao *valor* da verdade. Seu raciocínio é que a resposta do dogmatismo sobre a origem da verdade "só é possível porque recusa a questão do valor da verdade" (2001, p. 24). Podemos ver que isso não é correto distinguindo as três afirmações que constituem a explicação da origem da verdade implícita no discurso de abertura:

1. A verdade é uma coisa do mais alto valor.
2. Uma coisa do mais alto valor tem de ter sua origem num mundo metafísico.
3. A verdade, portanto, deve ter sua origem num mundo metafísico.

Lampert, com efeito, apresenta a explicação de Nietzsche sobre a "velha filosofia" concentrada na primeira premissa: pois a tese filosoficamente aceita levantada por 1 lançava uma base para endossar a explicação metafísica da origem da verdade formulada em 3. Mas isso coloca a ênfase no lugar errado. Dada a explicação de Nietzsche sobre o pensamento dos metafísicos, não são coisas de valor particular que levaram à postulação de um mundo metafísico, mas a suposição de que coisas do mais alto valor devem ter uma origem separada, que não podem ser derivadas do mundo natural. Dada essa suposição, vão exigir enquadramento num mundo metafísico de *tudo que se admita ser do mais alto valor*. Por esse motivo, é a tese 2 que deve ser o foco de nossa atenção se quisermos compreender a explicação dada por Nietzsche sobre a filosofia metafísica. Lampert, no entanto, ignora 2, como se aceitasse que 1 requer que a pessoa também aceite 2, e esse claramente não é o caso. Podemos rejeitar 2 e portanto 3, mesmo se aceitarmos 1.[4]

Então por que os filósofos metafísicos aceitaram 2?[5] Nietzsche responde que a "fé fundamental dos metafísicos é *a fé em oposições de valores* [*der Glaube an die Gegensätze der Werte*]". É provável que leitores de traduções inglesas conheçam a

---

4. Segundo o que podemos reconstituir da análise de Lampert, ele pensa que afirmar 2 também "resulta da recusa da questão do valor da verdade". Em outras palavras, tomar 1 como evidente levou os filósofos a aceitarem não meramente 3, mas também 2. A tentativa implícita de Lampert (2000, pp. 20-1) de fazer isso parecer plausível vem da afirmação straussiana de que "presumir o valor da verdade para seres humanos é presumir que há uma conformidade ou harmonia entre a verdade e nossas naturezas, que a verdade é aquilo para o que somos naturalmente adequados". Mas como a verdade, segundo a leitura straussiana que Lampert faz de Nietzsche, é na realidade que a verdade é "letal", admitir o valor da verdade forçou o filósofo a mentir sobre o que era a verdade, isto é, a contar as "nobres mentiras" de Platão, presumivelmente incluindo aquelas sobre o incólume reino metafísico de formas ao qual a verdade corresponde. Isto é, forçou os filósofos a aceitarem ou, pelo menos, a professarem aceitação das teses metafísicas dualistas com as quais nosso 2 nos compromete. Simplesmente não há evidência textual de que seja essa a opinião de Nietzsche em *ABM* 2 ou em qualquer outro lugar.

5. O componente final da história straussiana de Lampert envolve a tese de que, ao aceitar o que é nossa premissa 2, os metafísicos "põem seu selo" nas "avaliações populares e oposições de valor". Finalmente Lampert reconhece aqui, implicitamente, a tese de Nietzsche de que os valores formam a base da filosofia metafísica. Contudo, ele não reconhece que Nietzsche está fazendo menção a uma força responsável pela filosofia além da vontade de verdade, porque também está interessado em descartar esse outro elemento como uma influência pré-filosófica. Lampert (2000, p. 25) de fato afirma que o "dualismo dogmático" virá à tona como uma reação perfeitamente compreensível a um conflito dentro dos seres humanos entre coração e mente, entre o que desejamos e o que pode razoavelmente ser pensado. Mas dado que isso antecede, em nosso texto, o trecho citado em seguida, parece que o conflito no dogmatismo é entre "o que pode razoavelmente ser pensado" e o que alguns desejam.

Lampert afirma que aquilo que "está fora de dúvida sobre as avaliações da metafísica tradicional é que elas preexistem à filosofia, como as avaliações da população, às quais a filosofia meramente aplica seu selo. A metafísica, assim, origina-se do alinhamento dos filósofos com a população — origina-se da incapacidade dos filósofos em demarcar e tornar conhecida a diferença da alma do filósofo". Lampert (2000, p. 25), por conseguinte, interpreta *ABM* 2 como preocupado com "a assimilação do filósofo ao percurso comum da humanidade e o dualismo que daí resultou". São os valores do povo que devem ser censurados como má filosofia! Como os filósofos, como resultado de se identificarem com "o percurso comum da humanidade", aceitam as teses metafísicas dualistas que Nietzsche critica, sugere Lampert (2000, p. 25), eles só precisam reconhecer "o filósofo como exceção, até mesmo a exceção entre exceções", para serem levados à filosofia monista que Nietzsche mostra aceitar nas últimas partes de *ABM*, nomeadamente à doutrina da vontade de poder como essência da realidade. Argumentamos contra interpretar a vontade de poder como uma teoria da realidade no capítulo 6. Mas inteiramente à parte disso, consideramos implausível a explicação de Lampert de por que os filósofos aceitaram a tese de que as coisas de valor mais elevado devem ter uma "origem própria" especial, num mundo além da natureza. Vemos sua explicação devendo mais a Strauss que a Nietzsche e apresentamos nossa própria explicação do assunto no que se segue.

frase alemã como "a fé em valores opostos" (Kaufmann) ou "a fé em valores antitéticos" (Hollingdale). Embora essas traduções possam parecer mais elegantes, são menos precisas. *Gegensätze* não é um adjetivo, mas o plural do substantivo *Gegensatz*, que em inglês é "oposição" ou "antítese". Ainda mais importante, as traduções-padrão sugerem que a "fé em oposições de valores" (FOV) é uma fé em meios opostos de valorar, portanto uma fé de que existem coisas de valor oposto (por exemplo, alto e baixo, bem e mal). Mas "valores" é algo ambíguo entre objetos que são avaliados, como quando listamos amizade ou felicidade entre nossos valores, e atos ou sistemas de avaliação. O *Werte* de Nietzsche se refere ao primeiro. Ele usa *Werthschätzungen* para o segundo. FOV é a suposição não de que há meios opostos de valorar e, portanto, coisas de valor alto e baixo, mas que coisas de valor alto e baixo são elas próprias opostas.

É de fato assim que Derrida e outros pós-modernos a interpretaram. Sua suposição é de que FOV é uma tese lógica ou metafísica relativa a opostos. Segundo ela, nossos conceitos nos fazem pensar em conjuntos de oposições estritas ou dicotomias — por exemplo, presença e ausência, estabilidade e mudança, vivo e não vivo, masculino e feminino. O problema com tais oposições, segundo os pós-modernos, é que se mostra difícil aplicar esses termos a objetos; quando tentamos fazê-lo, as oposições se rompem ou se "desconstroem".[6] A ideia é que o pensamento requer e é permeado por tais oposições estritas, nenhuma das quais resiste ao escrutínio — isto é, todas se rompem ou se desconstroem a si próprias quando tentamos aplicá-las a objetos. "Suas alternativas supostamente exclusivas revelam estar inextricavelmente conectadas; as hierarquias implícitas se mostram perpetuamente reversíveis" (Gutting, 1998, sec. 4). Esse ponto tem sido levantado no intuito de mostrar que há "um fosso que não se consegue eliminar entre a inteligibilidade de um sistema racional e a realidade que ele está tentando captar",

---

6. Gary Gutting apresenta o seguinte exemplo útil, tirado do estudo de Derrida sobre Husserl, de como se supõe que a desconstrução trabalhe:

Consideremos, por exemplo, a oposição entre presença e ausência, que desempenha um papel fundamental na fenomenologia de Husserl (e em muitos outros contextos filosóficos). Husserl requer uma distinção nítida entre o que está imediatamente presente para a consciência (e é, portanto, inteiramente certo) e o que está fora da consciência (e é, portanto, incerto). Mas assim que Husserl empreende uma análise detida do imediatamente presente, descobre que ele não é instantâneo, mas inclui sua própria extensão temporal. O "presente", como unidade experiencial concreta, envolve tanto a memória do há pouco-imediatamente-passado (retenção, na terminologia de Husserl) quanto a antecipação do futuro imediato (protensão). Assim, o passado e o futuro, ambos paradigmas do que é ausente (não presente), mostram ser partes integrais do presente. A própria explicação de Husserl da oposição presença/ausência a derruba. (Gutting, 1998, sec. 4) pois os objetos sempre "acabam escapulindo pela rede conceitual estendida por qualquer sistema de inteligibilidade que criarmos para eles" (*ibid*).

Mas era disso que Nietzsche estava falando em *ABM* 2? Como a FOV, assim interpretada, explicaria a necessidade de um mundo metafísico (portanto, de nossa tese 2)? A explicação teria de ser que, desde que nossos conceitos não se aplicam a coisas no mundo empírico ou natural, os metafísicos postulam um segundo mundo, um mundo de objetos estáveis, eternos, a que os conceitos podem mais facilmente parecer se ajustar. É absolutamente controvertido que Nietzsche negue a existência de tais objetos. Não causa, portanto, surpresa que os influenciados pela pós-modernidade tenham se mostrado particularmente dispostos a insistir que Nietzsche aceita a tese da falsificação, a afirmação de que todo nosso suposto conhecimento falsifica a realidade. Pois se o pensamento requer que pensemos em oposições que nunca estão exemplificadas na realidade empírica, e não existe outra realidade, o pensamento tem de falsificar a realidade.

Mas essa interpretação pós-moderna da FOV parece incapaz de explicar por que uma origem metafísica é requerida *especificamente* para coisas do mais alto valor. Se a pós-modernidade está certa, *nenhum* de nossos conceitos é adequado para a compreensão de coisas no mundo empírico. Longe de precisarem de origens *distintas, tanto* as coisas mais elevadas *quanto* as mais baixas teriam de se originar num reino diferente do mundo natural se tivessem de ser adequadamente captadas por nossos conceitos. Contudo, a tese no discurso que abre *ABM* 2 é a de que são especificamente *coisas do mais alto valor* que os metafísicos situam no "ventre do ser" ou coisa em si. A leitura pós-moderna da FOV deixa, portanto, de explicar o que Nietzsche diz nesse trecho.

Nossa interpretação alternativa da FOV é que não se trata de uma tese metafísica relativa a opostos, mas de uma avaliação que Nietzsche afirma encontrar na raiz das teses metafísicas. Nietzsche apresenta explicitamente o "tipo de julgamento" que institui a FOV como uma "avaliação":

> Esse tipo de julgamento constitui o típico preconceito pelo qual metafísicos de todas as épocas podem ser reconhecidos; esse tipo de avaliação [*Art von Werthschätzungen*] se encontra nas premissas de todos os seus procedimentos lógicos; é graças a essa "fé" que se empenham em seu "conhecimento", que se agitam em torno de algo que, por fim, é solenemente batizado como "a verdade". A fé fundamental dos metafísicos é *a fé em oposições de valores.* (*ABM* 2)

O conteúdo do "julgamento" referido aqui é que coisas do mais alto valor devem ter uma origem própria especial, uma origem não natural ou metafísica. Este julgamento é identificado no trecho tanto como "avaliação" quanto como um "preconceito" e é revelado, finalmente, como "a fé em oposições de valores". Observe que "preconceito" é tradução do alemão *Vorurteil*, que é ainda mais obviamente equivalente a "prejulgamento" do que seu correspondente em nossa língua. O fato de ser este um dentre apenas dois usos de "preconceito" em *ABM* Um fornece alguma evidência de que o título desta primeira parte do livro, "Sobre os Preconceitos dos Filósofos", refere-se não a algo problemático que os filósofos devam superar, mas aos valores (ou prejulgamentos) essenciais a toda filosofia. Em *ABM* 2, Nietzsche sustenta apenas que uma "avaliação" se mantém por trás de determinada espécie de filosofia, a filosofia metafísica, mas, como dissemos, *ABM* 5-8 argumenta que tal avaliação se mantém por trás de toda a filosofia. Assim, com base na suposição de que Nietzsche não está fazendo objeção a toda a filosofia, conclui-se que não pode estar tentando mostrar que o que chama de "preconceitos" são coisas más, que devam ser superadas na melhor filosofia. Algum valor ou prejulgamento será essencial a qualquer filosofia. Contudo, isso não impede Nietzsche de dirigir críticas contra preconceito e avaliação específicos expressos pela filosofia metafísica.

Antes de nos voltarmos para essas críticas, vamos examinar como devemos compreender a afirmação de Nietzsche de que postular um mundo metafísico expressa uma "avaliação" ou "fé". Por que ele diz que a FOV é antes uma avaliação que uma tese puramente descritiva de que os opostos existem? Examine de novo o discurso que ele atribui aos metafísicos em seus esforços no intuito de justificar a postulação de um mundo metafísico.

> Como poderia uma coisa surgir de seu oposto? Por exemplo, a verdade do erro? Ou a vontade de verdade da vontade de engano? Ou o olhar puro e luminoso do santo da luxúria?* Tais origens são impossíveis; quem sonha com elas é um louco, pior ainda que louco; as coisas de valor mais elevado têm de ter uma origem *própria*; não podem ser derivadas deste mundo transitório, sedutor, enganador, vil, deste turbilhão de ilusão e luxúria. Antes vêm do regaço do Ser, do não transitório, do deus oculto, da "coisa em si". (*ABM* 2)

---

* Aqui, como em outras citações de *ABM*, os autores reproduzem propositalmente ora uma ora outra das três traduções do alemão para o inglês com que trabalham. Daí as pequenas (e às vezes nem tão pequenas) alterações no texto. (N. do T.)

Parece claro que uma certa avaliação do mundo natural está envolvida aqui. Coisas do mais alto valor requerem uma origem num mundo sobrenatural ou metafísico — e são assim separadas das coisas da natureza como seus opostos — precisamente porque a natureza é "um mundo vil, um turbilhão de ilusão e luxúria". Dessa forma, comprometer-se com essa separação — isto é, com a afirmação de que os opostos existem — é simplesmente expressar a avaliação de que a natureza não é suficientemente valiosa para ser a fonte de coisas de alto valor. Um atributo altamente avaliado deve ter uma origem metafísica, deduz-se do discurso citado, precisamente a fim de mantê-lo livre da contaminação pela natureza. Na medida em que assim o é, os valores dos metafísicos são ditados pelo ideal ascético, como Nietzsche expõe em *GM* III. Segundo esse ideal, a vida de autonegação, isto é, a negação do que é mera natureza no eu, é a melhor vida humana precisamente porque a natureza em si não tem valor e contamina o que é de valor, a saber, os atributos derivados de outro mundo mais elevado (ver Clark, 1990, cap. 6, para uma discussão completa).

Como exemplos do que Nietzsche tem aqui em mente, pensemos em qualidades altamente valorizadas como amor e saber. O metafísico de Nietzsche nega que o desejo sexual ou a luxúria que compartilhamos com outros animais tenham a possibilidade de se transformar em amor genuíno: desejo e amor não são pontos ao longo de um *continuum*, mas se mantêm rigorosamente opostos um ao outro. Similarmente, desse ponto de vista, os animais inferiores têm uma percepção do ambiente graças aos sentidos, mas o conhecimento especificamente humano é de natureza diferente: não é uma versão refinada daquele; é de um tipo completamente diferente. De onde, então, vêm o amor e o saber? O que os torna possíveis? Segundo a explicação de Nietzsche, os metafísicos clássicos pensam que tem de ser alguma coisa além (e acima) do mundo meramente natural, o mundo que compartilhamos com outros animais.

Por exemplo, Platão acha que o conhecimento requer uma capacidade de acessar (a fim de recordar) o mundo das formas, que são objetos puramente inteligíveis e não objetos encontrados no mundo natural (isto é, empírico). E Schopenhauer pensa que o amor, um interesse não egoísta por outros, só é possível devido à operação nos seres humanos de uma faculdade não natural, a qual não compartilhamos com outros animais, uma faculdade que nos permite enxergar através do véu da aparência (da realidade empírica) a verdade subjacente sobre a coisa em si (que todos somos um; que a individualidade, a qual depende do tempo e do espaço, que é constituída apenas de formas necessárias de intuição, é uma ilusão). Poderíamos pensar que a explicação sobre o amor no *Banquete* do arquimetafísico Platão fornecida por Nietzsche (trata-se realmente da explicação de Sócrates) é um contraexemplo de sua análise da metafísica. Pois, de acordo com essa explicação, o tipo mais elevado de amor começa com o amor de belos corpos. Mas isso na realidade não é um contraexemplo da análise de Nietzsche, porque o amor mais elevado se revela como amor do bem, que não pertence ao mundo natural. Nietzsche, então, pode dizer que, para Platão, o amor mais elevado só é possível a um indivíduo dotado da faculdade de acessar objetos que se encontram além do mundo natural.[7]

Assim, sugerindo como o filosofar dos metafísicos tem sua base numa avaliação negativa do mundo natural, Nietzsche nos dá uma primeira indicação de que considera que a vontade de valor desempenha um papel importante na filosofia. Não é a vontade de verdade — a vontade de ver o mundo como ele é — que compele os metafísicos a argumentar que o amor não pode se originar na luxúria ou o conhecimento na percepção animal, mas a vontade de valor — a vontade de ver o mundo de um modo que esteja de acordo com seus valores (nesse caso, com sua desvalorização do mundo natural).

No trecho que estivemos analisando, Nietzsche também afirma que a FOV "se mantém como pano de fundo de todos os procedimentos lógicos [dos metafísicos]" e que é por causa "dessa 'fé' que eles se preocupam com seu 'conhecimento', com algo que é finalmente batizado de forma solene como 'a verdade'". Podemos também compreender isso pelo ideal ascético se prestarmos atenção às aspas em torno do "conhecimento" e da "verdade". Nietzsche não precisa ser visto como alguém que afirma que toda a confiança na lógica e toda busca de conhecimento e verdade comprometem a pessoa com a FOV, portanto com o ideal ascético. É a compreensão do conhecimento por parte dos metafísicos como um *a priori* — daí a ênfase na importância da lógica e a desvalorização da evidência empírica —, bem como a compreensão da verdade como correspondência à coisa em si, que revela a fé que eles têm nas oposições de valores. Verdade e conhecimento são valiosos demais para serem acessíveis por meio dos sentidos. Em *Crepúsculo dos Ídolos*, Nietzsche formula a posição sobre conhecimento que atribui aos metafísicos de forma um pouco mais óbvia e rude: "Esses sentidos, que são tão imorais sob outros aspectos, também nos enganam com relação ao *verdadeiro* mundo" (*CI* "Razão" 1).

---

7. Cf. Dudrick, 2008.

Passamos agora à crítica que Nietzsche levanta contra a metafísica e sua subjacente FOV no final de *AL M* 2. Aqui, ele considera três objeções potenciais à FOV, as quais os metafísicos ignoraram. A primeira dessas objeções ou "dúvidas" é a principal evidência em *ABM* 2 de que Nietzsche está interessado em contestar uma afirmação metafísica sobre a existência de opostos. Sustentamos que os primeiros dois modos de duvidar da metafísica realmente pertencem às primeiras obras de Nietzsche e não representam sua melhor estratégia para atacar a FOV. Ao mencioná-los aqui, ele nos permite ver sua obra anterior envolvendo uma tentativa de responder à FOV, e sua obra corrente fazendo o mesmo de forma mais bem-sucedida.

Aqui está Nietzsche expressando as primeiras duas dúvidas:

> Pois se pode duvidar, primeiro, se há realmente quaisquer opostos e, em segundo lugar, se essas avaliações e oposições de valor populares em que os metafísicos puseram seu selo não são meras estimativas superficiais, perspectivas apenas momentâneas, definidas, talvez, a partir de algum ângulo obscuro. (*ABM* 2)

A primeira dúvida está exemplificada em *HD* de Nietzsche, no qual ele pega a concepção dos metafísicos de um mundo metafísico a fim de examinar um equívoco intelectual, um equívoco que *HD* pretende corrigir com sua "filosofia histórica". Essa filosofia "tem apurado em diferentes casos (este será presumivelmente seu resultado em cada caso) que não existem opostos, exceto nos exageros habituais de visões populares ou metafísicas, e que na base de tais oposições se encontra um erro de raciocínio [...] Não há, estritamente falando, nem ações egoístas nem intenção completamente desinteressada". As coisas mais altamente avaliadas são meras "sublimações" das coisas pobremente avaliadas (*HD* 1). A opinião de *HD* é assim essencialmente redutora: sustenta que ações que parecem ser altruístas ou desinteressadas são de fato egoístas, voltadas ao interesse pessoal; em outras palavras, *não existem ações altruístas*. Nesse sentido, *HD* nega que o mundo real contenha opostos (pelo menos do tipo que dá origem a valorações opostas). Observe que isso é bem diferente da afirmação posterior de que ações altruístas, se existissem, não teriam valor maior que suas contrapartidas egoístas. Essa afirmação posterior, no entanto, é do tipo que está expresso na segunda dúvida, ou objeção, levantada contra FOV em *ABM* 2.

A segunda proposta de *ABM* 2 para pôr em dúvida a metafísica questiona não a *existência* de exemplos de uma classe de ações mais altamente valorizada, mas a *estimativa de valor* da própria classe: "Apesar do valor que a sinceridade, a integridade e o desinteresse possam merecer, talvez fosse possível que um valor mais elevado e mais essencial à vida pudesse ser atribuído à ilusão [*Schein*], à vontade de enganar e ao egoísmo" (*ABM* 2). Em vez de negar que ações sinceras, íntegras ou desinteressadas realmente existam, essa fórmula aceita sua existência, mas duvida de seu valor superior, considerando as avaliações em contrário "meras estimativas superficiais". Em *Aurora*, Nietzsche começou a levantar considerações desse tipo com relação a valores morais, especialmente com relação ao altruísmo (Clark e Leiter, 1997, pp. xxiv-xxv). Assim, a primeira e segunda dúvidas relativas à FOV em *ABM* 2 têm variantes iniciais em *HD* e *Aurora*, respectivamente. Embora Nietzsche as sugira como possíveis objeções à FOV, há boa razão para pensar que sua crítica preferida da FOV em *ABM* é empregar uma nova *terceira* estratégia, ao mesmo tempo mais sofisticada e mais vantajosa que as duas acima mencionadas.

Preste atenção agora no final de *ABM* 2. Embora possa parecer descrever melhor o segundo modo de levantar dúvidas referentes à FOV, Nietzsche realmente desloca aqui a discussão no intuito de levantar uma terceira possibilidade, que trata como a mais intrigante: "Poderia mesmo ser possível", diz ele,

> [...] que aquilo que constitui o valor dessas coisas boas e veneradas [o verdadeiro, o honesto, o desinteressado] seja precisamente o fato de estarem traiçoeiramente relacionadas, atadas e envolvidas com essas coisas perversas, aparentemente opostas [ilusão, trapaça, egoísmo] — talvez até, em essência, constituindo com elas uma só entidade. Talvez! Mas quem está disposto a se preocupar com esses perigosos talvezes? Para isso, temos realmente de esperar pelo advento de uma nova espécie de filósofo, que tenha de uma forma ou de outra um gosto e uma propensão inversos aos que conhecemos até agora — filósofos, em cada sentido, do perigoso "talvez". E com toda a seriedade: vejo esses novos filósofos surgindo. (*ABM* 2)

Nietzsche indica que levantar *essa* possibilidade — ao contrário das duas primeiras que menciona — requer uma "nova espécie de filósofo". Isso faz sentido se, como temos afirmado, ele sugere as primeiras duas possibilidades em livros anteriores. Os "novos filósofos" que Nietzsche vê surgindo, "filósofos do perigoso talvez", são presumivelmente os que ultrapassam o que ele fez em livros anteriores (excluindo talvez *Zaratustra*) e que são capazes de resolver a tensão presente nesses livros de um modo que julga ser produtivo para a futura filosofia. Os comentários feitos por Nietzsche aqui sugerem claramente que ele está pensando numa *nova* estratégia para criticar a FOV. Agora nos voltamos brevemente para os detalhes dessa estratégia e, em particular, para o que a diferencia das duas primeiras.

O que há de problemático na fé dos metafísicos em oposições de valores? A terceira dúvida levantada em *ABM* 2 (e a crítica da FOV que Nietzsche exerce no restante de *ABM*) fornece uma resposta iluminadora. O problema é que, devido à mal-orientada inclinação para desvalorizar o mundo natural, os metafísicos propõem de forma muito enfática uma distinção entre as coisas mais altamente valorizadas e as mais pobremente valorizadas, deixando de reconhecer a conexão essencial entre elas. Nietzsche sugere que coisas boas e veneradas não só estão atadas a, mas realmente são *constituídas por* coisas mais vis e não tão veneradas, que elas são "em essência uma coisa só" — que são de fato uma coisa encarada de dois ângulos diferentes. A incapacidade de captar devidamente a natureza dessa conexão levou os metafísicos a adotar uma concepção empobrecida do que é valioso e, daí, a não querer reconhecer o valor das coisas que são exigidas para a existência mesma das coisas que valoram.

As três dúvidas relativas à FOV que Nietzsche leva em conta em *ABM* 2 podem ser assim resumidas:

1. Exemplos da classe de coisas mais altamente avaliadas realmente não existem — por exemplo: *não existem ações altruístas.*
2. A classe de coisas mais altamente avaliadas realmente não têm o valor que os metafísicos lhes atribuem — por exemplo: *ações altruístas são na verdade menos valiosas que suas contrapartidas egoístas.*
3. As coisas mais altamente avaliadas não são "opostas" às coisas mais pobremente avaliadas no sentido que os metafísicos supõem que sejam — por exemplo: *ações altruístas são, em certo sentido, constituídas por instintos egoístas e de interesse próprio.* (Isto é só um exemplo do terceiro tipo de dúvida, e não afirmamos que Nietzsche trabalhe com ele em *ABM.*)

A terceira dúvida que Nietzsche levanta contra a FOV tem importantes vantagens sobre as outras duas. Ela não nega a existência de coisas altamente avaliadas simplesmente reduzindo-as a coisas mais pobremente avaliadas, nem compromete Nietzsche com a tese implausível de que a classe de coisas a que costumamos dar mais valor são realmente *menos* valiosas que as pertencentes à classe oposta. Além disso, a ideia expressa na terceira dúvida ajuda a iluminar a explicação que Nietzsche oferece da alma, e de fato lhe é necessária. Como deixaremos claro no

Capítulo 6, as virtudes ou excelências da alma humana são constituídas por uma certa ordenação de elementos instintivos que os metafísicos têm habitualmente considerado de baixo valor.

Para concluir, Nietzsche vê claramente que a fé dos metafísicos em oposições de valores exclui a possibilidade que ele quer explorar em *ABM* em relação ao modo de relacionamento entre coisas de mais alta e mais baixa avaliação. Mas embora isso possa ter implicações não morais relativas à distância entre coisas mais altas e mais baixas, a fé é em si mesma uma fé moral, uma suposição sobre o que justifica um *status* de alto valor. O resultado, como temos dito, é que Nietzsche nega que a preocupação com a verdade seja o impulso mais profundo por trás da filosofia metafísica. Na realidade, essa preocupação serve a outro impulso, o qual denominamos o "impulso de valor", o impulso para ver o mundo por meio de nossos valores ou nosso ideal. Em vez de simplesmente tentar descobrir a verdade, a filosofia metafísica usava os "procedimentos lógicos" que desenvolvia em nome da verdade com a finalidade de retratar o mundo por meio de seu próprio ideal, um ideal de acordo com o qual as coisas de maior valor estariam contaminadas se estivessem conectadas a coisas de valor inferior.[8]

---

8. Como deixamos claro no Capítulo 1, Nietzsche prossegue afirmando que toda filosofia envolve algo parecido, que por trás de uma filosofia se encontra sempre um ideal ético. Isso obviamente levanta uma questão relativa a como é possível a verdade em filosofia, a questão em que Lampert se concentra ao tratar de *ABM* Um. Mas Lampert vê tudo concentrado no impulso para a verdade e ignora o impulso que o contraria, não conseguindo assim reconhecer o que encaramos como o traço principal de *ABM* 2, o fato de ele introduzir um impulso ou uma força que está em tensão com a vontade de verdade, um impulso que representa o outro lado da "magnífica tensão do espírito" a qual Nietzsche vê na atual situação da filosofia. Em vez de reconhecer que esse trecho trata de um segundo impulso, escreve como se fosse evidente que os primeiros dogmáticos sobre quem julga que Nietzsche está falando tinham uma vontade de verdade. A falha deles é meramente que presumiam seu valor e davam, portanto, uma explicação "preconceituosa" de sua causa. Mas isso pressupõe — entre outras afirmações problemáticas que temos discutido — algo que admitimos que Nietzsche estivesse negando no trecho, ou seja, que os metafísicos pré-kantianos tivessem uma vontade de verdade. Eles certamente tinham alguma preocupação com a verdade e especialmente com a aparência da verdade. De *GC* a *GM*, é claro que o que Nietzsche indica como vontade de verdade é resultado de um longo desenvolvimento histórico que "educou o espírito" (*ABM* 188; *GC* 10 e *GM* III). Os dogmáticos com que Lampert acha que Nietzsche está preocupado em *ABM* 2 estão ainda no início do processo, embora metafísicos mais tardios (talvez o próprio Nietzsche em *HD*) possam ter ido suficientemente longe nesse desenvolvimento para se admitir que tivessem uma vontade de verdade. Seja como for, como sustentamos, a questão de Nietzsche no trecho não é por que os metafísicos quiseram a verdade, mas por que quiseram o que *chamaram* "conhecimento" e "verdade", um conhecimento e uma verdade não conectados ao mundo empírico.

Como já dissemos e discutiremos em capítulos à frente, Nietzsche não critica o fato de os metafísicos terem "preconceitos", de expressarem uma vontade de valor em sua filosofia. Ele acha que toda filosofia faz isso, na verdade que é algo essencial à filosofia: nem a vontade de valor nem a vontade de verdade podem ser sacrificadas se o filósofo vai "atirar para os alvos mais distantes" (*ABM* P). O que ele julga censurável é apenas que os filósofos operem baseados na vontade de valor enquanto (1) deixam de reconhecer que suas filosofias são *mais do que* expressão de um racionalismo frio, lúcido, e (2) deixam de considerar as *alternativas* a esses preconceitos representadas, por exemplo, pelas "dúvidas" que Nietzsche levanta no final de *ABM* 2. Se a vontade de verdade deles fosse suficientemente forte, reconheceriam sua confiança na vontade de valor e levariam em conta as objeções às suas convicções baseadas em valores.

2.3 A FUNÇÃO DE *ABM* 3 E 4

ABM 3 começa com o que parece ser uma ilustração do pensamento da "nova espécie de filósofo" apresentada em *ABM* 2. Afirmando que "a maior parte do pensamento consciente", incluindo o pensamento filosófico, "tem ainda de ser *contado* entre as atividades instintivas", ele nega que "estar consciente" seja, em qualquer sentido decisivo, *oposto* ao que é instintivo". Isso deveria nos alertar para o fato de que a prosa de Nietzsche às vezes funciona não meramente para dizer uma coisa, mas também para ilustrar outra. Afirmamos que pretendemos pôr essa lição em prática ao interpretar *ABM* 3 e 4. Esses dois aforismos ilustram não apenas o pensamento dos novos filósofos, mas também a magnífica tensão do espírito da qual esse pensamento emergirá.

Outro aspecto importante da abertura de *ABM* 3 é a reivindicação feita por Nietzsche de ter descoberto a conexão entre pensamento filosófico e instintos "olhando bem os filósofos nas entrelinhas e nos dedos". É uma frase um tanto estranha, especialmente o final, e podemos presumir que Nietzsche a emprega no intuito de chamar a atenção dos leitores (cuidadosos) para sua ideia. A ideia é presumivelmente que ele chegou ao ponto de vista que discute considerando o que está nas entrelinhas do texto filosófico e a fonte desse texto (os dedos, por extensão, o filósofo). Ao tentar compreender o texto filosófico, sugere ele então, deveríamos tentar decifrar não simplesmente o que é dito, mas também o que fica sem dizer e o que está acontecendo com o filósofo *por trás* do texto, o que ele está tentando concluir (isso é ilustrado pelas próprias afirmações de Nietzsche sobre os filósofos em *ABM* 5-6). Vemos aqui uma pista sobre como ler *ABM* em geral, mas especialmente os aforismos 3 e 4: deve-se tentar imaginar o que Nietzsche deixa sem dizer e tentar decifrar não só a estratégia materializada no texto (o que toda boa leitura requer), mas também a estratégia por trás do texto, o que Nietzsche está tentando fazer com o modo como escreve.

Estamos particularmente necessitados de uma tal instrução com referência a esses dois aforismos porque eles estão entre os de mais difícil interpretação em *ABM*. Seu significado frequentemente não está claro e, no ponto em que parece claro, é difícil encontrar uma plausibilidade mínima nas afirmações de Nietzsche. Apesar dessas dificuldades, estão entre os trechos de *ABM* citados com maior frequência. Isso ocorre porque parecem fornecer nítida evidência de que Nietzsche nega tanto a possibilidade de alcançar a verdade quanto a importância de fazê-lo. Argumentamos contra essa interpretação tomando a sério as sugestões de Nietzsche de que deveríamos ler nas entrelinhas e entender a estratégia por trás do que ele diz. Somos ajudados nisso encarando seriamente a sugestão de que o objetivo do que ele diz é às vezes ilustrar algo que não diz. Como temos indicado, sustentamos que a intenção principal de *ABM* 3 e 4 é ilustrar a magnífica tensão do espírito. Essa tensão é encontrada precisamente na tese da falsificação, presente nos trabalhos iniciais de Nietzsche. Nietzsche está tentando nos mostrar uma coisa que ele não diz: que sua filosofia inicial é a expressão de uma tensão entre a vontade de verdade e a vontade de valor. E, assim que vemos isso, podemos também captar um vislumbre da filosofia que é o alvo da flecha do arco, a posição filosófica além do bem e do mal que já emergiu dessa tensão.

2.4 OS ENIGMAS DE *ABM* 3 E 4

Apenas temos uma razão para ler nas entrelinhas do texto de Nietzsche se fazer isso for necessário para nos dar uma visão clara do que ele está realmente dizendo e fazendo. Assim, começamos mostrando os enigmas enfrentados para compreender *ABM* 4, o que certamente parece endossar a tese da falsificação, para a qual todas as nossas supostas verdades são na realidade falsas. Afirmando que mesmo os julgamentos que normalmente iríamos encarar como os mais corretos são na realidade falsos, ela apresenta seu autor (e ao que parece seus pares) como "fundamentalmente inclinados a afirmar que os julgamentos mais falsos (que incluem os juízos sintéticos *a priori*) são os mais indispensáveis para nós". O livro então trabalha sobre essa afirmação enfatizando que, "sem aceitar as ficções da lógica, sem contrastar a realidade com o mundo puramente inventado do incondicional e idêntico a si mesmo, sem uma contínua falsificação do mundo por meio de números, a humanidade não poderia viver" (*ABM* 4). Nietzsche, portanto, está visivelmente inclinado a crer que os julgamentos da lógica e da matemática ("lógica aplicada", segundo *CI* "Razão" 3) não são apenas falsos, porém mais falsos que outros julgamentos falsos. É difícil saber o que fazer aqui. Por qual padrão poderiam a lógica ou a matemática serem vistas como realidade falsificada? Se Nietzsche estivesse simplesmente negando que proposições da lógica e da matemática fossem verdadeiras, poderíamos admitir que as estivesse tratando como princípios "estruturais", que não são verdadeiros nem falsos. Mas ele diz que são falsas. E, em segundo lugar, como devemos compreender sua afirmação de que não são apenas falsas, mas que são *mais falsas* que outros julgamentos?

Pode agora parecer que ficamos livres pelo menos do primeiro desses problemas se considerarmos a afirmação na abertura de *ABM* 4 de que "a falsidade de um julgamento não é necessariamente para nós objeção a um julgamento" (*ABM* 4). Evidentemente, quando Nietzsche sugere que as conclusões da lógica, da matemática e outros desses julgamentos "indispensáveis" são falsos, não está se opondo a eles. Mas então qual é o sentido de chamá-los de falsos? Segundo o funcionamento do termo no discurso comum, chamar um julgamento de "falso" é certamente desaprová-lo como candidato à crença, à aceitação, e não está claro sob que outro aspecto Nietzsche poderia considerar os julgamentos aqui. É indubitavelmente por isso que ele prossegue sugerindo que sua afirmação parecerá "estranha". Na verdade, isso parece ideal para a paródia: "'Seu julgamento é falso'. 'Sim, eu sei. Qual é o problema?'" É, portanto, difícil discordar da reação de Charles Larmore à tese de Nietzsche:

> Este modo de falar não é simplesmente estranho e desconcertante. É incoerente. A falsidade de um julgamento é uma marca tão conclusiva contra ele que só podemos passar a endossá-lo se nos persuadirmos a vê-lo como verdadeiro. (Larmore, 2008, p. 232)

É bastante problemático, como G. E. Moore (1942, p. 541) deixou claro, afirmar uma proposição dizendo ao mesmo tempo não saber se é verdadeira. E se uma pessoa insiste que uma proposição é falsa e ainda assim afirma acreditar nela, essa pessoa está mentindo ou extremamente confusa. Assim, a afirmação de Nietzsche de que a falsidade não é uma objeção é meio desconcertante.

Intérpretes que não a consideram desconcertante parecem pensar que ela se deriva da crítica de Nietzsche da incondicional vontade de verdade em *GM* III.

Brian Leiter (2002, p. 159) sugere que a falsidade só é uma objeção para quem não superou a crença no valor absoluto da verdade, que Nietzsche trata como envolvida na incondicional vontade de verdade. Leiter recorre a *ABM* 4 para afirmar que "devemos acreditar nos erros e falsidades quando eles são necessários ao nosso florescimento" (160), uma afirmação que ele acha resultar da negação do valor absoluto da verdade. Mas se essa é a posição de Nietzsche, ela é profundamente problemática. O "devemos" que Leiter acha que Nietzsche recomenda para nós não é algo com que possamos agir. Isso acontece porque, como sustenta David Velleman, só podemos dizer que cremos numa proposição quando nossa aceitação dela tem por objetivo "alcançar o direito de verdade com relação a essa proposição". Se nossa aceitação de uma proposição não possui esse objetivo, podemos trabalhar com a suposição de que é verdadeira (por uma questão de argumentação, por exemplo) ou alimentá-la, ou imaginar ou fantasiar que é verdadeira, mas ela não pode ser motivo de crença (Velleman, 2000, p. 184).

Contudo, isso de modo algum entra em conflito com o desafio de Nietzsche à incondicional vontade de verdade. No plano das prioridades, devemos mostrar uma preocupação com a verdade, visando alcançar a verdade do direito de crença de uma pessoa, como uma condição de acreditar de alguma forma nessa verdade. Mas, como Velleman (2000, p. 185) deixa claro, posso ter "novos objetivos, de segunda ordem, com relação a esta tentativa" de alcançá-la corretamente. Posso empreender uma tentativa de segunda ordem, da qual tipicamente não estarei consciente (mas com relação a isso pense em Pascal), "de manipular o resultado de uma tentativa de primeira ordem para aceitar o que é verdade [...] quando tento me levar a sustentar uma determinada crença independentemente de sua verdade". É nesse plano de segunda ordem que localizamos a vontade de verdade de Nietzsche, como um empenho a superar a influência sobre a crença de todos aqueles fatores que nos induzem a aceitar crenças independentemente de sua verdade. E um dos mais importantes desses fatores no caso dos filósofos é a vontade de valor. O desafio de Nietzsche à incondicional vontade de verdade em *GM* III é que o projeto de superar influências deformadoras sobre a tentativa de formar crenças verdadeiras só pode ser cumprido em nome de algum valor. Se esse valor é verdade, ele toma a vontade de verdade como uma expressão do ideal ascético. Não podemos entrar aqui nesse problema complicado (ver Clark, 1990, pp. 180-203). O que nos interessa é simplesmente que o ataque de Nietzsche ao valor absoluto da verdade é um tema muito diferente de sua afirmação em *ABM* 4 de que a falsidade não é objeção a um julgamento. Pois alguém que não considera a falsidade uma objeção a um julgamento não está em condições de acreditar em alguma coisa e, portanto, nem absolutamente de pensar. Se a base de Nietzsche para essa tese de abertura de *ABM* 4 é sua crítica do valor absoluto da verdade em *GM* III, então ele associou os dois níveis diferentes sobre os quais a verdade pode ser nosso objetivo, o que é basicamente a crítica de Larmore. Não estamos dispostos a reconhecer isso, contudo, até vermos se há outro modo de compreender o que Nietzsche está dizendo e fazendo em *ABM* 4.

Outro traço enigmático desse trecho é que as reivindicações de Nietzsche de falar uma "nova linguagem" se adicionam à afirmação de que a falsidade não é objeção: "é aqui que nossa nova linguagem talvez soe mais estranha". O problema é que ele não *parece* falar uma "nova linguagem". Falar uma nova linguagem é falar uma linguagem diferente daquela falada anteriormente e isso iria requerer, no mínimo, um vocabulário e/ou um conjunto de regras gramaticais diferentes. Contudo, ao que tudo indica, Nietzsche continua a falar o alemão comum. Leitores que não se incomodaram com isso devem ter presumido que ele está simplesmente se referindo às teses novas e inabituais de sua filosofia. Mas não temos razão para *presumir* que Nietzsche use "linguagem" como sinônimo de "crença" ou "tese". Certamente é necessário considerar primeiro a possibilidade de que esteja falando sério, que esteja realmente usando uma *nova linguagem* aqui. Seria o caso se suas palavras não tivessem o significado que teriam se ele estivesse falando um alemão-padrão, se o uso delas nesse contexto lhes desse um significado diferente. Nesse caso, as várias afirmações em *ABM* 4 relativas à falsidade e a suas variantes poderiam apenas *parecer* ser as teses problemáticas e desconcertantes que estivemos discutindo.

Damos motivos para se pensar que esse é realmente o caso analisando o argumento de Nietzsche no aforismo que precede *ABM* 4. Aqui está a segunda metade de *ABM* 3.

> Por trás de toda lógica e de sua aparente autonomia de movimento, continuam existindo avaliações ou, mais claramente, demandas fisiológicas para a preservação de um certo tipo de vida. Por exemplo, que o definido deveria valer mais que o indefinido e a ilusão [*Schein*] menos que a "verdade": tais avaliações poderiam ser, apesar de toda a importância normativa que têm para nós, meras apreciações superficiais, um tipo particular de *niaiserie*,* que pode ser necessário à preservação de seres como nós.

---

* *Tolice* (em francês no original). (N. do T.)

O argumento parece ser o seguinte: primeiro, avaliações tipo "encontrar-se por trás" — no sentido de que nos induzem a aceitar e, portanto, a explicar por que aceitamos as demandas que nos são impostas por princípios de lógica —, por exemplo, aceitar "*q*" se aceitamos "*se 'p', então 'q'*" e "*p*".[9] Segundo, as avaliações que se encontram por trás da lógica (devido aos princípios que nos induzem a aceitar) são necessárias para nossa preservação. Terceiro, o fato de que essas avaliações sejam necessárias para nossa preservação não garante que não sejam meras estimativas superficiais, uma espécie de *niaiserie*. Portanto, (pelo que sabemos) essas avaliações, "apesar da importância normativa que têm para nós", podem ser estimativas superficiais e uma espécie de *niaiserie*. O principal problema para compreender esse argumento diz respeito ao significado de *niaiserie*, que em francês significa "tolice", num sentido próximo de "ingenuidade". Isso torna a conclusão do argumento desconcertante. Não importa o que mais possa ser, não é tolice ou ingenuidade ser guiado por avaliações necessárias à nossa preservação. O modo melhor (e talvez único) de entender essa conclusão é supor que ela é elíptica, que devemos especificar o sentido de *niaiserie* por seu contexto. Nesse contexto, parece razoável admitir que a conclusão do argumento seja que pode ser tolice ou ingenuidade achar que as avaliações que se encontram por trás da lógica possam conduzir à verdade. E disso se seguiria que os princípios da lógica que essas avaliações nos induzem a aceitar podem não ser verdadeiros; podem, de fato, ser falsos.

Isso esclarece não só o argumento de *ABM* 3, mas também a lógica de *ABM* 4. Se *ABM* 3 sustenta que os princípios da lógica podem ser falsos, *ABM* 4 se inicia negando que seja uma objeção a esses princípios chamá-los de falso. De fato, os julgamentos mais falsos (que incluem os juízos sintéticos *a priori*) são "os mais

---

9. Admitimos que a relação "encontrar-se por trás" fosse antes de *explicação* que de *justificativa*, embora a escolha de palavras de Nietzsche deixe as duas opções em aberto. Se diz respeito a uma explicação, a afirmação de Nietzsche é sobre a psicologia e talvez a fisiologia humanas: geralmente os seres humanos, num sentido prático, *realmente* endossam "*q*" quando endossam "*p*" e "*se p, então q*", e o fato de que o façam tem uma explicação que, como o restante do trecho sugere, é que a evolução optou por seres cujo pensamento era tão retraído. Se diz respeito à justificativa, no entanto, a tese é sobre a própria lógica: os seres humanos *são justificados* endossando "*q*" quando endossam "*p*" e *se p, então q* porque fazer isso é exigido pela fisiologia deles, que foi moldada pela evolução. Tal posição torna o psicologismo melhor (ou pior): ele seria "fisiologismo". Como endossar esse fisiologismo seria assumir uma posição excessivamente rude com relação à natureza da validade lógica, o princípio da caridade pesa a favor da leitura explanatória. Contudo, quando recorrermos mais tarde à leitura esotérica, o argumento é tão e provavelmente mais plausível se é dada a "encontrar-se por trás" a leitura justificatória.

indispensáveis para nós", pois "não poderíamos viver" sem "aceitar as ficções da lógica, sem medir a realidade contra o mundo puramente inventado do incondicional e do idêntico a si mesmo, sem uma contínua falsificação do mundo por meio de números". Nietzsche sugere assim que está inclinado a ir mais longe que *ABM* 3, sustentando não meramente que os princípios da lógica e da matemática possam ser falsos, mas que são falsos. As afirmações de *ABM* 4 ainda conservam o caráter enigmático discutido anteriormente, mas ao menos podemos ver, como se supõe que estejam relacionadas ao argumento de *ABM* 3, uma conexão que não estaria clara sem uma especificação da *niaiserie* por seu contexto.

2.5 O "HOMEM" COMO MEDIDA

Mas ainda não examinamos a frase crucial de *ABM* 3, aquela com a qual ele termina: "Aceitando, naturalmente, que não é apenas o homem que é a 'medida das coisas'...". Em outras palavras, o argumento de *ABM* 3 para a conclusão de que os princípios da lógica podem ser falsos pressupõe a negação da afirmação de Protágoras de que "o homem é a medida". Nietzsche está obviamente instigando o leitor a considerar se ele próprio não rejeita essa afirmação. Se não o faz, não endossa o argumento de *ABM* 3. E como a tese problemática sobre a verdade não ser uma objeção no início de *ABM* 4 parece um meio de lidar com as *consequências* dessa linha de raciocínio, Nietzsche tampouco precisa endossá-*la*.

O trecho final de *ABM* 3 é, portanto, uma frase crucial para entender tanto o conteúdo quanto a retórica de *ABM* 3 e 4. A fim de determinar se Nietzsche aceita a máxima de Protágoras, devemos esclarecer a compreensão que Nietzsche tem dessa máxima. Uma possibilidade é que aceite a interpretação de Platão: "que qualquer coisa dada 'é para mim tal qual aparece para mim e é para você tal qual aparece para você'" (*Teeteto* 152a). Nesse caso, é claro por que negar que esse homem seja a medida é uma suposição necessária do evidente desafio à lógica de *ABM* 3. Se as coisas simplesmente *são* (para mim) como *parecem* (a mim), então o fato de os princípios da lógica me *parecerem* verdadeiros implica que são verdadeiros, ao menos para mim, e nenhum desafio a meu julgamento pode obter sucesso. Ainda que esses mesmos princípios pudessem nos parecer falsos, nos dariam uma base não para desafiar nosso julgamento, mas apenas para sustentar um julgamento diferente. Assim, *qualquer* objeção ou desafio e *qualquer* julgamento sincero pressupõem que, nesse sentido, "não só o homem é a 'medida das coisas'", que o modo como as coisas aparecem a uma pessoa poderia não corresponder ao modo como elas realmente são. Por que, então, Nietzsche mencionaria aqui essa pressuposição? Por que se daria inclusive ao trabalho de nos deixar em dúvida sobre se ele a aceita? Como o texto parece tão obviamente destinado a colocar essa questão ao leitor atento, parece necessário procurar uma interpretação diferente da máxima de Protágoras, uma interpretação que dê maior relevância ao argumento particular que Nietzsche afirma que a pressupõe.

A alternativa evidente à interpretação de Platão da tese de Protágoras e a que a torna muito mais relevante para a argumentação de *ABM* 3 é que a medida das coisas não é o ser humano individual, mas o "homem" no sentido da humanidade em geral, a comunidade humana. Nesse caso, a questão da linha final de *ABM* 3 — "supondo, naturalmente, que não apenas o homem é a 'medida das coisas'[...]" — é que qualquer argumento para a conclusão de que nossos princípios mais básicos são ou poderiam ser falsos só pode convencer se a comunidade humana não for tomada como a medida das coisas. Nietzsche está nos dizendo que o argumento de *ABM* 3 de que os princípios da lógica poderiam ser falsos pressupõe que haja algum padrão externo, um padrão que se encontre acima dos que são ou poderiam vir a ser empregados pelos seres humanos, aos quais esses princípios devem corresponder se não quisermos que falsifiquem a realidade. A questão colocada ao leitor pela linha final de *ABM* 3 é se Nietzsche realmente aceita a existência e a necessidade de um tal padrão. Se aceita, a linha final de *ABM* 3 serve apenas para ressaltar uma importante pressuposição do argumento que ele endossa contra a lógica. Mas essa não é uma leitura muito satisfatória de seu objetivo. Por que chamar a atenção para essa pressuposição e segui-la com reticências, uma clara indicação de que há mais alguma coisa para pensar aqui? Um leitor que continue o pensamento devia se perguntar se Nietzsche realmente aceita a pressuposição para a qual acabou de chamar nossa atenção. Mas por que nos instigar a perguntar se ele realmente a aceita? Nenhuma boa resposta parece disponível se acreditarmos que Nietzsche a aceita. Faria sentido lembrar a pressuposição e encorajar os leitores a pensar mais sobre se Nietzsche nos deu em outro lugar (de preferência no próprio *ABM*) alguma indicação do que esse padrão externo ou mais elevado devia ser. Mas o único desses padrões que faz uma aparição na escrita de Nietzsche é a coisa em si. Em seus primeiros escritos, ele presumiu que os julgamentos devem corresponder à coisa em si a fim de serem verdadeiros e acompanhou Afrikan Spir ao afirmar que "as coisas *não são em si mesmas* como são *para nós* e que só podemos conhecê-las quando elas são para nós" (Spir, 1877, I, p.

315).[10] Foi por isso que ele acompanhou Spir na aceitação da tese de falsificação, a tese de que todo suposto conhecimento realmente falsifica a realidade. Em *ABM* 16, porém, Nietzsche nega que a coisa em si seja até mesmo concebível. Assim, ele agora rejeita o único padrão externo ou mais alto que uma vez invocou como juiz de nossas práticas cognitivas. Encaramos, portanto, a linha final de *ABM* 3 como um convite a reconhecer que Nietzsche de fato não nega que o homem seja a medida.

A primeira razão a favor de aceitá-lo é que isso nos dá uma resposta satisfatória a por que Nietzsche nos incita a considerar se ele realmente aceita a afirmação que faz como um pressuposto de seu próprio argumento. A resposta evidente é que ele espera bons leitores capazes de perceber que ele *não a aceita* e, portanto, que realmente não endossa a argumentação de *ABM* 3. Esse é o começo de nossa leitura esotérica de *ABM* 3 e 4. A leitura exotérica, a qual não requer que os leitores superem suas impressões iniciais desses trechos, é a única que consideramos até agora. Nietzsche argumenta que os princípios da lógica podem ser falsos, mas depois vai mais longe, dizendo que são falsos (com os princípios da matemática e quaisquer outros princípios sintéticos *a priori*), embora ao mesmo tempo insistindo que isso não representa uma objeção a eles. Nossa leitura esotérica começa a partir do reconhecimento de que Nietzsche nega o pressuposto da argumentação em *ABM* 3 de que os princípios da lógica podem ser falsos. Se *ABM* 3 e 4 expressam o que Nietzsche realmente acredita acerca dessas questões, é algo que teremos de descobrir determinando com o que ele está comprometido ao negar que "não só o homem é a medida" e lendo *ABM* 3 e 4 à luz disso.

A segunda razão a favor de ler Nietzsche desse modo é que fazê-lo produz uma interpretação muito mais satisfatória desses dois aforismos que a abordagem exotérica. Torna mais compreensíveis seus traços retóricos, os quais de outro modo seriam enigmáticos, e encontra neles uma posição filosófica muito mais sofisticada e convincente do que a abordagem exotérica.

2.6 RESOLVENDO OS ENIGMAS DE *ABM* 3 E 4

O primeiro enigma resolvido por nossa interpretação esotérica diz respeito à razão por que Nietzsche afirma estar falando uma "nova linguagem" na linha de abertura de *ABM* 4. No argumento de *ABM* 3 para a conclusão de que os princípios

---

10. Esta é claramente a posição tanto de "Sobre a Verdade e a Mentira no Sentido Extramoral" quanto de *Humano, Demasiado Humano* (esp. *HD* 9).

da lógica poderiam ser falsos, Nietzsche escreve como se endossasse o argumento e, portanto, seu pressuposto, embora não o faça. E em *ABM* 4 continua a escrever como se negasse que "o homem é a medida", ao passo que de fato não nega. Mas e se ele não estivesse meramente tentando nos mostrar no que acreditaria se aceitasse um pressuposto que rejeita, mas realmente usando essas palavras a fim de dar expressão ao que acredita? Nesse caso não poderemos compreender no que ele acredita mesmo se acharmos que suas palavras têm o mesmo significado que no alemão-padrão. Nesse sentido, embora as palavras pareçam e soem como alemão-padrão (com exceção de uma única palavra francesa), elas não o são: Nietzsche está realmente falando uma "nova linguagem", um dialeto do alemão. Difere do alemão que estava falando anteriormente porque algumas palavras não têm o significado que possuem no alemão-padrão.

Um segundo enigma resolvido pela interpretação esotérica é por que Nietzsche usa a palavra francesa *niaiserie* como ponto crucial na argumentação de *ABM* 3 e de um modo que requer que completemos seu sentido confiando profundamente no contexto. Sugerimos que isso acontece porque a palavra está literalmente numa "nova linguagem". É francês e é o primeiro uso do francês em *ABM*. Quando se entende a coisa, vemos que Nietzsche está certamente tentando induzir o riso. Está também sinalizando tratar-se da primeira palavra da "nova linguagem" que ele logo nos dirá estar falando e nos dá uma indicação do que é necessário para compreender essa nova linguagem. A palavra que escolhe aqui parece destinada a indicar que, quando ele utilizar a "nova linguagem", não seremos capazes de perceber o sentido do que diz confiando simplesmente nas definições do dicionário. Teremos de decifrar o significado do que diz determinando o que uma palavra com um sentido convencional realmente significa no contexto em que ele a está usando.

Então, o que *niaiserie* significa na "nova linguagem" de Nietzsche? Quando ainda estávamos interpretando exotericamente a sentença em que ela aparece, admitíamos que significava (no contexto) ser tolo ou ingênuo presumir que as avaliações que se encontram por trás da lógica pudessem conduzir à verdade. E isso implicava que os princípios da lógica podiam ser falsos, uma conclusão que Nietzsche levou mais longe em *ABM* 4, afirmando serem falsos. Porém, assim interpretadas, essas afirmações sobre as avaliações encontradas por trás da lógica e dos princípios da lógica pressupõem que "não apenas o homem é a 'medida das coisas'", afirmação que Nietzsche não aceita. Se aceitasse esse pressuposto, estaria endossando a afirmação de que os princípios da lógica são ou poderiam ser falsos.

Mas como não a endossa, só podemos apurar o sentido do que diz — isto é, o que ele mantém por trás, os compromissos acerca das questões do momento — subtraindo do significado de suas afirmações tudo que dependa da aceitação de que "não apenas o homem é a medida das coisas". E quando fazemos essa subtração, a afirmação de que as avaliações que se encontram por trás da lógica poderiam ser *niaiserie*, poderiam não conduzir à verdade, significa que poderiam não conduzir à correspondência estabelecida com um padrão exterior, com uma "medida" que está além do "homem". Se as avaliações que se encontram por trás da lógica são *niaiserie* nesse sentido, conclui-se que não estabelecem para os princípios da lógica uma justificativa de algo além dos objetivos humanos, um padrão que se encontre fora e acima do que está (em princípio) disponível dentro das práticas humanas. Assim, a "falsidade" de uma coisa tem também um significado diferente na "nova linguagem" de Nietzsche. Significa apenas que não corresponde a um padrão exterior, a uma medida além do homem.

Dominando essa compreensão da nova linguagem de Nietzsche, podemos resolver outros enigmas apresentados por *ABM* 4, um dos quais é a problemática negação "a falsidade não é uma objeção a um juízo". Como Nietzsche deixa explícito estar a negação escrita numa "nova linguagem", podemos admitir que sua ideia seja a ideia não problemática de que não constitui objeção a um juízo que ele deixe de corresponder a um padrão exterior ou mais elevado. Isso só seria uma objeção se "não apenas o homem fosse a 'medida'", e isso evidentemente é o que consideramos ser negado por Nietzsche.

Em apoio adicional à nossa leitura esotérica, consideremos como ela ajuda a esclarecer as linhas abaixo de *ABM* 4:

> E estamos fundamentalmente inclinados a afirmar que os juízos mais falsos (que incluem os sintéticos *a priori*) são os mais indispensáveis para nós; que sem aceitar as ficções da lógica, sem medir a realidade com base no mundo puramente inventado do incondicional e idêntico a si mesmo, sem uma contínua falsificação do mundo por meio de números, o homem não poderia viver...

Se, como propomos, Nietzsche está falando aqui a "nova linguagem", então a lógica envolve "ficções" e medidas da realidade com base num "mundo puramente inventado", e falsificamos o mundo com a nossa utilização de números no sentido específico de que a lógica e a matemática avaliam o mundo de acordo com normas que não têm nenhum tipo de justificativa externa. Em que sentido, no entanto, Nietzsche poderia pretender que alguns juízos (incluindo os da matemática, da lógica, e os sintéticos *a priori*) são mais falsos que outros e por que diz que esses mesmos juízos são "os mais indispensáveis", aqueles sem os quais "o homem não poderia viver"? Sugerimos que os chama de "mais falsos" (em sua nova linguagem), porque são nossas normas básicas, são os que regulam nossas práticas cognitivas. São, portanto, *em certo sentido*, mais carentes de uma base externa ou mais elevada que outros juízos, os quais pelo menos se basearam em normas mais elevadas; são juízos mais básicos, juízos mais centrais para as práticas cognitivas. Por isso também são "mais indispensáveis" e exigidos para nossa "vida" — sem eles, não há práticas cognitivas e, portanto, nenhuma "vida" do tipo em que, julgamos, Nietzsche está interessado do início ao fim de *ABM* Um.

ABM 9 define "vida" como se segue: "Vida [*Leben*] [...] isso não é precisamente querer ser distinto desta natureza [de acordo com a qual os estoicos afirmam que deveríamos viver]? Não é a vida avaliar, preferir, ser injusto, querer ser diferente?" Fizemos a citação a fim de indicar (como vamos confirmar em capítulos posteriores) que a "vida" com a qual Nietzsche está preocupado em *ABM* Um deveria ser compreendida não em termos biológicos, mas normativos. Essa "vida" é uma forma de atividade estruturada e guiada por normas. Parece que *ABM* 4 usa "vida" num sentido biológico, ao negar que a falsidade seja uma objeção a um juízo, afirmando que o que importa é saber "até que ponto ela é promotora da vida, preservadora da vida, preservadora da espécie, até mesmo cultivadora da espécie". A interpretação biológica da "vida" é também sugerida pela afirmação de *ABM* 3 de que as avaliações encontradas por trás da lógica são "demandas fisiológicas para a preservação de um certo tipo de vida" e que, assim, podem não ser portadoras da verdade, mas tão só "exatamente [do] que é necessário para a preservação de seres como nós".[11] Não precisamos, contudo, interpretá-las desse modo; todos os termos relevantes podem ser compreendidos de modo coerente com a interpretação normativa da "vida". "Seres como nós" não precisam ser nossas contrapartidas *biológicas*, aquelas que compartilham meramente a filiação à nossa espécie, mas poderiam ser nossas contrapartidas *normativas*, as que compartilham nossa forma de vida. Tal pensamento dá origem à seguinte interpretação: não seríamos "seres como nós" se não estivéssemos empenhados em justificação e pensamento.

---

11. Isto soa como se os princípios da lógica fossem incutidos em nós pela evolução, pela contribuição que fizeram para a sobrevivência de nossos antepassados, e é nisso que Nietzsche acreditava em suas primeiras obras (por exemplo, *HD* 18). No que vem a seguir, com efeito, argumentamos que essa não é mais sua opinião em *ABM*.

Nossas práticas só contam como justificação ou pensamento até o ponto em que são governadas pelos princípios da lógica, e nossas práticas são governadas pelos princípios da lógica até o ponto em que certas avaliações se encontram por trás deles. Portanto, não poderíamos ser "seres como nós" se não fôssemos guiados pelas avaliações encontradas por trás da lógica. Interpretada nesse sentido, a afirmação de Nietzsche é que essas avaliações preservam não nossa existência biológica, mas nossa natureza humana, nossa natureza como seres normativos. Então, o que é "promotor da vida, preservador da vida, preservador da espécie, até mesmo cultivador da espécie" é o que promove, preserva e cultiva as práticas normativas que constituem nossa forma de vida.

Tal leitura esotérica da afirmação de Nietzsche ganha suporte adicional se considerarmos seus exemplos de avaliações que se encontram por trás da lógica — "o definido deveria valer mais que o indefinido e a ilusão [*Schein*] menos que a 'verdade'". A segunda dessas avaliações que "se encontram por trás" da lógica parece óbvia se considerarmos que ela equivale a valorar a verdade sobre a falsidade e que a lógica é um sistema normativo que diz respeito a como preservar a verdade num processo de dedução. Se aceitarmos "p" como verdadeiro e se "p implica q", então os princípios da lógica clássica dizem que temos de aceitar "q" — se quisermos preservar a verdade. Evidentemente, não nos dizem que *devíamos* preservar a verdade. Mas na medida em que seguimos os princípios da lógica em nosso procedimento cognitivo, o compromisso de preservar a verdade, portanto de valorar a verdade sobre a falsidade, se encontra por trás dos princípios encarnados nesse procedimento. Isso sugere que Nietzsche reconheceu plenamente o que Larmore acredita que ele "não consegue perceber", isto é, que "o pensamento é em si mesmo uma atividade governada por normas" (Larmore, 2008, p. 234), que "o reconhecimento de certos valores como a verdade [está] tão profundamente ancorado no pensamento" que constitui uma condição da sua possibilidade (Larmore, 2004, p. 172).[12] Como já afirmamos, isso não é dizer que para ser um pensador precisamos ter uma vontade de verdade. Podemos pensar sem atender aos padrões necessários para se ter uma vontade de verdade ou mesmo para valorar a verdade; devemos, contudo, expressar uma valoração da verdade em nossas

---

12. Retiramos essa citação da versão original alemã do ensaio de Larmore, porque ele alterou a formulação na versão inglesa, a fim de que não pudéssemos utilizá-la sem trazer à tona a questão um tanto escorregadia de saber se o reconhecimento do valor da verdade é imperioso para nós. Larmore sustenta que sim, e grande parte da argumentação contra Nietzsche está baseada nisso. A implicação da exposição de Velleman é que não é (por exemplo, 2000, p. 186).

práticas de dedução (cf. Velleman, 2000, p. 184). Isso significa dizer que devemos raciocinar, não apenas em geral, conforme os princípios da lógica, mas que devemos expressar em nossa conduta um reconhecimento da legitimidade deles. Devemos considerá-los como objeção a um juízo que é falso ou tem indícios indicativos de falsidade, bem como a uma etapa de raciocínio que deixa de se ater aos princípios da lógica.

O outro exemplo de Nietzsche, que o definido é mais importante que o indefinido, é visto, de modo plausível, como o valor encontrado por trás de um princípio lógico específico, a lei da bivalência, segundo a qual toda declaração tem de ser verdadeira ou falsa e não há outro valor-verdade. Alguns têm afirmado que Nietzsche nega a bivalência (Hales e Welshon, 2000, pp. 51-2), mas não precisamos admitir que ele esteja fazendo isso, pelo menos não neste trecho. Aqui ele está simplesmente assinalando que, na medida em que operamos de acordo com a lei da bivalência, estamos sem dúvida admitindo ser importante ter respostas definidas (sim ou não) para nossas questões. Se o definido não fosse tão importante, estaríamos dispostos a reconhecer outros valores-verdade além de verdadeiro e falso (por exemplo, indeterminado ou nem verdadeiro nem falso).

Mas isso não sugere haver uma base para questionar pelo menos algumas das avaliações que Nietzsche afirma se encontrarem por trás da lógica? Talvez. Nietzsche diz dessas avaliações que "tais estimativas poderiam ser, apesar de toda a importância normativa que têm para nós, meras apreciações superficiais, um tipo particular de *niaiserie*, que pode ser necessário à preservação de seres como nós". Como *niaiserie* está se justapondo a "meras apreciações superficiais", a intenção parece ser especificá-las ou esclarecê-las. Se assim for, Nietzsche parece enfatizar que considerar a avaliação encontrada por trás da bivalência como "mera apreciação superficial" também sugere que há algum padrão externo ao qual nossos princípios básicos devem se conformar. O que faz sentido se olharmos para o restante da frase. Nietzsche está dizendo não só que essa avaliação pode ser mera apreciação superficial, mas que pode ser uma apreciação superficial necessária à preservação de seres como nós. E isso é o que aparece no pressuposto de que deve haver um padrão mais elevado. Pois se essa avaliação é necessária para a preservação de nossa forma de vida, portanto para o próprio pensamento (na forma em que se apresenta o princípio da não contradição), só a invocação de um padrão mais elevado tornará compreensível a afirmação de que o princípio estimulado ou justificado por esse valor falsifica a realidade. A questão, portanto, é se a valoração do definido sobre o indefinido é realmente necessária para preservar o pensamento. Se não for (e repare que Nietzsche não diz que é necessária, só que poderia ser), poderia ser uma "apreciação superficial" (mas provavelmente não uma "mera" apreciação) ou, como Nietzsche coloca em *ABM* 2, uma "perspectiva provisória", no sentido de que a definição pode muito bem ser importante do ponto de vista de algum interesse cognitivo particular (digamos, simplicidade), mas menos importante de uma perspectiva mais inclusiva, a qual leve em conta outros interesses cognitivos, como a informação. O ponto essencial, como Nietzsche deixa claro quando começa a falar a "nova linguagem", é que o único padrão para avaliar nossos princípios cognitivos mais fundamentais é observar precisamente até que ponto eles satisfazem nossos diferentes interesses cognitivos. Consideramos que seja esse o sentido quando Nietzsche afirma que a questão envolvida na avaliação de nossos padrões cognitivos mais fundamentais é saber até que ponto eles preservam e promovem a "vida" no sentido normativo: até que ponto preservam e incrementam as práticas que constituem nossa vida normativa.

Ainda não explicamos por que Nietzsche chama as avaliações que se encontram por trás da lógica "demandas fisiológicas para a preservação de um certo tipo de vida", o que soa, de novo, como se elas fossem contribuições lógicas para a preservação de nossa vida no sentido biológico. Para ver como podemos interpretá-las de um modo que se alinha com a interpretação esotérica, considere que, se foram formadas pela natureza, pela cultura ou por uma combinação das duas, as disposições que constituem nosso compromisso de sermos lógicos estão "inscritas" em nossos corpos, para usar a expressão de Foucault. Instintos lógicos são hábitos de resposta, e os hábitos estão necessariamente incorporados à nossa fisiologia, estabelecidos nela. Se não estivessem, não seriam hábitos, comportamentos em que podemos nos engajar automaticamente, sem nos empenharmos conscientemente em fazê-lo. E se os valores encontrados por trás da lógica não estivessem incorporados ao nosso comportamento cognitivo-linguístico, não estaríamos pensando, mas apenas jogando com palavras.

Há um enigma final relativo a *ABM* 4, à solução do qual nossa interpretação esotérica proporciona alguma ajuda. No final do aforismo, Nietzsche nos diz que "renunciar a falsos juízos significaria renunciar à vida, significaria uma negação da vida". Depois acrescenta: "Reconhecer a inverdade como uma condição de vida: isso certamente significa resistir, de um modo perigoso, aos sentimentos que habitualmente se tem dos valores; e uma filosofia que corra esse risco só por isso já se colocaria além do bem e do mal". Interpretada exotericamente, sem admitir que Nietzsche estivesse falando sua "nova linguagem" aqui, a afirmação é que colocamos nossa filosofia "além do bem e do mal" simplesmente reconhecendo que a inverdade — a falsa crença, a fraude e a ilusão — é uma "condição de vida", significando que ela promove a vida no sentido biológico e talvez seja mesmo necessária à sua preservação. Mas isso não é realmente plausível e é difícil ver como Nietzsche poderia ter julgado plausível. O problema não é a afirmação de que a inverdade é uma condição de vida: é certamente plausível que a inverdade frequentemente promove a vida humana no sentido biológico. A bem do argumento, podemos também admitir a tese mais forte de que ela é uma condição necessária da vida nesse sentido. O problema é como o simples reconhecimento *disso* colocaria por si só nossa filosofia além do bem e do mal. Poderíamos, afinal, reconhecer que a inverdade é uma condição de vida nesse sentido e, no entanto, ainda tomar o partido da verdade, condenando a vida precisamente porque ela requer a inverdade. Nietzsche reconhece claramente tal opção em *HD* 34. Assim, é difícil ver como poderia ter pensado que admitir a inverdade (no sentido normal) a ser exigida para a vida biológica seria suficiente para colocar uma filosofia além do bem e do mal.

Mas como pode uma leitura esotérica do trecho resolver o problema? O primeiro passo é reconhecer que Nietzsche está ainda falando sua nova linguagem aqui. Seria estranho se não estivesse, dado que, como temos sustentado, "falso" e suas variações estão todos na nova linguagem nas frases anteriores desse mesmo aforismo. Reconhecer a "inverdade como uma condição de vida" é então uma questão de reconhecer que não há justificativa mais elevada ou externa para nossa "forma de vida", a forma normativa que a vida humana assume. Isso, evidentemente, é o sentido de afirmar que "o homem é a medida", o que é simplesmente dizer, como coloca Simon Blackburn (1998, p. 310), que quando se trata de assuntos normativos "nos apoiamos em nossos próprios pés e nossos pés são pés humanos".[13] Mas como o reconhecimento de que nos apoiamos ou devemos "nos apoiar em nossos próprios pés" em questões normativas coloca uma filosofia além do bem e do mal?

Podemos encontrar pelo menos o início de uma resposta ao refletir sobre *ABM* 2. Nietzsche afirma aí que a "fé [dos metafísicos] em oposições de valores" leva-os a "colocar seu selo" em "avaliações e oposições de valor populares", as quais estabelecem distinções entre seres humanos. Fizeram precisamente isso ao

---

13. Nietzsche poderia ser interpretado aqui como fazendo a afirmação ainda mais forte de que nos apoiarmos em nossos dois pés é uma "condição" da vida normativa no sentido em que, de outra maneira, não haveria tal vida. A ideia seria que, se existe algum padrão mais elevado, o qual mede a verdade de nossas afirmações, essas afirmações são antes descritivas que normativas.

afirmar que as coisas de valor mais elevado se originam em algum outro mundo, mais elevado, que não podem ser derivadas deste "mundo transitório, sedutor, enganador, vil, deste turbilhão de ilusão e luxúria" (*ABM* 2). Os metafísicos, então, "colocaram seu selo" nessas avaliações e oposições de valor populares precisamente oferecendo uma interpretação ascética delas, que implicava a desvalorização do único mundo que Nietzsche pensa existir, o mundo natural, que os humanos compartilham com outros animais. Desse modo, distinções entre seres humanos foram convertidas no que Nietzsche chama de "abismos", "sobre os quais mesmo um Aquiles do livre-pensamento não seria capaz de saltar sem estremecer" (*GM* I: 6). Foi precisamente nesse sentido que avaliações e oposições de valor populares acabaram "moralizadas", e "bom e mau" foi transformado em "bem e mal" na história da *GM* I. Rejeitar a necessidade de um padrão transcendente e aceitar que o homem é a medida é privar os metafísicos do padrão mais elevado que lhes permite ajudar os padres a escancarar esse abismo entre seres humanos bons e maus. Nietzsche se coloca além do bem e do mal ao rejeitar a existência de tal padrão, e não por afirmar que não podemos viver bem diante da verdade.

2.7 CONCLUSÃO

Sustentamos que o objetivo dos quatro primeiros aforismos é nos ajudar a compreender a metáfora de Nietzsche sobre a magnífica tensão do espírito. Após uma leitura cuidadosa, torna-se claro que *ABM* 1 e 2 introduzem, respectivamente, a vontade de verdade e a vontade de valor. No caso de *ABM* 3 e 4, as coisas são um pouco mais difíceis: apresentamos evidência de que *ABM* 3 e 4 deveriam ser lidos esotericamente. Lê-los desse modo explica os traços retóricos e proporciona uma explicação filosoficamente satisfatória da posição de Nietzsche. Também nos dá fortes razões para negar que Nietzsche respalde, nesses trechos, a tese da falsificação e dá suporte à nossa opinião de que o objetivo dessas seções é expor — em termos exotéricos — a "magnífica tensão do espírito" existente entre as vontades introduzidas nas duas seções anteriores. O que Nietzsche finalmente viu na tese da falsificação, que aceitou em seus primeiros trabalhos, e no relativismo, e que encontrou em Spir foi precisamente essa tensão, o resultado do conflito entre uma vontade de valor impelida a insistir que as coisas mais elevadas correspondem a normas que não são exatamente as nossas e uma vontade de verdade que nega a existência de tais normas. O objetivo desses trechos é mostrar como podemos ser levados à tese da falsificação se a vontade de valor, funcionando asceticamente, nos levou a afirmar que "não só o homem é a 'medida das coisas'".

3

A Filosofia e a Vontade de Valor

Passamos agora aos aforismos 5-11, que se concentram no polo da "magnífica tensão do espírito", a qual chamamos vontade de valor. Tais aforismos dão forte suporte adicional à nossa afirmação de que Nietzsche considera essa vontade um dos polos do espírito filosófico: considera que aquilo que diz sobre os metafísicos em *ABM* 2 — que por trás da filosofia deles se encontra uma valoração — se aplica a toda filosofia. *ABM* 5 nos diz que, embora os filósofos afirmem ser motivados unicamente por uma preocupação com a verdade, na realidade chegam a suas opiniões por meio de seus valores; tais opiniões são "geralmente um desejo íntimo peneirado e tornado abstrato", então "defendido por razões buscadas após o fato". *ABM* 6 torna ainda mais explícito que a vontade de valor se encontra por trás de todo filosofar ou, pelo menos, de todo "grande" filosofar: "Toda grande filosofia", nos diz o aforismo, esteve enraizada em "intenções morais (ou imorais)". E o exemplo mais detalhado das operações da vontade de valor numa determinada filosofia vem da discussão dos estoicos em *ABM* 9, os quais "pretendem fervorosamente" descobrir o "cânone" de sua lei na natureza, mas realmente "querem algo oposto", que é "impor [sua] moralidade, [seu] ideal, à natureza — até à natureza — e incorporá-los a ela; exigem que ela seja natureza 'segundo o que é estoico'" e "gostariam que toda existência existisse [...] como imensa e eterna glorificação e generalização do estoicismo" (*ABM* 9).

O fato é que Nietzsche encara a filosofia como uma disciplina essencialmente normativa, uma disciplina que opera, e deve operar, sobre a base de pressupostos e princípios éticos. O que isso significa e as nossas razões para interpretar Nietzsche desse modo ficarão mais claras no Capítulo 5 e nos seguintes. A questão do presente capítulo é considerar se Nietzsche sustenta o envolvimento da vontade de valor com a filosofia. Já afirmamos que *ABM* 2, o qual introduz essa vontade como motivação para a filosofia metafísica, não critica os metafísicos por permitirem que ela influencie sua filosofia. Mas os aforismos que acabamos de citar dão a impressão de estarem lamentando o modo como os valores dos filósofos têm influenciado sua visão do mundo. *ABM* 5 está certamente criticando os filósofos quando parece acusá-los de serem motivados por uma vontade de valor, e *ABM* 9 afirma que, ao lerem seus próprios valores na natureza, os estoicos foram levados "a ver a natureza *falsamente*, ou seja, estoicamente".

Mas se isso é verdade com relação aos estoicos — e "esta é uma antiga, eterna história: o que acontecia antigamente com os estoicos ainda acontece hoje, assim que uma filosofia começa a acreditar em si mesma" (*ABM* 9) —, não deveria Nietzsche aconselhar os filósofos a *minimizar* o efeito da vontade de valor em sua filosofia? Embora *ABM* 5-11 sugiram que Nietzsche chama atenção para o papel da vontade de valor na filosofia a fim de criticá-lo, sustentamos que esse não é o melhor meio de interpretar seu ponto de vista. Devido ao envolvimento dos aforismos com outras questões, deixamos os detalhes de *ABM* 6-9 para o Capítulo 6. Aqui tratamos apenas de *ABM* 5, 10 e 11. Sustentamos que esses aforismos mostram que Nietzsche não lamenta o papel da vontade de valor na filosofia, mas o encara como indispensável na realização de algo de grande importância.

3.1 *ABM* 5: OS PRECONCEITOS E VALORES DOS FILÓSOFOS

Nietzsche está certamente criticando os filósofos na seguinte descrição que faz deles em *ABM* 5:

> Todos reagem como se tivessem descoberto e conquistado suas opiniões finais através do desenvolvimento espontâneo de uma dialética fria, pura, divinamente desinteressada [...] enquanto no fundo se tratou de uma suposição, de um palpite, de uma espécie de "inspiração" — na maioria das vezes de um desejo íntimo que foi filtrado e tornado abstrato — que eles defendem com razões buscadas após o fato. Ainda que o neguem, são todos defensores e, em sua maior parte, astutos porta-vozes de seus preconceitos, por eles batizados de "verdades". (*ABM* 5)

Embora os filósofos afirmem chegar a seus pontos de vista — ou pelo menos aos rudimentos desses pontos de vista — como *resultado* de argumentação, os pontos de vista na realidade *precedem* os argumentos: cada um desses pontos de vista começa como um "palpite" ou um "desejo íntimo", um "preconceito" em termos mais gerais, que mais tarde "se defende com razões buscadas após o fato" e se proclama como verdade. Parece claro, então, que Nietzsche está afirmando que os pontos de vista filosóficos têm sua origem em algo como os *valores* do filósofo. Os "preconceitos, por eles batizados de verdades", são precisamente seus valores. Dada a menção de "desejos íntimos", esses "preconceitos" não parecem ser meramente valores cognitivos — valores expressos como normas que guiam nossas práticas *que procuram a verdade*, normas que estavam no centro do palco em *ABM* 3 e 4. Especialmente quando lemos *ABM* 5 à luz da insistência de *ABM* 6 e 9 de que uma filosofia expressa sempre a moralidade do filósofo, torna-se claro que Nietzsche tem em mente aqui algo mais parecido com valores éticos.

Assim, embora os filósofos pretendam chegar a suas posições como uma consequência de argumentos, Nietzsche diz que seus pontos de vista de fato ganham vida como "um desejo íntimo que foi filtrado e tornado abstrato". Mas devíamos perguntar: e daí? O que importa se os filósofos inicialmente tiram os pontos de vista que adotam de um palpite, uma suposição ou mesmo um desejo de que sejam corretos? Nietzsche admite que os filósofos "defendem [seus pontos de vista] com razões". O que importa se essas razões são "buscadas após o fato" *desde que sejam boas razões?* Se Nietzsche está criticando os pontos de vista dos filósofos com base em suas origens, ele então confunde a ordem da descoberta com a ordem da justificação, praticando assim uma versão da falácia genética.

Felizmente, está disponível uma leitura alternativa de *ABM* 5. A ideia de Nietzsche aqui não é bem que as razões deveriam vir *antes*, e não depois, das opiniões defendidas. A importância do fato de a filosofia começar com palpites e desejos íntimos é que ela começa na vontade de valor, um impulso que representa o mundo de um modo que se conforma ao que se valora. Se isso é correto, então Nietzsche deve estar criticando os filósofos nesse aforismo por outra coisa além da influência da vontade de valor sobre a filosofia deles. E está. Nietzsche critica os filósofos em *ABM* 5 não pelo fato de seus pontos de vista não terem sua gênese em argumentações ou razões, mas pela *desonestidade* com que se recusam a admitir que seja assim. Filósofos que ele admiraria têm a "coragem da consciência" de admitir para si mesmos que seus pontos de vista expressam seus valores e sua vontade de valor, a vontade de representar o mundo por seus valores. Aceitar e "divulgar" esse fato seria uma expressão de "arrojo", enquanto seguir Kant e Spinoza nas tentativas de encobri-lo (Spinoza pelo "truque da forma matemática" com que armou sua filosofia) mostra apenas "timidez e vulnerabilidade" (*ABM* 5). Então, segundo nossa interpretação, Nietzsche não *censura* os filósofos por começarem com valores aceitos sem argumentação. Assim como nossas práticas cognitivas devem em geral começar com valores aceitos sem evidência, a filosofia, segundo nossa abordagem no Capítulo 2, começa com valores éticos aceitos antes de qualquer tipo de argumento. O que não significa, é claro, que esses valores não estejam sujeitos a revisão e melhoramento, mas parte da ideia de Nietzsche é que não é provável que ocorra tal revisão a não ser que os filósofos reconheçam a influência desses valores em seu filosofar.

3.2 *ABM* 10: ANTIRREALISTAS CÉTICOS, POSITIVISTAS E NIILISTAS

Se *ABM* 5 não critica o papel da vontade de valor na filosofia, nada nele — nem, aliás, em *ABM* 6 e 9 — indica que Nietzsche encare essa vontade como uma influência *positiva* na filosofia, contribuindo com alguma coisa de real valor. Nietzsche, afinal, poderia ver nisso um mal necessário, o qual a filosofia deve enfrentar, mas cuja influência deve ser minimizada. A importância de reconhecer que na origem da filosofia operam valores poderia residir meramente no fato de isso aumentar a possibilidade de controlarmos a influência deles. O Capítulo 5 e os seguintes mostrarão mais definitivamente que esse não é o caso, que a vontade de valor é vista como indispensável para algo que Nietzsche considera valioso. Mas sustentamos aqui que *ABM* 10 já descarta a possibilidade do mal necessário, indicando que Nietzsche encara o efeito da vontade de valor na filosofia como positivo.

Esse aforismo, contudo, não é absolutamente fácil de ler. Envolve um conjunto meio desconcertante de personagens: "fanáticos puritanos da consciência", niilistas, antirrealistas céticos e positivistas, entre outros. É difícil concluir quem são eles e o que Nietzsche pretende ao discuti-los. O único ponto aparentemente claro é que já de início *ABM* 10 meramente dá prosseguimento à demonstração de Nietzsche do efeito negativo da vontade de valor na filosofia. Como observamos mais cedo (e discutiremos no Capítulo 6), *ABM* 9 critica os estoicos pelo modo como seus valores os levaram a ver o mundo "*falsamente*, ou seja, estoicamente". *ABM* 10 parece criticar os filósofos contemporâneos em bases semelhantes, ao afirmar que os filósofos que hoje levantam "o problema do 'mundo real e aparente'" talvez pareçam preocupados unicamente com a verdade, mas alguém que só escuta uma "vontade de verdade" operando por trás de sua obra "certamente não goza de uma audição das melhores". Então a sugestão é que, como os filósofos de *ABM* 5 e os estoicos, esses filósofos podem *parecer* — e podem eles próprios admitir — procurar apenas a verdade, mas são de fato guiados por uma vontade

90

mais profunda de construir a realidade como reflexo de seus valores. Novamente aqui, então, temos de perguntar: se Nietzsche critica o efeito da vontade de valor na filosofia, por que não admite que seus filósofos ideais seriam guiados pela vontade de verdade e *só* a vontade de verdade?

Encontramos o início de uma resposta ao refletir sobre a seguinte qualificação da afirmação implícita de Nietzsche de que a filosofia contemporânea é ainda guiada antes por valores que simplesmente por uma vontade de verdade.

> Em casos raros e isolados, tal vontade de verdade, uma coragem extravagante e aventureira, uma disposição dos metafísicos em conservar uma posição perdida podem realmente desempenhar um papel e finalmente tornar preferível um punhado de "certeza" a toneladas de belas possibilidades; podem até mesmo existir fanáticos puritanos da consciência que prefeririam deitar-se e morrer num nada seguro que em alguma coisa incerta. Mas isto é niilismo e sintoma de uma alma em desespero, mortalmente cansada, por mais bravo que o impacto de semelhante virtude possa parecer. (*ABM* 10)

Observe que Nietzsche descreve aqui dois casos diferentes em que a vontade de verdade está ativa numa filosofia. No primeiro, a vontade de verdade "pode realmente desempenhar um papel". Isso deixa aberta a possibilidade de que a vontade de valor possa também "desempenhar um papel". Sugerimos que Nietzsche recorre a si mesmo para exemplificar essa possibilidade. A implicação do trecho é que o compromisso com a veracidade é que finalmente leva os filósofos a "preferir um punhado de 'certeza' a toneladas de belas possibilidades", como as ideias cristãs que permitem viver "mais vigorosa e alegremente do que com 'ideias modernas'", como Nietzsche afirma algumas linhas mais adiante. Mas essa preferência, que Nietzsche certamente compartilhava, presumivelmente não excluiria a possibilidade de afirmar outras "belas possibilidades", as quais não entram em conflito com a verdade, satisfazendo assim a vontade de valor. Contudo, precisamente essa possibilidade é excluída no segundo caso descrito aqui, o dos "fanáticos puritanos da consciência", já que sua "certeza" diz respeito a algo com que "se deitam e morrem". Presumivelmente, então, seriam filósofos motivados unicamente pela vontade de verdade ou talvez tão próximos dela quanto possível.[1] Se achasse que

---

1. Nietzsche argumenta em *GM* III que esse tipo de compromisso com a verdade não passa da "última expressão do ideal ascético". Assim, de fato, há um valor por trás dele, e não causa surpresa que esse valor acabe privando o filósofo de todas as "belas possibilidades".

a filosofia deveria servir *apenas* à vontade de verdade, afastando, pelo menos tanto quanto possível, a vontade de valor, Nietzsche deveria elogiar tais filósofos. Em vez disso, apresenta o que é certamente uma crítica, ao acusá-los de "niilismo" e, mais significativo para o ponto em que queremos chegar, afirmar que exibem "uma alma em desespero, mortalmente cansada". Passa então a distribuir francos elogios a seus oponentes, apresentando-os como "pensadores mais fortes e mais arrojados que ainda estão ávidos para viver". Esses oponentes são quase certamente os filósofos que Nietzsche introduziu no início de *ABM* 10, os quais hoje levantam "o problema do 'mundo real e aparente'".

Se reconhecermos os "fanáticos puritanos da consciência" como representantes da vontade de verdade, devemos considerar seus oponentes, aqueles "que ainda estão ávidos para viver", como representantes da vontade de valor. Como já foi mencionado, nossa discussão de *ABM* 9 no Capítulo 6 mostra que Nietzsche usa "vida" num sentido duplamente normativo: "vida" denota um modo de existência adequado para seres humanos, e esse modo de existência é precisamente um modo guiado por valores ou normas. Assim, faz sentido que a caracterização de Nietzsche de filósofos "ainda ávidos para viver" esteja destinada a indicar que eles são ainda motivados pela vontade de valor. De fato, isso parece óbvio quando ele passa a dizer o seguinte de tais filósofos:

> Quando se colocam *contra* a aparência [*Schein*] e falam de "perspectiva" com uma nova arrogância; quando colocam a credibilidade de seus próprios corpos mais ou menos ao nível da credibilidade da evidência visual de que "a terra está imóvel", renunciando assim, aparentemente com bom humor, a seu bem mais seguro (pois existe algo em que possamos acreditar mais firmemente que nosso próprio corpo?) [...] quem sabe se, no fundo, não estão tentando reconquistar algo que era antigamente um bem ainda mais seguro, algo do antigo domínio da fé de tempos mais recuados, talvez "a alma imortal", talvez "o velho Deus", em suma, ideias com as quais poderíamos viver melhor, isto é, mais vigorosa e alegremente que com as ideias modernas. (*ABM* 10)

Que esses filósofos "se coloquem *contra* a aparência" significa que encaram o mundo físico, incluindo seus próprios corpos, como mera aparência (ou ilusão). É por isso que, mais para o fim do aforismo, Nietzsche os chama de "antirrealistas céticos": eles negam ou duvidam da realidade do mundo físico.

Mais adiante, no mesmo trecho, Nietzsche também chama esses filósofos de "microscopistas do conhecimento", ao sugerir que tentam compreender o conhecimento em termos naturalistas. Juntando as duas coisas, a sugestão é que combinam uma visão naturalista ou científica do conhecimento com uma ontologia idealista. Três filósofos importantes para Nietzsche que se ajustam a essa descrição são Friedrich Lange, Afrikan Spir e Gustav Teichmüller. Embora haja muitas diferenças importantes entre eles, são todos neokantianos que insistem em dizer que o mundo empírico é mera aparência, em oposição ao "verdadeiro mundo" da coisa em si. São também fenomenalistas no que tange à realidade empírica, seguindo Berkeley e Schopenhauer ao encarar os objetos de nossas percepções como meras ideias ou representações.[2] Ao que parece, Nietzsche encara o fenomenalismo e outros aspectos idealistas do antirrealismo cético desses filósofos como motivados pela vontade de valor. Pensa que eles, por razões discutidas no Capítulo 4, estavam errados em aceitar o fenomenalismo. Mas manifesta uma visão muito simpática sobre o que vê como objetivo da filosofia deles, que é "ficar *longe*" das "ideias modernas" e da "realidade *moderna*". Há provavelmente uma razão para toda essa simpatia, ou seja, o fato de a própria obra inicial de Nietzsche estar pelo menos muito próxima desse antirrealismo cético, compartilhando seu fenomenalismo, como argumentamos no Capítulo 4.

Ao explicar o desejo dos antirrealistas céticos de "ficar *longe*", Nietzsche dá sem dúvida um novo caráter à discussão:

Há *desconfiança* das ideias modernas nesta perspectiva, há descrença em tudo que foi construído ontem e hoje; há talvez, além disso, um certo mal-estar e um escárnio que não podem mais suportar o brechó de conceitos das mais diversas origens que o chamado positivismo traz hoje ao mercado; há também, diante dessa variedade e desses retalhos de feira de aldeia, a repugnância de um gosto mais refinado a todos os filosofastros da realidade, para quem não há nada de novo ou genuíno além de uma tal heterogeneidade. (*ABM* 10)

Assim, Nietzsche vê os antirrealistas céticos reagindo contra o positivismo, cujos proponentes ele insulta aqui como "filosofastros da realidade", sugerindo que não são verdadeiros filósofos. A segunda parte dessa expressão sugere que, ao contrário do antirrealismo cético, que afirma a idealidade do mundo físico, o positivismo afirma sua realidade. Como Lange, os positivistas acreditam que a ciência leva ao materialismo, mas rejeitam a visão de que o materialismo "leva de novo ao idealismo". No Capítulo 4, discutimos a opinião de Lange com relação

---

2. Discutimos o fenomenalismo de Lange e Spir e a crítica que *ABM* faz dele no Capítulo 4.

a tal efeito e mostramos que, nesse ponto, a posição de Nietzsche em *ABM* se aproxima dos positivistas. Então, por que os insultar como "filosofastros"? Presumivelmente porque o positivismo diz que o conhecimento só se torna disponível para nós por meio dos sentidos e da extensão dos sentidos proporcionada pelas ciências. Ele abre mão, portanto, do grande projeto originário da filosofia; ser positivista é virar as costas para as "demandas eternas" inscritas no coração humano pelos primeiros filósofos. Isso explica outro traço desconcertante do trecho: Nietzsche enfatiza que não há nada "de novo ou genuíno" nesses filosofastros, embora retrate os que suspeitam das ideias deles como gente que revela "desconfiança dessas ideias modernas" e "descrença em tudo que foi construído hoje ou ontem". Em certo sentido, portanto, as desacreditadas ideias modernas são sem dúvida novas. Nietzsche deve querer dizer que os filosofastros não nos dão uma forma nova ou genuína de *filosofia*; eles abrem mão da filosofia pela ciência (cf. *ABM* 211). Portanto, parece provável que esses filosofastros sejam precisamente os "puritanos fanáticos da consciência", os quais ele acusa de niilismo. Os positivistas são niilistas precisamente porque tentam prescindir da vontade de valor, o que explica por que Nietzsche prefere os antirrealistas céticos.

Esses idealistas, portanto, estão "no caminho certo" em sua fuga das "ideias modernas", porque não estão dispostos a desistir da filosofia genuína. Mas isso não significa que as afirmações que usam para escapar da modernidade sejam verdadeiras. Como veremos, Nietzsche rejeita seu fenomenalismo em *ABM* 15. Aqui, contudo (em *ABM* 10), interpreta-o simpaticamente como resistência a reduzir a realidade ao que a ciência nos diz, como meio de nos mantermos abertos a outra coisa, talvez até mesmo à "alma imortal" ou "ao velho Deus", que são "ideias com as quais poderíamos viver melhor, isto é, mais vigorosa e alegremente que com as ideias modernas". Trata-se de uma notável condenação das "ideias modernas" — ele que proclamou a "morte de Deus" nos diz que poderíamos viver melhor e mais alegremente acreditando em Deus que nas ideias modernas que o substituíram.

Para concluir: *ABM* 10 nos dá várias indicações de que Nietzsche não quer uma filosofia guiada apenas pela vontade de verdade, pois alguma coisa de genuíno valor seria assim perdida. Dada a estrutura que temos desenvolvido neste livro, isso só pode significar que ele está endossando um papel para a vontade de valor na filosofia. Na realidade, o comentário sobre Deus indica que, se obrigado a (e capaz de) escolher entre uma "filosofia" motivada unicamente pela vontade de verdade e outra motivada por valores à custa da verdade, Nietzsche escolheria a segunda (cf. *HD* 34). Ele não pensa, no entanto, que tem de escolher, como deixa claro quando conclui o trecho se referindo aos "atalhos retrógrados que eles [os que recuam ante a "realidade *moderna*"] escolhem!".

> O que há de essencial sobre eles *não* é que queiram ir "para trás", mas que queiram [...] ir *para longe*. Um pouco *mais* de energia, altivez, coragem, vigor artístico e haveriam de querer ir *para cima e além* — e não para trás! (*ABM* 10)

Nietzsche pode tomar o partido das aspirações do antirrealismo cético contra as do positivismo, mas não endossa seu "atalho retrógrado". A filosofia não deveria ser guiada apenas pela vontade de verdade, mas também não deveria simplesmente sucumbir ao impulso do valor: *ambos* devem ser encorajados a fim de permitir que a filosofia vá "*para cima e além*", impelida — segundo nossa leitura — por uma "magnífica tensão do espírito" (*ABM* P). Assim, faz sentido que o próprio Nietzsche seja um personagem não nomeado de *ABM* 11, ou seja, o filósofo, como já indicamos, para quem a vontade de verdade "desempenha um papel", deixando, no entanto, espaço para que a vontade de valor desempenhe também sua parte.

3.3 *ABM* 11: SUCESSORES DE KANT

Os dois grupos nomeados em *ABM* 10, os antirrealistas céticos e os positivistas, eram influenciados por Kant e afirmavam tirar da filosofia dele a conclusão correta. Membros do primeiro grupo (incluindo o primeiro Nietzsche) mantiveram a coisa em si e os componentes *a priori* do conhecimento, mas os usaram no intuito de insistir que o conhecimento empírico em geral e a ciência em particular falsificam a realidade. Membros do segundo grupo rejeitaram a coisa em si bem como um conhecimento *a priori* e, portanto, trataram o conhecimento empírico como a única estrada para a verdade. Considerando tanto o fato de que Nietzsche se alinha com os antirrealistas em *ABM* 10 quanto a nota otimista que soa no final desse trecho, poderíamos ser perdoados por abordar *ABM* 11 esperando encontrar detalhes sobre a forma que a filosofia dos antirrealistas tomaria se eles se importassem tanto com a vontade de verdade quanto se importavam com a vontade de valor. Em vez disso, o que obtemos é simplesmente a crítica de Kant e uma recomendação para que seu projeto seja naturalizado.

Na verdade, *ABM* 11 parece não meramente criticar Kant, mas ridicularizá--lo. Segundo a óbvia interpretação padrão do trecho, Nietzsche declara que a resposta de Kant à pergunta central de sua filosofia — "Como são *possíveis* os juízos sintéticos *a priori?*" — "pertence ao domínio da comédia". Para o entretenimento de muitos leitores, Nietzsche compara a resposta de Kant à explicação do médico de Molière sobre como o ópio induz o sono: "Contém uma faculdade sonolenta [*virtus dormitiva*], cuja natureza põe os sentidos a dormir". Segundo Nietzsche, Kant explica a possibilidade de juízos sintéticos *a priori* da mesma maneira: "*em virtude de uma faculdade*" (*Vermoege eines Vermoegens*). Isto é, Kant explica a possibilidade dos juízos em questão por uma capacidade para formular tais juízos. Sugerindo, por meio de uma pergunta retórica, que isso não é realmente "uma resposta", "uma explicação", mas "antes meramente uma repetição da pergunta", Nietzsche pede a substituição da pergunta de Kant relativa à *possibilidade* de juízos sintéticos *a priori* por "outra pergunta: 'Por que a crença nesses juízos é *necessária?*'. Bem, temos de compreender que, em consideração à preservação de seres de nossa espécie, devemos *acreditar* nesses juízos para torná-los verdadeiros, embora eles possam evidentemente continuar sendo *falsos* juízos!". Ele então vai ainda mais longe e afirma que, de fato, não há "nada além de falsos juízos", embora "a crença em sua verdade seja necessária, como crença superficial e evidência visual pertencentes à ótica panorâmica da vida".

Assim *ABM* 11 critica visivelmente Kant por dar uma resposta vazia à questão fundamental de sua filosofia. Também sugere que o problema reside na pergunta em si, uma pergunta que devia, portanto, ser substituída por outra, à qual possa ser dada uma resposta mais naturalista, uma resposta que explique por que aceitamos os princípios que Kant considerava sintéticos *a priori* no tocante à contribuição para a nossa sobrevivência. Nesse caso, a ideia de *ABM* 11 é que os que dão um caráter naturalista às categorias de Kant, como Lange e o primeiro Nietzsche, são os que melhor cumprem seu projeto. Essa é parte da interpretação-padrão de *ABM* 11 (por exemplo, Clark, 1990, p. 121; Anderson, 1998, pp. 12, 29). Tanto Lange quanto Nietzsche em suas obras do "espírito livre" tentaram naturalizar o idealismo transcendental de Kant (Clark, 1990, pp. 120-21). Eles estão, como argumentamos, entre os heróis de *ABM* 10, precisamente porque não desistiram da vontade de valor que motiva seu idealismo. Em *ABM* 11, Nietzsche assume o outro lado do projeto deles, sua epistemologia naturalizada e, em particular, a tentativa de reduzir as normas transcendentais de Kant referentes a como os seres humanos deveriam julgar as leis psicológicas referentes a como de fato julgam, leis que eles explicam em relação à preservação da espécie promovida por tais juízos. A orientação é, então, darwinista: julgamos que todo evento tem uma causa, por exemplo, porque os seres que fizeram esse julgamento mostraram ter uma chance melhor de sobrevivência e sucesso reprodutivo que aqueles que não o fizeram.

Mas se essa interpretação padrão é correta, *ABM* 11 está exposto a uma séria objeção. Para acusar Kant de uma resposta vazia, Nietzsche deve interpretar a questão de Kant em relação à "possibilidade" de juízos sintéticos *a priori* como requisito para uma explicação do fato de fazermos tais juízos. Mas sem dúvida a pergunta de Kant diz respeito ao que nos *justifica* quando aceitamos como verdadeiros juízos sintéticos *a priori*, não ao que explica por que os fazemos. Assim, parece que Nietzsche não conseguiu compreender a natureza normativa do projeto de Kant; parece que confunde o pedido de Kant por uma justificação, a qual diz respeito a valores ou razões, com o pedido de uma explicação, que diz respeito a causas ou origens.

Se isso fosse correto, teria forte influência não apenas contra a argumentação deste capítulo, mas contra a totalidade de nossa interpretação. Afinal, estamos tentando mostrar que, na época em que escreveu *ABM*, Nietzsche passara a ver a filosofia como uma disciplina essencialmente normativa, em oposição à disciplina naturalista ou científica que aceitava que ela fosse quando escreveu *HD* (ver *HD* 1). Que ele não tivesse conseguido ver que estava seguindo a orientação de Kant enfraqueceria nossa afirmação de que ele via a filosofia nesses termos essencialmente normativos. Kant sustentava o primado da razão prática e dizia que "julgara necessário negar o *conhecimento*, de modo a abrir espaço para a *fé*" (B xxx). Nossa interpretação ficaria menos plausível se Nietzsche deixasse de reconhecer que Kant estava assim admitindo a importância da vontade de valor e, portanto, merecendo pelo menos tanto respeito quanto os antirrealistas de *ABM* 10. E nossa interpretação seria completamente abalada se Nietzsche achasse que o programa de Kant devia simplesmente ser transformado num programa naturalista. Finalmente, se ele de fato afirmasse aqui que os juízos sintéticos *a priori* são necessários, mas falsos, estaria adotando a tese da falsificação a qual sustentamos que já havia rejeitado na época em que redigiu *ABM* (ver Capítulos 2 e 4). Sob esse aspecto, *ABM* permaneceria muito mais próximo do que afirmamos com relação às obras do "espírito livre" (*HD* até a primeira edição de *GC*). Essas obras são precisamente aquelas em que encontramos a magnífica tensão do espírito que Nietzsche analisa (e explora) em *ABM*. Assim, não deveria causar surpresa que encaremos a interpretação padrão de *ABM* 11 como a interpretação exotérica e que acreditemos haver uma interpretação esotérica mais profunda a ser trazida à luz.

Começamos com um motivo para nos deixar pelo menos céticos de que *ABM* 11 confunda a pergunta de Kant relativa à justificação com outra relativa à explicação. Tal confusão sugeriria que falta a Nietzsche uma compreensão mais clara da distinção entre explicação e justificação. Como vimos, Nietzsche chama atenção para essa mesma distinção na primeira seção de *ABM*, quando presumivelmente define o curso do que se seguirá no restante do livro. É difícil aceitar que em *ABM* 11 ele se esqueça de uma distinção cuja importância enfatizara poucas páginas atrás. Podemos negar que o fez e admitir que a interpretação-padrão de *ABM* 11 seja uma interpretação exotérica do trecho, se pudermos mostrar que Nietzsche nos dá um número suficiente de pistas para desconsiderá-la em proveito de uma interpretação esotérica mais profunda. Sustentaremos que ele faz isso e que, quando interpretada esotericamente — com atenção para o que exatamente ele diz e para o que fica não dito e "nas entrelinhas" (*ABM* 3) —, a crítica que Nietzsche faz de Kant não é o que parece. Ele certamente está criticando Kant, mas não porque compreenda mal a pergunta de Kant ou pense que o programa de Kant deveria ser naturalizado. Na realidade, Nietzsche está se posicionando (em contraste com os seguidores tanto idealistas quanto naturalistas de Kant) como o verdadeiro sucessor de Kant, o que se propõe a cumprir o projeto normativo de Kant, promovendo assim a vontade de valor sem dar o passo retrógrado dos antirrealistas de *ABM* 10.

A fim de entender isso, é útil levar em conta o contexto em que Nietzsche introduz sua evidente ridicularização de Kant. *ABM* 11 começa comentando o legado de Kant e a visão que ele tinha de si próprio e afirma que "hoje são feitas em toda parte tentativas de desviar a atenção da verdadeira influência que Kant exerceu sobre a filosofia alemã e, em particular, de encobrir prudentemente o valor que ele atribuiu a si próprio". A "verdadeira influência" exercida pela filosofia de Kant, sugere Nietzsche mais no final do trecho, foi encorajar os jovens filósofos alemães a escapar "para os rodeios [...] à procura de 'faculdades'", por exemplo, "uma faculdade para o 'supersensível'", chamada "intuição intelectual", que Kant havia negado. A compreensão de Kant de sua própria importância estava centrada em sua tábua de categorias, a qual considerava "a coisa mais árdua que jamais poderia ter sido empreendida em nome da metafísica". A insinuação é que a tábua de categorias lhe permitiu achar haver "*descoberto* uma nova faculdade nos seres humanos, a faculdade de juízos sintéticos *a priori*", e que isso estimulou a busca por novas faculdades entre jovens idealistas (que Nietzsche associa aqui com "romantismo, a fantasia maligna"). Mas em que ponto Nietzsche vê a atenção ser desviada do legado idealista de Kant? E para quem ele acha que era prudente "disfarçar" a compreensão que Kant tinha de si mesmo? Sugerimos que Nietzsche se refere a membros do movimento neokantiano "Retorno a Kant", que começou na década de 1860 e ainda se mantinha forte quando ele escrevia *ABM* (Adair-Toteff, 2003). Embora houvesse grande diversidade entre os membros desse grupo, eles compartilhavam uma aversão pelos excessos dos grandes sistemas do idealismo alemão e esperavam devolver a filosofia à terra, aderindo mais intimamente ao espírito de Kant. Vendo Kant como mais simpático à ciência que seus sucessores idealistas, tinham a tendência de rejeitar a metafísica e enfatizar a epistemologia. Assim, o argumento de Nietzsche é que, se afirmamos que estamos aderindo mais intimamente ao espírito de Kant ao rejeitar a metafísica e enfatizar a teoria do conhecimento, talvez seja prudente atenuar a motivação de Kant e a extensão em que os construtores do sistema idealista estavam, consequentemente, aderindo a seu espírito.

Essa explicação levanta um problema para a interpretação-padrão de *ABM* 11, segundo a qual o aforismo apresenta os que tentam naturalizar as categorias de Kant como os que estão cumprindo seu programa de modo mais coerente. Por que Nietzsche começaria o aforismo acusando aqueles com simpatias naturalistas de ignorar o legado de Kant e a compreensão que Kant tinha de si se acreditasse que naturalizar as categorias fosse o caminho certo para a execução do programa de Kant? Por que é um problema digno de nota que Kant tenha empreendido seu projeto "em nome da metafísica" e que neokantianos com simpatias naturalistas tenham "prudentemente encoberto" o que o próprio Kant julgou mais valioso em sua obra se os neokantianos naturalizantes estão realmente cumprindo seu programa *do modo correto*? Essa questão ganha urgência quando consideramos a declaração de Nietzsche de que Kant "se iludiu" acerca do valor de sua obra. Se neokantianos naturalizantes descobrem o melhor meio de realizar o projeto de Kant, não teriam eles uma conduta *virtuosa* ao dar a Kant o crédito pela inspiração e ignorar que ele tivesse de fato outra coisa em mente? Isso estaria de acordo com a atitude que Nietzsche recomenda com relação aos idealistas, os quais levaram tão a sério a compreensão que o próprio Kant teve de seu projeto a ponto de deixar que ela os inspirasse nas tentativas de descobrir outras "faculdades", as mesmas que Kant negou que os humanos possuíssem. Nietzsche diz que "não se pode fazer mal maior à totalidade desse movimento exuberante e entusiástico, que foi realmente jovem, ainda que corajosamente se disfarçasse com conceitos encanecidos e senis, do que tomá-lo a sério ou, pior ainda, tratá-lo com indignação moral. Basta, ficamos cansados e o sonho acabou". Em outras palavras: não leve os sucessores idealistas de Kant tão a sério a ponto de perder tempo com críticas a seus pontos de vista. Siga em frente, trabalhe em cima do que é de fato importante neles, sua juventude, a atração por um sonho. Em nossa interpretação, isso significa: reconheça a vontade de valor que opera na filosofia deles. Se essa é a atitude que Nietzsche recomenda com relação aos sucessores idealistas de Kant, por que insiste no mesmo trecho a fim de que encaremos seriamente o sonho de Kant (o estabelecimento de uma base firme para a metafísica) e *o* critiquemos?

Tudo isso faz o maior sentido se *ABM* 11 está concebido no intuito de sugerir que refletir sobre a compreensão que Kant tinha de si próprio nos ajuda a identificar o melhor modo de realizar seu projeto e que o naturalizar não nos qualifica para tal honra. A fim de dar apoio a essa sugestão, retornamos à questão de Kant sobre a possibilidade de juízos sintéticos *a priori*. Nietzsche de fato confunde a questão com um pedido de explicação causal? Sustentaremos que não, que sua posição referente à resposta de Kant à questão — "em virtude de uma faculdade" — faz perfeito sentido se ele reconhece que ela oferece uma justificação para fazermos tais juízos, em vez de uma explicação de como chegamos a fazê-los. Consideremos a resposta real de Kant à questão. Como dissemos no Capítulo 1, a pergunta de Kant surge porque recebemos dados dos objetos por meio da experiência sensorial. Como então podemos justificar que façamos afirmações substantivas ou não analíticas sobre objetos *a priori*, isto é, sem essa entrada de dados? A resposta geral de Kant a essa questão é a "Revolução Copernicana" proposta por ele. Se a "intuição tem de corresponder à constituição de objetos", Kant afirma, "não vejo como podemos conhecer qualquer coisa deles *a priori*", mas "se o objeto (como os objetos da experiência sensorial) tem de corresponder à constituição de nossa *faculdade de intuição*, então posso muito bem representar esta possibilidade para mim mesmo" (B xvii; destacado por mim). Aí temos a resposta nas palavras do próprio Kant. É possível justificar a reivindicação do conhecimento *a priori* de uma afirmação sintética se ela é uma exigência de nossa "faculdade de intuição". Em termos mais gerais, como Paul Guyer explica, o sentido da "Revolução Copernicana" de Kant é que, "se podemos descobrir formas fundamentais para a representação sensorial de objetos dentro da estrutura de nossas próprias mentes, então também podemos saber que nada pode jamais se tornar um objeto de conhecimento para nós a não ser por meio dessas formas e, portanto, que essas formas se aplicam necessária e universalmente aos objetos de nosso conhecimento — isto é, que elas [presumivelmente, os juízos que tais formas aplicam aos objetos] são sintéticas *a priori*" (Guyer, 2006, pp. 49-50). Kant sustenta, assim, que podemos justificar a afirmação de ter um conhecimento sintético *a priori* — mostrar que tal conhecimento é *possível* — se pudermos mostrar que uma coisa só pode se tornar objeto de conhecimento para nós correspondendo às "formas fundamentais da representação sensorial de objetos dentro da estrutura de nossas próprias mentes". A justificação de Kant para a reivindicação de possuirmos um conhecimento sintético *a priori* é, portanto, que o possuímos "em virtude de uma faculdade" — em virtude dos requisitos de nossa faculdade cognitiva, isto é, de nossa aptidão para o conhecimento.

Essa resposta merece mesmo a zombaria de Nietzsche? Evidentemente não. A zombaria só seria justificada se Kant indicasse nossa capacidade de ter um conhecimento sintético *a priori* como explicação causal de como chegamos a esse tipo de conhecimento. Mas ao vermos que Nietzsche pode muito bem compreender que a resposta de Kant dá uma justificação e não uma explicação causal, não é tão lógico que ele realmente *zombe* da resposta de Kant. Ele pergunta se a resposta de Kant é de fato uma resposta ou mera repetição da pergunta, mas não chega a responder à sua própria pergunta. Embora depois continue a ridicularizar a resposta dada pelo *médico de Molière*, isso só ocorre num ponto mais avançado do trecho (em outras palavras, após o leitor benevolente ter tido tempo de reconhecer o sentido em que "por meio de uma faculdade" é a resposta de Kant), e nada que ele de fato diga aí é incompatível com seu reconhecimento de que a resposta de Kant não é um objeto legítimo para a mesma zombaria, precisamente porque responde a um pedido de justificação, enquanto o médico tenta dar uma explicação. Admitimos que, se não está zombando de Kant, Nietzsche por certo se afastou de seu caminho a fim de levar os leitores a pensar que está. Por que faria isso? Talvez no intuito de atrair leitores que se divertirão com a zombaria (de alguém que acham tão difícil de ler) e, depois, se eles forem capazes de finalmente aprender a fazer perguntas, para induzi-los a trabalhar com a distinção entre explicação causal e justificação introduzida em *ABM* 1, distinção, como veremos, central para as seções posteriores de *ABM* Um. Seja como for, fazê-lo combinaria muito bem com a distinção entre o exotérico e o esotérico, como ela opera do início ao fim de *ABM*.

Mas mesmo se reconhece que Kant faz uma pergunta justificatória, Nietzsche não sugere que a pergunta deveria ser substituída pelo pedido de uma explicação causal? Se assim for, *ABM* 11 ainda sugere que os naturalistas neokantianos são os verdadeiros herdeiros de Kant. Mais especificamente, Nietzsche sustenta que está "mais que na hora de substituir a pergunta de Kant: 'Como são possíveis os juízos sintéticos *a priori?* por outra pergunta: 'Por que a crença em tais juízos é *necessária?*'". Nietzsche elabora essa declaração num trecho que dividimos em três segmentos:

A. Isto é, [está na hora de] compreender que, pelo bem da preservação de seres de nossa espécie [*Wesen unserer Art*], devemos *acreditar* que tais juízos sejam verdadeiros, embora ainda possam, é claro, ser *falsos* juízos!

B. Ou, de forma mais clara, crua e básica: juízos sintéticos *a priori* não deveriam absolutamente "ser possíveis": não temos direito a eles; em nossas bocas não passam de falsos juízos.

C. Mas a crença em sua verdade é, evidentemente, necessária como crença superficial e evidência ocular pertencente à óptica panorâmica da vida.

À primeira vista, A-C parecem declarar que o fato de fazermos juízos que Kant considera sintéticos *a priori* deve ser explicado unicamente pela necessidade de fazê-los para nossa sobrevivência, portanto muito provavelmente pela seleção natural, sendo tais juízos realmente falsos. Um olhar mais atento revela algo mais complexo.

Examinemos a primeira parte do segmento A, segundo a qual nossa crença de que tais juízos sejam verdadeiros é necessária "pelo bem da preservação de seres de nossa espécie"; aqui a terminologia de Nietzsche é muito próxima daquela usada na afirmação de *ABM* 3, de que as avaliações que fundamentam a lógica são "necessárias precisamente para a preservação de seres como nós". Afirmamos que, nesse trecho, "seres como nós" se refere às nossas contrapartidas antes *normativas* que *biológicas*: seres que compartilham conosco uma forma de vida e, portanto, certas normas necessárias para essa vida. Tal vida envolve, por exemplo, pensamento, e o pensamento é impossível sem o compromisso de preservar a verdade ao tirar conclusões. Portanto, a principal avaliação que Nietzsche afirma fundamentar a lógica em *ABM* 3 — que a verdade é mais importante que a ilusão — é necessária para "a preservação de seres como nós". Mais geralmente, sustentamos que o que justifica um juízo para Nietzsche é a extensão em que ele preserva e promove — isto é, *responde a* e *melhora* — as normas que guiam nossas práticas cognitivas. Quando Nietzsche fala, em *ABM* 11, sobre o papel do juízo na "preservação de seres como nós", podemos vê-lo defender um argumento similar sobre os juízos sintéticos *a priori*.

Isso tem duas consequências notáveis. Primeira: embora *pareça* substituir a questão de Kant sobre justificação por uma sobre explicação, Nietzsche de fato continua a desenvolver a questão justificatória de Kant em A-C, embora sob bases diferentes. O que parece ser uma explicação em termos de seleção natural se revela uma justificação em relação às normas necessárias ao pensamento para a preservação (e melhoria) de nossas práticas cognitivas. Em segundo lugar, isso sugere que Nietzsche realmente concorda com a estratégia da "Revolução Copernicana" de Kant, uma abordagem geral a fim de explicar como somos justificados em fazer afirmações sintéticas *a priori*. A resposta de Kant, Nietzsche afirma, é que somos justificados "em virtude de uma faculdade", o que significa, em nossa interpretação, em virtude das exigências de nossa faculdade para o conhecimento. Nada pode se tornar objeto de conhecimento para nós se não atender a essas exigências. A própria resposta de Nietzsche à questão relativa à possibilidade de juízos sintéticos *a priori*, afirmamos nós, é uma variação sobre isso: somos justificados em fazer tais juízos porque fazê-los é necessário para a preservação e o avanço de seres como nós, isto é, das práticas cognitivas constitutivas de nossa forma de vida. Se não fizermos alguns desses juízos, nada pode se tornar objeto de conhecimento para nós.

Então, o que dizer da segunda parte de A, segundo a qual, embora devêssemos acreditar que os juízos do tipo que Kant encarava como sintéticos *a priori* fossem verdadeiros, "eles ainda podiam, é claro, ser *falsos* juízos!"? Aqui Nietzsche pode ser lido como dizendo que, embora certas normas profundamente arraigadas tenham guiado de modo fértil e bem-sucedido nossas práticas cognitivas — por exemplo, "toda alteração tem uma causa" —, poderia ainda se dar o caso de que sejam falsas. De fato, podemos chegar a determinar no curso de uma pesquisa que alguns desses princípios conhecem exceções, como o que se descobriu no nível quântico sobre a máxima causal. Mas certamente isso não significa que não tenhamos justificativa para aceitar que ela continua a guiar nossas práticas cognitivas no nível não quântico. Em outros casos, talvez aconteça de um princípio que achamos necessário para nossas práticas cogntivas não o ser, podendo ser substituído por algum outro. Em nossa interpretação, então, Nietzsche aceita a estratégia geral de Kant a fim de lidar com o problema de como pode ser justificado conduzirmos a vida cognitiva com base em princípios não provenientes de nossa experiência, mas não aceita a visão de Kant de que essa estratégia produz juízos necessariamente verdadeiros de qualquer possível objeto de conhecimento e, portanto, não suscetíveis de revisão diante da experiência de tais objetos.[3]

Nesse caso, Nietzsche de fato acredita que *há* juízos sintéticos justificados que sejam *a priori*? Sim, no sentido de que existem algumas normas cognitivas, como a máxima causal, que não são extrapoladas da experiência,[4] mas que, não obstante, se justifica que aceitemos e apliquemos à experiência justamente porque é, antes de mais nada, o endosso (implícito) de tais normas que torna possível nossa vida cognitiva. Sem dúvida esse é o sentido do segmento C: a "crença na verdade [de juízos sintéticos *a priori*] é evidentemente necessária como crença superficial e evidência ocular pertencentes à ótica panorâmica da vida". Tais juízos fornecem a "lente" por meio da qual experimentamos o mundo; sem tal lente para fornecer uma perspectiva, a "vida" como é vivida e experimentada por seres humanos não seria possível. Mas Nietzsche não pensa que essas normas sintéticas *a priori* tenham o *status* que Kant reivindica para elas; não pensa que não possam ser revistas à luz da experiência. Justifica-se que admitamos esses juízos sintéticos *a priori* como verdadeiros, mas de fato eles poderiam se revelar falsos dependendo do que surge em nossa experiência.

Ao desenvolver nossa leitura, ignoramos até agora o segmento B, em que Nietzsche parece declarar não simplesmente que tais juízos *podem* ser falsos, mas que *são* falsos: "de forma mais clara, crua e básica: juízos sintéticos *a priori* não deveriam absolutamente 'ser possíveis': não temos direito a eles; em nossas bocas não passam de falsos juízos". Isso parece uma franca rejeição da visão que afirmamos encontrar em *ABM* 11. Parece confirmar a tese da falsificação, ao sustentar que juízos indispensáveis para nós são falsos. É exatamente a posição que consideramos que Nietzsche está rejeitando em *ABM* 3 e 4. Que tais juízos "não deveriam absolutamente 'ser possíveis'" evidentemente significa que não temos justificativa para os aceitar, embora o fazer seja absolutamente necessário a fim de termos uma vida cognitiva. Trata-se aqui, é claro, de uma rejeição da posição que supomos que Nietzsche defenda em *ABM* 11.

---

3. Evidentemente, para Kant, eles são necessariamente verdadeiros apenas com relação ao mundo fenomenal, o mundo das aparências, em contraste com a coisa em si. Mas *ABM* 16 rejeita essa distinção ao descartar o polo da coisa em si como uma contradição em termos, conforme discutimos no Capítulo 4.

4. Esse é o sentido de seu comentário sobre "a superficialidade de Locke com relação à origem das ideias" no final de *ABM* 20: Nietzsche rejeita a afirmação dos empiristas de que todas as nossas ideias vêm da experiência.

De modo contrário às aparências iniciais, contudo, o segmento B é compatível com nossa interpretação. Considere, primeiro, que Nietzsche prefacia o que nele afirma com a qualificação "de forma mais clara, crua e básica". Se, como sustentamos, há razão para pensar que Nietzsche às vezes transmite um significado além daquele existente na superfície do texto, atrair atenção para o fato de que aquilo que está dizendo tem um significado óbvio, superficial, também deveria chamar atenção para a possibilidade de que tenha outro significado — um que não é tão claro, cru ou básico.

Em segundo lugar, consideremos o uso que Nietzsche faz da qualificação "em nossas bocas". Por que acrescenta isso? Sugerimos que o faz no intuito de sugerir que se reflita sobre quem está fazendo a afirmação ("nossas") e a linguagem em que a estão fazendo ("bocas"). Faz sentido que Nietzsche acrescente "em nossas bocas" para nos lembrar da "nova linguagem" usada em *ABM* 3 e 4. Aqueles que proclamam que os juízos que guiam nossas práticas cognitivas são falsos (segmento B) são precisamente os que estão falando a "nova linguagem", segundo a qual chamar um juízo de "falso" é meramente negar que ele esteja à altura de um padrão além do "homem", isto é, um padrão além daquele que mantém e faz avançar as práticas cognitivas que constituem nossa forma de vida. Assim compreendida, como vimos no Capítulo 2, "a falsidade de um juízo não é necessariamente uma objeção a um juízo" (*ABM* 4). Se Nietzsche usa sua "nova linguagem" no segmento B, sem dúvida defende que os juízos sintéticos *a priori* são "falsos", mas isso só significa que não possuem uma justificação externa ou transcendente. Não é uma objeção exatamente a eles porque não é uma afirmação de que são falsos.

Mas se justifica admitir que Nietzsche esteja falando essa linguagem aqui? Em *ABM* 4, ele pelo menos mencionava sua "nova linguagem", mesmo se não dizia exatamente quando começava a utilizá-la (embora nos tenha dado pistas para descobrir). "Em nossas bocas", porém, pode parecer uma base escassa para presumir que o esteja fazendo aqui e, embora o que dissemos sobre "de forma mais clara, crua e básica" contribua para a evidência, talvez ela ainda não pareça suficientemente forte. Apresentamos, por esse motivo, duas razões adicionais que, com as duas já mencionadas, dão muita força ao nosso ponto de vista. Primeiro está o fato de que presumir que ele esteja falando sua "nova linguagem" nos permite tornar compreensível o movimento do segmento A ao B. Em A ele nos diz que os juízos em questão *poderiam* ser falsos e é relativamente fácil compreender por que pensa assim. Mas B nos diz que *são* falsos, sem qualquer indicação de outra consideração que explicasse o movimento de "poderiam ser" a "são". E observemos que se trata do mesmo tipo de movimento feito em *ABM* 3-4, que só fomos capazes de entender supondo seriamente que Nietzsche estivesse falando na "nova linguagem", a qual nos disse que estava usando aí.

E razão ainda mais forte vem de uma reflexão sobre o seguinte trecho de *ABM* 11:

> Kant perguntava a si mesmo: como são *possíveis* os juízos sintéticos *a priori?* — e o que, realmente, respondia? São possíveis *por meio de uma faculdade*; mas infelizmente não respondia com tão poucas palavras, mas de um modo tão circunspecto, tão venerável e com tamanho dispêndio de profundidade germânica e floreios que a cômica *niaiserie allemande* envolvida em tal resposta não era ouvida.

O reaparecimento aqui de *niaiserie*, a primeira palavra na nova linguagem de Nietzsche em *ABM* 3, não pode ser acidental. Não é uma palavra comum ou que Nietzsche utilize com frequência. Aparece duas vezes em *ABM*: em *ABM* 3, para indicar, segundo nossa interpretação, que ele começou a falar uma nova linguagem, e em *ABM* 11. Se nossa interpretação de *ABM* 3 e 4 é plausível, temos um forte motivo para presumir que Nietzsche a emprega em *ABM* 11 no intuito de indicar que está de novo falando a nova linguagem. Vamos refletir sobre como entender o trecho citado se for esse o caso.

Nietzsche afirma que a resposta de Kant à pergunta referente à possibilidade de juízos sintéticos *a priori* envolve uma "cômica *niaiserie allemande*", que podemos traduzir como cômica *tolice alemã*. Tomando a palavra no contexto que estabelece seu significado em *ABM* 3 e 4, e ao contrário do que de início parece, Nietzsche não está criticando a resposta de Kant chamando-a de *niaiserie*, mas está meramente dizendo que a tentativa de Kant de justificar juízos sintéticos *a priori* não garante que tais juízos estejam à altura de um padrão transcendente, como a coisa em si. Sem dúvida isso é verdadeiro e não é uma objeção a Kant, mas antes justamente o que ele diz. Se Nietzsche está falando sua nova linguagem, nem "falsidade" nem *niaiserie* são objeção a um juízo (*ABM* 4).

Nietzsche, contudo, está mesmo fazendo objeção a *alguma coisa* na resposta de Kant em *ABM* 11. Não à sua *niaiserie*, contudo, mas à "cômica [versão] alemã" dessa *niaiserie*, isto é, à "exibição de profundidade alemã e aos arabescos", os quais ornamentam a tal ponto a afirmação básica que a impedem de ser ouvida. Foi esse fracasso que encorajou o "período de lua de mel da filosofia alemã", no qual "os jovens teólogos partiram imediatamente para os rodeios [...] todos em busca de faculdades". A ideia parece ser que o modo alemão de Kant colocar sua resposta dava a impressão de que ele havia descoberto algo mais profundo que o ponto de vista relativamente mínimo a que Nietzsche julga que Kant tem direito: aquilo que nos justifica ao formularmos juízos sintéticos *a priori* é que formular alguns desses juízos é necessário para a possibilidade da experiência ou da vida cognitiva. Essa posição é, para falar na "nova linguagem", *niaiserie* — deixa de assegurar que esses juízos atendam às exigências de um padrão transcendente. Kant, de modo evidente, insiste nesse ponto. O que impediu que os seguidores de Kant tivessem noção da natureza mínima de seu ponto de vista foi que ele também insistiu que os juízos sintéticos *a priori* expressavam normas as quais podiam ser reconhecidas como verdadeiras pelo argumento transcendental e não estavam, portanto, sujeitas a revisão com base na experiência. Assim, embora admitisse que os padrões estabelecidos por esses juízos não eram transcendentes, Kant insistia, "numa exibição de profundidade alemã", que eram transcendentais. E isso, Nietzsche sugere, levou a uma incapacidade de compreender a verdade da questão por parte daqueles que saíram à procura de novas "faculdades". Retornaremos em breve a esse ponto.

Assim, tendo em vista que Nietzsche nos dá um sinal absolutamente óbvio de que está falando sua "nova linguagem" em *ABM* 11, consideramos justificável presumir que também a esteja falando no segmento B, em que emprega meios um tanto mais sutis de nos fazer prestar atenção a isso. Portanto, embora B pareça proporcionar evidência contra nossa leitura de *ABM* 11, ao rejeitar a explicação de Kant sobre a possibilidade de juízos sintéticos *a priori*, isso não acontece. Na "nova linguagem" que Nietzsche fala aqui, não é objeção a um juízo chamá-lo de "falso", e nisso Nietzsche segue Kant. Como Kant, Nietzsche sustenta que nossa formulação de juízos sintéticos *a priori* é justificada "em virtude de uma faculdade" — é justificada não por sua correspondência a um padrão transcendente, mas por ser uma condição para a possibilidade da experiência ou da vida cognitiva para seres como nós.

Nossa tese, então, é que em *ABM* 11 Nietzsche aceita uma posição amplamente kantiana relativa à justificativa que temos para aceitar princípios *a priori*. Modifica, contudo, a posição de Kant, ao negar que tais princípios não possam ser revistos diante da experiência. Que Nietzsche faz objeção a *esse* aspecto da visão de Kant, e não à sua afirmação sobre "uma faculdade", ganha suporte adicional quando examinamos uma última crítica que Nietzsche abriga contra Kant em *ABM* 11. Nietzsche nos diz que Kant

[...] sentia orgulho de ter *descoberto* uma nova faculdade no homem, a faculdade de formular juízos sintéticos *a priori*. Sem dúvida ele se iludia a esse respeito. Mas a evolução e o rápido florescimento da filosofia alemã se apoiaram neste seu orgulho e na impulsiva disputa de toda a geração mais jovem para descobrir, se possível, algo de que pudessem se orgulhar ainda mais — sem dúvida "novas faculdades"! (*ABM* 11)

Poderíamos naturalmente presumir que "aquilo" acerca do que Nietzsche acredita que Kant estava iludido se referia à afirmação de que os seres humanos têm uma faculdade graças à qual se justifica que façamos juízos sintéticos *a priori*. Observemos contudo que, ao discutir o "orgulho" de Kant, Nietzsche enfatiza sua reivindicação de ter "*descoberto*" essa faculdade. Isso parece indicar que o objeto da crítica de Nietzsche aqui é a afirmação de Kant de que a faculdade é algo que ele *descobriu*, não a afirmação de que tal faculdade justifica que façamos juízos de certo tipo. Faz sentido; a faculdade em virtude da qual se justifica que aceitemos princípios sintéticos por razões *a priori* é simplesmente nossa faculdade de adquirir conhecimento. Nietzsche pode aceitar a justificativa básica de Kant ("em virtude de uma faculdade") mesmo negando que Kant tenha *descoberto* uma faculdade porque Kant, evidentemente, não descobriu nossa faculdade de adquirir conhecimento. Se ele descobriu uma faculdade, teria de ser a capacidade de adquirir um novo tipo de conhecimento, e isso é o que Nietzsche o está criticando por afirmar. Nietzsche diz que Kant achava ter descoberto uma nova aptidão, a aptidão de adquirir um conhecimento sobre objetos da experiência que não está sujeito a ser revisto diante da experiência. O que levou a geração mais nova a pensar que poderia descobrir outras faculdades para outros tipos de conhecimento. Mas isso só aconteceu porque "naquele tempo" as pessoas "ainda não eram capazes de distinguir entre 'descobrir' e 'inventar'"! O que em nossa leitura significa que não eram capazes de distinguir o que meramente satisfaz a vontade de valor do que também satisfaz a vontade de verdade.

Pelo menos desde a época de "Sobre a Verdade e a Mentira" (1872), Nietzsche estava envolvido com o problema kantiano de como podemos aceitar que nossos juízos sejam verdadeiros quando sem dúvida refletem tanto sobre nós — sobre a natureza de nossas mentes — quanto sobre a natureza de um mundo que existe independentemente de nós. O que estamos sugerindo aqui é que *ABM* 11 critica Kant num esforço para melhor alcançar os objetivos da própria Revolução Copernicana de Kant, situando assim o próprio Nietzsche — em oposição tanto aos naturalizadores de Kant quanto aos idealistas que inventavam mais "faculdades" —

como o verdadeiro herdeiro de Kant. Kant estava certo em aceitar que "o homem é a medida", ao negar assim a existência de quaisquer normas transcendentes pelas quais avaliar nossas práticas cognitivas, embora estivesse errado em pensar que o argumento transcendental estabelecia que tais normas não estavam sujeitas à revisão à luz da experiência. Nietzsche leva Kant um passo à frente: nossas normas básicas não são transcendentes *nem* transcendentais — embora nem por isso sejam piores. Ainda que *possam* de fato ser falsas, isso não é objeção a elas. É só a *descoberta* dessa falsidade — descobrir que uma ou mais dessas normas poderiam ser substituídas por outras que guiassem mais proveitosamente nossas práticas cognitivas — que forneceria uma objeção. Mas é essencial para Nietzsche, como o estamos lendo, que reconheçamos o caráter normativo desses princípios básicos. Eles não devem ser naturalizados, assim tornando nossa biologia a medida.

3.4 CONCLUSÃO

Nietzsche encara a operação da vontade de valor como um aspecto essencial da filosofia. Nós o vimos indicar que preferiria uma filosofia caracterizada primariamente pela vontade de valor que uma caracterizada antes por uma vontade de verdade (*ABM* 10). A vontade de valor está envolvida não apenas na geração das convicções com as quais a filosofia começa (*ABM* 5), mas tem também um papel na formação dos juízos sem os quais a experiência seria impossível (*ABM* 11). E a filosofia de Kant, que tanto fez para inspirar o reconhecimento do caráter normativo do pensamento, não é alvo de zombaria em *ABM* 11 que, na realidade, nos dá provas de que Nietzsche quer realizar o projeto de Kant. Quer fazê-lo sem a "exibição de profundidade alemã e os arabescos" que levaram seus sucessores idealistas a, de fato, abandonar a vontade de verdade. Nietzsche deixa claro que isso os levou a abandonar também o sensualismo (outra palavra para empirismo). No final de *ABM* 11, ele diz que "os nobres ociosos, os moralistas, os místicos, os artistas, as três quartas partes de cristãos e os obscurantistas políticos de todas as nações estavam deliciados em possuir, graças à filosofia alemã, um antídoto para o sensualismo ainda florescente que tinha vazado do século anterior para este". Assim, a extinção do sensualismo, intimamente relacionado ao positivismo, não é, ao que parece, algo que Nietzsche considere inequivocamente positivo: pode muito bem evitar o niilismo, como dissemos em nossa discussão de *ABM* 10, mas, ao fazê-lo, arrisca-se a perder a verdade. Como veremos no próximo capítulo, Nietzsche pensa que a vontade de verdade leva precisamente ao sensualismo.

4

A Ciência e a Vontade de Verdade

O prefácio de *ABM* nos diz que a "magnífica tensão do espírito" era produzida por uma luta entre aqueles que endossavam o platonismo e os que se opunham a ele. Os segundos, já vimos, incluíam todos os que promoviam o dogmatismo, compreendido como o ponto de vista de que o conhecimento deve ser adquirido com o emprego de meios *a priori*. Os primeiros são os que rejeitam o dogmatismo e, portanto, endossam métodos empíricos para adquirir conhecimento. Esse choque se dá, na visão de Nietzsche, entre aqueles mais motivados pela vontade de valor (os dogmáticos) e aqueles mais motivados pela vontade de verdade (os empiristas). Se isso é correto, Nietzsche encara a ciência natural como a realização suprema da vontade de verdade, pois esse é o triunfo principal das forças do antidogmatismo.

Embora tenhamos visto no capítulo anterior que Nietzsche não quer uma filosofia inspirada *somente* pela vontade de verdade, ele ainda espera que sua filosofia manifeste essa vontade e seja, assim, simpática à rejeição de um conhecimento *a priori* em proveito de métodos empíricos. Certamente é o que encontramos nas obras de seu período intermediário, começando com *Humano, Demasiado Humano*. Contudo, quando examinamos *ABM* 14-16, nossa interpretação se defronta com alguns problemas. Primeiro, a atitude de Nietzsche com relação à opinião de que o conhecimento é obtido por meio dos sentidos parece oscilar da aceitação relutante à franca rejeição. Além disso, especialmente quando combinados com a afirmação de *ABM* 21 de que a causalidade é uma ficção, esses trechos parecem mostrar que Nietzsche vê a ciência moderna manifestando não a vontade de verdade mas uma vontade de falsificar a realidade. Isto é, nesses trechos, *ABM* parece mais uma vez fornecer provas de que Nietzsche continua comprometido com a tese da falsificação, a qual, como sustentamos no Capítulo 2, ele já teria superado na época em que escrevia *ABM*. Na segunda metade deste capítulo (4.3 e 4.4), argumentaremos que, longe de demonstrar um retorno à tese da falsificação, *ABM* 14-16 mostra em parte como Nietzsche a superou. Começamos o capítulo sustentando que Nietzsche não ataca a ciência nesses aforismos, mas somente certas interpretações da ciência. Na segunda seção, sustentamos ainda que uma leitura cuidadosa dos aforismos mostra Nietzsche endossar uma versão do empirismo. Embora se distancie de certas versões do empirismo — incluindo as que de fato podem ter sido úteis na superação do platonismo —, ele aceita um empirismo que antecipa a variedade pós-quineana. A epistemologia de Nietzsche é uma epistemologia naturalizada, uma hipótese empírica sobre como o conhecimento é adquirido. E mostramos como isso se conecta com a visão de que "o homem é a medida".

4.1 *ABM* 14: EXPLICAÇÃO

Nietzsche não traz uma hipótese empírica sobre o conhecimento no início de *ABM* 14; de fato, parece criticar a mais venerável e bem-sucedida das ciências empíricas.

> Talvez esteja apenas despontando em cinco ou seis cabeças a ideia de que também a física é somente uma interpretação e um arranjo do mundo (ajustando-se a nós!, se posso dizer assim), não uma explicação do mundo. Na medida, porém, em que está baseada em crença nos sentidos, valerá mais que isso e deverá valer mais que isso durante um longo tempo, ou seja, valer como uma explicação. (*ABM* 14)

Mesmo pondo de lado a afirmação de que é "uma interpretação" (o que discutimos no Capítulo 8), a física certamente parece entrar aqui para ser criticada. A física, Nietzsche parece dizer, não *explica* nada — acredita-se que o faça somente na medida em que a vemos como "baseada em crença nos sentidos". A ideia parece ser que encaramos de modo errado a evidência sensorial como fornecedora de uma base para o conhecimento, e é por essa razão que pensamos erradamente que a física fornece explicações. Falando do que é "baseado em crença nos sentidos", o aforismo continua:

> Olhos e dedos falam a seu favor, a prova visual e também o tato: é fascinante, persuasivo, convincente [para] uma época de gostos fundamentalmente plebeus [pois] segue o cânone instintivo do sensualismo eternamente popular. O que está claro, o

que "explica"? Somente o que pode ser visto e sentido — é o mais longe que se deve levar qualquer problema. (*ABM* 14)

Aqui a atitude claramente negativa de Nietzsche parece sugerir que ele é pelo menos cético com relação à capacidade de os sentidos fornecerem prova da verdade. E o ceticismo, ao que parece, leva-o a duvidar do poder explicativo da física. Considera-se (erradamente) que a física explica, ele afirma, somente porque está baseada na crença nos sentidos. Se essa leitura é correta, ela proporciona um sério desafio à nossa tese de que a vontade de verdade é especialmente satisfeita na ciência moderna e que leva ao empirismo e ao naturalismo.

O mesmo aforismo, contudo, fornece razões para supor que o assunto não é tão claro. Depois de observar que o "fascínio do modo platônico de pensar [...] consiste precisamente na *resistência* à óbvia evidência sensorial", Nietzsche parece nos dizer que o "imperativo correto" é diferente: "O homem não tem nada a fazer onde não pode encontrar nada para ver ou compreender". A ideia parece ser que, uma vez esgotados os métodos empíricos de investigação, não sobra mais trabalho para fazer. Seguir esse imperativo, então, seria rejeitar as teses de um conhecimento *a priori* e só aceitar as que estejam baseadas em evidência sensorial. Mas isso coloca o leitor numa posição difícil. Pois significa que um aforismo que começa com uma nítida *rejeição* da ideia de que os sentidos fornecem evidência (e com uma rejeição do poder explicativo da física) acaba com uma nítida aceitação da ideia de que a única evidência é a evidência *sensorial*. Como devemos explicar essa óbvia discrepância?

A fim de esclarecer isso, vamos primeiro examinar mais de perto o que Nietzsche afirma no início de *ABM* 14. Ele claramente rejeita duas coisas: a afirmação de que a física proporciona uma explicação do mundo e a "crença nos sentidos". E elas estão, é evidente, conectadas. Sua tese é que só acreditamos que a física explica o mundo porque aceitamos a crença nos sentidos. Mas repare que o sentido desses dois pontos não é tão óbvio. O que é explicar o mundo? E o que é a crença nos sentidos? Se, como sugerimos, Nietzsche aceita no final do aforismo o imperativo de só admitir como evidência o "testemunho dos sentidos" (como ele formula a ideia em *CI* "Razão" 3), não aparenta ser plausível que rejeite a física como explicativa porque está baseada na evidência sensorial. Assim "a crença nos sentidos" não deve ser equivalente à tese de que os sentidos fornecem prova da verdade. Voltaremos a isso nas próximas duas seções. Aqui nos concentramos na negação feita por Nietzsche de que a física proporcione uma explicação do mundo. Repare que não se trata de negar que a física forneça explicações do que se passa *no* mundo. Sugerimos que, quando Nietzsche rejeita a física como uma "explicação do mundo", rejeita somente a ideia de que a física nos dê uma explicação definitiva do modo como é o mundo, uma explicação do tipo procurado por seu "grande mestre Schopenhauer" (*GM* P5).

Um aspecto importante do argumento de Schopenhauer de que o mundo em si é vontade reside em sua negação de que a ciência explique o mundo. Julian Young expõe como se segue a visão de Schopenhauer: "Embora geralmente se faça uma distinção entre ciências explicativas, como a física e a química, e ciências descritivas e classificatórias, como a botânica, toda ciência, na realidade, é meramente descritiva. Mostra o 'arranjo metódico' dos fenômenos naturais, mas não explica nenhum deles" (Young, 2005, p. 57; Schopenhauer, 1969 [1818], I: 123-124). Isso, porém, é um pouco enganoso, porque Schopenhauer na realidade não nega que a ciência explique o mundo. As ciências explicativas (que Schopenhauer agrupa como "etiologia") nos ensinam que, "segundo a lei de causa e efeito, uma condição definida da matéria produz uma outra condição e, com isso, faz sua parte e a explica" (1969 [1818], I: 97). O problema é que esse tipo de explicação só define "a posição [de estados e condições da matéria] no tempo e espaço conforme uma lei cujo conteúdo preciso foi ensinado pela experiência". Ao fazê-lo, "não passa a menor informação sobre a natureza interna de nenhum desses fenômenos", cada um dos quais "chamado de *força natural*". As ciências explicativas chamam "a constância inalterável com a qual a manifestação de tal força aparece sempre que suas condições conhecidas estão presentes, *uma lei da natureza*". Mas essas ciências têm de "parar no fenômeno e seus arranjos" (1969 [1818], I: 98). Tudo que tais ciências podem conhecer é "esta lei da natureza, estas condições, esta aparência em determinado lugar num determinado tempo". O que continua sendo um "segredo eterno" é a "força em si que é manifestada, a natureza interna dos fenômenos que surgem em concordância com essas leis", de modo que "mesmo a mais perfeita explicação etiológica do conjunto da natureza na realidade não seria mais que um registro de forças inexplicáveis e um testemunho confiável da regra segundo a qual seus fenômenos aparecem, operam e abrem caminho uns aos outros no tempo e espaço".

Um modo de expor a posição de Schopenhauer é vê-lo basicamente como um humeano acerca do tipo de explicação que a ciência fornece. Dificilmente isso causaria surpresa, visto que Schopenhauer era um sério admirador "do grande Hume" (1969 [1818], II: 338). Schopenhauer divergiu de Hume acerca da ideia de que a metafísica da vontade pudesse proporcionar uma noção mais profunda das razões de o mundo ser como é. Mas eles concordaram que a ciência só pode ir até certo ponto, e é famosa a declaração de Hume de que "a mais perfeita filosofia do tipo natural só adia um pouco o momento de reconhecermos nossa ignorância" (1975b [1748]). Isto é, a ciência não pode dar o tipo de explicação do mundo que Schopenhauer procura, uma explicação final ou definitiva da razão de o mundo ser como é, uma explicação que mostraria que seus traços básicos são necessários, que não poderiam ter sido outros; ela só pode explicar por que determinado evento ocorreu em certo tempo e lugar, dada a operação de certas forças. Achamos que é praticamente isso que Nietzsche quer dizer quando insiste que a física é apenas um "arranjo do mundo", e não uma explicação dele. Como Schopenhauer, ele não nega que a física explique acontecimentos e aspectos do mundo, mas sim que dê uma explicação definitiva do modo como o mundo é.

A fim de esclarecer o contraste que queremos expor, é útil examinar como Helen Beebee discute duas justificativas das leis da natureza que aparecem em explicações científicas. No que Beebee (2000, p. 571) chama "visão humeana", as leis da natureza não passam de generalizações de determinadas questões factuais; tais generalizações são *leis* na medida em que "se inserem na axiomatização mais econômica de todas as questões factuais específicas que abrangem". Na visão "anti-humeana", ao contrário, "leis são relações de necessidade entre universais" e assim "*governam* o que se passa no universo". Se adotarmos o determinismo, os dois pontos de vista admitem que as generalizações que servem como leis (com todos os fatos sobre o estado atual do universo) implicam fatos sobre o estado futuro do universo. Suas interpretações do que isso envolve são, contudo, muito diferentes. O anti-humeano considera que as leis "'fazem' os fatos futuros serem do modo como serão"; as leis, sendo relações entre universais, implicam a ocorrência desses eventos porque *necessitam* deles. Para o humeano, não existe tal governo ou necessitação pelas leis. Leis da natureza são generalizações sobre fatos, o que inclui fatos sobre o futuro; as leis acarretam, tornando necessária, a ocorrência de eventos futuros porque são elas próprias constituídas, em parte, pelo fato de que tais eventos ocorrerão.

Nossa tese, então, é que Nietzsche endossa uma compreensão das leis da natureza, da causalidade e da explicação que em geral está falando uma linguagem humeana (veremos de que modo sua visão diverge da de Hume no Capítulo 8). Ele não nega, portanto, que a física ofereça explicações, mas diz que há um tipo de explicação a qual Schopenhauer e Hume concordam que a ciência não pode fornecer. Isto é, Nietzsche nega que a física ofereça uma verdadeira explicação do mundo porque nega que a física descubra leis que *governam* o curso dos eventos.[1]

Nossa leitura é confirmada pelo único aforismo de *ABM* Um que discute leis da natureza: *ABM* 22. Reconhecidamente, esse aforismo parece negar que existam leis da natureza. Começa declarando que

> [...] "a conformidade da natureza à lei", da qual vós, físicos, falais com tanto orgulho, na realidade — porque só existe graças à vossa interpretação e má "filologia" — não é um fato, nem um "texto", mas mero ajuste humanitário ingênuo e uma distorção de sentido com que avançais consideravelmente ao encontro dos instintos democráticos da alma moderna! (*ABM* 22)

Como *ABM* 14, *ABM* 22 pode assim nos dar razão para pensarmos que a física se envolve numa falsificação da realidade, que projeta "valores humanitários" sobre a natureza, sendo produto não da vontade de verdade, mas da vontade de valor. Sustentamos, ao contrário, que podemos entender o texto de forma muito mais proveitosa ao supor que Nietzsche rejeita não o conteúdo da física, mas somente certa interpretação de suas descobertas. Mais especificamente, o que Nietzsche rejeita nesse trecho é apenas a concepção anti-humeana ou governativa das leis da natureza, não as leis da natureza em si. Sustentamos essa tese discutindo dois aspectos diferentes da argumentação de Nietzsche contra leis da natureza. Discutimos outros aspectos do aforismo no capítulo 8, em particular as ideias de Nietzsche sobre "interpretação" e sobre a vontade de poder.

Consideremos, primeiro, a afirmação de Nietzsche de que a "conformidade da natureza à lei" é realmente

> [...] mero ajuste humanitário ingênuo e uma distorção de sentido com que avançais [vós, físicos] consideravelmente ao encontro dos instintos democráticos da alma moderna! "Por toda parte, igualdade perante a lei — a este respeito a natureza não é diferente e nem está em melhor situação que nós": um belo caso de motivação tardia em que mais uma vez uma hostilidade vulgar contra toda marca de privilégio e de tirania, bem como um ateísmo medíocre e mais sutil se encontram camuflados. (*ABM* 22)

---

1. Há outro aspecto dessa afirmação que só pode ser explicado quando colocarmos em foco o que Nietzsche entende por "interpretação". Ele explica por que Nietzsche pensa que só agora desponta em *algumas* cabeças "que também a física é apenas uma interpretação do mundo". Mas temos de deixar esse aspecto do trecho para o Capítulo 8.

Aqui a tentativa de Nietzsche de explicar a crença dos físicos na "conformidade da natureza à lei" não faz sentido se ele está tentando explicar um interesse em estabelecer generalizações tipo lei — mostrar que os padrões na natureza são necessários, não meramente acidentais — em termos de um compromisso dos físicos com o valor democrático da igualdade. Sem dúvida, faria muito mais sentido se ele se concentrasse apenas na concepção governativa das leis. Pois sua tese ganharia pelo menos alguma plausibilidade como tentativa de explicar o motivo que leva filósofos interessados pela física a se preocuparem tanto com leis, no sentido de algo que governa. A ideia de Nietzsche é que a preocupação se deve ao fato de que essas leis governativas definem que "a natureza não está em melhor situação que nós" (*ABM* 22) — embora possam ser constrangidos pela legislação de suas sociedades, esses filósofos da física podem encontrar consolo no fato de que também a natureza é governada por leis. Tal concepção de leis da natureza é vista, de forma razoável, como expressão dos preconceitos democráticos que Nietzsche menciona — uma expressão do desejo de não ter ninguém acima deles, "nem Deus nem amo", como Nietzsche coloca (em francês).

Outro aspecto do trecho que queremos discutir é a primeira afirmação de Nietzsche contra leis da natureza: "a conformidade da natureza à lei" é "uma interpretação [...] não é um fato, nem um 'texto'". Em apoio a essa acusação, ele afirma que uma interpretação *alternativa* é possível (uma que envolva a vontade de poder) e que essa alternativa não seria menos fiel "ao 'texto'", porque tanto uma como a outra sustentam que o mundo tem um "curso 'necessário' e 'calculável'". Assim ele de fato insiste que a noção dos físicos de "conformidade da natureza à lei [...] não é um fato, nem um 'texto'". Mas não nega nem que *exista* um "fato" ou "texto" a ser descoberto nem que a física possa descobri-lo. Na verdade, seu argumento presume que tais coisas *existem*, pois isso se apoia na ideia de que a interpretação da vontade de poder é igualmente verdadeira para elas. O "fato" aqui é que a natureza "tem um curso 'necessário' e 'calculável'". O "texto" é precisamente o "curso 'necessário' e 'calculável' da natureza", que é o que a física afirma descobrir. Portanto, em *ABM* 22, Nietzsche não precisa — e, dada a lógica do trecho, não pode — negar que a natureza admite generalizações tipo lei, como opostas a generalizações meramente acidentais, sendo as generalizações tipo lei as que definem o curso da natureza como necessário. Mas isso de modo algum o força a discordar de Hume e Schopenhauer e a admitir que essas generalizações *governam* o mundo. A visão que ele defende não é sobre o conteúdo da física, mas sobre *interpretações* desse conteúdo, sobre diferentes *concepções* das generalizações tipo lei descobertas pela física.

Assim, o desacordo entre a interpretação *leis da natureza* e a interpretação alternativa *vontade de poder* diz respeito não a *se* a natureza segue um curso necessário, mas somente a *por que* ela o faz. A primeira responde "porque leis a governam" (*weil Gesetz in ihr herrschen*). A segunda interpretação é que isso acontece "pela absoluta inexistência de leis, indo cada força, a cada momento, até suas últimas consequências". Defendemos no Capítulo 8 que Nietzsche não tenta mostrar que a segunda resposta é a correta e que acha que nenhuma interpretação da natureza é verdadeira. Mas observe que há uma alternativa a que ele não se refere explicitamente aqui: que *não* há explicação para a necessidade encontrada na natureza, pelo menos não uma explicação à qual tenhamos acesso. Essa é exatamente a visão humeana das leis da natureza. O curso da natureza é necessário no sentido de que é acarretado pelas leis básicas da natureza, deriva-se da necessidade delas, que são "a axiomatização mais econômica de todas as questões factuais específicas que abrangem" (Beebee, 2000, p. 571). Mas, é claro, se os fatos fossem diferentes, as leis seriam diferentes, e não temos base para negar que as leis pudessem ter sido diferentes do que são. Essa — discutiremos no Capítulo 8 — não é uma interpretação da natureza; é antes uma alternativa para proporcionar alguma interpretação. E é a opinião de Nietzsche.

Finalmente, examinemos *ABM* 21, em que Nietzsche nos diz que "causa" e "efeito" são ficções. Aqui o contexto das declarações de Nietzsche sobre causalidade é uma discussão de livre-arbítrio e ausência de livre-arbítrio. A segunda ideia, ele nos diz, implica um "abuso de causa e efeito":

> Não devíamos reificar erradamente "causa" e "efeito", como fazem os cientistas naturais (e os que, como eles, naturalizam seu pensamento), de acordo com a estupidez mecanicista em voga que faz a causa pressionar e impulsionar até "produzir um efeito"; só devíamos empregar causa e efeito como puros *conceitos*, o que significa dizer, como ficções convencionais com o objetivo de denominar, estabelecer compreensão mútua, *não* explicar. No "em si", não há nada de nexo causal, de necessidade, de ausência de liberdade psicológica. (*ABM* 21)

Aqui pode dar a impressão de que, assim como em *ABM* 14, Nietzsche nega que a ciência natural traga explicação e afirma que ela falsifica a realidade. Não existem, ele parece pensar, relações causais do tipo que os cientistas naturais acreditam encontrar na natureza. Sugerimos, no entanto, que o melhor meio de compreender esse trecho é encará-lo como expressão de uma visão basicamente humeana de causação e explicação.

O erro do qual Nietzsche acusa os cientistas naturais dificilmente pode ser considerado óbvio. Mas é claro que devíamos compreender a reificação e o "abuso" de causa e efeito como algo encarado, de forma plausível, como um caso de "naturalização do [nosso] pensamento". Alguns veem sua posição sobre o "em si" como uma lamentação de que a causalidade só exista no domínio fenomenal, e não na coisa em si (Leiter, 2002ª, pp. 22-3). Mas isso não nos dá ajuda suficiente para entender o que ele de fato diz. Em *ABM* 16, Nietzsche insistiu justamente que a coisa em si envolve uma contradição em termos. Ele está, portanto, empenhado em negar que haja algo, *seja o que for*, no em si, se isso é equivalente à coisa em si. Por certo, ele não pode considerar uma objeção à causalidade que *ela* não exista nesse domínio não existente. Talvez acredite que os cientistas *pensem* que ela existe nesse domínio. Mas mesmo que acreditasse, isso não explicaria como a visão que eles têm da causalidade envolve uma "naturalização do nosso pensamento". Situar a causalidade em tal domínio pareceria o oposto de naturalizar. E não explicaria a reificação de causa e efeito com que Nietzsche está preocupado. Sua queixa está dirigida contra converter causa e efeito em coisas, e é difícil ver como isso seria feito situando-os antes na coisa em si que no domínio fenomênico.

Parece, portanto, razoável examinar o que Nietzsche poderia querer dizer com o "em si" diferente da "coisa em si" kantiana. Propomos que se referia ao mundo natural ou empírico, o mundo como aparece do ponto de vista das ciências naturais, o qual é simplesmente a "coisa em si" no sentido empírico ou físico. Mesmo Kant ocasionalmente usa a expressão nesse sentido (por exemplo, Kant 1999 [1781, 1787]: A 45, B 63). Enquanto Nietzsche estabeleceria um contraste entre a coisa em si no sentido mais usual (transcendental) de Kant e o mundo empírico, Kant contrasta a coisa em si no sentido empírico com o mundo como ele aparece do ponto de vista de nossas paixões, emoções e valores. Esse segundo mundo é o que Nietzsche chama "o mundo eternamente florescente de valorações, cores, ênfases, perspectivas, escalas, afirmações, negações", "o mundo que diz respeito aos seres humanos" (*GC* 301). Se esse é o mundo com o qual Nietzsche contrasta o "em si", então usa a expressão no sentido empírico e sua declaração sobre o "em si" pode ser compreendida em relação à explicação da causalidade de Hume.

Segundo Hume, quando vemos uma relação entre dois eventos como causal, aceitamos que haja um nexo necessário entre os dois. Mas nunca chegamos a perceber tal nexo. O que encontramos no mundo em si (o "em si" no sentido empírico) são apenas padrões regulares de sucessão, conjunções constantes de eventos similares. Podemos, contudo, achar que encontramos mais que isso, diz Simon Blackburn (1993, pp. 97-8), "algum fato fazendo com que, quando um primeiro [evento] ocorre, o segundo tenha de ocorrer". É plausível que esse tipo de fato seja precisamente o que o modelo "aperte e mova" de causação, como poderíamos chamar o modelo criticado em *ABM* 21, procura fornecer. Supõe-se que o nexo causal entre eventos seja estabelecido por algo envolvido no primeiro evento, "apertando-o e movendo-o até que ele 'efetue' alguma coisa". Supõe-se que o "aperte e mova" *faça* o efeito acontecer, estabeleça que ele *tem de* acontecer.

Imaginar que a pessoa percebe um fato tão constrangedor envolve, na visão de Hume, um erro de projeção. Tiramos nossa ideia de nexo necessário não da percepção de um aperte ou mova ou de qualquer outro fato "lá fora" no mundo, mas de alguma coisa "aqui dentro", uma impressão em nossa própria mente. Essa impressão vem da determinação da mente, exposta de modo repetido à conjunção de dois tipos de evento, em inferir ou esperar um evento de um tipo a partir do aparecimento ou da memória de um evento do outro tipo. Como Don Garrett (2005, sec. 4) escreve: "Esta impressão [do próprio estado da mente] é então com frequência projetivamente mal colocada na causa ou entre a causa e os próprios efeitos, praticamente do mesmo modo como gostos, cheiros e sons não espaciais são erroneamente colocados em corpos aos quais estão associados". Sugerimos que esse é o tipo de erro que Nietzsche chama "reificar erradamente 'causa' e 'efeito'". Trata-se de encarar o que de fato é o próprio estado da mente como uma coisa ou fato eternos, uma parte da natureza. Isso é, portanto, adequadamente considerado como uma "naturalização" de nosso pensamento. Se nosso raciocínio está correto, Nietzsche não faz objeções a alegações causais ou à aceitação de que tais alegações sejam verdadeiras, mas apenas à interpretação das alegações causais de um modo que envolve "reificação" ou má colocação projetiva.

O que ele acha que devíamos fazer — e o que o modelo "aperte e mova" evidentemente não consegue fazer — é usar "causa" e "efeito" como "puros *conceitos*, o que significa dizer, como ficções convencionais com o objetivo de denominar, estabelecer um entendimento mútuo, *não* explicar". Mas certamente causalidade tem alguma coisa a ver com explicação. Nietzsche pode concordar. Mas pode dizer, seguindo Hume, que o que faz a explicação é a inserção do evento em questão num padrão geral ou regularidade, *não* o nexo necessário entre causa e efeito. Mas então qual é a função de nossa ideia de nexo necessário? Segundo nossa leitura de Nietzsche ele afirmava, no trecho citado mais acima, que a função de designar alguma coisa como causa, com a implicação de um nexo necessário, é ter um ponto focal externo a fim de comunicar algo sobre nós mesmos, na tentativa de realizar um "entendimento mútuo" com outros. Hume consideraria que esse "algo" diz respeito às nossas expectativas; no capítulo 8, veremos que Nietzsche — influenciado por Kant — considera que diz respeito a nossos compromissos, por exemplo, às inferências e contrafatuais que estamos obrigados a estabelecer e aceitar. Lida dessa maneira, a negação de Nietzsche de que nexos causais *explicam* é perfeitamente compatível com a afirmativa de que, quando se diz que há um nexo causal entre dois eventos (que eles não estão apenas unidos de modo constante), expressamos nosso compromisso em aceitar *que o segundo evento tem uma explicação* (ou seja, que é um exemplo do padrão geral). Uma pessoa que negue existir um nexo causal entre dois eventos não deixa de afirmar que, mesmo que a relação entre os dois eventos seja um exemplo de algum padrão geral, ela não está obrigada a admitir que isso explique alguma coisa no intuito de dar suporte ao contrafatual relevante (se o primeiro evento não tivesse ocorrido, o segundo evento, nas mesmas circunstâncias, também não teria ocorrido). Assim, designar uma coisa como "causa" não é algo a que Nietzsche faça objeção, desde que reconheçamos que concentrar o foco no objeto externo, na "causa", envolve um pouco de ficção, dado que o sentido de tudo isso é comunicar algo interno — nosso próprio, às vezes complicado, estado mental — a outros.

Concluímos, então, que Nietzsche não rejeita o poder explanatório da ciência natural em *ABM* 14 — ou em *ABM* 21 ou 22. Ao rejeitar a afirmação de que a física proporciona uma explicação do mundo, Nietzsche não rejeita a possibilidade de explicações causais baseadas em observações empíricas. Na realidade rejeita a visão de que a física nos dá uma explicação definitiva do tipo buscado por Schopenhauer, assim como rejeita o que Beebee chama a concepção "anti-humeana" ou "governativa da lei" do tipo de explicação (não definitiva) que a física dá.

4.2 *ABM* 14: "CRENÇA NOS SENTIDOS"

Retornamos agora ao segundo ponto rejeitado por Nietzsche no início de *ABM* 14, a "crença nos sentidos". A definição mais óbvia do que ele rejeita aqui seria a ideia de que os sentidos fornecem prova, talvez a única prova, da verdade. Mas a colocação feita por Nietzsche do imperativo empirista acima do platônico no fim de *ABM* 14 nos dá razão para duvidar de que ele tenha querido se referir a isso. E, de fato, *ABM* 134 nos diz que "toda credibilidade, toda boa consciência [presumivelmente, coerência intelectual], toda prova da verdade vem unicamente dos sentidos". Obtemos, no entanto, evidências contra essa compreensão da "crença nos sentidos", assim como as bases para uma alternativa, em *ABM* 12.

Discutimos esse aforismo em detalhe no Capítulo 6. Para nossos objetivos aqui, podemos nos concentrar numa afirmação que Nietzsche faz em *ABM* 12 sobre o físico Boscovich (um dos heróis do aforismo): ele teria obtido "a maior vitória sobre os sentidos alcançada até agora na Terra". Fez isso, Nietzsche nos diz, livrando-se "da última coisa mundana que 'se mantinha firme' — a crença na 'substância', na 'matéria', no resíduo da Terra, no átomo-partícula". Na visão de Boscovich (1966 [1763]), as unidades mais básicas do mundo físico não são minúsculos pedaços de matéria — são, na verdade, centros de força sem extensão. Embora o átomo-partícula superado por Boscovich possa não ter sido *de fato* sensível, era ainda sensível *em princípio*: um átomo, um minúsculo pedaço de matéria, é ainda o *tipo de coisa* que pode ser vista e sentida. Ao rejeitar o "átomo--partícula", Boscovich rejeita o sensualismo (empirismo), mas não no sentido epistêmico. Ele não afirmou ter acesso a informação sobre o mundo por meio de outros meios que não os sentidos. O que rejeitou foi o sensualismo ontoló-gico, a noção de que só o que é em princípio sensível é real. Em outras palavras, quando Nietzsche rejeita a "crença nos sentidos", associa-se a Boscovich contra seus detratores ao rejeitar o sensualismo ontológico, a visão de que só o que é em princípio sensível é real: "O que está claro, o que 'explica'? Só o que pode ser visto e sentido". Quando, no entanto, endossa a afirmação: "O homem não tem nada a fazer onde não pode encontrar nada para ver ou compreender", como superior ao imperativo platônico, consideramos que louva o sensualismo epistêmico, a visão de que os sentidos são a única fonte de informação ou evidência.

Falta um último ponto: Nietzsche considera que as duas teses que rejeita no início de *ABM* 14 estão relacionadas: é só "na medida em que" as pessoas acredi-tam nos sentidos que aceitam (erradamente) que a física seja uma "explicação do mundo". Consideramos que isso significa que, na medida em que as pessoas só veem como real o que é em princípio sensível, estão também inclinadas a pensar que causação e explicação envolvem o tipo de necessidade que Hume lhes nega. O pressuposto é que só coisas materiais poderiam *fazer* as coisas acontecerem. O sensualista ontológico e o anti-humeano estão, acerca da causalidade e da expli-cação, sob o domínio de um quadro similar e um modo similar, excessivamen-te concreto, de pensar. O "anti-humeano" requer que alguma coisa "lá" ou "no mundo" faça o efeito acontecer, e as partículas sensíveis, ontologicamente básicas, são candidatas a essa "alguma coisa" de um modo que forças, que acabam se reduzindo a generalizações, não são. Por outro lado, se adotamos uma visão efetivamente humeana da causalidade, então a redução que Boscovich faz do átomo a forças não parecerá ameaçar a causalidade: desde que sejamos capazes de formular generalizações tipo leis, não precisamos ter partículas *provocando* a causa, *fazendo* o efeito acontecer.

Concluímos, assim, que o obstáculo que *ABM* 14 coloca à nossa explicação é apenas aparente. Nietzsche não rejeita nem o poder explicativo da física nem a evidência fornecida pelo "testemunho dos sentidos". Só rejeita o tipo de explicação que se apoia na compreensão "anti-humeana" da causalidade e na noção a ela relacionada de que tudo que é real deve ser em princípio sensível. Embora rejeite esse sensualismo *ontológico*, Nietzsche admite que sua contrapartida *epistêmica* — a qual diz que os sentidos proporcionam toda a prova que temos para a verdade — é preferível à alternativa platônica.

4.3 *ABM* 15: DEDICANDO-SE À FISIOLOGIA COM UMA CONSCIÊNCIA CLARA

Começamos nossa discussão de *ABM* 15 examinando mais de perto o final de *ABM* 14. Consideramos que Nietzsche louva o imperativo sensualista no final desse aforismo, mas ainda não dissemos por quê. Seu louvor parece, no mínimo, qualificado. Remete à afirmação de que "o homem não tem nada a fazer onde não pode encontrar nada para ver ou compreender", a qual interpretamos como sensualismo epistêmico:

> É certamente um imperativo diferente do platônico, mas para uma raça dura, aplicada, de mecânicos e construtores de pontes do futuro, que nada têm pela frente além de *trabalho árduo*, pode perfeitamente ser o imperativo correto. (*ABM* 14)

A razão mais importante para considerar que Nietzsche se identifica com aqueles a quem essa versão do sensualismo é o "imperativo correto" — a despeito de seu tom condescendente — é que eles estão empenhados em construir os meios do futuro, e o principal interesse de Nietzsche é a "filosofia do futuro" (*ABM* P). Por outro lado, contudo, está o fato de que eles têm somente "trabalho árduo" pela frente, enquanto parece óbvio que Nietzsche vê a si mesmo como alguém tendo pela frente trabalho sutil e refinado, como um filósofo que procura satisfazer ambos os lados da magnífica tensão do espírito, e escreve de um modo que encoraja uma distinção entre "o exotérico e o esotérico" (*ABM* 30). Contudo, ele também tem "trabalho árduo" pela frente, o qual, como veremos no Capítulo 6, inclui dar "fim às superstições que até agora floresceram com exuberância quase tropical ao redor da ideia da alma". Consideramos isso uma questão de oposição aos excessos da vontade de valor. O que deve ser feito, em grande parte, expelindo certas crenças da ciência (*ABM* 12). Em outras palavras, os construtores de pontes do futuro devem fazer o "trabalho árduo" de limpar o terreno de concepções anteriores dos seres humanos, mostrando que elas não podem se adequar à nossa compreensão científica do mundo.

Nessa leitura, *ABM* 14 ecoa a explicação do prefácio sobre como a magnífica tensão do espírito está constituída: empirismo (sensualismo), motivado pela vontade de verdade, lutas contra um platonismo inspirado na vontade de valor. Como fez em *ABM* 10, Nietzsche expressa admiração pela filosofia motivada pela vontade de valor em *ABM* 14, chamando o platonismo de "um modo *nobre* de pensamento" e menosprezando aqueles motivados unicamente (ou tanto quanto isso é possível) pela vontade de verdade. Aqui seus exemplos dos segundos são "os darwinistas e antiteleologistas entre os operários da fisiologia", que seguem o princípio da "'menor força possível' e da maior estupidez possível".[2] A fim de ver até que ponto é plausível nossa interpretação desses "operários da fisiologia", talvez seja necessário ter em mente certas questões que só poderemos discutir mais adiante neste livro. Uma delas é a argumentação do Capítulo 8 de que, em *ABM* 13, "fisiologistas" é uma forma abreviada de psicofisiologistas (*ABM* 23). Se isso for verdade para *ABM* 14 — e achamos que faz o maior sentido que seja — então os "darwinistas e antiteleologistas trabalhando em fisiologia" são aqueles que oferecem uma explicação integralmente naturalista da psicologia humana, aqueles que tentam fazer da psicologia uma ciência natural. A segunda questão, a favor da qual argumentamos no Capítulo 5, é que Nietzsche nega que uma "psicofisiologia adequada" (*ABM* 23) seja uma ciência natural. Os que pensam que sim são levados a isso pela vontade de verdade, mas o resultado, não obstante, é falso. A conclusão será que, embora apele à ciência no intuito de combater superstições anticientíficas, Nietzsche não quer uma psicologia puramente científica ou

---

2. Esse ponto se tornará claro quando discutirmos a alma no Capítulo 6. E no Capítulo 8 sustentamos que, ao falar em "fisiologistas" em *ABM* 13, Nietzsche quer se referir a psicofisiologistas (*ABM* 23). Também faz mais sentido se estiver usando o termo dessa forma — pois então podemos ver como uma psicologia não teleológica é precisamente uma psicologia que ignora as exigências da vontade de valor.

naturalista. Ficará claro que uma psicologia não natural ou teleológica atende às exigências tanto da vontade de verdade quanto da vontade de valor. Uma psicologia não teleológica ignora as exigências da vontade de valor e acompanha apenas a vontade de verdade. Com base em nossos últimos argumentos para esses pontos, pode parecer que *ABM* 14 apenas repete a argumentação de *ABM* 10.

Mas não. Lá o que interessava era menosprezar a vontade de verdade como "niilista" quando opera numa ausência (quase) completa da vontade de valor. Somos lembrados disso em *ABM* 14 se chegamos a compreender seu menosprezo dos antiteleologistas. Mas aqui o sentido é diferente, pois Nietzsche adota o imperativo sensualista que foi útil na luta contra o platonismo. Uma última razão para acreditar que a vontade de verdade de Nietzsche o leva a se identificar com os "construtores de pontes do futuro", para quem o sensualismo epistêmico é o "imperativo correto", é que fazer isso ajuda a entender a transição para *ABM* 15. Ao encerrar o aforismo anterior com a afirmação de que o sensualismo epistêmico pode ser o "imperativo correto" para esses "construtores de pontes", Nietzsche começa *ABM* 15 dizendo-nos por quê:

> Para praticar a fisiologia com uma consciência clara, é preciso a convicção de que os órgãos dos sentidos não são fenômenos no sentido da filosofia idealista; se o fossem, não poderiam ser causas! O sensualismo, portanto, pelo menos como hipótese reguladora, senão como princípio heurístico...

Agora essa adoção do sensualismo parece sair claramente da própria voz de Nietzsche. Assim sua resposta a por que o sensualismo é o "imperativo correto" para os "construtores de pontes do futuro", incluindo ele próprio, é que eles estão comprometidos com a ciência, e uma das ciências — a fisiologia ou, em nossa interpretação, a psicofisiologia — nos ensina que os sentidos são causas. A partir daí, afirma ele, duas conclusões se seguem: os sentidos não são fenômenos no sentido da filosofia idealista (e, mais geralmente, como veremos, também não na rejeição do idealismo no sentido do fenomenalismo); daí o sensualismo, pelo menos como hipótese reguladora. Agora, então, precisamos dizer o que significa afirmar que os sentidos são causas, como isso se deriva da fisiologia, o que significam as duas conclusões e como se supõe que ambas se derivem da afirmação de que os sentidos são causas.

Obtemos uma visão inicial de todas essas questões se recorremos ao argumento exposto no trecho citado mais acima, que é, para dizer o mínimo, muito condensado. Aqui está uma reconstrução, que continua válida, da primeira parte desse argumento:

1. Se vamos nos dedicar à fisiologia de modo consciente, devemos aceitar as descobertas da fisiologia.
2. Entre as descobertas da fisiologia está aquela que diz que os órgãos dos sentidos são causas, isto é, são condições causais de conhecimento.
3. Portanto, se vamos nos dedicar à fisiologia de modo consciente, devemos aceitar que os órgãos dos sentidos são condições causais de conhecimento. (1, 2)

A primeira premissa deixa explícito o que se pretende dizer com "praticar a fisiologia com uma consciência clara". A "consciência" em questão é, naturalmente, "a consciência intelectual"; em nossa leitura, Nietzsche afirma aqui que tal consciência requer que aquele que se volta para a fisiologia aceite suas descobertas. A segunda premissa nos permite dar sentido à conexão feita pelo trecho entre praticar a fisiologia de um modo consciente e os sentidos como causas: ela diz que, entre as descobertas da fisiologia, está aquela que diz que os sentidos são condições causais de conhecimento. Fazer tal afirmação é dizer que a fisiologia nos mostra de modo preciso como os sentidos estão envolvidos em produzir o conhecimento que temos. Mostra, por exemplo, exatamente o que está envolvido no fato de eu estar vendo o computador na minha frente (como a luz refletida pela superfície de uma tela entra na retina, como a imagem ali formada é transmitida ao cérebro etc.). A conclusão, então, é que, para nos dedicarmos à fisiologia de modo consciente, temos de aceitar o que a fisiologia mostrou: que os sentidos desempenham um papel essencial na produção de conhecimento.

Isso deixa claro como o argumento para a conclusão de que "os órgãos do sentido não são fenômenos no sentido da filosofia idealista" deve prosseguir:

4. Se aceitarmos que os órgãos dos sentidos são fenômenos no sentido da filosofia idealista, devemos negar que os órgãos dos sentidos sejam condições causais de conhecimento.
5. Portanto, se vamos nos dedicar à fisiologia de modo consciente, devemos negar que os órgãos dos sentidos sejam fenômenos no sentido da filosofia idealista. (3, 4)

Está claro no que Nietzsche acredita aqui: se os órgãos dos sentidos são as condições causais de conhecimento, como a fisiologia indica, não podem, então, ser meros fenômenos. Ele torna a ideia mais explícita na segunda metade da seção:

> Como!? E não há quem chegue a dizer que o mundo exterior é obra de nossos órgãos? Mas então nosso corpo, como parte desse mundo exterior, seria obra de nossos órgãos! Mas então nossos próprios órgãos seriam [...] obra de nossos órgãos! Parece-me que isso é uma completa *reductio ad absurdum*, admitindo que o conceito de uma *causa sui* seja algo fundamentalmente absurdo. (*ABM* 15)

A ideia, então, é que sustentar que "o mundo exterior é obra de nossos órgãos" implica que nossos órgãos (como parte do mundo exterior) são "obra de nossos órgãos". Mas se nada pode ser causa de si mesmo — "admitindo que o conceito de *causa sui* seja algo fundamentalmente absurdo" —, isso não pode ser assim. Se, portanto, aceitamos as descobertas da fisiologia, devemos negar o fenomenalismo, a visão de que o mundo é composto de ideias.

Como se imagina que o sensualismo entre no quadro? O trecho conclui com o sensualismo a partir das premissas que enumeramos mais acima; o que indica que o sensualismo deve ser (ou ser trazido por) uma dessas afirmações. A fim de validar a dedução do sensualismo a partir da rejeição da premissa 5 da filosofia idealista, o sensualismo pode ser definido como se segue:

6. Sensualismo é a tese segundo a qual os sentidos são condições causais do conhecimento.

Sendo assim, é válido concluir:

7. Se vamos nos dedicar à fisiologia de modo consciente, devemos aceitar o sensualismo. (5, 6)

O sensualismo, endossado em *ABM* 15, então, é simplesmente o ponto de vista de que os sentidos são condições causais de conhecimento — o ponto de vista de que as ideias envolvidas em nossas pretensões de conhecimento chegam por meio dos sentidos.

Dessa maneira, *ABM* 15 nos diz por que o imperativo sensualista de *ABM* 14 — e não a alternativa platônica — "pode ser o imperativo correto" para aqueles comprometidos com a vontade de verdade. A vontade de verdade nos leva às ciências naturais, a fisiologia entre elas; a fisiologia requer aceitação do ponto de vista de que os sentidos estão envolvidos na produção causal de conhecimento. E esse ponto de vista, embora negado pelo platonista, é insinuado como parte do imperativo sensualista. Aquele que se dedica "à fisiologia de um modo consciente", então, não pode se envolver em *"resistência* à óbvia evidência dos sentidos" e deveria ser antes guiado pelo princípio: "O homem não tem nada a fazer onde não pode encontrar nada para ver ou compreender".

4.4 *ABM* 15: O SENSUALISMO COMO HIPÓTESE REGULADORA

Nadeem Hussain fez objeções ao tipo de leitura de *ABM* 15 que apresentamos aqui por duas razões. Na primeira, rejeitaria nosso entendimento da argumentação; ele sustenta que, se o sensualismo for compreendido como uma afirmação epistêmica, o argumento oferecido para isso em *ABM* 15 não é válido. Na segunda, ele afirma que o contexto histórico a partir do qual *ABM* 15 foi escrito — mais decisivamente o trabalho de Lange e de Spir — torna muito improvável que o trecho pretenda ser uma rejeição do fenomenalismo. Tratamos de sua tese sobre o sensualismo nesta seção e da tese sobre o contexto histórico na seção que vem a seguir.

Embora considere uma "interpretação óbvia [...] que o sensualismo se refere à reivindicação epistêmica de que todo conhecimento vem dos sentidos", ele pensa que a lógica do argumento não pode suportar essa interpretação. Pensa assim, diz ele, porque não vê, em primeiro lugar, como poderia resultar da fisiologia o fato de os sentidos nos darem conhecimento ou, em segundo, como poderia ser "um pressuposto de praticar a fisiologia de modo consciente" que "não existam outras fontes de conhecimento", digamos, fontes *a priori*. Quanto ao primeiro tópico ele diz:

> A fisiologia tem de encarar os sentidos como causas já que, segundo as explicações dadas, os órgãos dos sentidos eram parte de um processo causal levando de estímulos externos a sensações dentro de nós. Mas como se seguiria disto que as sensações nos dão conhecimento? (Hussain, 2004, p. 336)

O problema, então, é que, conforme nossa definição de sensualismo, Hussain não vê como ele poderia ser provocado ou pressuposto pela fisiologia. Não vê, portanto, que base Nietzsche poderia ter para afirmar a verdade de nosso item 2 (que a fisiologia nos mostra que os sentidos são condições causais de conhecimento, isto é, necessários para o conhecimento). Embora nossa definição de sensualismo no item 6 possibilite que Nietzsche chegue de forma válida à sua conclusão a partir do item 2, ela também torna difícil, Hussain acredita, ver como ele poderia ter pensado se tivesse um argumento sólido para essa conclusão.

A preocupação de Hussain sobre como a fisiologia dos órgãos dos sentidos poderia de alguma forma mostrar que temos conhecimento faz sentido se ele se refere a como se poderia *justificar* a afirmação de que temos conhecimento. Não há motivo para supor que a fisiologia pudesse fazer tal coisa. Mas por que alguém pensaria que pudesse ou devesse fazê-la? Apesar das aparências, essa não é mera questão retórica, e o trabalho anterior de Nietzsche em *ABM* nos fornece uma resposta: procurar uma justificação para nossas práticas cognitivas em fisiologia — ou de fato em qualquer padrão que se encontre fora dessas práticas — é operar com a suposição de que "não só 'o homem é a medida das coisas'". Isso é, sem dúvida, sustentar que as diversas práticas cognitivas por meio das quais vemos a nós mesmos como detentores de conhecimento — ou mais especificamente, que as pretensões ao conhecimento implícitas nessas práticas — continuam carentes de justificação filosófica. Temos visto que Nietzsche quer que rejeitemos esse fundacionalismo filosófico e aceitemos que o homem é a medida.

Sustentar que "o homem é a medida" é sustentar que o projeto de justificar qualquer uma de nossas pretensões ao conhecimento só pode ter lugar *no interior* de nossas práticas cognitivas. A reflexão filosófica sobre a fisiologia — ou, na verdade, sobre certezas cartesianas envolvendo ideias ou percepção imediata de dados sensoriais — não fornece uma perspectiva epistemicamente privilegiada a partir da qual julgar essas práticas. Isso não é sustentar que tais práticas não possam merecer uma crítica legítima; é apenas sustentar que o fato de não admitirem uma justificativa filosófica em termos de um padrão transcendente não é uma base para tal crítica.

Hussain está certo, então, em negar que a fisiologia *justifique* a afirmação de que os sentidos nos proporcionam conhecimento. Tudo que ela faz — e tudo que deve fazer segundo o raciocínio de *ABM* 15 — é *explicar* como chegamos a ter o conhecimento que julgamos ter,[3] conhecimento cuja justificação não vem da fisiologia, mas da(s) prática(s) cognitiva(s) em que ele é formulado. (Um exemplo

---

3. Naturalmente, a fisiologia não pode de modo algum proporcionar uma explicação completa de como chegamos a ter conhecimento do mundo. Há muitas outras dimensões da explicação — por exemplo, históricas, sociais ou culturais, e conceituais. *ABM* 16 alude às exigências conceituais para ter todo e qualquer conhecimento, e *GC* 110 adianta algo da explicação de Nietzsche sobre as dimensões históricas e sociais do conhecimento. Nos trechos examinados neste capítulo, a ideia de Nietzsche é que, na medida em que aceitamos que o conhecimento depende da evidência dos

pode ser útil aqui. Digamos que eu faça a seguinte afirmação: "O trem parte às 10 da manhã; eu sei porque dei uma olhada no quadro de horários". *Dado* que minha afirmação constitui conhecimento, podemos usar a fisiologia para começar a explicar sua origem: a luz é refletida da tela, atingindo meus olhos, etc. Mas se a questão diz respeito a *se* minha afirmação constitui conhecimento, a fisiologia é o lugar errado para se olhar. Precisamos falar sobre outras coisas: se li corretamente o quadro de horários, se consultar o quadro é um bom meio de descobrir quando o trem parte etc.)

E quanto à segunda preocupação de Hussain sobre o argumento? Lembremos que ele diz não conseguir ver como poderia ser "um pressuposto de praticar a fisiologia de modo consciente" que "não existam outras fontes de conhecimento", digamos, fontes *a priori*. Isso certamente parece certo: não há inconsistência, lógica ou de outro tipo, em usar a fisiologia para mostrar como adquirimos conhecimento do meio que nos rodeia, ao mesmo tempo que sustentamos ter um conhecimento *a priori* de verdades matemáticas. Se, contudo, estamos empenhados em buscar uma explicação fisiológica para nosso conhecimento, não podemos nos satisfazer em pôr, digamos, o conhecimento matemático de lado: devemos tentar dar uma explicação da origem do conhecimento matemático usando os recursos da fisiologia (não esqueçamos que — como já mencionamos e discutiremos no Capítulo 8 — Nietzsche usa "fisiologia" como forma abreviada de psicofisiologia [*ABM* 23], e tal projeto não seria distinto daquele empreendido por filósofos contemporâneos como Penelope Maddy [2005]).

Então, a ideia de *ABM* 15 é simplesmente que, se vamos buscar uma explicação fisiológica de nosso conhecimento, devemos, ao menos *prima facie*, descartar pretensões a um conhecimento não empírico. Hussain tem certeza de que isso não significa que alguém assim comprometido deva acreditar ter mostrado que um conhecimento *a priori*, por exemplo sobre a existência de Deus, é impossível. Obviamente, nenhuma teoria fisiológica pode mostrar isso. Mas, segundo a teoria apresentada, todo conhecimento é condicionado pelos sentidos, que são, portanto, necessários de modo causal para o conhecimento. Assim, na medida em que estamos engajados no projeto de usar a fisiologia para explicar o conhecimento que julgamos ter, estamos obrigados, para sermos de fato coerentes, a duvidar das afirmações de um conhecimento *a priori*.

---

sentidos, só podemos explicar como isso funciona por meio da fisiologia — explicando como os sentidos nos permitem obter informação sobre o mundo.

A crítica de Hussain nos leva, mais uma vez, a articular um ponto importante. Como vimos mais cedo, *ABM* 14 nos diz que aquele "que nada tem pela frente além de *trabalho árduo*" devia aceitar o seguinte imperativo: "Onde não sobrou nada para ver ou compreender, não sobrou nada para fazer". Podemos agora ver que, em *ABM* 15, Nietzsche deixa claro que, até o ponto em que aceita o imperativo de *ABM* 14, isso não se dá a partir de bases fundacionalistas, dos fundamentos de uma teoria tradicional e, portanto, *a priori*, mas com base no sucesso da fisiologia em explicar a origem de nosso conhecimento. Seu sensualismo é, portanto, uma hipótese, uma teoria empírica sobre o modo como o conhecimento é adquirido. O que significa que ele tem de admitir que ela *pode* ser insuficiente, que "sobrou [algo] para fazer" ainda que não sobre "nada para ver ou compreender" — *pode* haver conhecimento para o qual os sentidos não sejam necessários. Como se apresenta não como uma percepção sobre a natureza mesma do conhecimento, mas como hipótese sobre como ele é adquirido, o sensualismo de Nietzsche deve aceitar — e aceita — a possibilidade de que possamos ser levados a rejeitar o sensualismo como falso. Essa possibilidade seria materializada se fosse revelada a existência de uma peça bem justificada de conhecimento que não pudéssemos explicar em termos sensualistas.

Mas, poderíamos perguntar, o sensualismo de Nietzsche não pertence afinal ao tradicional domínio epistemológico da justificação? De fato, ele não é meramente uma hipótese: supõe-se que seja "reguladora". Mas isso não é um problema. O sensualismo é uma hipótese empírica, o que não significa que não possa ter implicações reguladoras para nosso comportamento. Para o sensualismo ter essas implicações, nosso grau de confiança em sua verdade não precisa ser maior do que é no caso de outras teorias empíricas. O sentido de aceitar a hipótese do sensualismo como "reguladora" é reconhecer que seremos tentados a negar o sensualismo — a aceitar a existência de conhecimento para o qual os sentidos são desnecessários —, mesmo quando tal negativa for injustificada. Assim, na visão de Nietzsche, uma mera hipótese sobre o conhecimento não é o bastante. Teses sobre um conhecimento *a priori* são atraentes demais. Sem dúvida tomamos Nietzsche ao pé da letra quando ele diz que tais desafios surgem de "um modo nobre de pensamento" (*ABM* 14). De fato, o exame que Nietzsche faz da vontade de valor mostra que esse é precisamente o modo como essa vontade tem funcionado na história da filosofia. Se estamos, no entanto, menos preocupados com honra do que com verdade, deveríamos resistir à aceitação fácil dessas teses; a formulação de Nietzsche do sensualismo como um "regula(menta)dor" destina-se a promover essa resistência e, assim, nos manter "fiel à terra", como diz Zaratustra (Nietzsche, 1982 [1883-1885]: por exemplo, Prólogo 2: "Da Virtude Dadivosa" 2; cf. "Sobre a Imaculada Percepção").[4]

4.5 O CONTEXTO HISTÓRICO: LANGE E SPIR

Respondendo às objeções feitas por Hussain à nossa leitura do argumento, deixamos claro que o sensualismo que Nietzsche endossa em *ABM* 15 é a hipótese de que os sentidos são condições causais para o conhecimento. Nietzsche considera que essa hipótese tem implicações reguladoras: deveríamos ter cautela ante afirmações que a contrariam, pois, como mostra a história da filosofia, todas são muito tentadoras. Hussain, porém, fornece outra razão para fazer objeções à nossa leitura de *ABM* 15, algo que diz respeito ao contexto histórico a partir do qual o aforismo foi escrito. Hussain afirma que duas importantes influências de Nietzsche, Friedrich Lange e Afrikan Spir, consideravam que os resultados da fisiologia levavam ao fenomenalismo, o que faz parecer implausível que Nietzsche tivesse usado as descobertas da fisiologia como razão para rejeitar o fenomenalismo, como afirmamos que ele fez. Hussain apresenta uma alternativa à nossa leitura de *ABM* 15, segundo a qual o sensualismo que Nietzsche aceita em *ABM* 15 é "sensualismo ou positivismo machiano", doutrina ontológica "segundo a qual o mundo consiste de sensações" (Hussain, 2004, pp. 354, 345).[5] Sob esse ângulo, então, o Nietzsche de *ABM* é um fenomenalista que considera os objetos materiais como "fenômenos no sentido da filosofia idealista". Essa, é claro, é uma afirmação que nossa leitura anterior considera rejeitada por Nietzsche expressamente.

Hussain admite, com efeito, que nossa leitura do texto é muito mais direta que a dele. Mas dá duas razões gerais pelas quais sua leitura seria, ainda assim, a

---

4. Em *CI*, Nietzsche tenta promover resistência de um modo diferente, apresentando a investigação sobre o papel dos sentidos no conhecimento como em si mesma tentadora. Pouco antes do trecho citado mais acima, Nietzsche diz: "E que instrumentos magníficos de observação possuímos em nossos sentidos! Este nariz, por exemplo, do qual nenhum filósofo falou até agora com reverência e gratidão, é realmente o mais delicado instrumento à nossa disposição: ele é capaz de detectar diferenças mínimas de movimento que nem mesmo um espectroscópio poderia detectar" (*CI* "'Razão' em Filosofia" 3).

5. Mach — e, segundo a compreensão de Hussain, Nietzsche em *ABM* 15 — endossa um "monismo neutro" (Hussain, 2004, p. 348) em que as "sensações" são melhor chamadas de "elementos" de modo a "enfatizar que esses elementos não devem ser compreendidos como pertencendo a algum eu particular [...] porque são os blocos — elementos — de construção mais básicos do mundo" (Hussain, 2004, p. 345).

melhor. A primeira é a influência de Lange e Spir sobre Nietzsche e o modo como as opiniões deles contradizem ou estão em conflito com aquela que atribuímos a Nietzsche. A segunda é que ela "nos permite ver como, evidentemente no fim dado o contexto histórico, é possível reconciliar a tese da falsificação com o empirismo de Nietzsche" (Hussain, 2004, p. 355). Isso porque foi o fenomenalismo, a afirmação de que o mundo é nossa representação ou ideia, que lhe permitiu endossar a tese de falsificação, mesmo após ter rejeitado a coisa em si como um padrão.

O desafio de Hussain é assim comparável ao que vimos ser colocado por *ABM* 14 (e também 21 e 22): ele considera que Nietzsche defende que a ciência natural expressa não uma vontade de verdade, mas uma inclinação para falsificar a realidade. A seguir examinamos a argumentação de Hussain, ao admitir assim a relevância dessas ponderações para a leitura de *ABM* 15 e, mais geralmente, para a compreensão das concepções epistemológicas maduras de Nietzsche.

i. Lange

Segundo Hussain, Nietzsche teria encontrado no trabalho de Lange um argumento da fisiologia dos órgãos do sentido para o fenomenalismo, a visão de que o mundo é constituído por nossas ideias. "Lange sugere que a fisiologia dos órgãos do sentido 'nos leva aos limites mesmo de nosso conhecimento'" (Hussain, 2004, p. 331; Lange, 1957 [1865], III: 202). Faz isso explicando como os sentidos trabalham para nos dar a informação sobre o mundo de objetos materiais que já julgamos ter. Lange recorre a essa explicação fisiológica da sensação a fim de mostrar que, como Hussain (2004, p. 332) coloca, os sentidos nos dão somente "efeitos de coisas"; assim, o que encaramos como objetos materiais são apenas "imagens de um objeto desconhecido". Embora julguemos estar vendo uma xícara numa escrivaninha, digamos, a fisiologia mostra que nossos olhos estão de fato detectando diferentes comprimentos de ondas de luz. Portanto, quando perguntamos: "O que é o Corpo? O que é a Matéria? O que é o Físico?

> [...] a fisiologia moderna, assim como a filosofia, tem de responder que todos eles são apenas nossas ideias; ideias necessárias, ideias que surgem de acordo com leis naturais, mas ainda assim nunca as próprias coisas.

A partir daí Lange (1957 [1865], III: 223) conclui que "a visão coerentemente materialista dá meia volta e se converte, portanto, na visão coerentemente idealista".

Hussain tem certeza de que, na visão de Lange, a fisiologia proporciona um argumento para a conclusão de que nosso conhecimento vem de nossas próprias ideias. Além disso, Hussain tem razão para pensar que isso é exatamente o que Nietzsche passou a aceitar imediatamente após ter rejeitado a coisa em si como contraditória e que foi esse fenomenalismo que lhe permitiu manter a tese da falsificação sem aceitar a coisa em si (Clark, 1990, pp. 117-25). Mas o que deve se concluir daí? Hussain parece pensar que o fato de Nietzsche ter encontrado esse argumento em Lange unido ao fato de aceitar o argumento em certo momento de sua obra implica (ou pelo menos fornece sólida evidência) que Nietzsche não o rejeita em *ABM* 15. É difícil, contudo, entender por que deveria ser assim: a essa altura já deveria haver pouca dúvida de que as opiniões de Nietzsche se desenvolveram no decorrer de seu trabalho (por exemplo, Clark, 1990, pp. 95-125). Mas mesmo se devêssemos aceitar as afirmações de Hussain como prova em primeira mão de que Nietzsche endossa o fenomenalismo, a leitura de *ABM* 15 apresentada aqui deixa evidente que ele rejeita essa doutrina e aceita o sensualismo, compreendido como o ponto de vista de que os sentidos estão envolvidos no conhecimento. De fato, já apresentamos razões para vermos que Nietzsche está além desse fenomenalismo inspirado por Lange em nossa discussão de *ABM* 10 no capítulo anterior. Que essa leitura de *ABM* 15 se ajusta confortavelmente à leitura integral de *ABM* Um que apresentamos até agora serve como confirmação adicional de que malogra o desafio que Hussain coloca diante de Lange.

ii. Spir

Segundo Hussain, Spir também chegou ao fenomenalismo vindo da fisiologia dos órgãos dos sentidos. Já documentamos a influência de Spir sobre Nietzsche — na verdade, continuaremos a fazê-lo. Se a leitura que Hussain faz de Spir está certa, fornecerá importante suporte para sua leitura de *ABM* 15. A questão, portanto, é se está certa: Spir recorre à fisiologia dos órgãos dos sentidos para inferir o fenomenalismo?

Ele não o faz. Spir, de fato, lança um argumento contra o uso da fisiologia para chegar ao idealismo ou ao fenomenalismo.[6] Esse argumento é muito semelhante ao que encontramos em *ABM* 15 — há pouca dúvida de que o primeiro seja a fonte do segundo. Aqui está o trecho relevante de Spir:

> John Stuart Mill foi um dos pouquíssimos pensadores que viram com absoluta clareza que o que conhecemos como corpos são nossas próprias sensações. Entre estes pensadores, contudo, Mill foi, pelo que sei, o único que fez a tentativa de atribuir nosso conhecimento do mundo dos corpos unicamente às sensações dadas, sem recorrer ao conhecimento fisiológico, o que não seria permitido porque a experiência fisiológica já pressupõe o conhecimento do mundo dos corpos e, consequentemente, não pode ser usada para a explicação de sua origem. (Spir, 1877 I: 135)

Spir sustenta nesse trecho que não podemos fazer o fenomenalismo derivar de modo coerente da fisiologia, porque esta "já pressupõe o conhecimento do mundo dos corpos". Portanto, segundo o argumento de Spir, alguém que "se dedica à fisiologia", do modo como fez Lange, a fim de explicar a origem de nosso conhecimento, e não apela a considerações *a priori*, não pode coerentemente chegar ao fenomenalismo.

Dito isso, a primeira frase do trecho citado deixa claro que, como Hussain também observa, Spir sustenta que objetos materiais são de fato "nossas próprias sensações". Spir realmente aceitou um fenomenalismo similar ao machiano, que Hussain atribui a Nietzsche, postura que torna corpos ou objetos materiais, nas palavras de Nietzsche, "fenômenos no sentido da filosofia idealista". Duas questões surgem aqui: que razões teve Spir para aceitar esse fenomenalismo e são essas razões as mesmas que Nietzsche teria julgado convincentes?

No intuito de entender por que Spir endossava o fenomenalismo, devemos primeiro reconhecer o compromisso de Spir com a noção de que "não só 'o homem é a medida'" e, portanto, com o projeto de basear nossas práticas cognitivas num padrão transcendente. Isso se torna evidente em seu capítulo sobre o "imediatamente certo", em que argumenta a favor da posição cartesiana, segundo

---

6. Nietzsche, que estudou a primeira edição de *Denken und Wirklichkeit*, de Spir, de 1873 em diante, conforme menção na segunda edição, de 1877, de *Humano, Demasiado Humano* 18 (Nietzsche, 1996 [1878]), estava claramente se referindo a Spir como um "eminente lógico" em *HD* 16 e relendo e tomando notas sobre o livro de Spir em 1885, enquanto escrevia *ABM* (Green, 2002, p. 46). Muitos trechos de *ABM* refletem sua presença no pensamento de Nietzsche (mais obviamente: *ABM* 10, 15, 16, 17, 34, 43).

a qual "uma filosofia digna de seu nome deve começar com uma certeza imediata" (Spir, 1877 I: 28). "Certeza imediata", diz ele, "é a fonte de toda certeza" (I: 26) e, segundo a compreensão de Descartes, a certeza imediata "de uma natureza factual" (ao contrário da certeza racional que temos de verdades lógicas e princípios de conhecimento) deve ser descoberta apenas "no conteúdo de nossa consciência" (I: 28). É a isso que equivale o cogito "expresso em termos universais e precisos": "Tudo que encontro em minha consciência é imediatamente certo como simples fato de consciência" (I: 27). Spir explica que, quando vejo um objeto, há espaço para duvidar

> [...] se o objeto visto existe fora de minha consciência. Mas que eu tenha a impressão específica de visão que despertou em mim a representação de um objeto visto fora de mim está fora de dúvida... O mesmo se aplica à totalidade dos conteúdos da consciência. Então podemos duvidar se alguma coisa fora de nós corresponde a este conteúdo, mas o conteúdo dado da consciência em si continua além de qualquer dúvida. (I: 27-28)

Esse argumento não somente compromete Spir com a tradicional epistemologia cartesiana, mas também proporciona a base para seu comprometimento com o fenomenalismo. Hussain (2004, pp. 332, 333) sugere, sem afirmar exatamente, que Spir concordou com Lange que se pode chegar ao fenomenalismo a partir da fisiologia. Mas esse simplesmente não é o caso.

Spir deixa claro que seu fenomenalismo vem de duas fontes diferentes: os "ensinamentos da fisiologia" e os "feitos da percepção". Seria fácil pensar que esses "feitos" nos são transmitidos pela fisiologia, mas não é o caso. Aqui está o que diz Spir sobre os ensinamentos da fisiologia:

> A fisiologia ensina que toda percepção é mediada pelos órgãos dos sentidos e que cada órgão do sentido é capaz de um estímulo específico, singular, que é sempre o mesmo, por mais diferentes que sejam os objetos que afetam o órgão. O nervo óptico dá apenas sensações de luz e cor [...] quer seja afetado por eletricidade ou ondas luminosas... A fisiologia, então, nos ensina que nossas sensações estão completamente separadas das verdadeiras coisas externas, são completamente distintas e não podem ser medidas por elas. (Spir, 1877, I: 119)

Hussain cita esse trecho a fim de mostrar que Spir usa os "ensinamentos da fisiologia" para chegar ao fenomenalismo, mas ignora o papel desempenhado pelo que Spir, ao chegar a essa conclusão, chama de "feitos [*Facta*] da percepção".

Imediatamente após a declaração relativa aos "ensinamentos da fisiologia", Spir (1877, I: 119) diz explicitamente que, "em oposição" a esses ensinamentos, "os feitos da percepção mostram que coisas externas são elas próprias imediatamente percebidas, os objetos materiais de nossa experiência são eles próprios vistos e tocados, cheirados e provados, têm relação direta entre si e nada sabem de qualquer processo mediado de percepção". A fisiologia, porém, nos diz que a percepção da cadeira está de fato mediada por sensações. Spir acha que o único meio de reconciliar essa descoberta da fisiologia com os "feitos da percepção" é concluir que a cadeira que se percebe de imediato é uma coleção de nossas próprias sensações. É, portanto, da combinação desses "feitos da percepção" com os ensinamentos da fisiologia que Spir acredita partir o fenomenalismo, especificamente da tese "de que o que conhecemos como objetos materiais são apenas nossas próprias sensações". Mas isso vai à frente?

Supondo-se que a percepção de um objeto é mediada por sensações, por que o objeto percebido pode não pertencer ao mundo que é exterior à consciência? A resposta de Spir deve ser a posição cartesiana discutida anteriormente, isto é, que temos certeza imediata no que diz respeito — e só no que diz respeito — aos conteúdos da consciência, isto é, aos objetos imediatos da consciência. O objeto imediato da percepção deve ser, portanto, algo de que podemos estar imediatamente certos. Segundo o argumento de Spir para a posição cartesiana, nunca podemos estar certos de que estamos cientes de uma cadeira que é externa à consciência, mas só do que está "surgindo como cadeira", para usar a fórmula de Chisholm (1966). O objeto imediato da percepção, portanto, deve ser esse surgimento como cadeira, e não uma cadeira que é externa à consciência. Spir, então, precisa da afirmação de que temos certeza imediata dos conteúdos da consciência a fim de chegar à sua conclusão fenomenalista de que o objeto que percebemos vem, de fato, de uma coleção de nossas próprias sensações.

Nietzsche poderia não ter achado convincente o raciocínio que Spir desenvolve aqui; de fato, ele deve rejeitar de modo claro esse argumento. A razão é evidente em *ABM* 16, em que rejeita "certezas imediatas", a começar com o *cogito* cartesiano, juntamente à coisa em si e o "conhecimento absoluto", e usa uma das características expressões latinas de Spir para fazê-lo, dizendo que esses conceitos envolvem uma "contradictio in adjecto" (*ABM* 16; Spir, 1877, por exemplo II: 132). Assim, embora a posição de Spir sem a coisa em si possa perfeitamente lembrar o sensualismo de Mach, Nietzsche não tinha razão para aceitá-lo, porque rejeita muito mais do primeiro que a coisa em si. Rejeita todo o papel que certezas imediatas supostamente desempenham no conhecimento e por certo desempenham no pensamento de Spir e, portanto, não tem razão para aceitar o fenomenalismo ou para se mover na direção de Mach.

4.6 CONCLUSÃO

ABM 14-16 nos contam, então, como Nietzsche superou o fenomenalismo característico de sua aceitação da tese da falsificação. Essas seções também nos mostram o que adota em seu lugar — não o empirismo, como ele é compreendido na epistemologia tradicional, mas o sensualismo como "uma hipótese reguladora". Aceitar essa visão é praticar a epistemologia naturalizada, mas com uma desconfiança das pretensões a um conhecimento *a priori* que a história da filosofia mostra serem tão tentadoras. Tal progressão é resultado de um fortalecimento da vontade de verdade relativamente à vontade de valor: no ponto em que a vontade de valor sustentara um padrão externo a nossas normas, ao qual elas deviam corresponder de modo a serem justificadas, a vontade de verdade aceita os métodos empíricos materializados em nossas práticas como o caminho para a verdade. E, no entanto, como veremos no capítulo seguinte, a vontade de valor deve também ser satisfeita, pois, se não for, o que a vontade de verdade produz não é a verdade. Passemos agora a examinar a evidência — tanto textual quanto filosófica — a fim de atribuir a Nietzsche essa afirmação de aparência paradoxal.

5

Reconciliando a Vontade de Verdade
e a Vontade de Valor

No capítulo anterior, vimos que foi uma vontade fortalecida de verdade que permitiu a Nietzsche ver além da tese da falsificação e adotar o sensualismo, a visão de que os sentidos são condições causais para o conhecimento, como uma "hipótese reguladora". Esse sensualismo surge não do filosofar fundacionalista sobre a natureza do conhecimento, mas do reconhecimento do sucesso das ciências naturais (fisiologia, em *ABM* 15) em alcançar a verdade sobre o mundo. A epistemologia de Nietzsche, portanto, é uma epistemologia naturalizada, uma hipótese empírica e, portanto, descritiva. Dito isso, vimos que Nietzsche recorre ao sucesso da investigação empírica para sugerir um princípio heurístico que tem importância regulatória para nosso comportamento: ele nos diz como proceder ao tentarmos adquirir conhecimento sem ter de afirmar que um conhecimento *a priori* é logicamente impossível. A ideia é que, dada nossa melhor teoria de como de fato adquirimos o conhecimento que julgamos ter, devíamos virar as costas à busca de um conhecimento *a priori* e nos dedicarmos às explicações empíricas.

Mas isso, de modo evidente, equivale a naturalismo. Na recente exposição de Brian Leiter, o naturalismo de Nietzsche é naturalismo metodológico, a doutrina de que a filosofia deve seguir os métodos das ciências, das ciências empíricas. Por que deveria a filosofia seguir esses métodos? A resposta de Leiter é basicamente que esses métodos "fizeram a sua parte", isto é, nos permitiram encontrar qualquer verdade que tenhamos sido capazes de encontrar além daquela acessível à percepção ordinária e ao senso comum. Se isso é tudo que há no naturalismo, é equivalente à afirmação de que a filosofia devia aceitar o empirismo, "pelo menos como hipótese reguladora". Nesse caso, deveríamos considerar que *ABM* compromete Nietzsche com o naturalismo. De fato o livro contém o que é provavelmente a mais surpreendente e mais frequentemente citada expressão do compromisso de Nietzsche com o naturalismo, a descrição de sua "tarefa" como a de "retraduzir os seres humanos na natureza", "colocar-se acima das muitas interpretações vãs e abertamente entusiásticas e das conotações que têm sido até agora rabiscadas e pintadas sobre esse eterno texto básico do *homo natura*" (*ABM* 230).

O problema em atribuir essa visão ao autor de *ABM* é que o livro está, como vimos, elaborado para nos mostrar que a verdade é apenas um dos importantes e indispensáveis objetivos da filosofia e apenas um dos dois impulsos que a própria filosofia de Nietzsche procura satisfazer. Sustentamos que Nietzsche se empenha em levar à frente o projeto de Kant; ao fazê-lo, olha não apenas para "os céus estrelados lá no alto", mas também para o análogo ao que Kant chamava "a lei moral interior". Isto é, ele pensa que a filosofia tem de satisfazer não apenas a vontade de verdade, mas também a vontade de valor. Essa vontade de valor, já vimos, almeja criar ou construir o mundo de acordo com os valores do filósofo. Nietzsche acredita claramente que esse impulso desorientou filósofos anteriores, mergulhando-os na ilusão. O que eles afirmavam encontrar no mundo — por exemplo, formas de Platão, leis racionais, nexos necessários — parecia estar ali somente como uma projeção de seus modos de olhar o mundo e, em última instância, de seus valores. Assim, encontravam no mundo somente uma imagem de si mesmos, não o que estava mesmo lá. Mas ao retratar o naturalismo tomando a frente em filosofia graças ao fortalecimento de um dos lados da "magnífica tensão do espírito", o impulso de verdade, evidentemente à custa do outro lado, o impulso de valor, Nietzsche sugere que o naturalismo satisfaz apenas um lado da alma filosófica. Isso significa que, se a filosofia mais tardia de Nietzsche está destinada a satisfazer ambos os lados da alma filosófica, o naturalismo não pode ser sua doutrina.

Assim, parecemos estar na difícil posição de afirmar que Nietzsche rejeita o naturalismo, mesmo ao sustentar que ele é verdadeiro, sob o pretexto de que essa verdade é niilista e, portanto, não satisfaz nossa necessidade de valor. *Isso não é o que queremos dizer.* Mas o único modo de evitá-lo, em vista de nossas afirmações de que a filosofia madura de Nietzsche está destinada a satisfazer tanto a vontade de verdade quanto a vontade de valor, e que o naturalismo satisfaz a primeira, mas não a segunda, é dizer que a forma de naturalismo em questão é a expressão mais completa da vontade de verdade até agora produzida na história da filosofia, mas ainda assim não é verdadeira. Isso pode fazer sentido? Nietzsche parece achar que sim.

5.1 PREFÁCIO DE *A GAIA CIÊNCIA*: A VERDADE REVELADA

No prefácio a *GC*, que escreveu logo após terminar *ABM*, Nietzsche diz:

> Dificilmente nos encontrarão de novo nas trilhas daqueles jovens egípcios que deixam os templos inseguros à noite, abraçam estátuas e querem por todos os meios revelar, descobrir, pôr sob luz brilhante tudo que, por boas razões, é mantido oculto. Não. Enjoamos deste mau gosto, desta vontade de verdade, da "verdade a qualquer preço", desta loucura juvenil pelo amor à verdade: somos experientes demais, sérios demais, joviais demais, inflamados demais, graves demais para isso... Não acreditamos mais que a verdade continue sendo verdade quando lhe tiramos o véu; vivemos demais para acreditar nisso. Hoje consideramos uma questão de decência não querer ver tudo nu, estar presente em toda parte, "saber" tudo. (*GC* P)

Consideremos a sugestão, de ar paradoxal, de que a verdade não é mais verdade quando revelada ou exposta nua. Ela está conectada de forma plausível com o naturalismo em causa em *ABM*. Primeiro, foi acrescentada à segunda edição de *GC*, escrita logo após Nietzsche concluir *ABM*. Segundo, sua afirmação inicial é que não nos encontrarão *de novo* agindo como aqueles jovens, em Saís, que queriam tirar o véu da verdade ou vê-la nua, o que sugere que podem um dia ter nos encontrado fazendo exatamente isso. Quando? Sem dúvida, quando escrevíamos *HD* — lembrando aqui que Nietzsche usa "nós" em nome da cortesia (*CI* "Razão" 5). E em *HD* encontramos de modo claro Nietzsche comprometido com o naturalismo — a opinião de que tudo, incluindo os seres humanos, pode e deve ser plenamente compreendido como parte do nexo causal, espaço-temporal, que é o mundo natural. De fato, os seres humanos é que são mesmo desnudados em *HD*, reduzidos ao que pode ser observado do ponto de vista do "naturalismo metodológico" de Leiter, constituído por um compromisso de se restringir aos métodos das ciências na busca de conhecimento. No prefácio a *GC*, então, Nietzsche diz que não o encontraremos de novo nessa trilha, comprometido com a exposição dos seres humanos e de seu comportamento em termos integralmente naturalistas.

Isso, contudo, poderia ser encarado como significando apenas que, *além* de expor verdades naturalistas sobre os seres humanos, ele fará mais alguma coisa: por exemplo, mostrar o que podemos nos tornar, como Richard Schacht (1988) sugere, ou tentar libertar "homens superiores" potenciais de sua má consciência, como Leiter (2002) sugere, ou usar a verdade naturalista a fim de diagnosticar nossos próprios compromissos de valor e obter controle sobre eles, como John Richardson (2004) sugere. Mas algo mais parece acontecer. Nietzsche afirma que não escreverá mais como fez em *HD*, que não tentará mais rasgar o véu dos seres humanos no intuito de expor a verdade naturalista sobre eles — ocultará a verdade naturalista sobre os seres humanos em vez de tentar expô-la ou nos mostrará essa verdade apenas (ou talvez em grande parte) de modo velado. E fará isso, pelo menos em parte, porque em sua forma descoberta ou nua o naturalismo realmente distorce a verdade. Assim, a busca integral da verdade pelo filósofo — a tentativa de satisfazer a vontade de verdade sem satisfazer ao mesmo tempo o impulso de valor — não produz de fato verdade. Embora seja isso que sugere o prefácio de *GC*, é difícil compreender por que Nietzsche acharia que o caso fosse esse.

Acreditamos que é dada uma explicação nas seções 371-374 de *GC*, as quais fazem parte do material acrescentado à obra logo após ele ter terminado *ABM*. Sustentamos que, quando lidas juntas e à luz de nossa análise da "magnífica tensão do espírito" de *ABM*, essas seções fornecem a explicação de Nietzsche quanto ao modo como a vontade de verdade pode nos levar a uma visão falsa e como a falsidade dessa visão está profundamente relacionada à sua incapacidade de satisfazer a vontade de valor.

5.2 *GC* 371 E 372: A "TENSÃO DO ESPÍRITO"

Em *GC* 371, Nietzsche afirma que é mal compreendido — não só como era de se esperar, mas, dadas as circunstâncias de sua época, por uma questão de necessidade. Por ora ele se diz "incompreensível". E nos apresenta as razões dessa incompreensibilidade, mas em linguagem extremamente metafórica. Diz primeiro que "nós"

> [...] damos margem a confusão — pois continuamos crescendo, mudando, rejeitando a velha crosta; nós ainda trocamos de pele a cada primavera; tornamo-nos cada vez mais jovens, mais voltados para o futuro, mais altos, mais fortes; cravamos nossas raízes cada vez mais vigorosamente nas profundezas — no mal — enquanto ao mesmo tempo abraçamos os céus cada vez mais amorosa e extensamente, absorvendo sua luz, com avidez cada vez maior, com todos os nossos ramos e folhas. (*GC* 371)

Um ponto fica claro a partir dessas linhas: Nietzsche admite que suas opiniões se alteraram ou se desenvolveram, que ele rejeitou componentes cruciais de suas primeiras obras. Mas isso é nitidamente insuficiente para explicar a incompreensibilidade, a qual Nietzsche apresenta como resultante do fato de ele ser como uma árvore que crava as raízes "nas profundezas [...] enquanto ao mesmo tempo abraça os céus cada vez mais amorosa e extensamente". Sugerimos que esses dois aspectos da árvore representam a vontade de verdade e a vontade de valor. A vontade de verdade nos leva "à terra", ao que é conhecido por meio dos sentidos. E nos leva a reconhecer e a buscar o "enraizamento" na "terra" — em nossa natureza afetiva e decididamente "terrestre" — daquelas coisas que parecem se elevar sobre ela, dos valores que parecem estar "nos céus", para os quais somos impelidos por nossa vontade de valor. Isto é, a vontade de verdade de Nietzsche leva-o a estar enraizado na terra enquanto a vontade de valor leva-o a abraçar os céus.

A conexão entre essas vontades leva àqueles aspectos de seu pensamento que o tornam incompreensível.

> Crescemos como árvores — é difícil compreender isso, como é difícil compreender a vida! —, não apenas num lugar, mas por toda parte; não numa só direção, mas igualmente para cima, para fora e para baixo; nossa energia impele de uma só vez tronco, raízes e galhos; não temos mais liberdade de fazer alguma coisa separadamente, de *ser alguma coisa separadamente.* (*GC* 371)

Isso deixa explícito que o que torna Nietzsche incompreensível não é apenas seu crescimento, mas o estilo desse crescimento — pois, como toda vida, ele cresce em mais de uma direção ao mesmo tempo. Embora não encare seu "enraizamento" como um obstáculo para abraçar "os céus cada vez mais amorosa e extensamente", pensa que os outros julgarão esses dois aspectos de sua existência incompatíveis. Como pode uma coisa crescer ao mesmo tempo para cima e para baixo? Não tem de crescer a partir de algum ponto estacionário, uma fundação? No caso da árvore, de fato, essas duas direções diferentes de crescimento não são apenas compatíveis, mas necessárias. Se uma árvore não estivesse enraizada, não subiria para os céus; se não crescesse para os céus, as raízes pereceriam. O que sugere que Nietzsche é como uma árvore, em que o crescimento da vontade de verdade depende do crescimento da vontade de valor, e o crescimento da vontade de valor depende do crescimento da vontade de verdade. O produto desse crescimento é o fruto, isto é, as visões expressas em seus escritos, fruto que, ele adverte, pode não "ser saboroso [para nós]" (*GM* P 2). Nietzsche teme que essas visões pareçam incompreensíveis precisamente porque não podem ser vistas apenas como uma tentativa de declarar a verdade (como fazem os cientistas naturais), ou somente uma tentativa de mostrar o mundo sobretudo por valores (como ele acha que fizeram os filósofos precedentes). É, então, na medida em que está fazendo essas *duas* coisas — não "separadamente", mas "de uma só vez" — que é incompreensível.[1]

GC 372 dá continuidade às reflexões de Nietzsche sobre a relação entre a vontade de verdade e a vontade de valor. Como a seção é intitulada "Por que não somos idealistas", esperamos que critique o idealismo e apoie aqueles que o rejeitam. E essas expectativas são atendidas — ele chama o filosofar idealista de "vampirismo" e diz que "hoje somos todos sensualistas, nós, filósofos do presente e do futuro, *não* na teoria, mas na *praxis*, na prática". A ideia aqui é que ambos os polos que materializam a "magnífica tensão do espírito", os "filósofos do presente" e os futuros filósofos a quem Nietzsche espera que essa tensão dê origem, sejam empiristas que rejeitam a busca de um conhecimento *a priori* e, portanto, que rejeitam o idealismo.[2] A qualificação de que sejam sensualistas "*não* em teoria, mas na *praxis*, na prática" pode à primeira vista tornar implausível que Nietzsche fale sobre algo tão vertical e sem emoções quanto a epistemologia. Mas não vamos esquecer que o sensualismo com o qual ele se compromete em *ABM* 15 é aceito como "hipótese reguladora, senão como princípio heurístico" — portanto, como máxima prática quanto ao modo de conduzir a busca ou a investigação da verdade. Isso é visto, de forma aceitável, simplesmente como variação da tese de que somos sensualistas ou empiristas "na prática" — empiristas antes metodológicos que dogmáticos. Além disso, a conexão que traçamos entre *ABM* 15 e *GC* 372 se ajusta ao contexto de ambos os trechos, a saber, uma preocupação com o idealismo. Em *ABM* 15, Nietzsche apresenta o sensualismo precisamente como

---

1. Nietzsche recorre a um imaginário orgânico similar no prefácio de *GM*. Diz ali que os filósofos "não têm o direito de se manterem *separados* em nada... Sem dúvida, com a mesma necessidade com que uma árvore dá seus frutos, brotam de nós nossos pensamentos, nossos valores, nossos sins e nãos e ses e quês — todos relacionados e conectados entre si" (GM P 2). Nietzsche afirma aqui que os filósofos deveriam expressar a vontade de verdade e a vontade de valor não "separadamente" — ora afirmando a verdade, ora expressando valores —, mas de um modo que deixasse as duas "entrelaçadas". Nietzsche não nega, no entanto, que os efeitos da vontade de verdade possam ser distinguidos dos da vontade de valor.

2. Por "idealismo" temos em mente a família de pontos de vista que desvaloriza o mundo revelado por meio dos sentidos, como se ele fosse menos real que aquele revelado por meio da mente. O idealismo, portanto, inclui o tipo de fenomenalismo, embora não se limite a ele, pelo qual vimos Nietzsche se interessar no Capítulo 4.

premissa numa argumentação contra uma versão particular do idealismo, ou seja, o fenomenalismo (ver Capítulo 3; ver também Clark e Dudrick, 2004).

Mas se *GC* 372 atende às expectativas levantadas por seu título, também as perturba, a começar da primeira sentença: "Antigamente, os filósofos temiam os sentidos: será que não perdemos em excesso este receio?". A sugestão é que nós, filósofos, deveríamos temer os sentidos mais do que de fato o fazemos. Mas, se os sentidos são a estrada para a verdade, o que há para temer? Nietzsche conclui *GC* 372 dizendo que

> [...] todo idealismo filosófico foi até agora uma espécie de doença, exceto onde, como no caso de Platão, foi a precaução tomada por uma saúde exuberante e perigosa: o medo de sentidos *poderosos demais*; a engenhosidade de um engenhoso discípulo de Sócrates. Será que nós, modernos, não somos suficientemente saudáveis *para precisar* do idealismo de Platão? E não tememos os sentidos porque...

Nietzsche, assim, deixa a nosso cargo imaginar por que não temos medo dos sentidos. O primeiro ponto a levantar é semelhante ao levantado mais acima acerca da referência de Nietzsche a "sensualistas [...] na *praxis*". Embora a retórica de Nietzsche sobre "sentidos *poderosos demais*" possa sugerir que esteja falando de algo mais emocionante que temas epistemológicos, esses temas, quando examinados no contexto da totalidade do trecho, são convincentemente considerados a fonte do perigo ao qual ele se refere. Dizer que não tememos os sentidos é dizer que não tememos a busca rigorosa de conhecimento empírico. A fim de entender o que significa termos falta desse medo, consideremos o que o trecho sugere sobre a razão de Platão haver temido os sentidos. Platão é retratado como diferente de outros filósofos do passado, por trás de cujo filosofar Nietzsche sugere que podemos perceber "um vampiro há muito tempo oculto, um vampiro que começa com os sentidos mas, no final, só deixa para trás, poupados, os ossos e seu chacoalhar", isto é, "categorias, fórmulas, palavras". Os filósofos em questão acabavam incapazes de reconhecer a verdade sobre o mundo natural. Entre eles, assim parece, deveríamos incluir os que, como *ABM* 11 nos diz, tiveram os sentidos postos para dormir devido à influência de Kant sobre a "filosofia alemã". Os seguidores românticos de Kant, incapazes de "distinguir entre 'descobrir' e 'inventar'", passaram a acreditar ter descoberto uma faculdade moral na natureza para explicar o fato de encontrarmos valor no mundo. Dizer que Platão, ao contrário, jamais deixou escapar o poder dos sentidos é sugerir que ele reconheceu o caráter básico do mundo natural — *e viu que ele não satisfazia a vontade de valor*. É por isso que temia os sentidos. *Não* os tememos por causa de nossa saúde melhor, mas porque precisamos da visão de Platão no conflito entre a vontade de verdade e a vontade de valor.

5.3 *GC* 373 E 374: VALORES E INTENCIONALIDADE

Então, segundo nossa análise de *GC* 371 e 372, esses aforismos colocam o problema do conflito entre a vontade de verdade e a vontade de valor. Sugerem que Platão reconheceu o problema e que o idealismo foi sua solução. Ele estava, portanto, inclinado a sacrificar a vontade de verdade à vontade de valor, como os filósofos de Nietzsche, do presente e do futuro, não estão. *GC* 373 e 374 tentam ajudar esses filósofos a reconhecer a tensão entre a vontade de verdade e a vontade de valor como problema e a entender o início de solução de Nietzsche: não sacrificar a vontade de verdade, mas mostrar o caminho a seguir no intuito de reconciliá-las.

Se Nietzsche se recusa a sacrificar a vontade de verdade, a qual levou à nossa atual perspectiva científica ou naturalista, o título de *GC* 373 parece desorientador. "A 'ciência' como preconceito" sugere que ele rejeita a ciência. As aspas em "ciência" já nos advertem, contudo, que a preocupação de Nietzsche aqui não é a ciência, mas certa concepção ou imagem de ciência. O trecho se inicia com um comentário mordaz sobre os "intelectuais", que incluem os cientistas "na medida em que eles pertencem à classe média espiritual". Nietzsche afirma que eles "não têm sequer a possibilidade de perceber os problemas e pontos de interrogação realmente *grandes*", porque "a necessidade que os torna intelectuais, suas expectativas interiores e o desejo de que as coisas possam ser *dessa ou daquela maneira*, seu medo e esperança, bem cedo encontram repouso e satisfação". A implicação evidente é que os intelectuais, pelo menos os medíocres, os que pertencem à "classe média espiritual", são levados ao que tomam por verdadeiro pela vontade de valor. Quando essa vontade é satisfeita, acreditam ter a verdade. Portanto, faz sentido supor que um "grande problema" ao qual esses intelectuais são particularmente cegos é aquele constituído pelo conflito entre a vontade de verdade e a vontade de valor. No restante do trecho, Nietzsche dá exemplos de dois modos pelos quais os estudiosos podem ficar cegos a esse problema.

O primeiro é o do "pedante inglês Herbert Spencer", que "delira" e "tece fábulas" sobre a "reconciliação definitiva de egoísmo e altruísmo". Spencer, pai do darwinismo social e autor da expressão "sobrevivência dos mais aptos", sustenta que os altruístas são mais aptos que os apenas egoístas, portanto que a reconciliação de egoísmo e altruísmo é um resultado necessário do processo evolucionário. Nietzsche faz duas objeções ao ponto de vista de Spencer. Primeiro, é falso — uma "fábula" — que tal reconciliação seja um resultado necessário do processo evolucionário ou, em termos mais gerais, que a evolução favoreça aquele que Spencer considera moralmente "apto". Spencer só pensa assim porque olha para o fato por meio da lente de sua vontade de valor — seu desejo de que o mundo esteja de acordo com o que ele considera desejável. Segundo, os valores que constituem a lente de Spencer "quase dão náuseas" a Nietzsche. Mas esse último ponto sobre Spencer acompanha o pensamento da sentença de abertura do trecho — Spencer está cego ao "ponto de interrogação" constituído pelo fato de "*que* teve de considerar como sua maior esperança o que outros encaram e deviam encarar apenas como uma possibilidade repugnante". Isso acontece, sem dúvida, porque ele deixa de ver que olha para a evidência por meio da lente constituída por seus valores. Acha que só vê as coisas como elas são — que as pessoas do tipo que consideraria moralmente "apto" *têm* na realidade uma vantagem evolucionária. Não vê que os valores que constituem seu ponto de vista podem chegar a outros como nauseantes, pois não reconhece absolutamente que seu ponto de vista seja constituído por valores: acha que, usando métodos empíricos, está apenas lendo os fatos do mundo natural. Spencer está, portanto, necessariamente cego para o problema do conflito entre a vontade de verdade e a vontade de valor.

O segundo exemplo que Nietzsche nos dá de um intelectual que tem estado cego a esse grande problema é o "Sr. Mecânico", que "hoje em dia gosta de passar como filósofo e insiste que a mecânica é a doutrina das leis primeiras e últimas sobre as quais, como sobre um andar térreo, toda existência tem de estar baseada". Ele está entre os "muitos cientistas naturais materialistas" que "se dão por satisfeitos" com a "fé num mundo [...] que pode ser inteiramente compreendido com a ajuda dos quatro cantos de nossa pequena razão humana", isto é, usando os métodos das ciências naturais. Nietzsche contesta essa fé de que

> [...] a única interpretação legítima do mundo deveria ser aquela à qual *vós* tendes direito; uma interpretação com a qual se possa fazer pesquisas e continuar trabalhando cientificamente no *vosso* sentido do termo (realmente não quereis dizer *mecanicistamente?*); uma interpretação que permita contar, calcular, pesar, ver, pegar e nada mais. Isso é uma grosseria e uma ingenuidade, presumindo que não se trate de uma doença mental, uma idiotia... Uma interpretação "científica" do mundo, como vós a

entendeis, poderia ser uma das mais *estúpidas* de todas as possíveis interpretações do mundo, isto é, uma das mais pobres de sentido [*Sinn*]. (*GC* 373)

Aqui, de novo, pode parecer que Nietzsche expressa uma atitude negativa com relação à ciência ou pelo menos abre a porta a interpretações e explicações de todo tipo, como se elas estivessem no mesmo nível que as científicas, o que parece incompatível com qualquer forma de naturalismo. Mas ele de fato não nega que "o mundo possa ser compreendido" com o emprego dos métodos das ciências naturais. Só discorda da "fé" do Sr. Mecânico de que o mundo possa ser "inteiramente" compreendido com o emprego desses métodos, que é precisamente o ponto em que o desejo de valor do Sr. Mecânico — fazer o mundo corresponder ao que ele considera desejável — o deixa cego para o problema do conflito entre a vontade de verdade e a vontade de valor. É essa fé que faz do Sr. Mecânico antes um filósofo que meramente um cientista natural. Um cientista natural apresenta as explicações científicas dos fenômenos como verdadeiras. Ele se transforma num filósofo ao afirmar que seus métodos são o único caminho para a verdade e, portanto, que a filosofia deveria admitir apenas os pontos de vista que passaram a usar tais métodos.

De fato, é exatamente assim que Leiter entende o naturalismo de Nietzsche: como uma visão metodológica segundo a qual a filosofia deveria seguir (apenas) os métodos das ciências. Mas mesmo Leiter tem de admitir que *GC* 373 nega que tudo que é real possa ser visto da perspectiva constituída por esses métodos. O trecho sugere claramente que algo importante se encontra além do "horizonte" da ciência. A questão que distingue nossa leitura do trecho da leitura de Leiter diz respeito ao que é esse algo. Concordamos com Leiter que o oponente de Nietzsche no trecho é o naturalista, um materialista redutor que insiste que "todos os fatos — psicológicos, estéticos, éticos etc. — devem ser redutíveis a fatos físicos" (Leiter, 2002a, p. 25), àqueles que podem ser "contados, calculados e expressos em fórmulas", precisamente o tipo de fato que os métodos das ciências naturais deixam aparecer. Também concordamos com a sugestão de Leiter relativa ao tipo de fato que tais métodos não deixam que apareça, isto é, fatos "psicológicos, estéticos [e] éticos". Mas Leiter parece ignorar esse ponto no restante de sua avaliação do naturalismo de Nietzsche. Pois se os métodos das ciências não deixam que os fatos "psicológicos, estéticos [e] éticos" — possivelmente os fatos nos quais os filósofos estão mais interessados — apareçam, por que deveria a filosofia se restringir a seguir esses métodos? Leiter evita a questão apresentando o que é, de seu ponto de vista, um exemplo mais inócuo do que a ciência deixa de lado, isto é, o aspecto "qualitativo ou fenomenológico da experiência: por exemplo, como é experimentar uma peça musical como bela". Ele sugere que entram aqui propriedades fenomenológicas que Nietzsche acredita se encontrarem além do horizonte da ciência. A implicação é que a ciência pode nos dizer tudo que há para saber sobre o mundo, exceto como é experimentá-lo. Mas não existe evidência textual de que Nietzsche esteja interessado nesse trecho em propriedades fenomenológicas, tipo como é *experimentar* uma música como bela. *Há* nítida evidência, porém, de que está preocupado em indicar que valores se encontram além do horizonte da ciência.

A prova disso é a objeção de Nietzsche ao Sr. Mecânico: "Mas um mundo essencialmente mecanicista seria um mundo essencialmente *sem sentido*", o que ele sugere tornar a posição do Sr. Mecânico equiparável a julgar "o *valor* de uma peça musical considerando até que ponto ela poderia ser contada, calculada e expressa em fórmulas" (*GC* 373). Assim, não é a experiência da música — as propriedades fenomenológicas —, mas o *valor* da música — sua beleza, grandeza ou sentimentalidade, por exemplo — que se encontra além do horizonte da ciência. A objeção de Nietzsche ao Sr. Mecânico também sugere que o fato de o valor de uma peça musical não poder ser visto da perspectiva "científica" não implica que a peça não tenha valor: o problema está na perspectiva, não na música. De modo semelhante, o fato de o valor não aparecer a partir da postura mecanicista não mostra que haja alguma coisa errada com os valores ou com o reconhecimento do valor no mundo. O que mostra é a necessidade do mecanicista de ter "o que o *bom* gosto exige: acima de tudo, o gosto da reverência por tudo que se encontra além de seu horizonte". O que Nietzsche pensa que se encontra além do horizonte das ciências empíricas, temos afirmado, não são propriedades fenomênicas, mas valores.

Se juntarmos o que *GC* 373 diz sobre Spencer ao que diz sobre o Sr. Mecânico, podemos perceber que o trecho defende que ver o mundo de um ponto de vista que envolve compromisso de valor é necessário a fim de vê-lo de um modo que satisfaz a vontade de valor e, portanto, a fim de ver valores incorporados nele. A discussão de Nietzsche da "perspectiva spenceriana" deixa claro que precisamente tal ponto de vista impede Spencer de ver a verdade e, por conseguinte, de ver que sua vontade de valor interfere em seu reconhecimento da verdade. Observemos, contudo, que Nietzsche critica Spencer não por operar sob a direção da vontade de valor, mas apenas por deixar de reconhecer que é isso que está fazendo.

O Sr. Mecânico, de modo evidente, não tem o mesmo problema. Os métodos das ciências que ele segue têm sido estabelecidos no intuito de manter a vontade de valor sob controle — é precisamente o que o deixa cego para o "grande problema" constituído pelo conflito entre a vontade de verdade e a vontade de valor. A vontade de valor não interfere na busca que, como cientista, ele faz da verdade, embora a verdade costume converter-se em algo que ele não considera desejável. É improvável que o Sr. Mecânico ache que tenha quaisquer interesses que encarnem uma vontade de valor. Contudo, isso é obviamente falso do ponto de vista de Nietzsche. Os instintos filosóficos ou guiados pelo valor do Sr. Mecânico tomam a frente não em sua ciência, mas na afirmação de que a ciência fornece os únicos métodos para alcançar a verdade; é uma afirmação que ele faz não como cientista, mas como filósofo. Nietzsche pensa que essa afirmação reflete de modo claro o desejo do Sr. Mecânico de tornar o mundo *seu*; é uma expressão da convicção do Sr. Mecânico de que, como Nietzsche a descreve, "a única interpretação legítima do mundo deveria ser aquela à qual *vós* tendes direito".

Assim, tanto Spencer quanto o Sr. Mecânico são culpados de confundirem um exercício da vontade de valor com a mera busca da verdade. Spencer, com efeito, afirma descobrir que os valores que favorece são também favorecidos pela seleção natural, sem perceber que essa afirmação é uma expressão de sua vontade de valor. O Sr. Mecânico não vê valores no mundo — nem beleza ou feiura, nem grandeza ou baixeza, nem justiça ou parcialidade — e, por isso, declara que simplesmente não há nenhum. Mas essa última afirmação é uma expressão de sua vontade de valor. Vemos, portanto, a ideia central de *GC* 373 como dupla. Primeiro, é essencial não confundir o que satisfaz nossa vontade de valor com a verdade. Segundo, como os valores só são visíveis a partir de uma perspectiva constituída por compromissos de valor, é importante negar que todos esses compromissos devam ser postos em suspenso.

Devemos fazer aqui uma pausa a fim de pensar numa resposta franca ao Sr. Mecânico, no que tange àquela última afirmação. Pois talvez ele admita a ideia de que os valores não podem ser vistos de sua perspectiva científica. De fato, ele pode insistir nela e encará-la apenas como prova de que não existem valores (ou, como Leiter parece sustentar, que os valores não são "objetivos"). "Se é valor o que você quer, a perspectiva científica não pode ajudar — até aí é verdade. Mas se quer conhecimento, então é a única perspectiva para você" — tal afirmação se abre nesse ponto para o Sr. Mecânico. Nietzsche oferece duas respostas. Nas linhas de conclusão de *GC* 373, sugere que não teríamos "percebido, compreendido, conhecido" nada de uma peça musical — "nada do que nela é 'música'" — se víssemos nela apenas o que pode ser "contado, calculado, expresso em fórmulas". A música só pode ser percebida como música — é o que consideramos que Nietzsche esteja dizendo — a partir de uma perspectiva constituída por disposições afetivas que dão origem a juízos de valor. Não se compreende nada da música a não ser que estejamos equipados para julgar, nos termos mais simples, se ela é música boa ou ruim. Mas isso poderia requerer que o Sr. Mecânico retrocedesse apenas até a posição de Leiter: a saber, até o ponto de admitir que a ciência deixa de lado propriedades fenomenológicas associadas a nossas respostas afetivas à música (ou ao comportamento) — como é experimentar uma peça musical como bela ou uma ação humana como sórdida. Sustentamos, no entanto, que *GC* 374 contém os recursos para uma segunda e mais convincente resposta ao Sr. Mecânico, uma resposta que faz uso da distinção entre o que Wilfrid Sellars (1997 [1956]) chamou "o espaço das razões" e "o espaço das causas". Expondo de forma breve: o que *GC* 373 diz da música, *GC* 374 diz do discurso em geral: compreender uma afirmação *como uma afirmação* (antes, digamos, que como uma série de sons) é vê-la de uma perspectiva constituída por valores, os valores de racionalidade pressupostos no espaço das razões.

5.4 *GC* 373 E 374: RELEVÂNCIA DE SPIR

Sem dúvida nossa afirmação de que Nietzsche está operando com uma distinção entre o espaço das causas e o espaço das razões despertará em muitos de nossos leitores, de modo bem razoável, suspeitas de erro cronológico. Mesmo que atribuir essa distinção a Nietzsche torne bastante compreensível o texto em questão, muitos vão achar que o fazer é ser francamente condescendente. Pois como Nietzsche poderia ter trabalhado com uma sofisticada distinção filosófica que só se popularizou muitos anos após sua morte? É uma boa pergunta, para a qual temos uma boa resposta: o que muitos filósofos posteriores aprenderam da obra de Wilfrid Sellars, Nietzsche aprendeu de Afrikan Spir.

Como Michael Green deixou claro em *Nietzsche e a Tradição Transcendental*, Spir funcionou para Nietzsche como importante fonte de percepções sobre as realizações da tradição crítica ou transcendental e sobre o que estava errado com a tradição alternativa empirista-naturalista. Contudo, ele foi também *pelo menos* igualmente importante como fonte a que Nietzsche recorreu no intuito de conhecer a tradição empirista britânica e suas virtudes, podendo muito bem ser considerado o "elo perdido" entre Nietzsche e essa tradição. Nietzsche poderia estar se referindo a Spir, não a Schopenhauer, ao citar, a respeito deste, o "sentido das realidades, a disposição de conquistar a clareza e a razão, que com tanta frequência o fazem parecer tão inglês e tão pouco alemão" (*GC* 99). Quem acha que Nietzsche não dava valor à argumentação extremamente rigorosa e à clareza de expressão na discussão de problemas filosóficos, ou não apreciava as virtudes da filosofia britânica ("inglesa" no vocabulário de Nietzsche), deveria ler a obra de Spir e refletir sobre a grande soma de tempo que Nietzsche gastou com ela.

Embora a obra de Spir seja uma reflexão bastante simpática e esclarecedora acerca da tradição empirista-naturalista, sobretudo a de Locke, Hume, Darwin e Mill, ele nega que essa tradição tenha os recursos necessários para explicar a possibilidade da validade objetiva. Green parece correto ao encarar o que Spir chama de "validade objetiva" como uma questão de ter um valor-verdade. Todo juízo autêntico tem validade objetiva no sentido de que tem um objeto, o que significa que faz uma afirmação a qual pode ser verdadeira ou falsa. Assim o problema da validade objetiva é o problema da intencionalidade, de compreender como a mente ou seus estados podem ter um conteúdo, como podem *dizer respeito* a alguma coisa. Um juízo, Spir deixa claro, é apenas uma afirmação sobre a realidade e, portanto, todos os juízos são objetivamente válidos, mesmo se forem falsos. Spir argumenta de forma repetida e convincente que, como tentam explicar tudo em termos de processos naturais ou físicos, empiristas como Hume não podem explicar a possibilidade de julgamento. Processos físicos não fazem reivindicações, apenas existem. O que então precisamos no intuito de entender a possibilidade de julgamento não é a física, mas a lógica. Isso, sustentamos nós, é o que Nietzsche enfim aprendeu de Spir: se encaramos uma afirmação simplesmente de uma perspectiva naturalista — isto é, em termos de suas causas e efeitos —, ainda não temos os recursos para pensar nela como algo que faz um julgamento ou expressa um pensamento, ou seja, como "objetivamente válida". Para recorrer a uma série de sons a fim de expressar uma ideia ou um julgamento, temos de interpretá-los colocando o ser que faz os sons antes num espaço de razões que num espaço de causas, isto é, numa teia de conexões que não são apenas naturais ou causais, mas racionais ou normativas.

Spir articula repetidamente a distinção entre o espaço das razões e o espaço das causas em sua obra de dois volumes, mas duas notas de rodapé são de particular relevância. Na primeira, que ocorre muito cedo no volume 1, Spir rejeita a "visão cada vez mais difundida, apresentada pela primeira vez por Herbert Spencer", de que existem elementos *a priori* de conhecimento, como as categorias de Kant, "mas que têm origem na experiência de nossos ancestrais, de quem os herdamos juntamente com nossa constituição física". Spir objeta que se trata de "um completo equívoco" encarar os elementos *a priori* de conhecimento como "uma consequência de nossa constituição física ou, mais precisamente, cerebral".

> Pois nossa constituição física pode certamente conter os antecedentes físicos ou causas de nossos juízos, mas não os antecedentes lógicos (os princípios) de cognição. Um princípio ou lei de cognição é a disposição interior de acreditar em algo sobre os objetos e como tal nunca pode ser produto de causas físicas, com as quais, por sua própria natureza, nada tem em comum. Tentarei esclarecer abaixo, em detalhe, a diferença radical entre o lógico e o físico. (Spir, 1877, I: 8-9)

Quando chegamos à sua explicação mais detalhada sobre a distinção entre o físico e o lógico, encontramos esta nota de rodapé:

> Uma lei física é um tipo e um modo imutáveis da conjunção ou sucessão de aparências ou processos reais. Uma lei lógica, ao contrário, é a disposição interior de acreditar em algo sobre objetos. Leis físicas governam a sucessão real de ocorrências (*Begehenheiten*) na ordem do tempo; leis lógicas governam a sucessão lógica de pensamentos na ordem das razões (*Begründens*). É claro que as duas são de uma natureza completamente diferente. (Spir, 1877, I: 79)

Isso torna explícita a distinção entre a ordem física de causas e a ordem normativa de razões. Considerando o estudo cuidadoso que Nietzsche fez de Spir, parece improvável que ele pudesse ter ignorado essa distinção ou a força dos argumentos nas páginas vizinhas. *ABM* responde a Spir numa série de pontos e rejeita várias de suas doutrinas centrais — sobre a certeza imediata (*ABM* 16), o atomismo (*ABM* 12) e o bem comum (*ABM* 43), a fim de nomear algumas. Mas não há nada em *ABM* que pareça uma rejeição da distinção central de Spir entre a esfera das causas e a das razões. De fato, como vimos, a primeira seção de *ABM* parece afirmar essa distinção ao formular duas questões diferentes relativas à vontade de verdade: a questão de sua causa, significando como ela passou a existir, e a questão de seu valor. "Queremos a verdade? Por que não a inverdade?" Em outras palavras, qual é a razão ou justificativa por trás do valor que atribuímos à verdade? Parece, portanto, extremamente provável que Nietzsche tenha tomado de Spir a distinção entre o espaço das razões e o das causas que estivemos discutindo (para mais evidência, ver Clark e Dudrick, 2007).

5.5 *GC* 374: À LUZ DE SPIR

Uma compreensão da influência de Spir sobre Nietzsche nos permite ver que *GC* 374 completa o argumento de 373 contra o Sr. Mecânico. Observemos primeiro que, como acontece com tanta frequência em *ABM* e *GC* V, esse aforismo (*GC* 374) está escrito para que pareça desconectado do anterior (*GC* 373). Nietzsche exige que trabalhemos para reconhecer a conexão. O aforismo parece introduzir grandes ideias sobre um "novo infinito", que culmina na afirmação de que "hoje estamos pelo menos distantes da ridícula falta de modéstia de decretar de nosso ponto de vista que as perspectivas só são *permitidas* deste ponto de vista. Na realidade o mundo se tornou mais uma vez infinito para nós na medida em que não podemos rejeitar a possibilidade *de que inclua infinitas interpretações*". Isso parece incompatível com a prioridade que interpretações de Nietzsche como naturalista presumem que ele conceda à ciência, pois novamente ele parece abrir a porta a muitas outras interpretações do mundo, as quais estariam no mesmo nível das interpretações científicas.

Mas deveríamos perguntar por que essas outras interpretações importam. O que importa se não pudermos descartar pelo menos a possibilidade de que o mundo contenha infinitas interpretações? O que significam para nós essas outras interpretações, especialmente porque podem não ser interpretações muito boas, como Nietzsche não deixará de sugerir? Uma leitura cuidadosa permite aos leitores ver por meio da retórica de Nietzsche e entender a posição dele, mas essa retórica desviará a atenção de muitos leitores de um fragmento crucial do trecho que nos ajuda a entender a conexão com o trecho anterior. Ele é encontrado nas linhas de abertura:

> Até onde se estende o caráter perspectivo da existência ou se ela possui algum outro caráter, se uma existência sem interpretação, sem um "sentido" [*Sinn*] não se torna absurda; se, por outro lado, toda existência não é essencialmente uma existência *interpretativa* — nada disso pode, como é claro, ser apurado mesmo pelas análises e exames de consciência mais rigorosos e mais minuciosamente atentos; pois durante eles o intelecto humano não pode deixar de se ver sob suas formas perspectivas e *unicamente* sob elas. Não podemos alterar o ângulo de nosso olhar. (*GC* 374)[3]

---

3. Alguns leitores encaram isso como evidência de que Nietzsche endossava o pampsiquismo. Fazê-lo, porém, é deixar de seguir as instruções de Nietzsche para conseguir lê-lo bem, as quais incluem "olhar com cuidado, à frente e à ré" (*AR:* P 6), isto é, tentando ver as conexões com trechos adjacentes. Podemos razoavelmente considerar que Nietzsche só pergunta aqui se a existência

De fato, *GC* 373 sustentou que o valor só é reconhecível no mundo a partir de uma *perspectiva* constituída por disposições afetivas, o que traz pressupostos de valor os quais incidem sobre conclusões a serem tiradas acerca dos objetos do mundo. Quando Nietzsche abre *GC* 374 se perguntando "até onde se estende o caráter perspectivo da existência", está querendo saber o que mais só é visível e reconhecível de uma tal perspectiva (isto é, de uma perspectiva constituída por compromissos de valor). Nietzsche sugere que se poderia pensar que talvez essa questão fosse respondida pelo "exame do intelecto". Ao examinar como avança a investigação em diferentes áreas, poderíamos ser capazes de ver se essas áreas são de "caráter perspectivo" — isto é, reconhecíveis apenas de uma perspectiva constituída por disposições afetivas, as quais encarnam compromissos de valor. Aqui Nietzsche para de repente. Com a menção desse "exame do intelecto", o foco do trecho se desloca, sem aviso prévio, para a reflexão sobre ele. Isto é, Nietzsche não avança, como poderíamos ter esperado, para a classificação de diferentes áreas de investigação (como "perspectivistas" ou não); em vez disso, reflete sobre o "exame do intelecto" pelo qual tal classificação avançaria. É com respeito a esse "exame" que Nietzsche faz a afirmação fundamental do trecho.

Essa afirmação vem quando Nietzsche sugere que o "exame do intelecto" deve *ele próprio* proceder "perspectivamente": "O intelecto não pode deixar de se ver sob suas formas perspectivas e *unicamente* nelas". Assim, Nietzsche defende uma ideia sobre o intelecto semelhante à exposta em *GC* 373 sobre o valor: ambos são de caráter "perspectivista". Isto é, o intelecto, como o valor, só pode ser visto de uma perspectiva a qual encarna compromissos de valor. Nietzsche está sugerindo que, assim como o caráter virtuoso de um traço de comportamento ou a beleza de uma peça musical só são acessíveis a quem está equipado para fazer julgamentos de valor sobre ações ou música, a atividade intelectual — a atividade de fazer afirmações, de ponderar razões, de tirar conclusões — só pode ser compreendida por quem está equipado para fazer julgamentos de valor acerca dessas iniciativas.

Por que deveria ser assim? A resposta, a qual achamos que Nietzsche tirou de Spir, é que reconhecer os seres humanos como seres intelectuais (isto é, como seres que agem, creem, sabem) é vê-los numa rede não meramente causal, mas

---

humana — e não, por exemplo, a de mesas, pedras e cadeiras — é "existência interpretada", se podemos encontrar alguma questão importante acerca da existência humana que possa ser vista, de forma plausível, como continuação da reflexão levada a cabo no trecho anterior. Essa questão, demonstraremos, diz respeito até que ponto se estende o caráter perspectivo da existência.

normativa. Examinar o intelecto *como intelecto* é tentar *dar-lhe sentido*, isto é, racionalizar suas atividades, ver essas atividades como motivadas pelas razões que a pessoa julga ter. Isso também se aplica quando examinamos um evento como ação de uma pessoa. O que nos ajuda a compreender em que ponto Nietzsche quer chegar ao dizer:

> Não podemos alterar o ângulo de nosso olhar. É uma curiosidade inútil querer saber que outras espécies de intelectos e de perspectivas *poderiam* existir; por exemplo, se outros seres poderiam ser capazes de experimentar o tempo para trás ou, alternadamente, para a frente e para trás (o que envolveria outra direção da vida e uma concepção diferente de causa e efeito). (*GC 374*)

Nietzsche passa a insistir que é "uma ridícula falta de modéstia" descartar a possibilidade da existência de seres que não compartilham os traços mais elementares de nossa perspectiva, por exemplo, nossa suposição quanto à direção do tempo. Interpretamos o trecho que acabamos de citar como uma afirmação de que é, não obstante, impossível saber se tais seres são possíveis. Podemos compreender esse raciocínio ao interpretar o que Nietzsche diz à luz da posição de Spir. Como kantiano, Spir sustenta que a unidade básica da experiência é o juízo. Assim, compreender um ser tendo experiências é vê-lo formulando juízos; é colocar o ser não apenas no espaço das causas, mas no espaço das razões. Portanto, situar o ser é uma questão de *dar-lhe sentido* — determinando o que teríamos razão para fazer e pensar se *nós* estivéssemos em *seu* lugar. Como não podemos conceber circunstâncias nas quais tivéssemos razões suficientes para pensar que estávamos experimentando o tempo alternadamente para a frente e para trás — e não, por exemplo, que estávamos tendo alucinações —, não podemos dar sentido à atribuição de tal experiência a outro ser.

Isso não é, Nietzsche nos diz, negar a possibilidade de tal experiência. Mas essa possibilidade exige uma perspectiva diferente daquela em que nos mantemos — um conjunto de normas segundo as quais poderia haver uma razão para aceitar que tal experiência existisse. Contudo, como Nietzsche insiste aqui, só podemos formular juízos sobre essas coisas a partir de *nossa própria* perspectiva. Portanto, se não podemos negar essa possibilidade, também não podemos afirmá-la. Não podemos de fato fazer ideia de como tal experiência seria possível.

Com a afirmação de que "o intelecto não pode deixar de se ver sob suas formas perspectivas e *unicamente* sob elas", *GC 374* completa o argumento contra o Sr. Mecânico de *GC 373*. A suposição de que a opinião do Sr. Mecânico, embora fosse "uma grosseria e uma ingenuidade", não era uma "doença mental, uma idiotia", foi mostrada como falsa em *GC 374*. A visão de que a imagem mecanicista é a única imagem admissível é uma "grosseria" quando nega os valores da ética e da estética, mas é pura "idiotia" quando nega os valores da racionalidade. Pois nesse segundo caso, torna a *si própria* absurda. A interpretação do Sr. Mecânico é "uma das mais *estúpidas*" precisamente porque torna a investigação — e qualquer outra forma de iniciativa — incompreensível. As reivindicações do Sr. Mecânico ao conhecimento estão elas próprias entre as coisas que não podem ser compreendidas sob perspectiva empírica. Dar sentido a essas afirmações — e mesmo lhes dar sentido *como afirmações* — é assumir uma perspectiva constituída por compromissos de valor.

5.6 A VERDADE REVELADA, REVISITADA

Podemos agora distinguir o tipo de naturalismo que Nietzsche rejeita do tipo que defende em *ABM*. E podemos fazê-lo de modo a explicar: a) como a vontade de verdade pode ser satisfeita por uma visão falsa e b) como a falsidade da visão se deve à sua incapacidade de satisfazer a vontade de valor. Fazemos isso distinguindo as duas afirmações seguintes:

1. Se a explicação científica de um fenômeno é possível, essa explicação deve ser preferida a uma explicação de outro tipo (por exemplo, uma que reivindique estar baseada em intuição racional).
2. A explicação científica de todo e qualquer fenômeno é possível; isto é, X é real se e apenas se X está submetido a (ou figura numa) explicação científica.

Nietzsche aceita a afirmação 1; pensa que, em cada caso, deveríamos preferir o tipo de explicação oferecido pela ciência natural a qualquer explicação alternativa do mesmo fenômeno. É levado a essa conclusão pela vontade de verdade, e não pela vontade de valor, porque o mundo revelado não é o mundo que a vontade de valor gostaria de ter. Compreendido como aceitação da afirmação 1, o naturalismo de Nietzsche é metodológico, no sentido de achar que sempre que uma explicação científica está disponível deveríamos aceitar essa explicação. E esse naturalismo tem consequências ontológicas: recusa-se a dar suporte a entidades evocadas pelas explicações que competem com tais explicações empíricas. Se X pode ser explicado com o emprego dos métodos da ciência natural sem dar suporte a A, então X não fornece base para dar suporte a A. Como Nietzsche pensa que muitas entidades são tornadas supérfluas pelas explicações empíricas oferecidas pela ciência natural (por exemplo, formas platônicas, almas imateriais, Deus), seu naturalismo o leva a negar a existência dessas entidades.

Nietzsche não aceita, contudo, a afirmação 2. Embora esteja certamente comprometido por 1 a *tentar* apresentar uma explicação científica de todo e qualquer fenômeno, não sustenta que, para algo ser real, *basta estar* sujeito a tal explicação. Como acabamos de ver, ele acha que tal afirmação exclui perspectivas a partir das quais as propriedades de valor das coisas (por exemplo, sua beleza ou baixeza) aparecem. Nietzsche desaprova essa conclusão, não sob a alegação de que ela nos torna incapazes de explicar a verdade da ética e as pretensões estéticas, mas sob a alegação de que nos torna incapazes de explicar como é que algo pode ser *de alguma forma uma afirmação*. Contudo, a aceitação da afirmação 2 não seria um simples engano. Nietzsche sustenta que, de início, sua aceitação resulta de a vontade de verdade pôr a vontade de valor em suspensão: aceitamos 2 precisamente quando nos tornamos fortes o suficiente para negar satisfação à ânsia de "criar um mundo diante do qual [possamos] nos ajoelhar" (*Z* I: "Da Vitória sobre Si Mesmo"). E, no entanto, Nietzsche sustenta que *a afirmação 2 é falsa*. E é assim que (a) é explicável: a vontade de verdade pode ser satisfeita por uma concepção falsa.

Quanto à vontade de valor, ela é satisfeita ao vermos nossa imagem refletida no mundo, quando o mundo é visto como *deveria* ser, *seja* ou não assim. Nossa discussão de *GC* 374 nos ajuda a ver que o naturalismo de Nietzsche permite que a vontade de valor seja satisfeita de um modo que não só evita conflito com a vontade de verdade, mas na realidade a serve. Vimos que descrever seres humanos com a linguagem da ação (agir, crer, saber etc.) é vê-los numa rede não meramente causal, mas normativa. Isso significa que descrevê-los desse modo é "racionalizá-los", é vê-los *fazendo sentido*. Assim, na medida em que um ser pode ser visto como um agente, como um ser racional, o ser deve, na maior parte das vezes, se comportar de acordo com nossos padrões de comportamento racional. Quando se trata de iniciativa, as coisas *são*, por definição, como *deveriam* ser (pelo menos em geral) — se não fossem assim, não seria uma iniciativa. Mas se assim for, então verdades sobre agentes só podem ser conseguidas a partir de uma perspectiva constituída por valores, por nossa compreensão de como deveríamos agir ou pensar — e só, sem dúvida, quando a vontade de valor é satisfeita. Quando a vontade de valor opera com relação à iniciativa, o que ela vê é a verdade; *é só* por meio dessa operação que essas verdades podem ser vistas. Sendo assim, podemos ver como (b) a falsidade da visão que satisfaz a vontade de verdade é devida a uma incapacidade de satisfazer adequadamente a vontade de valor.

Portanto, podemos tomar a declaração de ar paradoxal do prefácio a *GC* — "Não acreditamos mais que a verdade continue sendo verdade quando os véus são retirados" — para expressar a rejeição de Nietzsche à afirmação 2. Isso significa: explicações científicas, no quadro mais favorável, são verdadeiras, mas perdem sua verdade quando acompanhadas por uma insistência de que tudo pode ser explicado cientificamente. Segundo nossa interpretação dessa afirmação, contudo, isso não deixa a porta aberta a todo tipo de modos não científicos ou anticientíficos de explicar as coisas. As únicas coisas que permanecem fora do alcance da explicação científica, em nossa descrição do naturalismo de Nietzsche, são os seres humanos e suas variadas formas de expressão, o que inclui pensamento e comportamento. Embora Nietzsche possa, sem dúvida, sustentar que a ciência não pode captar as propriedades fenomênicas da experiência, sua objeção primária é mais básica. Sustentar que tudo é explicável por meio dos métodos das ciências naturais é sustentar que, da perspectiva empírica, nada está "velado", para usar as imagens do prefácio a *GC*. Mas isso é negar que exista algo deixado de fora pela explicação científica. Dizer, então, que a verdade deixa de ser verdade quando os véus são retirados é dizer que, quando as verdadeiras explicações científicas dos processos cognitivos e do comportamento humano estão unidas a uma negação de que exista algo acerca dos seres humanos que não pode ser visto dessa perspectiva, elas não são mais verdadeiras. Apresentam-nos uma falsa imagem de como são os seres humanos.

Isso significa que Nietzsche deva rejeitar o "sensualismo" que o vimos aceitar como "hipótese reguladora" em *ABM* 15? Não. Lembremos que a hipótese declara apenas que os sentidos são condições causais de conhecimento. Agora a afirmação é simplesmente que a atividade racional só aparece a partir de uma perspectiva constituída por valores, uma perspectiva que racionaliza seu objeto a fim de compreendê-lo e, portanto, não aparece a partir da perspectiva da ciência natural. Mas a afirmação de que existem fenômenos para os quais explicações científicas (isto é, a atividade racional) não são possíveis não é uma violação do sensualismo conforme a exposição que fizemos dele no Capítulo 4. Sem dúvida não significa haver fenômenos que possam ser conhecidos sem receber qualquer insumo dos sentidos. A explicação quanto a como conseguimos a evidência que temos para afirmações relativas ao tipo de ação que S executou ou a se S chegou a executar alguma ação ainda envolverá os sentidos (envolverá, por exemplo, o que vimos S fazer ou a ouvimos dizer).

Nada disso é negar que a ciência moderna tenha feito grande progresso na medida em que *resiste* a racionalizar seu objeto. Explicações de fenômenos naturais ao mesmo tempo vigorosas e precisas são tornadas possíveis quando mantemos em suspenso a tendência, encarnada na vontade de valor, de encarar esses fenômenos como expressões de atividade intencional. Nada na exposição feita por Nietzsche aqui sugere que ele considere que o restante do mundo natural não opera senão segundo princípios puramente mecanicistas. Como vimos, o que permanece velado quando adotamos a perspectiva das ciências naturais são apenas as atividades que têm lugar no espaço das razões, as atividades de intérpretes racionais e agentes. Afirmar que todos os fenômenos admitem explicação científica é, então, negar a existência de tais atividades. Se tais atividades *devem* ser compreendidas, elas o serão a partir de uma perspectiva diferente daquela das ciências naturais.

Percebemos que essa é a ideia de Nietzsche em dois trechos nos quais ele se refere a certas ciências como "antinaturais" — nomeadamente "a psicologia e a crítica dos elementos da consciência" (*GC* 355; cf. *GM* III: 25). A sugestão é que a natureza da atividade racional ou inteligível mostra que seu exame deve ser conduzido de uma perspectiva que difere daquela das ciências naturais. As ciências naturais empregam normas, é claro, e, por certo, isso é algo para que Nietzsche chama nossa atenção em *ABM*. Mas Nietzsche não considera que *essas* normas salientem que os fenômenos em questão "fazem sentido", isto é, que têm de estar de acordo com o modo como um agente racional os arranjaria. No mesmo trecho em que chama a psicologia de "ciência antinatural", Nietzsche nos diz que o sucesso das ciências naturais reside no fato de elas tornarem visíveis seus objetos "como estranhos, como distantes, como 'fora de nós'". A psicologia é uma ciência antinatural precisamente em sua incapacidade de tornar seus objetos visíveis dessa maneira — seus objetos só são visíveis na medida em que são vistos fazendo sentido, e isso significa que só são visíveis do ponto de vista dos compromissos de valor.

A discussão no presente capítulo confirma ainda mais nossa afirmação de que a filosofia de Nietzsche fala amplamente a linguagem kantiana. Como Kant, Nietzsche pensa que a perspectiva "teórica" a partir da qual compreendemos o mundo deve dar lugar à sua contrapartida "prática" ao tentarmos compreender agentes e suas ações. Dito isso, Nietzsche sustenta que a melhor explicação para tudo que não é atividade racional ou inteligível é o tipo de explicação causal ou mecanicista que a ciência natural proporciona. Além disso, Nietzsche insiste que os seres empenhados em atividades portadoras de sentido são parte da natureza e passaram a sê-lo como resultado de processos naturais.

E, no entanto, Nietzsche não é um naturalista metodológico no sentido de Leiter. Segundo Leiter, o naturalismo metodológico é uma tese relativa a como deveríamos fazer filosofia: é a visão de que "a investigação filosófica [...] deveria seguir paralela à pesquisa empírica nas ciências" (Leiter, 2002a, p. 3). Em nossa leitura, Nietzsche sustenta apenas o seguinte: quando buscamos o conhecimento, deveríamos usar, *o máximo possível*, os métodos da pesquisa empírica encontrada nas ciências. Vemos agora que Nietzsche pensa haver um conhecimento genuíno inacessível aos "métodos da pesquisa empírica encontrada nas ciências", nomeadamente o conhecimento da atividade racional. Pois embora as ciências naturais possam dar uma descrição de como passamos a ter as capacidades que permitem nos envolver em atividades que fazem sentido, elas não podem se envolver por si mesmas na "criação de sentido" — como as ciências naturais não racionalizam seus objetos, não podem compreender um evento *como* a ação que ele é. Nietzsche sustenta, portanto, que um subconjunto de seres naturais se desenvolveu de tal forma que admite descrições verdadeiras as quais não podem ser obtidas de uma perspectiva naturalista. No intuito de ver essas verdades, temos de nos deslocar do espaço das causas para o espaço das razões e, assim, a vontade de verdade deve se reconciliar com a vontade de valor.[4]

Aqui temos de examinar uma objeção em nome do naturalismo metodológico de Leiter. Pois poderíamos achar que a discussão acima presume erradamente

---

4. Sebastian Gardner (2009) faz uma intrigante exposição segundo a qual Nietzsche rejeita o tipo de naturalismo que lhe é atribuído por Leiter. Ele diz que a filosofia de Nietzsche pode ser encarada como "uma mistura de elementos naturalistas e transcendentais, que se conservam em tensão uns com os outros e que deixam de se completar do lado transcendental ou do lado naturalista do modo requerido para alcançar consistência filosófica" (Gardner, 2009, p. 21). Ele sugere que isso não é uma falha da parte de Nietzsche; Gardner (2009, p. 22) encara a obra de Nietzsche como uma tentativa de "*diagnosticar* a desunião na razão filosófica, *identificando-a* como marca em nosso horizonte filosófico e *exibindo-a* em benefício de nossa autocompreensão". Julgamos que nossa exposição pode respaldar as percepções de Gardner e atender às suas preocupações mostrando que: 1) a tensão tornada manifesta em certos pontos da obra de Nietzsche não é entre o naturalismo e o transcendentalismo em si, mas entre a vontade de verdade e a vontade de valor; e que 2) Nietzsche admite que uma filosofia apropriada não seria, em última instância, nem naturalista nem transcendental. A filosofia é para Nietzsche uma disciplina essencialmente *normativa*, e seus objetos tradicionais (por exemplo, a alma e a vontade, como veremos) são entidades normativas.

que as ciências naturais incluem apenas as chamadas ciências "exatas", a física entre elas. Leiter, porém, encara Nietzsche como um naturalista no sentido de quem afirma que a filosofia deveria seguir os métodos de "*qualquer* ciência bem-sucedida" (Leiter, 2002ª, p. 3; destacado por mim). Isso significa que acredita que Nietzsche esteja livre para utilizar os métodos não só das ciências físicas, mas também das ciências sociais. Sendo assim, Leiter diria que, se as ciências sociais, ao oferecer explicações do comportamento humano, racionalizam seus objetos, uma filosofia que utilizasse tais explicações ainda seria vista como naturalista em sua metodologia.

Embora se trate de uma objeção importante, parece duvidoso que Nietzsche a aceitasse. Pois a intenção de Nietzsche ao classificar a psicologia como uma "ciência antinatural" é precisamente indicar que a psicologia envolve um apelo a algo que não é parte da natureza, ou seja, aos valores, incluindo valores éticos, necessários para racionalizar seu objeto. Isso significa não uma situação em que a filosofia aprende a seguir os métodos das ciências, mas uma situação na qual uma ciência aprende a operar na base de uma perspectiva que obtém da filosofia. Como veremos em nossos últimos três capítulos, Nietzsche considera que o projeto da psicologia filosófica implica uma visão fortemente *normativa* da psique. Ela fornece a base para ciências sociais ou humanas porque extrai sentido da atividade especificamente humana.

A psicologia *filosófica* tenta dar uma explicação da alma — isto é, graças à alma os seres seriam capazes de uma atividade especificamente humana — e é ainda mais "antinatural", na visão de Nietzsche, que a psicologia à qual fornece fundamento. Isso não acontece, é claro, porque a alma a que ele se refere seja uma entidade metafísica que outorga aos seres humanos a condição de "mais", "mais elevado" ou "de uma origem diferente" (*ABM* 230). Acontece porque, como veremos no próximo capítulo, ele considera que a alma é uma entidade *normativa*, uma entidade que *em si* só pode ser vista de uma perspectiva constituída por valores. A psicologia filosófica só pode apurar a verdade sobre a alma ao reconhecer os valores como constitutivos — como veremos, é por essa razão que Nietzsche deposita nela suas esperanças para a satisfação da vontade de verdade e da vontade de valor, os dois lados da alma filosófica.

PARTE DOIS

A VONTADE DE PODER

Nos três capítulos seguintes, abordamos tópicos que se relacionam à vontade de poder, quase universalmente aceita como uma das doutrinas centrais de Nietzsche. Apresentamos nesses capítulos uma nova interpretação da doutrina e de sua centralidade para a filosofia de Nietzsche, uma interpretação que respalda a moldura para a compreensão de *ABM* estabelecida na Parte Um e é por ela informada.

Que a vontade de poder está destinada a desempenhar um papel importante em *ABM* parece claro; nenhum outro tópico é mencionado com tanta frequência na primeira parte do livro. Nietzsche o discute chamando-o pelo nome em quatro seções diferentes de *ABM* Um (*ABM* 9, 13, 22, 23) e em várias outras sem nomeá-lo. Esses trechos evidentemente nos dizem que a filosofia, a vida, a natureza física e a psique devem, todas, ser compreendidas em relação à operação da vontade de poder. Nietzsche então acrescenta, numa importante seção de *ABM* Dois, que a própria essência da palavra — seu "caráter inteligível" — é vontade de poder (*ABM* 36). Esses trechos das primeiras duas partes de *ABM* contêm na verdade os únicos *argumentos* para uma doutrina da vontade de poder nos livros de Nietzsche.[1] *ABM*, portanto, parece ser o texto crucial se nossa preocupação é compreender e avaliar a doutrina da vontade de poder que Nietzsche divulgou.

---

1. Estamos contrapondo aqui uma doutrina da vontade de poder — uma tese especificamente filosófica sobre a essência da vida, da filosofia, da natureza ou da realidade — a teses variadas sobre a vontade de poder. Por exemplo, que ela desempenha um grande papel na psicologia humana ou que o desejo de vingança deve ser compreendido em relação a ela. As últimas obviamente não são teses da variedade filosófica tradicional e não estamos negando que outras obras que não *ABM* lhes forneçam suporte (ver Clark, 1990, cap. 7). A única exceção à nossa afirmação de que toda a argumentação para doutrinas especificamente filosóficas da vontade de poder ocorre em *ABM* pode

Que os intérpretes deveriam ter interesse em se empenhar nessa tarefa parece claro. Como afirmamos na Introdução, a doutrina levanta suspeitas acerca do *status* de Nietzsche como filósofo sério. Não se trata meramente de que os argumentos para suas afirmações de longo fôlego sobre a vontade de poder não pareçam convincentes; o problema é que parecem entrar em conflito com aspectos essenciais de sua própria filosofia, em particular o perspectivismo e a rejeição da metafísica. Como Bernard Reginster (2006, p. 104) coloca: "Além de estimular acusações de antropomorfismo, a doutrina assim formulada também parecia ser apenas outro exemplo da especulação extravagante que não deixava de ser típica da metafísica do século XIX". Além disso, como Reginster observa, o que levanta suspeita contra Nietzsche é que ele de fato aprova a vontade de poder, insistindo que ela é o que há de essencialmente bom (*A* 2). Assim, os intérpretes simpáticos a Nietzsche gastaram considerável soma de tempo e esforço propondo interpretações que o salvassem dos embaraços aos quais sua doutrina da vontade de poder parecia sujeitá-lo.[2] Contudo, nenhum intérprete se debruçou sobre os trechos relevantes de *ABM* de modo detalhado, o que seria indispensável a fim de determinar que doutrina da vontade de poder está presente nas obras publicadas de Nietzsche e esclarecer que argumentos ele apresenta para defendê-la. Fazer isso, aliás, requer não apenas estabelecer o argumento de cada trecho em detalhe, mas também examinar os trechos com relação ao "fio narrativo" de *ABM*. Oferecemos uma interpretação da doutrina que atende a esses requerimentos nos três capítulos seguintes.

Argumentamos, em resumo, que, ao contrário das aparências, Nietzsche não acredita que a vida ou a realidade em si sejam vontade de poder; essas "doutrinas" pertencem apenas ao texto exotérico de *ABM*. Clark (1990 e 2000) já esclarecia uma parte significativa do que é necessário para suportar essa afirmação, o que também é um componente importante da recente interpretação de Reginster (2006). Ambos os intérpretes argumentam que, quando Nietzsche diz que a própria vida, a realidade ou a psique são vontade de poder, não está nos dizendo o que encara como verdade; está vendo a realidade ou algum aspecto dela do ponto de vista de seus valores. Em outras palavras, faz exatamente o que *ABM* 9 nos diz

---

ser *GM* II: 12. Mas achamos que o trecho só ganhou um sentido convincente com base nos trechos sobre a vontade de poder das primeiras duas partes de *ABM*.

2. Por exemplo, Kaufmann (1968), Clark (1990; 2000), Richardson (1996; 2004), Anderson (2005 [1994]), Reginster (2006).

que os estoicos fizeram: está lendo seus próprios valores na natureza. Ao contrário dos estoicos, porém, Nietzsche reconhece fazer isso; faz isso em grande parte no intuito de ilustrar a tese relativa a como é fácil construir essas doutrinas filosóficas tradicionais (*ABM* P; ver Clark, 1990, cap. 7). Suas razões para considerar que a vontade de poder é o correto não podem ser os argumentos que apresenta nas seções sobre a vontade de poder nos trechos iniciais de *ABM*. Tanto Clark quanto Reginster encontram outros tipos de argumento que ele usa para dar suporte à valorização da vontade de poder. O que é novo na interpretação apresentada aqui é que nossa leitura esotérica de *ABM* nos permite encontrar nas seções sobre a vontade de poder uma doutrina que se impõe como doutrina filosófica no sentido tradicional, mas uma doutrina que não transgride nenhuma das restrições do próprio Nietzsche ao exercício da filosofia. É uma doutrina do que constitui a alma humana, do que nos faz pessoas ou egos, portanto do que diferencia os humanos de outros animais. Em outras palavras, embora neguemos que o texto esotérico contenha uma biologia do poder ou uma física do poder, muito menos uma ontologia do poder, afirmamos que contém uma psicologia do poder. Clark (2000) já afirmou isso, mas não no sentido com que trabalhamos aqui. Nossa tese essencial é que a psicologia que Nietzsche concebe como estudo das formas e desenvolvimento da vontade de poder (*ABM* 23) não é uma ciência natural, mas antinatural, como mencionado no Capítulo 5. O objeto da investigação psicológica, a alma humana, não é uma entidade naturalista, mas também não é uma entidade metafísica. É uma entidade normativa, que existe apenas no espaço das razões e por meio dele. Se nossa interpretação está correta, a vontade de poder é a pedra angular da filosofia que surge quando a flecha é liberada do arco que é a "magnífica tensão do espírito" de Nietzsche, uma doutrina que satisfaz tanto a vontade de verdade quanto a vontade de valor.

No Capítulo 6, sustentamos que uma concepção não naturalista da alma é apresentada no centro de *ABM* Um, em *ABM* 12. No Capítulo 7, argumentamos que a mesma concepção se encontra por trás da difícil análise da vontade em *ABM* 19. Em ambos os capítulos, argumentamos contra a interpretação de Brian Leiter dos trechos relevantes; Leiter foi quem apresentou a mais importante interpretação naturalista desses trechos. Finalmente, no capítulo 8, analisamos em detalhe os trechos das primeiras duas partes de *ABM*, nos quais Nietzsche parece reivindicar uma biologia do poder, uma física do poder ou uma ontologia do poder. Queremos mostrar, primeiro, que os argumentos para tais conclusões pertencem apenas ao texto exotérico e, em segundo lugar, que o texto esotérico dessas passagens — isto é, as proposições com as quais elas realmente comprometem Nietzsche — pretende responder a questões levantadas por sua psicologia do poder, incluindo o modo como a alma se relaciona com o mundo natural. Esses três capítulos formam um pacote, cada um fortalecendo a plausibilidade tanto do esoterismo que encontramos na apresentação feita por Nietzsche de sua doutrina da vontade de poder quanto de nossa interpretação da doutrina como princípio da psicologia antinatural de Nietzsche.

6

A Alma de Nietzsche

Começamos este capítulo com uma objeção à interpretação que fizemos até aqui. Argumentamos que *ABM* Um está organizado para esclarecer a "magnífica tensão do espírito" introduzida no prefácio, da qual admitimos ser a vontade de verdade e a vontade de valor. Mas será que não omitimos uma óbvia alternativa, a saber, que essa segunda vontade é realmente a vontade de poder? Essa alternativa não é de fato mais plausível ante nossa afirmação de que *ABM* Um tem por objetivo fornecer a informação de que precisamos para compreender a magnífica tensão do espírito, em vista do lugar proeminente da vontade de poder na Parte Um e do fato de nunca ser ali mencionada uma vontade de valor?

Na seção 6.1, sustentamos que não precisamos escolher entre a vontade de valor e a vontade de poder. Segundo nosso estudo, *ABM* 6 e 9 proporcionam uma análise em dois níveis do que acontece quando alguém faz filosofia, quando a vontade de valor está operando no nível do ego ou da pessoa, enquanto há uma vontade de poder no nível dos impulsos. Mas como o ego está relacionado com seus impulsos? Há uma boa razão para pensar que Nietzsche considera pessoas ou egos como corpos. Zaratustra nos diz que, enquanto a criança acha que é corpo e alma, "o que está desperto e atento diz: 'Sou inteiramente corpo e nada mais; a alma é apenas uma palavra para dizer alguma coisa sobre o corpo'" (*Z* I: "Dos que Desprezam o Corpo"). A ideia, presumivelmente, é que egos ou pessoas são organismos corporais, mas que há alguma coisa nesses organismos que os transforma em pessoas. Em 6.2, analisamos *ABM* 6 a fim de mostrar que Nietzsche considera que essa "alguma coisa" seja o fato de os impulsos do organismo estarem organizados numa "ordem hierárquica". Ao contrário do que presumem outras interpretações, no entanto, essa ordem não é uma ordem naturalista ou causal, uma ordem de vigor, mas uma ordem normativa. Como essa ordem normativa dos impulsos constitui nossos valores, o que faz uma pessoa é precisamente a aptidão para os valores. Em 6.3 e 6.4, analisamos a discussão sobre a alma de *ABM* 12, sendo a alma aquilo graças a que um organismo é uma pessoa ou um ego (como sugere a precedente citação de *Zaratustra*). Portanto, se nossa interpretação está correta, Nietzsche deveria considerar nossa alma equivalente à ordem normativa de nossos impulsos. Essa é exatamente a hipótese relativa à alma que Nietzsche apresenta em *ABM* 12, e sustentamos que essa hipótese é também sua doutrina da vontade de poder. É uma doutrina no sentido filosófico tradicional, destinada a responder a certas questões filosóficas tradicionais. Naturalmente, as coisas não se parecem com nada disso na superfície das seções analisadas neste capítulo. Como estão escritas para encorajar uma leitura muito mais naturalista de suas afirmações, temos de fornecer uma considerável argumentação no intuito de defender a ideia de que essa leitura perde muito do que está se passando nesses trechos, muito daquilo que nossa interpretação normativa explica.

6.1 *ABM* 6 E 9: VONTADE DE PODER E VONTADE DE VALOR

Comecemos examinando *ABM* 9, que parece fornecer evidência direta de que a vontade de poder desempenha o papel que atribuímos à vontade de valor. Pois aqui Nietzsche afirma de modo explícito que a filosofia é "a mais espiritual vontade de poder".[1] Embora isso pareça resolver o assunto, deixando claro que Nietzsche pensa que a filosofia é caracterizada não por uma vontade de valor, mas por uma vontade de poder, uma olhada mais detida em *ABM* 9 mostra que não é esse o caso. Começamos por perguntar como esse trecho suporta sua ostensiva conclusão de que a filosofia é vontade de poder. A resposta é que ele apresenta o estoicismo como exemplo de uma filosofia na qual a vontade de poder opera e depois acrescenta que "o que acontecia com os estoicos ainda acontece hoje, assim que uma filosofia começa a acreditar em si mesma". Embora Nietzsche não apresente aqui qualquer suporte à última afirmação, o trecho nos daria alguma razão para levá-la seriamente em conta se nos desse um exemplo convincente de uma filosofia em que a vontade de poder opere. Mas não o faz. O problema é que "vontade de poder" não parece um termo adequado para a vontade que Nietzsche afirma encontrar por

---

1. Esse é o primeiro uso da expressão "vontade de poder", pela voz do próprio Nietzsche, nas obras que ele publicou. Lampert (2001, p. 36) parece estar certo de que não é por acaso que Nietzsche usa primeiro a expressão ligada à filosofia.

trás do estoicismo. Sua afirmação básica é que o estoico é alguém que tapeia a si próprio, que finge encontrar uma base para sua lei ética no modo como a natureza opera, quando realmente só chega à sua teoria de que a natureza opera segundo leis racionais lendo seu ideal ético *na* natureza, exigindo "que ela seja natureza conforme a *Stod*". O que se encontra por trás desse engano, Nietzsche deixa claro, é que o estoico "gostaria que toda a existência existisse apenas conforme [sua] própria imagem, como imensa e eterna glorificação e generalização do estoicismo" (*ABM* 9). Isso não soa como a "vontade de poder", a qual tem conotações de procurar governar ou controlar, quando não, dominar ou submeter, conotações que Nietzsche não teme enfrentar em outras passagens de *ABM* (por exemplo, *ABM* 259). Soa, no entanto, exatamente como o que chamamos "vontade de valor" — soa como um diagnóstico franco do estoicismo em relação à operação dessa vontade. Longe de fornecer evidência de que o filosofar do estoico mostra uma vontade de poder, *ABM* 9 sugere fortemente que mostra uma vontade de valor.

Se prestarmos atenção em seu *argumento*, então, *ABM* 9 é desconcertante. Sob o pretexto de que todos os filósofos operam como os estoicos, conclui que a filosofia é a expressão mais espiritual da vontade de poder. Mas sua descrição de como os estoicos operam sugere que o comportamento deles exibe antes uma vontade de valor que uma vontade de poder. Nosso exame de *ABM* 9, portanto, respalda nossa explicação original do papel da vontade de valor na filosofia, mas também nos deixa sem saber por que Nietzsche, a partir de sua descrição dos estoicos, conclui que a filosofia é vontade de poder. Argumentamos, em seguida, que a resposta pode ser encontrada se levarmos em conta *ABM* 6, outro trecho no qual Nietzsche parece preocupado com a vontade de poder, embora consideremos que está se referindo à vontade de valor.

ABM 6 nega que o "impulso para o conhecimento" seja "o pai da filosofia" e explica que "outro impulso, aqui como em outros lugares, tem empregado o conhecimento (e o desconhecimento [*Verkenntnis*]!) como um mero instrumento". "O impulso para o conhecimento" deveria ser encarado como equivalente ao "impulso para o conhecimento da verdade", portanto ao "impulso da verdade" (como Nietzsche parece fazer claramente em *GC* 110). Portanto, a posição de Nietzsche é que, na atividade da filosofia, o impulso de verdade funciona como instrumento para (a expressão de) outro impulso. Ele continua:

> Mas qualquer um que examine os impulsos básicos da humanidade para ver até onde, precisamente neste ponto, eles podem ter entrado no jogo como espíritos (demônios

ou duendes) *inspiradores* descobrirá que todos, num momento ou noutro, fizeram filosofia — e que cada um deles ficaria sem dúvida muito contente em *se* apresentar como o objetivo final da existência e como *senhor* legítimo de todos os outros impulsos. Pois cada impulso tem o desejo de governar: e é como *tal* que tenta filosofar. (*ABM* 6)

Nietzsche, portanto, afirma que: a) todos os impulsos básicos dos seres humanos "fizeram", em algum momento, filosofia e b) é na medida em que deseja governar que um impulso procura filosofar. Cada uma dessas afirmações parece entrar em choque com nossa tese de que a filosofia expressa a vontade de valor. Segundo (a), muitos impulsos diferentes têm feito filosofia: como pode ser, então, que a filosofia expresse unicamente uma vontade de valor? Além disso, segundo (b), se esses diferentes impulsos estão, de alguma forma, unificados em torno de fazer filosofia, isso acontece na medida em que estão todos "desejosos de governar". O que sugere que, se há uma vontade única por trás do filosofar, trata-se da vontade de poder e não da vontade de valor.[2]

Nossas respostas a essas preocupações vão emergir a partir de um olhar mais atento ao que *ABM* 6 nos diz sobre filosofia, a vontade de poder e a relação entre as duas. Começa nos dizendo que "as intenções morais (ou imorais) de toda filosofia têm constituído a cada momento a semente real de vida da qual a planta inteira tem se desenvolvido" e, portanto, "para explicar como as afirmações metafísicas mais tortuosas de um filósofo realmente surgiram, é sempre bom (e prudente) começar perguntando: a que moralidade estão elas (está *ele*) aspirando?". Assim, o que se afirma é que uma filosofia surge dos valores do filósofo.[3] Mas, no trecho que citamos no parágrafo anterior, a afirmação é que todos os "impulsos humanos básicos" realmente "fizeram filosofia num momento ou noutro". A ideia é que os impulsos "fazem" filosofia no sentido de serem os "espíritos inspiradores" por trás dela. Mas não poderiam desempenhar muito bem esse papel se não mantivessem alguma importante relação com os valores dos quais Nietzsche afirma que uma filosofia brota. Então qual é exatamente a relação entre impulsos e valores?

---

2. Poderíamos destacar o fato de Nietzsche não empregar a expressão "vontade de poder" em *ABM* 6. Sua descrição dos impulsos como "procurando governar" e "filosofando como tal", isto é, no espírito de alguém que procura governar, sugere fortemente, no entanto, que a vontade de poder está em ação aqui.

3. Que as intenções ou os valores que se encontram por trás de uma filosofia pudessem ser "imorais" significa que não eram valores "morais" no sentido mais estreito (*ABM* 32). Contudo, ainda seriam valores morais no sentido mais amplo.

Retornamos a essa questão em 6.2. Antes de podermos respondê-la, devemos tentar deixar mais claro como os impulsos "fazem" filosofia ou inspiram determinada filosofia. A afirmação de *ABM* 6 é que

[...] simplesmente cada um [dos impulsos humanos básicos] ficaria sem dúvida muito contente em *se* apresentar como o objetivo final da existência e *senhor* legítimo de todos os outros impulsos. Pois cada *impulso* tem o desejo de governar [*ist herrschsüchtig*]: e é como *tal* que tenta filosofar.

Quando "fazem" filosofia, os impulsos se apresentam como "senhores legítimos" dos outros impulsos e o fazem porque desejam dominar os outros impulsos. Embora isso seja intrigante, um ponto parece evidente. Mesmo que não use a expressão "vontade de poder", parece razoavelmente claro que Nietzsche atribui aqui uma vontade de poder a impulsos (cf. Richardson, 1996). É exercendo *seu* desejo de governar, *sua* vontade de poder, que um impulso faz filosofia.

Mas o que pode significar dizer que os impulsos inspiram uma filosofia na medida em que procuram se apresentar como "os senhores legítimos de todos os outros impulsos"? *A quem* os impulsos se apresentam? E *como* se apresentam? A resposta óbvia, parece, seria que, na medida em que inspira uma filosofia, um impulso se apresenta de alguma forma como o senhor legítimo dos outros impulsos *a pessoas* interessadas na filosofia. Isso significaria que a filosofia teria de argumentar a favor do valor do impulso ou pelo menos apresentá-lo sob uma luz favorável. Essa, contudo, não parece ser a visão de Nietzsche.

A fim de entender isso, consideremos o único exemplo dado por Nietzsche nos trechos vizinhos da tese de *ABM* 6 de que os impulsos fazem filosofia: a sugestão de *ABM* 7 de que a filosofia de Epicuro pode ter sido inspirada pela "raiva e ambição [*Ehrgeiz*] contra Platão". Epicuro, Nietzsche nos conta, estava irritado "com o estilo imponente, a *mise en scène* em que Platão e seus discípulos eram tão bons — e em que Epicuro não era bom". Não é difícil entender por que as doutrinas da filosofia de Epicuro — materialismo (atomismo), empirismo, hedonismo — interessariam a alguém irritado com o estilo imponente de Platão. Na medida em que tal pessoa fizesse filosofia, teria lógica que fosse atraída para pontos de vista diametralmente opostos aos de Platão e seria difícil avançar numa direção mais antiplatônica do que Epicuro. Mais importante ainda, na medida em que sua irritação a dominasse até o ponto de transformar-se em raiva e ambição, tal pessoa seria atraída para uma concepção da vida como uma questão muito mais simples e mais prosaica do que Platão julgava ser.

O problema, contudo, é que a filosofia de Epicuro *se opõe* francamente à inveja, à raiva e a coisas semelhantes. É claro, então, que essa filosofia não apresentava raiva ou ambição como "mestras legítimas dos outros impulsos" no sentido de defender sua superioridade ou ser escrita de modo a apresentá-las sob uma luz favorável. É, portanto, difícil ver como Nietzsche poderia ter encontrado na filosofia de Epicuro amostras de raiva e ambição como mestras legítimas dos outros impulsos — a não ser que a ideia fosse que ela apresentasse esses impulsos não a pessoas que estudassem a filosofia, mas *aos outros impulsos.*

Como se supõe que isso funcione? Bem, a opinião de Nietzsche parece ser que todos os impulsos têm seu próprio ponto de vista sobre o mundo, no sentido de que um impulso, quando ativo, concentra o holofote das capacidades cognitivas da pessoa naqueles aspectos da realidade que aumentarão as chances de ele, impulso, atingir seu fim. Ao dizer que cada impulso gostaria de ser um senhor, Nietzsche parece afirmar que, além de seu próprio fim, cada impulso também aspira ao poder sobre os demais impulsos. Se dois impulsos entram em conflito, podemos imaginar cada impulso tentando manter o organismo concentrado nos aspectos da realidade que respaldam seus objetivos, pelo menos enquanto ele está ativo. Desse modo, ele aspira ao poder sobre os demais impulsos, poder para impedi-los de conseguir o que querem, que é monopolizar as capacidades cognitivas da pessoa a serviço de seus próprios fins.[4]

Sem dúvida isso é também o que acontece no caso da filosofia, com a diferença de que o impulso ganha controle não simplesmente da capacidade cognitiva, mas também do impulso para o conhecimento. Ele é então capaz de usar para seus próprios objetivos não apenas as várias capacidades cognitivas da pessoa — por exemplo, a percepção e a capacidade de raciocinar e calcular —, mas as disposições intelectuais que estão unificadas na busca do conhecimento.[5] Ao di-

---

4. Essa é uma visão muito simplificada do que significa para os impulsos aspirar ao poder. Ver nossa exposição na seção 7.5 do capítulo seguinte sobre como os impulsos desenvolvem uma vontade de poder.

5. A fim de compreender esse ponto, *GC* 113 é útil: "Tanta coisa tem de se reunir para que surja um pensamento científico e todas as energias necessárias para isso tiveram de ser inventadas, praticadas, cultivadas uma por uma! Contudo, no isolamento, tiveram com muita frequência um efeito totalmente diferente daquele que têm hoje quando, no reino do pensamento científico, limitam-se mutuamente e uma mantém a outra sob controle: elas têm agido como venenos — por exemplo, o impulso da dúvida, o impulso da negação, o impulso conciliador, o impulso coleciona-

rigir essas disposições intelectuais, o impulso que faz filosofia não só concentra a pessoa naqueles aspectos da realidade que servem aos seus interesses, mas também desenvolve e defende de modo sistemático *uma explicação* da realidade de seu ponto de vista. Desse modo o impulso impede que outros impulsos tenham seus pontos de vista sobre a admitida importância da realidade. Almejando ter sua visão de realidade aceita como legítima, um impulso que faz filosofia visa assim alcançar a "supremacia" sobre os demais impulsos. É nesse sentido que a filosofia é "tirânica" e expressa uma vontade de poder (*ABM* 9).

No caso de Epicuro, a sugestão de Nietzsche é que "raiva e ambição contra Platão" dirigem seu impulso para o conhecimento, levando à elaboração e à defesa de uma visão de mundo que permite que esses sentimentos sejam satisfeitos. Definir o empirismo, o materialismo e o hedonismo como a verdade (ou acreditar que o fez) satisfaz a ambição contra Platão porque define que Platão está terrivelmente equivocado em cada área importante da filosofia. Algo mais, no entanto, é sugerido aqui. Os impulsos relevantes de Epicuro aspiram não apenas à gratificação, mas ao poder. Ao definir seu ponto de vista sobre a realidade como o único legítimo, tiranizam os outros impulsos, recusando-se a permitir que chamem atenção para aspectos da realidade que satisfariam seus interesses e talvez estivessem mais alinhados com os pontos de vista de Platão. Faz sentido que esse estabelecimento de poder *sobre os outros impulsos* seja o que Nietzsche vê satisfazendo a raiva de Epicuro contra Platão. Ele atribui essa raiva à percepção por parte de Epicuro da conduta superior de Platão e de sua própria condição mais humilde (*ABM* 7). O ponto mais importante é que Epicuro nos apresenta um caso em que os impulsos e os sentimentos inspiram uma filosofia e o fazem em busca de poder ou domínio.

Observemos que Nietzsche considera que os impulsos que fazem a filosofia exibir uma vontade de poder são a chave para compreender a conclusão de *ABM* 9 e, de modo mais geral, a relação entre a vontade de poder e a vontade de valor. Aqui está o ponto crucial: o fato de a filosofia ser uma expressão da vontade de poder não implica que a *atividade do filósofo ou da filósofa* — a atividade da pessoa — seja caracterizada por essa vontade. A vontade de poder caracteriza as atividades dos *impulsos* da filósofa quando ela faz filosofia. Porém, a vontade da *filósofa em si* não é a vontade de poder, mas a vontade de valor.

---

dor, o impulso dissolutor. Muitas hecatombes de seres humanos foram necessárias antes que esses impulsos aprendessem a compreender sua coexistência e a se sentirem como funções de uma única força organizadora num só ser humano!".

Acreditamos, então, que as afirmações de Nietzsche sobre a filosofia em *ABM* 6 e 9 operam em dois níveis diferentes: o que poderíamos chamar "o micronível", aquele dos impulsos, e "o macronível", aquele da pessoa. *ABM* 6 tem relação principalmente *com os impulsos* que operam numa filosofia e são expressos por ela, mas *ABM* 9 se refere a "oh, nobres estoicos" e está interessado principalmente *na pessoa*. O que o último trecho afirma que o estoico almeja, como vimos, não é o poder ou o domínio, mas ver o mundo como algo "diante do qual [ele] pode se ajoelhar" (*Z* I: "Da Vitória sobre Si Mesmo"), algo que encarna seus valores. Isso está de acordo com a afirmação de abertura de *ABM* 6, que uma filosofia se desenvolve a partir da moralidade do filósofo, e com nossa afirmação de que a filosofia expressa a vontade de valor.

Podemos, assim, entender a conclusão de *ABM* 9 de que a filosofia é "a mais espiritual vontade de poder", mas só quando nos concentramos no caso das estoicas afirmações de *ABM* 6 relativas aos impulsos do filósofo. A ideia é que, embora os estoicos *em si* deem expressão a seus valores quando filosofam, os impulsos que realmente "fazem" filosofia operam de acordo com *suas* próprias vontades de poder. Nossa solução ao problema levantado por (b) mais no início desta seção é, portanto, que *ABM* apresenta duas descrições diferentes, mas compatíveis, do "que acontece" quando se filosofa. O que aparece no nível micro como impulsos operando de acordo com a vontade de poder aparece no nível macro como uma pessoa operando de acordo com a vontade de valor. São só os impulsos que têm em vista o poder; a pessoa, a filósofa em si, tem em vista representar o mundo por seus valores. Nossa solução ao problema levantado por (a), como veremos com mais detalhes na seção seguinte, é que a operação de diferentes impulsos no nível micro aparece no nível macro como a operação da vontade de valor.

6.2 *ABM* 6: DUAS INTERPRETAÇÕES

Nesta seção, completamos e damos maior respaldo à interpretação de dois níveis apresentada em 6.1, levantando a questão de como a pessoa está relacionada a seus impulsos, assim como à nossa questão anterior com respeito à relação entre impulsos e valores. Referindo-se ao filósofo na última linha de *ABM* 6, Nietzsche identifica "*quem é ele*" com a "ordem hierárquica em que os impulsos mais íntimos de sua natureza se encontram em relação uns aos outros". Portanto ele parece encarar a pessoa ou o ego como constituídos pela organização de seus impulsos. Impulsos são disposições para a ação, escolhidos por seus objetivos — um impulso para comer, uma disposição de se envolver nas atividades necessárias para adquirir e ingerir comida; um impulso para o conhecimento, uma disposição de se envolver nas práticas necessárias para adquirir conhecimento. A "ordem hierárquica" dos impulsos da pessoa parece ser sua ordem de força causal, a ordem que determina qual impulso determina o comportamento no caso de conflitos. Que essa ordem hierárquica constitui quem a pessoa é parece se ajustar perfeitamente à insistência de Nietzsche de que não existe "ser por trás do fazer" (*GM* I: 13) — isto é, nenhum ego substancial que esteja por trás das ações da pessoa. Isso também se ajusta às interpretações de Nietzsche como um precursor do naturalismo contemporâneo. De fato, Brian Leiter, que apresentou a interpretação mais vigorosa de Nietzsche nesses termos, trata *ABM* 6 como talvez o mais importante elemento de suporte textual para essa interpretação.

Como filósofo naturalista, afirma Leiter (2002a, p. 8), Nietzsche tenta "explicar vários importantes fenômenos humanos [...] de um modo que tanto recorre a resultados científicos atuais, particularmente em fisiologia, quanto é *modelado* pela ciência no sentido de que procura revelar os determinantes causais desses fenômenos, envolvendo tipicamente diferentes fatos fisiológicos e psicológicos acerca de pessoas". Ele chama de "fatos-tipo" os fatos naturais que compõem essa constituição estabelecida e afirma que o conceito de tais fatos aparece em todos os escritos maduros de Nietzsche, embora o termo não. Leiter afirma encontrar nesses escritos a seguinte "forma nietzschiana típica de argumentação": "As crenças teóricas de uma pessoa são mais bem explicadas em termos de suas crenças morais e suas crenças morais são mais bem explicadas em termos de fatos naturais sobre o tipo de pessoa que ela é". A principal evidência que Leiter possui para essa afirmação está em *ABM* 6, uma vez que ele traduziu a conversa sobre impulsos da seção para a linguagem de "fatos-tipo" (Leiter, 2002a, p. 9). Leiter considera os impulsos como pulsões, que ele compreende como fatos fisiológicos e psicológicos sobre o tipo de pessoa que se é. Essa tradução de impulsos em "fatos-tipo" é útil para destacar o aspecto causal do conceito de um impulso, que talvez não seja tão proeminente quanto seu aspecto teleológico. Embora os impulsos sejam qualificados com base num tipo de comportamento voltado a um objetivo — por exemplo, o impulso sexual com base no comportamento que estaria voltado para se ter sexo —, dizer que um ser possui determinado impulso não é meramente dizer que está disposto a revelar comportamento voltado a esse objetivo, mas que é incitado ou "impelido" a se empenhar em tal comportamento.[6] Os "fatos-

---

6. Para o que mais está envolvido na qualificação de um impulso, ver Richardson, 2004.

-tipo" de Leiter referem-se a fatos físicos e/ou psicológicos responsáveis de modo causal pelo comportamento que revela impulsos. Como fatos-tipo nos definem como o tipo particular de pessoa que somos, afirma Leiter, "[eles] têm de figurar, juntamente com [...] fatos sobre circunstâncias, em qualquer explicação do que fazemos e no que acreditamos" (Leiter, 2002a, p. 8).

Traduzindo a fala de Leiter sobre fatos-tipo na fala de Nietzsche sobre a "ordem hierárquica" dos impulsos, podemos dizer que Leiter lê *ABM* 6 comprometendo Nietzsche com as três afirmações seguintes: 1) que a ordem causal dos impulsos define cada pessoa como o tipo particular de pessoa que ele ou ela é; 2) que a ordem causal dos impulsos explica por que essa pessoa sustenta o conjunto de valores morais que sustenta; e 3) que os valores morais que uma pessoa sustenta explicam por que ela sustenta as visões teóricas que sustenta, inclusive as filosóficas.[7] O tipo de explicação envolvida na segunda das duas afirmações é nitidamente uma explicação causal. Então, tomadas em conjunto essas três afirmações constituem uma interpretação naturalista ou causal de *ABM* 6. Rejeitaremos todas essas três afirmações e defenderemos, em vez disso, teses que dão forma a uma leitura normativa do trecho.

A evidência de Leiter para (1) parece particularmente forte e simples. A sentença final de *ABM* 6, como observamos, nos diz que "a moralidade [de um filósofo] dá um testemunho decisivo sobre *quem ele é*, isto é, sobre a ordem hierárquica que os impulsos mais íntimos de sua natureza mantêm em relação uns aos outros". Isso faz parecer óbvio que, pelo menos no caso do filósofo, Nietzsche considera *quem* é a pessoa como idêntico à ou constituído pela ordem hierárquica de seus impulsos. Contudo, não fica tão óbvio como deveríamos compreender essa ordem hierárquica. Na interpretação naturalista, é uma ordem causal, uma ordem que determina a eficácia causal de impulsos particulares para produzir o comportamento real (e as crenças) da pessoa. Mas há uma alternativa, isto é, interpretá-la como ordem normativa. Como é amplamente conhecido (e como

---

7. Essa interpretação de *ABM* 6 é central para a explicação dada por Leiter ao naturalismo de Nietzsche. Aqui está o que Bernard Reginster diz sobre o segundo:

> Em linhas muito gerais, [para Leiter] o naturalismo de Nietzsche sugere que todas as crenças humanas, valores e ações, incluindo os valores morais, podem ser explicados se apelarmos para determinantes causais em traços da natureza humana. No centro desta explicação naturalista da moralidade, há o que Leiter chama a "*doutrina dos tipos*", segundo a qual "cada pessoa tem uma determinada constituição psicofísica, que a define como um *tipo* particular de pessoa" (Leiter, 2002, p. 8). Esses fatos-tipo, em combinação com fatores ambientais, tal como uma cultura moral predominante, determinam a trajetória real da vida de uma pessoa. (Reginster, 2003)

discutimos mais à frente neste Capítulo e no Capítulo 7), Nietzsche encara a alma como a "ordem política dos impulsos e sentimentos". O termo relevante aqui, *Gesellschaftsbau*, é geralmente traduzido como "ordem social", mas, como veremos, *ABM* 19 deixa claro que o tipo de ordem social que Nietzsche tem em mente é uma ordem política, uma comunidade-nação. Não importa como seja traduzido, o termo tende a ser resumido em noções puramente causais, relacionado a temas como "organização, cooperação e padrões de dominação" (Thiele, 1990, p. 52). O que não tem sido observado nem recebido suficiente atenção é que uma ordem política não é apenas uma ordem causal, mas também uma ordem normativa. O governante ou a classe dirigente numa ordem política é capaz de governar não apenas porque é mais forte. É mais forte, em parte, porque se reconhece que tem autoridade para governar, para falar em nome de toda a sociedade. Da mesma maneira, sugerimos, a ordem hierárquica dos impulsos poderia ser uma ordem política nesse sentido, de modo que um impulso tem uma posição mais elevada que outro não em virtude de sua eficácia causal, sua capacidade para sair vitorioso em caso de conflitos, mas em virtude de lhe reconhecerem um *direito* de sair vitorioso em tais casos. Então, seria antes uma ordem de autoridade ou legitimidade que meramente uma ordem de energia causal, embora nos apressemos a acrescentar que a ordem normativa envolvida aqui não precisa ser de um tipo elevado. Retornamos à questão do caráter dessa ordem normativa no Capítulo 7.

Como evidência para interpretar a "ordem hierárquica dos impulsos" em *ABM* 6 política ou normativamente, consideremos sua afirmação de que todos "os impulsos básicos dos seres humanos"

> [...] num momento ou noutro fizeram filosofia — e cada um deles ficaria sem dúvida muito contente em se apresentar como o objetivo final da existência e senhor legítimo dos outros impulsos. Pois cada impulso tem o desejo de governar e é como *tal* que procura filosofar. (*ABM* 6)

O que os impulsos evidentemente querem da filosofia é se tornarem "senhor(es) legítimo(s) dos outros impulsos". Isso sugere que, na medida em que os impulsos fazem filosofia, eles têm em vista *melhorar* sua classificação normativa ou política entre os impulsos, o que, de modo claro, subentende que esses impulsos já tenham tal hierarquia. Embora isso não prove por si só que Nietzsche avalie quem é o filósofo pela ordem normativa de seus impulsos, ele define essa avaliação como uma possibilidade. Nietzsche pôs no trecho informação adequada para provocar o reconhecimento de que poderia estar falando antes sobre uma ordem normativa que sobre uma ordem causal dos impulsos, e a razão óbvia que teria para fazê-lo era *estar* falando sobre tal ordem normativa.

A evidência para uma interpretação normativa da ordem hierárquica se torna mais forte ao considerarmos as duas outras afirmações da interpretação naturalista de Leiter. A principal evidência de Leiter para (2), que a ordem causal dos impulsos faz uma pessoa sustentar determinada moralidade, é também a sentença final de *ABM* 6, segundo a qual "a moralidade [de um filósofo] dá um testemunho decidido e decisivo sobre *quem ele é*, isto é, em que ordem hierárquica os impulsos mais íntimos de sua natureza se mantêm em relação uns aos outros". Leiter considera que isso significa que a ordem causal dos impulsos de uma pessoa (em conjunção com as circunstâncias, é claro) explica todos os outros fatos sobre ela, incluindo os valores que sustenta, precisamente porque é responsável de modo causal por eles. Na verdade, argumentamos, no Capítulo 5, que Nietzsche rejeita esse tipo de abordagem naturalista à compreensão dos seres humanos e de suas ações. A questão nesta seção é saber se há uma interpretação do exposto em *ABM* 6 sobre a relação entre impulsos e valores morais que combine com nosso Capítulo 5. Pensamos que há, ou seja, pensamos que nossa moralidade é simplesmente a ordem política ou normativa de nossos impulsos, no sentido em que é constituída por ela. Nesse sentido, uma moralidade dá testemunho de quem somos porque é nossa moralidade (e não os fatos naturais a nosso respeito) que nos torna "quem" somos, o tipo de *pessoa* que somos. Essa interpretação da relação entre nossa moralidade e nossos impulsos só pode ser aceita, é claro, se também aceitarmos nossa tese em resposta à de Leiter (1). Afirmamos que Nietzsche identifica quem se é com a ordem normativa dos impulsos. E parece que temos boa razão para fazê-lo, totalmente à parte de nosso Capítulo 5, ao pensarmos na linguagem que Nietzsche emprega no trecho.

ABM 6 abre com a afirmação de que uma (grande) filosofia é "a confissão pessoal de seu autor e uma espécie de memória involuntária", e o que ela "confessa" são as "intenções morais (ou imorais)" do filósofo, a moralidade que sua filosofia tem em vista. E a passagem termina, como já discutimos, com a afirmação de que sua moralidade "dá um testemunho decidido sobre *quem ele é*". A interpretação naturalista de Leiter sobre essas afirmações requer que traduzamos a exposição de Nietzsche sobre "confissão" e "dar testemunho" em termos causais: uma filosofia "confessa" uma moralidade no sentido de que é causada por ela, e a moralidade de uma pessoa "dá testemunho" de "quem [a pessoa] é" no sentido de que é causada pela ordem dos impulsos que tornam a pessoa o tipo de pessoa que ela é. Mas esse certamente não é o modo mais natural de interpretar a escolha de linguagem que Nietzsche faz aqui. Para começar, algo que se confessa e do qual damos testemunho fica revelado ou se torna conhecido (pelo menos por alguém que conheça a linguagem e tenha feito o trabalho de bastidores necessário para compreender a confissão), enquanto Leiter nega que os impulsos que nos constituem sejam em geral conhecidos e por certo negaria que uma filosofia pudesse torná-los conhecidos. E tem razão em fazê-lo. Dois trechos importantes em que Nietzsche dá sugestões sobre os impulsos que inspiraram filosofias específicas, a de Epicuro e a dos "psicólogos ingleses" (*ABM* 7; *GM* I: 1), deixam razoavelmente claro que, embora possamos nos arriscar a fazer suposições, por certo não podemos saber de fato quais são esses impulsos. Nietzsche, contudo, ainda insiste que uma filosofia confessa e, portanto, revela ou torna conhecido o tipo de pessoa que o filósofo é, tipo que é constituído pela ordem hierárquica de seus impulsos. A nosso ver, isso faz perfeito sentido. A ideia de Nietzsche é que nossa filosofia expressa e mostra nossa moralidade, a estrutura de nossos compromissos e, portanto, o tipo de pessoa que somos. A moralidade de alguém pertence ao nível da pessoa, mas a estrutura a que essa moralidade corresponde no nível micro é a "ordem de hierarquia" dos impulsos. Que a moralidade de alguém seja constituída pela ordem normativa de seus impulsos não implica que ela torne essa ordem conhecida, assim como uma mesa não torna suas micropropriedades conhecidas por aquele para quem "torna conhecidas" suas propriedades observáveis. A filosofia torna conhecida a estrutura dos compromissos relevantes do filósofo (por exemplo, a força relativa de seu compromisso com a verdade), mas nem por isso torna conhecidos os impulsos que inspiraram a filosofia.

Sugerimos, portanto, que Nietzsche usa a linguagem da confissão e do dar testemunho no intuito de expressar a relação entre uma filosofia, a moralidade do filósofo e os impulsos do filósofo e indicar que aquilo que é revelado ou tornado conhecido pela filosofia e sua moralidade não pertence ao domínio causal, mas ao espaço das normas ou razões. O que uma filosofia e uma moralidade confessam ou aquilo de que dão testemunho (para alguém que faz o necessário trabalho interpretativo) não são impulsos particulares, mas *quem* a pessoa é; a filosofia dá testemunho de seus valores, de seus compromissos (de novo, os relevantes, os que aparecem numa filosofia). A linguagem de *ABM* 6, então, torna duvidosa a interpretação causal de Leiter da relação entre impulsos e valores.

Finalmente, negamos que *ABM* 6 comprometa Nietzsche com o terceiro ponto da interpretação naturalista, segundo o qual as visões teóricas de uma pessoa devem ser explicadas por sua moralidade. Por certo Nietzsche pensa que as visões teóricas das pessoas refletem com frequência, e talvez até habitualmente, seus valores morais e ele inicia *ABM* 6 afirmando que "toda grande filosofia" o faz. O problema da afirmação de Leiter é que *ABM* 6 discute tanto ciência quanto filosofia e é somente com relação a filosofias que o trecho declara que se deveria perguntar: "A que moralidade tudo isso (*ele*) aspira?". Por fim, o trecho deixa claro que filosofia e ciência diferem a esse respeito:

> Que não haja dúvida: entre os sábios, seres humanos realmente científicos, as coisas podem ser diferentes — "melhores", se quisermos. Pode haver realmente aí alguma coisa como um impulso para o conhecimento, alguma pequena peça independente de relojoaria que, quando damos corda, trabalha bravamente, sem que os demais impulsos do sábio desempenhem nela qualquer função essencial. (*ABM* 6)

No caso de alguém "realmente científico", Nietzsche nega então que as crenças teóricas da pessoa devam ser explicadas pela ordem causal de seus impulsos. E, dada a visão de Leiter de que esses impulsos são também responsáveis, de forma causal, pela moralidade que a pessoa sustenta, isso também implica uma negação de que as crenças de tal pessoa devam ser explicadas por sua moralidade ou mesmo a reflitam. O trecho, portanto, insiste no ponto que defendemos no Capítulo 5: que os métodos e as práticas estabelecidos no decorrer da história científica funcionam para impedir os valores morais dos cientistas de interferir em sua busca da verdade — de impedi-los, tanto quanto possível, de considerar como verdade o que meramente satisfaz seus valores. E, do ponto de vista de Nietzsche, isso não é algo de que devamos zombar. É a mesma ideia que ele defende em *GC* 344 com a afirmação de que "convicções não têm direitos de cidadania" na ciência, de que só podem ser admitidas na ciência na medida em que "são reduzidas à humildade de hipóteses, de um ponto de vista experimental e provisório"; só quando deixam, portanto, de ser convicções. Que os verdadeiros interesses de uma cientista "geralmente se encontrem em outro lugar" (*ABM* 6) significa que ela expressa ou percebe seus valores não em (no conteúdo de) seu trabalho, mas em sua vida e em suas atividades (presumivelmente incluindo a prática da ciência ou sua vivência cultural). Assim, ao contrário de Leiter, a afirmação inicial de *ABM* 6 de que uma filosofia reflete a moralidade do filósofo não devia ser interpretada como um exemplo da afirmação de que as visões teóricas de uma pessoa são sempre causadas por — ou mesmo refletem — sua moralidade. É precisamente essa afirmação que Nietzsche rejeita no caso de indivíduos verdadeiramente científicos.

Poderia Leiter reconhecer essa diferença entre visões científica e filosófica e considerar, assim, que a afirmação de abertura de *ABM* 6 seja apenas que as opiniões filosóficas são provocadas pela moralidade da pessoa, embora opiniões rigorosamente científicas não o sejam? Duvidamos disso. Tal concessão ameaçaria sua interpretação do naturalismo de Nietzsche, segundo a qual a filosofia deve seguir os métodos das ciências. Se, como afirmamos, Nietzsche pensa que tais métodos, quando bem-sucedidos, conseguem impedir que os valores éticos do cientista determinem a hipótese científica que ele aceita, é difícil ver como Leiter pode aceitar a reivindicação de que a filosofia, pelo menos em seus melhores momentos, seja sempre um reflexo de tais valores. O que ele queria era a afirmação mais inócua de que os fatos naturais acerca de uma pessoa a fazem aceitar certos valores, que lhe fazem sustentar certas crenças. A ideia seria não negar a possibilidade de alguns filósofos conquistarem a verdade, mas insistir que só filósofos com certa constituição natural são capazes de fazê-lo. Não queremos negar que Nietzsche sustentou essa opinião, embora não estejamos convencidos de que o fez. O que defendemos aqui é apenas que não é essa a opinião apresentada em *ABM* 6.

Qual, então, é o sentido do contraste entre ciência e filosofia que Nietzsche estabelece nesse trecho? Negamos que seja sugerir que as opiniões dos filósofos são causadas por seus valores, enquanto as dos cientistas não são. Se Nietzsche defendesse isso, dado o respeito que tem pela ciência e por seus métodos (como Leiter concorda), esperaríamos que criticasse os filósofos, apontando-os como propagandistas involuntários de seus valores, em contraste com os cientistas, os quais se revelariam buscadores objetivos da verdade. Na realidade, contudo, Nietzsche sai de seu caminho em *ABM* 6 parecendo desrespeitar os cientistas.

> Na verdade é quase indiferente se sua maquininha é instalada nesta ou naquela área da ciência, se o trabalhador jovem e "promissor" transforma-se num bom filólogo, num especialista em fungos ou num químico — ele não é caracterizado por se tornar isto ou aquilo.

Como podemos explicar isso, dado nosso pressuposto de que Nietzsche respeita a ciência? Se ele pensa que a ciência não é algo de que se deva zombar, por que faz aqui zombaria com ela?

De acordo com nossa interpretação geral, vemos Nietzsche procurando indicar que, por mais problemática a ideia de que os filósofos procuram realizar seus valores no conteúdo de sua obra, isso não é uma deficiência da filosofia. Trata-se de rejeitar a ideia de que a filosofia deva ser naturalizada no sentido de se tornar um ramo da ciência natural. Como vimos no Capítulo 5, Nietzsche pensa que uma filosofia que procura satisfazer apenas a vontade de verdade não só fracassa em satisfazer a vontade de valor, mas também fracassa de modo inevitável em conquistar a verdade. Segundo nossa interpretação, *ABM* 6 está alinhado com essa afirmação, mas vai um pouco mais longe e deixa explícito que a vontade de valor que opera na filosofia é especificamente uma vontade de valor moral (no amplo sentido de "moral" usado em *ABM* 32, equivalente a "ético") e que isso é uma coisa sem a qual, pensa Nietzsche, a filosofia não pode passar, embora, presumimos, em termos ideais ela pudesse operar orientada por certo grau de suspeita: a vontade de valor seria temperada pela vontade de verdade. Se Nietzsche afirmasse que uma filosofia é apenas *gerada* pelos valores de uma pessoa, esperaríamos que ele a comparasse *desfavoravelmente* com a ciência. Como ele não faz isso em *ABM* 6, temos razão para negar que trabalhe aqui com uma versão qualificada da ideia que Leiter lhe atribui em (3), que os valores só instigam uma pessoa a sustentar certas opiniões filosóficas.

Em resumo, nós nos opusemos a todas as três afirmações da interpretação naturalista de Leiter de *ABM* 6, de um modo que suporta a interpretação em dois níveis proposta em 6.1. Em oposição a (1), argumentamos que é a ordem política dos impulsos, uma ordem normativa, e não sua ordem causal que define "quem" a pessoa é. Em oposição a (2), consideramos que a ideia de Nietzsche *não* é que a moralidade de uma pessoa seja mais bem explicada pela ordem causal de seus impulsos, mas que é constituída pela ordem normativa desses impulsos. Finalmente, em oposição a (3), não apenas negamos que Nietzsche esteja empenhado em explicar as opiniões teóricas de uma pessoa por sua moralidade, mas argumentamos que o contraste entre filosofia e ciência aparece em pontos cruciais para a rejeição por parte de Nietzsche da afirmação de Leiter de que a filosofia deveria moldar-se pelas ciências naturais. Agora nos voltamos para *ABM* 12, uma seção que talvez pareça solapar essa última afirmação. Argumentamos nas próximas duas seções que ela realmente lhe dá suporte.

6.3 *ABM* 12: INDO "AINDA MAIS LONGE" QUE BOSCOVICH

O tema de *ABM* 12 é a alma. Falar sobre a alma de uma pessoa, presumimos, é falar sobre *"quem ela é"* (*ABM* 6). Nesta seção e na seguinte, tentamos mostrar que *ABM* 12 fornece um suporte significativo à nossa interpretação normativa da afirmação de *ABM* 6 relativa a quem é o filósofo. De novo, porém, a evidência é extremamente indireta, e é trabalhoso descobri-la e procurar resolvê-la. Nietzsche apresenta a hipótese de que a alma é a "ordem política dos impulsos e sentimentos", mas nunca chega a confirmá-la de modo claro e a dizer que ela é, portanto, antes uma ordem normativa que uma ordem apenas causal. Sustentamos que lhe atribuir essa opinião torna, sem dúvida, extremamente lógico o que ele diz em *ABM* 12, que essa interpretação é a mais capaz de explicar os diferentes aspectos de *ABM* 12 de modo esclarecedor e filosoficamente satisfatório. Argumentamos na presente seção que nossa interpretação normativa torna bastante compreensível a aspiração de Nietzsche à psicologia, uma aspiração que "vai ainda mais longe" que Boscovich. Na seção seguinte, argumentamos que ela também proporciona a melhor interpretação da teoria da alma que Nietzsche endossa de modo explícito em *ABM* 12.

Antes de nos voltarmos para esses argumentos, observamos o fato impressionante de que Nietzsche situa sua discussão sobre a alma na seção intermediária de *ABM* Um. Nietzsche indica com frequência sua principal preocupação pelo que discute no meio de um livro ou parte de um livro.[8] Acreditamos que também faz isso aqui, que a alma — mais especificamente, a alma do filósofo — é a principal preocupação de *ABM* Um e muito provável do próprio livro. Embora traga o título "Sobre os Preconceitos dos Filósofos", sugerindo ser uma crítica da filosofia, *ABM* Um nem chega a mencionar o que Nietzsche trata em outro lugar como o preconceito central dos filósofos, "sua falta de sentido histórico" (*CI* "Razão" 1; cf. *HAH* 1). Podemos entender por que isso acontece se lermos *ABM* 6 com cuidado, pois o que Nietzsche chama aqui de "preconceitos" dos filósofos (literalmente "prejulgamentos") são aqueles julgamentos dos quais suas filosofias são "defensoras", isto é, seus valores. Mas os valores de uma filósofa, argumentamos, são constituídos pela ordem normativa de seus impulsos. Se nossa interpretação está correta, isso é precisamente sua alma. Por conseguinte, o título de *ABM* Um é

---

8. O exemplo mais óbvio é o fato de que Nietzsche coloca a discussão da metodologia de *GM* na seção intermediária de seu tratado intermediário. Ver Clark (1994) para detalhes.

(de forma deliberada) desorientador. Nietzsche espera que a maioria dos leitores, e talvez todos os novos leitores, considerem que ele indica ser *ABM* Um sobre o que está errado com os filósofos, enquanto sua verdadeira preocupação — como Nietzsche espera que seus melhores leitores acabem percebendo — é definir a alma filosófica e sua atual condição, que constitui a base da "magnífica tensão do espírito" na qual Nietzsche deposita suas esperanças para o futuro da filosofia. Além disso, como já observamos e ainda discutiremos, a doutrina da vontade de poder, o tema mais proeminente de *ABM* Um, é precisamente a teoria da alma de Nietzsche. Tudo isso esclarece sua decisão de colocar a discussão da alma no centro de *ABM* Um.

A alma é introduzida em *ABM* 12 em meio a uma discussão do atomismo. Nietzsche afirma que o atomismo materialista continua uma teoria refutada, graças principalmente a Boscovich, mas acrescenta:

> Devemos, contudo, ir ainda mais longe e também declarar guerra, uma guerra impiedosa e sem quartel, contra a "necessidade atomista", que ainda leva a um perigoso mundo do além em locais onde ninguém suspeitaria dele [...] [e] antes de mais nada, dá o golpe final a esse outro e mais calamitoso atomismo que o cristianismo tem ensinado melhor e há mais tempo, o atomismo da alma [...] a crença que encara a alma como algo indestrutível, eterno, indivisível, como uma mônada, como um *atomon*: esta crença deveria ser expelida da ciência! (*ABM* 12)

Muita coisa aqui precisa de esclarecimento: a natureza da "necessidade atomista" e do "atomismo da alma", o tipo de guerra travada contra a primeira, por que razão o segundo tem sido "calamitoso" e como e onde leva a uma "perigosa vida após a morte". O que parece claro é que Nietzsche quer modelar sua psicologia pelos feitos de Boscovich na física, e a teoria da alma que ele endossa mais tarde, nesse trecho, está destinada a "ir ainda mais longe" do que Boscovich no sentido de rejeitar a necessidade atomista em si e proporcionar uma alternativa à alma atomista.

Sob certo aspecto, *ABM* 12 respalda a interpretação proposta em 6.1 e 6.2, pois confirma nossa tese de que Nietzsche está interessado em proporcionar uma explicação em dois níveis do eu. Se seu objetivo é modelar a psicologia conforme uma teoria da física, esperaríamos que, assim como os físicos consideram que objetos físicos observáveis são constituídos por objetos não observáveis, como átomos ou forças, Nietzsche consideraria que os objetos observáveis da psicologia, nomeadamente egos ou pessoas, são constituídos por objetos não observáveis. A distinção entre nível macro e nível micro que encontramos comparando *ABM* 6 e 9 está, então, implícita em *ABM* 12 como uma distinção entre o observável e o não observável. Uma pessoa ou um ego é uma entidade observável, do nível macro, enquanto aquilo que constitui a pessoa é, como os centros de força de Boscovich, algo não observável — a alma. A alma não é algum tipo de substância simples, mas de modo presumível, e como *ABM* 12 confirmará, inclui os impulsos que *ABM* 6 já nos disse que constituem o eu.

O ponto mais óbvio sobre a relação entre *ABM* 12 e nossa interpretação em 6.1 e 6.2, contudo, é que a primeira torna a segunda problemática, pois parece respaldar a interpretação puramente naturalista que Leiter faz do eu de Nietzsche. Se queremos reformar a psicologia à luz do que tem sido realizado na física, parece que os impulsos que constituem o eu ou a psique serão reduzidos a objetos puramente naturais, como os "fatos-tipo" de Leiter, e deixarão escapar o elemento normativo o qual afirmamos que Nietzsche encontra aí. Nesta seção e na seguinte, argumentaremos que se trata na realidade do contrário.[9]

Embora às vezes creditem a Boscovich uma "teoria atômica", Nietzsche sem dúvida iria encará-la apenas como um modo "abreviado" e, portanto, meramente conveniente de falar. Por mais que pessoas bastante informadas ainda possam *falar* de objetos físicos como compostos de átomos, ninguém, graças a Boscovich, é "tão ignorante para associar a isto algum significado sério" (*ABM* 12). Ou seja, ninguém acha que esse modo de falar implica em aceitação da teoria atomista de Demócrito, de Epicuro e de muitos dos primeiros autores modernos, segundo a qual objetos físicos observáveis são agregados de pedaços ou partículas de matéria muito pequenos e, portanto, não observáveis. As afirmações cruciais do que Nietzsche chama o "atomismo mais antigo" (*ABM* 17) são que a matéria é, em última instância, composta de partículas extensas, mas indivisíveis, as quais interagem umas com as outras de acordo com princípios mecânicos. A *teoria da filosofia natural* de Boscovich (1763) reduziu esses átomos a centros de campos de força. Segundo Lange (1957 [1865], II: 364),[10] que foi a primeira fonte de Nietzsche sobre Boscovich, Boscovich "encontrou contradições na doutrina do impacto dos

---

9. Anderson (2005 [1994], p. 86) afirma que, para Nietzsche, a "psicologia não é uma ciência natural". Não pretende dizer, contudo, o mesmo que nós, pois, como ele os apresenta, os impulsos que constituem a alma de Nietzsche não são ordenados de modo normativo.

10. Nietzsche conhecia bem a *História do Materialismo*, de Lange, e *ABM* 12 parece frequentemente ecoá-la (de forma mais óbvia na expressão "direitos de cidadania em ciência", que Nietzsche pegou de Lange).

átomos [isto é, na ideia de que átomos interagem segundo princípios mecânicos] que só poderiam ser resolvidas supondo-se que os efeitos geralmente atribuídos à resistência de partículas materiais devem-se a forças repulsivas atuando a partir de um ponto situado no espaço, mas sem extensão". Segundo Boscovich, então, só existem átomos no sentido de pontos sem extensão a partir dos quais emanam forças. A matéria consiste, em última análise, não de pedacinhos de matéria, mas de algo muito diferente, ou seja, de campos de força.

O movimento análogo em psicologia seria evidentemente reduzir a alma ou psique a forças — isto é, a impulsos. Mas se os impulsos são apenas forças naturais ou "fatos-tipo", esse movimento não deixaria de desmistificar toda a ideia da alma e negar que exista uma alma no sentido tradicional. Poderíamos, no máximo, falar sobre a alma como ainda falamos sobre átomos, mas a pessoa culta não iria encarar com seriedade esse modo de falar. Isso, sem dúvida, não é o que Nietzsche quer. No prefácio à apresentação de sua teoria da alma, discutido na seção 6.4, ele faz a confidência "cá entre nós" de que expelir o atomismo da alma da ciência não torna "necessário que nos livremos ao mesmo tempo da 'alma', renunciando assim a uma das mais antigas e veneráveis hipóteses, como geralmente acontece com naturalistas desastrados, que não podem tocar a 'alma' sem perdê-la (*ABM* 12). Isso sugere que, embora queira que a psicologia siga o modelo de Boscovich, Nietzsche não identifica seu projeto com o dos naturalistas em psicologia. O problema é que eles "perdem a alma", presumivelmente no mesmo sentido em que se pode dizer que Boscovich "perdeu" o átomo, enquanto Nietzsche visa conservar a alma.[11]

Para ver como Nietzsche pode evitar a perda da alma enquanto segue o modelo de Boscovich, é importante reconhecer que o papel de Boscovich como herói de *ABM* 12 está centrado em seu triunfo sobre os sentidos, "o maior triunfo sobre os sentidos até agora", um triunfo ainda maior que o de Copérnico.

---

11. Ao examinarmos, com exatidão, o que significa, resumidamente, "perder a alma", podemos adquirir uma noção do que Nietzsche tem em mente refletindo sobre a obra de Ernst Haeckel. Segundo Gregory Moore (2002, p. 41), Haeckel "atribuía almas não somente a células [...] mas a outras entidades que chegavam até o átomo e o ultrapassavam (almas do cristal, almas da molécula, almas do átomo, células do elétron, células do éter). A única distinção entre as 'almas' de coisas vivas e as que se apresentam na natureza inorgânica é que as primeiras são dotadas de 'memória'". Embora Moore considere que o uso feito por Nietzsche da terminologia de Haeckel (e da de outros biólogos alemães do século XIX) indique que ele aceita seu projeto e endossa suas conclusões, em nossa interpretação Haeckel é apenas o tipo de "naturalista desastrado" o qual Nietzsche considera que "perde a alma" (ver também Capítulo 8, nota 25).

Pois enquanto Copérnico nos persuadiu a acreditar, contrariamente a todos os sentidos, que a Terra não está imóvel, Boscovich nos ensinou a renunciar à crença na última coisa da Terra que "mantinha-se firme", a crença na "substância", na "matéria", no átomo resíduo e partícula da Terra: foi o maior triunfo sobre os sentidos alcançado até agora na Terra. (*ABM* 12)

Mas o "átomo partícula" já era inobservável. Como sua rejeição se inclui como um "triunfo sobre os sentidos"?

Lange responde que, mesmo após Boscovich ter mostrado que não havia "fundamentos científicos" para postular sua existência, o átomo foi conservado "devido meramente à sua similaridade com os corpos grandes [em escala macro ou grande], que podemos ver e tocar". Em outras palavras, os físicos queriam que houvesse, no nível micro, algo semelhante ao que é encontrado no nível macro, no nível da aparência sensorial. Lange acrescenta que "nossos materialistas se agarram com firmeza à partícula sensível porque querem ter um substrato sensorial para as forças não sensoriais" (Lange, 1957 [1865], II: 364-365). Naturalmente, em certo sentido o átomo não era uma "partícula sensível" ou um "substrato sensorial", pois de fato não podia ser visto ou tocado. Mas o fundamental é que era o *tipo* de coisa que poderia ser percebida se nossos sentidos fossem suficientemente poderosos. Copérnico apenas negava que aquilo que os sentidos pareciam tornar óbvio para nós fosse verdadeiro. Boscovich foi mais longe ao reduzir átomos a centros de campos de força, não deixando nada no nível micro que fosse, em princípio, sequer sensorial, nenhum *tipo* de coisa que pudesse ser vista ou tocada. Eis por que sua teoria é o "maior triunfo sobre os sentidos até agora" (*ABM* 12).

Essas considerações sugerem que Nietzsche quer que a psicologia "vá ainda mais longe" do que Boscovich no sentido de dar outro passo além de seu triunfo sobre os sentidos. Como vimos, no entanto, Nietzsche também sugere que ir "ainda mais longe" implica declarar guerra contra a necessidade atomista e expelir da ciência o atomismo da alma. Podemos ver como esses dois pontos são compatíveis se presumirmos que a guerra que Nietzsche promove contra a necessidade atomista está destinada a resultar num triunfo sobre os sentidos ainda maior do que o alcançado por Boscovich. Respaldando essa suposição, consideremos o que Nietzsche poderia ter em mente ao falar numa "guerra impiedosa e sem quartel" e na "necessidade atomista" contra a qual deve ser travada.

A singularidade da primeira expressão tem impedido que a maioria dos tradutores a traduzam literalmente, mas podemos entender a escolha de palavras que

Nietzsche faz aqui* se a interpretarmos como uma alusão à navalha de Occam.[12] Nesse caso, a ideia de Nietzsche é que guerreamos com base na necessidade atomista seguindo repetidamente Boscovich ao mostrar aquilo que podemos fazer dispensando certos postulados desnecessários, postulados aceitos, apesar da falta de valor empírico ou explanatório, porque satisfazem a "necessidade atomista". A necessidade atomista, portanto, soa como o que Lange chama o "desejo da mente", que manteve os cientistas ligados ao atomismo muito após Boscovich ter privado a teoria de evidência empírica. Como vimos, Lange encara esse desejo como a necessidade de ter um "substrato sensorial para as forças não sensoriais". Parece haver dois fatores aqui: primeiro, a necessidade de encontrar no não sensorial ou no nível micro algo que possamos compreender com base no modelo das coisas com que estamos familiarizados no nível sensorial, o nível da aparência; segundo, a necessidade de um substrato subjacente que possa agir como o portador de forças ou processos. Há razão para pensar que Nietzsche também conecta esses dois fatores ao atomismo da alma, mas que o primeiro é o fator mais importante.

Alguns intérpretes presumem que o ataque de Nietzsche à alma atomista é dirigido contra o ego de Descartes e variações modernas sobre ele, como as mônadas de Leibniz. Segundo Lanier Anderson (2005 [1994], p. 84), por exemplo, a objeção de Nietzsche ao ego atomista é feita à ideia de que "o ego é uma substância simples plenamente determinada, uma afirmação que estava no centro de modernas teorias metafísicas do eu". É certamente verdade que Nietzsche inclui a coisa pensante de Descartes e as mônadas de Leibniz como exemplos de atomismo da alma. Ele conecta de forma mais explícita Descartes ao atomismo da alma em *ABM* 17, o qual expõe sua versão do argumento de Lichtenberg contra a dedução de Descartes a partir da certeza de seu próprio pensamento da existência de uma entidade que faz o pensamento e sugere que a dedução de Descartes exemplifica um atomismo — claramente um atomismo da alma — mais novo que o atomismo "antigo" ou materialista. Essa dedução é aceita, ele afirma, com base no "hábito gramatical" (depreciado como a "fé das governantas" em *ABM* 34) de presumir para cada processo uma entidade que é sua portadora. Assim,

---

* "A remorseless war of the knife", isto é, "uma guerra sem remorsos da faca" numa tradução literal. (N. do T.)

12. Kaufmann traduz "einen schonungslosen Krief aufs Messer" como "uma guerra de vida ou morte", enquanto Norman a apresenta como "uma guerra implacável sem quartel", presumivelmente porque julgam que a imagem provocada por uma tradução literal não faz sentido. Hollingdale é o único que traduz literalmente o trecho.

no caso da versão de Descartes do atomismo da alma, Nietzsche de fato parece encarar a necessidade atomista como necessidade de um substrato, uma entidade distinta do próprio pensamento que faz o pensamento.

Mas embora Nietzsche indubitavelmente inclua Descartes entre os atomistas da alma, seu ataque ao atomismo da alma parece vir depois da caça mais grossa. Em primeiro lugar, *ABM* 54 sugere que "o velho conceito da alma" que sobrevive em Descartes já esteve sob ataque de "toda a [subsequente] filosofia moderna", ao passo que Nietzsche parece pensar que sua crítica do atomismo da alma em *ABM* 12 vai além de qualquer coisa afirmada pela filosofia moderna. Além disso, Nietzsche afirma que a alma atomista tem de ser expelida da ciência, e parece implausível que o ego de Descartes fosse alguma vez considerado parte da ciência, muito menos que o fosse quando Nietzsche escrevia *ABM*. E, por fim, embora seja verdade que Nietzsche nega a necessidade de uma entidade psíquica que faça o pensamento, ele parece admitir que há um sujeito gramatical que faz o pensamento, ou seja, a pessoa que é idêntica ao corpo (por certo é isso que o trecho de *Z* citado acima indica).

Portanto, sugerimos que a concepção de Nietzsche sobre a "necessidade atomista" não está centrada na necessidade de um substrato, que surge apenas em *ABM* 17. *ABM* 12, como já argumentamos, se concentra no triunfo de Boscovich sobre os sentidos na rejeição do atomismo mais antigo. A ideia de Nietzsche é que, ao superar o atomismo, Boscovich triunfou sobre a tendência de pensar que o que existe no nível micro deva ser como o que existe no nível macro ou nível sensorial. Essa tendência soa como o "sensualismo eternamente popular" que Nietzsche continua a criticar em *ABM* 14 (como vimos no Capítulo 4), a crença de que "só o que pode ser visto e sentido" está "claro" ou "explicado" — isto é, que apenas o sensorial é real. A necessidade atomista pareceria, então, ser a necessidade de uma unidade no nível micro, que é uma versão menor das coisas com que estamos familiarizados no nível macro. Como tal, combina a suposição plebeia de que só o que pode ser visto e sentido é real com a suposição induzida pela gramática (identificada em *CI* como pertencente à "metafísica da gramática") de que os processos devem ser inerentes a uma substância distinta deles.[13]

---

13. Nietzsche não precisa desafiar os requisitos da gramática. Evidentemente, sempre podemos propor um sujeito gramatical para qualquer propriedade ou processo, mas o que Nietzsche rejeita é a invenção de um sujeito real que não tem o respaldo de uma teoria empírica.

Como vimos no capítulo 4, Nietzsche adota o sensualismo como "uma hipótese reguladora", mesmo rejeitando a tese do "eternamente popular sensualismo". Isto é, adota o sensualismo como explicação empírica de como chegamos de fato a ter conhecimento, embora o rejeite como uma ontologia ou tese sobre o que é real. Ao fazê-lo, podemos agora ver, considera seguir Boscovich, mas também realizar algo comparável ao "modo *nobre* de pensar" de Platão com seu "triunfo" sobre os sentidos (*ABM* 14).[14] Esse triunfo é, no entanto, alcançado sem desacreditar os sentidos como fontes de conhecimento e, portanto, de um modo compatível com fazer o "trabalho árduo" (*ABM* 14), obviamente plebeu, que é parte da "tarefa", ou seja, "retraduzir os seres humanos na natureza" (*ABM* 230).

O resultado, afirmamos, é que Nietzsche pode modelar sua psicologia conforme o trabalho de Boscovich sem reduzir a alma a forças naturais. Segue a orientação de Boscovich ao eliminar outro postulado desnecessário vinculado à necessidade atomista. Mas rejeitar outro postulado desnecessário — digamos, a necessidade de um substrato — não ajudaria a ir "ainda mais longe" que Boscovich. O que Nietzsche tem em vista é um tipo de triunfo sobre os sentidos ainda maior do que aquele que a física de Boscovich trazia consigo. Faz o maior sentido se, como afirmamos, Nietzsche considera a alma antes como uma ordem normativa que naturalista. Assim, considerá-la requer a superação do "sensualismo popular" num grau ainda maior do que faz a teoria de Boscovich. O "quem" nós somos é compreendido não apenas em relação às forças, mas em relação às forças normativamente ordenadas, que estão ainda mais longe do "que pode ser visto e tocado". Por outro lado, considerar quem uma pessoa é como a ordem causal de seus impulsos, como Leiter faz, pareceria equivaler a perder a alma. Isso faria à alma o que Boscovich fez aos átomos, que claramente não é o que Nietzsche quer da psicologia, e não é visto de forma plausível como considerando o triunfo de Boscovich sobre os sentidos um passo adiante.

---

14. Assim, a afirmação das linhas de abertura de *ABM* 14 — que está "apenas despontando em cinco ou seis cabeças a ideia de que também a física é somente uma interpretação e uma exegese do mundo (para ajustar-se a nós, se posso dizer assim), não uma explicação do mundo; na medida, porém, em que está baseada em crença nos sentidos, valerá mais que isso e deverão encará-la como valendo mais que isso durante um longo tempo, ou seja, valendo como uma explicação" — pode agora ser vista como algo baseado no trabalho de Boscovich e como admissão de que "explicar" é de certo modo se manter no nível macro. Em outras palavras, Nietzsche vê os processos do nível micro como constitutivos dos processos do nível macro e, portanto, não como algo que fica fora deles como suas explicações, mas como algo que envolve uma interpretação e um refinamento do que está acontecendo neles.

6.4 *ABM* 12: UMA "HIPÓTESE ANTIGA E VENERÁVEL"

Demonstraremos agora que a teoria da alma que Nietzsche endossa em *ABM* 12 é mais bem interpretada como teoria normativa que como teoria naturalista. Começamos retornando ao ponto em que Nietzsche, antes de apresentar sua teoria, "nos" confidencia que sua rejeição do atomismo da alma não visa "ao mesmo tempo livrar-se da 'alma', renunciando assim a uma das hipóteses mais antigas e veneráveis, como geralmente acontece com naturalistas desastrados que não podem tocar a 'alma' sem perdê-la". Recorremos a essa citação a fim de mostrar que Nietzsche não identifica seu projeto com aquele dos naturalistas em psicologia. Estes perdem a alma enquanto ele procura conservá-la. O que levanta duas questões importantes. Primeira, qual é a diferença entre manter a alma e perdê-la? Isto é, o que Nietzsche conserva e o naturalista rejeita? A resposta sugerida pela citação é que Nietzsche, ao contrário do naturalista, não renuncia a uma "hipótese antiga" relativa à alma, mas isso não é muito útil a não ser que possamos responder a uma segunda pergunta, a saber: Que hipótese é essa? A afirmação ou sensação de que se tem uma alma simplesmente não parece ser uma hipótese, muito menos venerável. Argumentamos que a "hipótese antiga" à qual Nietzsche se refere é não só uma hipótese como uma das mais veneráveis na história da filosofia, ou seja, a teoria da alma na *República* de Platão.

Não pretendemos dizer que Nietzsche realmente aceite a concepção tríplice da alma de Platão. Aqui está como *ABM* 12 apresenta a concepção ou teoria da alma de Nietzsche:

> Mas o caminho se mantém aberto para novas concepções e refinamentos da hipótese da alma; e conceitos como "alma mortal", "alma como multiplicidade subjetiva" e "alma como estrutura [*Gesellschaftsbau*] social [ou política] dos impulsos e sentimentos" querem, daqui por diante, ter direitos de cidadania em ciência.

Em função disso, nossa afirmação não é que Nietzsche *aceita* a teoria da alma de Platão, mas que a considera uma hipótese, a qual sua própria psicologia é uma tentativa de *refinar*. A afirmação ainda pode parecer surpreendente. A concepção da alma que Nietzsche endossa aqui de modo evidente (como hipótese, é claro, como convém à entrada na ciência) — que é mortal, envolve uma "multiplicidade subjetiva" e é uma "estrutura política dos impulsos e sentimentos" — certamente não se parece muito com a alma tríplice de Platão. Além do mais, *ABM* apresenta Platão como oponente de Nietzsche, talvez seu principal oponente, e não como um aliado. Em linguagem muito similar à descrição do atomismo da alma de *ABM* 12 como o "atomismo mais calamitoso", o prefácio do livro refere-se à "invenção de Platão do espírito puro e do bem em si" como um "pesadelo" e o "pior, mais durável e mais perigoso de todos os erros" (*ABM* P). *ABM* parece dizer respeito às esperanças de Nietzsche para a filosofia, agora que o pesadelo do platonismo acabou. Finalmente, Nietzsche encara Platão como um metafísico e, portanto, de modo presumível não como alguém que apresente hipóteses científicas que um filósofo comprometido com a ciência possa esperar refinar. Uma consideração, no entanto, aponta na direção oposta: a alma tríplice de Platão não possui o traço da indivisibilidade, o qual Nietzsche apresenta como um dos traços centrais da alma atomista.[15] É, portanto, a versão óbvia da alma para usar como inspiração se quisermos fornecer uma alternativa ao atomismo. Tentamos explicar as razões de ambos os lados dessa questão argumentando que podemos chegar à concepção que Nietzsche tem da alma ao começar pela teoria de Platão e remover dela o elemento que Nietzsche consideraria uma expressão de atomismo da alma.

A exposição da psicologia de Platão feita por John Cooper é útil para vermos como podemos encarar a teoria da alma da *República* como uma hipótese, especificamente uma hipótese sobre a motivação humana, portanto sobre a explicação do conhecimento humano. A teoria da alma da *República* emerge no meio de uma tentativa de responder à questão sobre o que é a justiça e de mostrar que ser justo beneficia aquele que é justo. Não dá resposta sobre o que é a justiça em relação ao comportamento da pessoa. Em vez disso, encara a justiça como um estado da alma responsável, entre outras coisas, pelas ações voluntárias da pessoa. Segundo Cooper, a psicologia de Platão nega que uma caracterização esclarecedora de tais estados da alma possa ser feita puramente em relação ao temperamento, a como a pessoa está disposta a se comportar. Na realidade, eles devem ser caracterizados, afirma Cooper (1998, p. 139), "em termos internos, psicológicos, como condição da ação, da opção e da preferência da pessoa criando um aparato, especificadas pela referência a inter-relações entre os diferentes elementos do próprio aparato"[16]. Afirmamos que, como Cooper, Nietzsche vê Platão postular uma estrutura interna ou não observável a fim de explicar as opções, referências e ações voluntárias de um indivíduo, em que as propriedades relevantes (causais) do sistema são

---

15. Thiele (1990, pp. 51-2) mostra essa relação com Platão, mas não parece reconhecer que Nietzsche quer refinar a hipótese da alma de Platão, como afirmamos.

16. O trabalho de Cooper influenciou bastante este capítulo.

especificadas no que diz respeito ao inter-relacionamento entre os elementos dos quais é composta. Que tal estrutura exista é precisamente a "hipótese da alma" a que Nietzsche não quer renunciar. O que ele deseja refinar é a hipótese de Platão relativa ao que é essa estrutura.

Platão afirma que os principais elementos da alma são suas três partes: razão, espírito e apetite. Como Cooper (1998, p. 121) e outros argumentaram, que a alma tenha partes equivale à afirmação de que "tipos distintos de insumos psicológicos" têm um papel na determinação do comportamento humano, e que, portanto, explicações da ação voluntária devem levar em conta três tipos fundamentalmente diferentes de motivação. A primeira é a motivação de apetite.[17] Segundo a visão-padrão, a explicação de apetite na *República* está no desdobramento de uma resposta ao argumento de Sócrates no *Protágoras* segundo o qual "não podemos optar contrariamente à nossa crença sobre o bem" (Irwin, 1995, p. 209).[18] É conhecida a argumentação de Sócrates de que os chamados exemplos de incontinência ou fraqueza de vontade, casos nos quais nosso melhor julgamento é superado pelo medo ou pelo amor, por exemplo, são ininteligíveis. Pois por que a pessoa agiria com base no amor ou no medo se não acreditasse que seria melhor agir assim? Poderíamos tornar esses casos inteligíveis se pudéssemos distinguir o julgamento do agente entre o que é bem em sua crença e o que é o bem *para ele*. Mas Sócrates evidentemente nega que possamos fazer tal distinção sob o pretexto de que a ação só é inteligível se pudermos explicá-la de acordo com um fim evidente e ele presume que a própria felicidade do agente é, com exclusividade, o tal fim (Irwin, 1995, p. 209).

A resposta da *República* a Sócrates começa considerando as pulsões biológicas básicas que compartilhamos com outros animais como os paradigmas de um tipo ou aspecto da motivação humana. Platão, assim, nega que a felicidade seja o único fim que torna a ação inteligível. Os apetites têm seus próprios fins ou objetos, para os quais os seres humanos podem ser direcionados ou impelidos independentemente de qualquer julgamento relativo ao que têm de bom ou à contribuição que fazem para a felicidade humana. Assim, Platão retrata a sede como algo que "impele [a pessoa] como um animal para beber" (*República* 439b). Embora

---

17. *República* IX nos diz que nenhuma palavra isolada se ajusta com perfeição a todas as coisas pertencentes à parte apetitiva da alma, que é "designada conforme o que nela é maior e mais forte", isto é, "seus apetites por comida, bebida, sexo e todas as coisas associadas a eles" (58od).

18. Irwin, 1995.

isso talvez pareça sugerir que os apetites não podem ser treinados ou educados, partes posteriores da *Repúbli a* deixam claro que esse não é o caso. Contudo, tal treinamento acontece não ao nos levar a crer que certos objetos são bons, mas, por exemplo, pelo aprendizado de que certas coisas ou ações são meios de adquirir os objetos para os quais somos impelidos ou que certos objetos da categoria relevante nos dão mais prazer que outros. Assim, parece que, para Platão, mesmo apetites educados podem operar independentemente de julgamentos relativos ao bem.

Isso não é dizer que Platão pense que tais apetites normalmente operem com independência de julgamentos sobre o bem, mas apenas que podem fazê-lo. Em outros casos, talvez na maioria deles, julgamentos relativos à bondade ou à ruindade dos objetos do apetite desempenham, de fato, um papel na motivação da ação, promovendo ou possibilitando a satisfação do apetite, mas tais julgamentos vêm de outra parte da alma, não do apetite em si. À razão, à parte que calcula e gosta de aprender, é atribuído o papel de formar crenças sobre o bem, sobre que metas vale a pena perseguir, que apetites vale a pena satisfazer. O espírito, a parte que deseja vitória e honra, pode ser visto como um componente separado da alma porque, ao contrário da razão, não forma crenças sobre o bem. No entanto, ao contrário do apetite, exceto no caso de animais e crianças, ele não pode operar com independência de tais crenças. O espírito envolve motivação por um desejo de vitória e honra, e tal motivação não é possível sem alguma crença sobre o que constitui vitória ou é honroso. Assim, o tipo de motivação do espírito, ao contrário daquela do apetite, requer uma ideia do bem que ele não pode, por si, fornecer. Fornecê-la, é claro, é função da razão e, no caso ideal, a razão governa a alma no sentido de que formou a crença da pessoa sobre que objetivos vale a pena perseguir com base em seus próprios (isto é, racionais) fundamentos e conquistou a cooperação das outras partes da alma de tal modo que a pessoa age de acordo com a ideia que a razão faz do bem.

A maioria dos casos, contudo, não é ideal. Em alguns, sabe-se perfeitamente o que é o bem, mas ainda assim se segue o apetite. É o caso da fraqueza de vontade, a qual Sócrates negava, e que a distinção de Platão entre as funções de apetite e razão torna concebível. Em outros casos, o problema não é a fraqueza de vontade, mas a ignorância da pessoa em relação ao que é o bem. Nesses casos, o apetite usurpa o papel da razão, de modo que os objetivos ou as metas ao redor dos quais a vida da pessoa está organizada e em relação aos quais ela é motivada não são determinados por considerações puramente racionais, mas pelo apetite. Mesmo nos casos em que o espírito domina, a ideia do bem motivada por ele, em última instância, vem do apetite. Isso não significa que o apetite domine a função da razão de calcular o que é o bem, de um modo geral, para a pessoa. A ideia é antes que, como Cooper (1998, p. 132, n. 18) coloca, a razão aceita "a energia ou frequência" dos apetites "como critério do valor de seus objetivos", de modo que "a razão da pessoa passa a adotar como sua própria visão do que é o bem para si o plano geral de gratificar, antes de mais nada, esses desejos".

Podemos agora expor nossa proposta para compreender a reivindicação de Nietzsche de que sua explicação da alma refina uma hipótese antiga e que, ao contrário dos naturalistas, ele não perde a alma. Nietzsche aceita a hipótese de Platão de que o comportamento humano deve ser explicado com relação a uma estrutura interna ou inobservável, cujas propriedades causais são especificadas de acordo com as inter-relações de seus elementos. Contudo, ele considera que esses elementos sejam apenas os impulsos e os sentimentos. Ele transforma os apetites de Platão em impulsos, faz do espírito de Platão uma propriedade de todos os impulsos — a vontade de poder — e nega que a razão forneça uma fonte independente de motivação, expondo-a como um conjunto de capacidades cognitivas inertes em termos motivacionais. Será preciso algum esclarecimento no intuito de mostrar como esse conjunto de modificações pôde contar como um "refinamento" da teoria de Platão.

Primeiro, os impulsos são obviamente similares aos apetites, e "impulso" pode ser inclusive uma palavra melhor que "apetite" para o tipo de motivação que Platão atribui à parte mais baixa da alma. De modo específico, a motivação por impulsos é um tipo de motivação que os humanos compartilham com outros animais, e os impulsos têm seus próprios fins ou objetos, de modo que podem motivar o comportamento independentemente de quaisquer julgamentos relativos à bondade desses objetos. Dizer que um exemplo ou um tipo de comportamento devem ser explicados em relação a um impulso é dizer que o organismo está constituído de tal forma que, dada a presença de certos indícios ou estímulos internos e externos, ele é levado a se comportar de modos que tendem a ter certos resultados, precisamente os resultados que são os objetos ou fins dos impulsos (como a ingestão de comida no caso do impulso para comer) e que nenhum julgamento relativo à bondade desses fins precisa entrar no processo que leva ao comportamento.[19] Se alguém não come, dados os estímulos internos e externos

---

19. Deixamos de lado questões sobre a teleologia dos impulsos, mas estamos completamente de acordo com John Richardson (2004) de que o primeiro e mais básico movimento de Nietzsche

adequados (fome e presença de comida), esse comportamento não indica que ele ou ela careçam de um impulso para comer; pode ser que o impulso de comer tenha sido mais especificado e refinado no processo de experiência e treinamento. Assim, o indivíduo pode ter aprendido a não gostar de certos alimentos e, por isso, não vai comê-los, mesmo se for a única comida disponível e ele estiver com fome. Mas isso não significa que um julgamento relativo à excelência da comida ou à sua falta tenha entrado na cadeia causal que explica o comportamento. Ele não ingeriu a comida porque ela provocava um sentimento — repugnância, no caso extremo, mero desagrado em outros — que interferia com a tendência para comer naquelas circunstâncias.

Esse impulso-motivação é independente de juízos de valor, e o fato de compartilharmos esse tipo de motivação com outros animais não significa que os impulsos — mesmo que sejam biologicamente dados — não estejam sujeitos a serem moldados por experiência, educação e cultura. Essa moldagem tem lugar parcialmente pelo aprendizado de como satisfazer ou melhor satisfazer impulsos, mas esse não é o único ou mesmo o principal modo como ela acontece. Outro fator é a produção de sentimentos — entre eles, o prazer e diferentes emoções — a qual encoraja ou inibe o comportamento provocado pelos impulsos. Além disso, no entanto, não há razão para pensar que, para Nietzsche, todos os impulsos sejam biologicamente dados ou que os humanos compartilhem todos os seus impulsos com animais não humanos. Embora os humanos compartilhem com animais não humanos um *tipo de motivação*, uma motivação que opera independentemente de juízos relativos à bondade dos fins para os quais os impulsos os movem, eles não compartilham com outros animais todos os fins aos quais são impelidos. De modo presumível, Nietzsche espera que possamos deduzir o segundo ponto do fato de o impulso do conhecimento ser o primeiro impulso que ele menciona em *ABM* (*ABM* 6). Ter esse impulso é não apenas estar interessado em adquirir conhecimento, mas ter toda uma série de aptidões para lidar com questões teóricas que resultem numa sensibilidade a certo tipo de considerações, numa capacidade de levá-las em conta para decidir, por exemplo, que afirmações aceitar, rejeitar ou encarar seriamente, etc., e especialmente para não permitir a entrada daquilo em

---

é apelar para a seleção natural darwinista. Como Richardson argumentou, de forma convincente, o comportamento dirigido pelo impulso não só tende a produzir o resultado que é o objeto do impulso, mas está *concebido* para fazê-lo, o que significa dizer que os animais se envolvem no comportamento precisamente porque ele tende a ter os resultados que tem.

que gostaríamos de acreditar, para bloquear ou superar nossa percepção dessas considerações ou razões. É claro que Nietzsche negaria que outros animais (e talvez a maioria dos seres humanos) tenham tal impulso.

De fato, como Nietzsche comenta, o impulso do conhecimento se parece mais com um hábito aristotélico para o qual fomos treinados do que com um impulso ou instinto biologicamente dado. É claro que ele pensa ser adquirido por meio de um longo processo de educação e treinamento e resultado de um processo longo e complicado de desenvolvimento cultural (*GC* 110). Consideremos a esse respeito o que ele diz sobre as "tarefas para as quais são necessários educadores": "Temos de aprender a *ver*, temos de aprender a *pensar*, temos de aprender a *falar* e a *escrever*". Nietzsche descreve, como se segue, as duas primeiras dessas tarefas:

> Aprender a ver — acostumando o olho à calma, à paciência, a deixar as coisas chega-rem lá; adiando o julgamento, aprendendo a andar pelo mundo e a captar, de todos os ângulos, cada caso individual. Essa é a instrução *preliminar* em termos de espi-ritualidade... Aprendendo a *pensar*: em nossas escolas não temos mais qualquer ideia disto. Mesmo em universidades, mesmo entre os verdadeiros estudiosos de filosofia, a lógica como teoria, como prática, como *ofício*, *está* começando a se extinguir. Só precisamos ler livros alemães: já não existe a mais remota lembrança de que pensar requer uma técnica, um currículo de ensino, uma determinação de dominar o assun-to — de que o pensamento quer ser aprendido como dança, como uma espécie de dança. (*CI* Alemães 6-7)

O educador Nietzsche visa fazer penetrar certos hábitos nos estudantes, esti-mulando-os a se comportarem de determinadas maneiras — por exemplo, adian-do o julgamento —, que finalmente, por meio da prática, se tornem um modo costumeiro ou habitual de comportamento. Esse tipo de treinamento tornará certas respostas "instintivas", a fim de que não tenhamos de nos lembrar, por exemplo, da necessidade de considerar o outro lado da questão e saibamos ime-diatamente quando um argumento é falacioso ou quando devemos ficar céticos acerca de uma afirmação. Nietzsche usa com frequência a palavra "instinto" para esse tipo de coisa e fala, por exemplo, sobre "a integridade ter se tornado instinto e paixão" (*A* 36).[20]

---

20. Se existe alguma dúvida de que ele acha que os instintos resultam de treinamento e prática, preste atenção em seu relato sobre o que o triunfo do cristianismo consumou:

Contudo, isso obviamente não significa que o processo seja "irracional", que os hábitos resultem em comportamento sem que ocorra qualquer pensamento. No caso do impulso para o conhecimento, é precisamente o pensamento que está em causa, isto é, sendo provocado, canalizado, regulado pelos hábitos arraigados. A ideia é que, embora seja produzido pensamento consciente, ele não dirige o show. Esse é o sentido em que *ABM* 3 afirma que "a maior parte do pensamento consciente deve ser incluída entre atividades instintivas [...] a maior parte do pensamento consciente de um filósofo é secretamente guiada e empurrada para certos canais por seus instintos". Esses "instintos" são os hábitos de pensamento responsáveis pelo julgamento consciente que os filósofos fazem. É também por isso que Nietzsche nega que uma coisa possa ser feita com perfeição, "desde que seja feita conscientemente", e diz que "o desenvolvimento da consciência, o 'espírito', é para nós nada menos que o sintoma da relativa imperfeição do organismo; o que significa tentar, tatear, errar" (*A* 14). Essa negativa, é claro, não significa

---

Todo esforço do mundo antigo *em vão*: não tenho palavras para expressar o que sinto ante uma coisa tão tremenda. E pensar que este esforço era um esforço preliminar, que apenas a fundação de tarefas de milhares de anos fora até então assentada com a mais extrema autoconfiança — todo o *significado* do mundo antigo em vão!... Para que serviram os gregos? Para que os romanos? Todos os pressupostos de uma cultura sólida, todos os *métodos* científicos, já estavam lá; a grande, a incomparável arte de ler bem já havia sido estabelecida — um pré-requisito para a tradição da cultura, para a unidade da ciência; a ciência natural, aliada à matemática e à mecânica, já tinha avançado bastante no caminho certo — a *percepção dos fatos*, o último e mais valioso de todos os sentidos, tinha suas escolas e sua tradição de séculos! Conseguimos entender isso? Tudo que era *essencial* fora descoberto e assim o trabalho podia ser iniciado: os métodos, temos de repeti-lo dez vezes, são o que é essencial, são também o que é mais difícil de criar e o que há mais tempo enfrenta a oposição de hábitos e da preguiça. O que hoje reconquistamos com incomensurável domínio sobre nós mesmos — pois cada um de nós ainda tem os maus instintos, os instintos cristãos, em seu sistema —, o olhar livre ante a realidade, o gesto cauteloso, a paciência e seriedade nas menores coisas, toda a *integridade* em termos de conhecimento, tudo já havia existido antes! Há mais de dois mil anos! E, junto a isso, o bom, o refinado sentido do tato e do paladar! *Não* como uma broca no cérebro! *Não* como uma educação "alemã" com seus modos grosseiros! Mas como corpo, como gesto, como instinto — como realidade, em suma. (*A* 59)

Nesse trecho, Nietzsche descreve algumas das propensões que devem ser transformadas em hábitos se queremos ter "integridade" de conhecimento, sendo, portanto, vistos como portadores de um impulso para o conhecimento. O sentido de chamar o conjunto relevante de propensões habituais de "impulso" (ou instinto, duas palavras que Nietzsche parece usar de forma alternada) é indicar que elas se tornaram "corpo [...] gesto [...] instinto", de modo que os comportamentos aos quais estamos propensos ocorrem "automaticamente", dada a presença do correto insumo interno e externo — isto é, sem que seja necessário um processo consciente de deliberação, sem termos, portanto, de entrar em julgamentos de excelência.

que a perfeição só seja atingida com inconsciência, mas sim que o objetivo é desenvolver um conjunto de propensões habituais e, portanto, arraigadas, encarnadas, predispondo a pessoa a perceber, reagir e agir de certo modo, sem ter de se perguntar o que fazer. A ideia é que o que aparece "na consciência" não está imediatamente sob controle da consciência. Mas isso de modo algum requer de Nietzsche negar que o que aparece na consciência seja capaz de modificar a (ou interferir na) capacidade de um impulso resultar em ações.

Finalmente, tudo isso explica por que Nietzsche encara sua psicologia como uma "autêntica psicofisiologia" (*ABM* 23). Isso não acontece porque ele queira transformar a psicologia na fisiologia ou em qualquer outra ciência natural; ocorre porque, ao estudar a psique, ele estuda os impulsos, que estão necessariamente encarnados, quer sejam dados biologicamente e modificados por meio da cultura humana, quer sejam hábitos que só podem existir dentro da cultura humana. Num caso ou noutro, só constituem "realidade" se estiverem encarnados e, portanto, se forem parte de nossa fisiologia. Mas isso está longe de indicar que a psicologia de Nietzsche reduz a psicologia à fisiologia.[21]

6.5 VALORES E MOTIVAÇÃO HUMANA

Neste ponto, contudo, enfrentamos uma importante questão: se impulsos são como apetites quanto à capacidade de motivar independentemente juízos sobre

---

21. De fato, como o interpretamos, o próprio *ABM* 23 sugere que a psicologia de Nietzsche segue a orientação de Platão ao dizer que a psicologia, como a concebemos, pode "mais uma vez" afirmar seu papel legítimo como "rainha das ciências, à qual as outras ciências devem servir e cujo caminho devem preparar". Parece valer a pena considerar quem Nietzsche tinha em mente ao tratar a psicologia como "rainha das ciências"; seu "mais uma vez" é uma daquelas expressões ou frases facilmente negligenciadas, que os leitores podem ignorar com facilidade, mas que pareciam destinadas a levantar questões e, portanto, reflexões. Nas notas a suas traduções de *ABM*, Kaufmann expressa ceticismo quanto à possibilidade de alguém, antes de Nietzsche, ter olhado desse modo para a psicologia. Esse ceticismo seria justificado se enfatizarmos os prefixos "psicofisio" na caracterização que Nietzsche faz da psicologia e deixarmos de dar-lhes o significado que temos defendido no texto. Mas podemos responder à preocupação de Kaufmann se compreendermos a psicologia como a ciência da alma e encararmos Platão como o principal predecessor que ele tem em mente (embora Pascal fosse um candidato mais moderno à honra). Matt Evans defende, em oposição a essa tese, numa resposta não publicada a uma primeira versão dessas ideias apresentada na Universidade do Texas, que para Platão a metafísica, a qual certamente não está subordinada à psicologia, é a ciência número um. Isso é verdade, mas a ideia aqui é que, para Nietzsche, num certo sentido, Platão não fala sério sobre a metafísica como conhecimento. Tudo faz parte da nobre mentira. Para alguém que alimentava essa visão de Platão, pareceria plausível que Platão compreendesse o estudo da alma como a disciplina teórica mais importante, à qual todos os outros tipos de conhecimento, excluindo as fantasias da metafísica, estavam subordinados.

o bem, como podem tais juízos — isto é, valores em oposição a meros desejos — ter um papel na motivação humana? Está claro como *Platão* realizava isso: ele dava aos valores um papel na motivação humana transformando a razão numa parte independente da alma, mas Nietzsche, temos afirmado, nega esse aspecto da psicologia de Platão. De fato, acreditamos que ele a considera atomista.[22] Embora a teoria da alma de Platão não seja ela própria atomista — ela é, temos afirmado, a teoria para usar como inspiração se queremos conservar a alma mas rejeitar o atomismo —, sua concepção de razão é atomista. E é essa parte da alma de Platão que foi transformada por pensadores mais tardios na alma atomista.

Dizer que a noção de razão de Platão é "atomista" é dizer que ele julga conveniente sustentá-la porque ela satisfaz um "desejo da mente" por similaridade entre os níveis micro e macro, *mesmo que isso não esclareça o fenômeno em questão*. Por que pensar que essa é a atitude de Nietzsche com relação à razão de Platão? Um motivo é que ela faz sentido. Por considerar que, na visão de Platão, o "desejo [da pessoa] pelo bem" é "equivalente ao desejo por parte da razão de encontrar *sozinha* os objetivos da vida e de cumpri-los" (Cooper, 1998, p. 8; destacado por mim). Isso significa que, para Platão, a razão é independente no sentido de que desempenha sua função de conhecer e buscar o bem sem ser dirigida pela parte apetitiva da alma. A razão é movida pelo desejo para o bem, mas esse é um desejo *só dela*, um desejo não "por qualquer bem particular", mas "pelo bem, como tal" (Cooper, 1998, p. 8). A ideia, no entanto, de que se podia conhecer *tudo* — sem esquecer "o bem, como tal" — como resultado de um raciocínio que não seria de modo algum dirigido pelos sentimentos se choca claramente com o perspectivismo de Nietzsche, o qual insiste que nossas capacidades cognitivas estão sempre dirigidas por nossos interesses ou sentimentos (Leiter, 1994; Clark, 1998b). Esse é o sentido da bem conhecida afirmação de Nietzsche de que "existe *apenas* uma

---

22. Mas se Nietzsche encara a razão platônica como "atomista", não deveria pensar o mesmo das outras partes da alma de Platão — incluindo a parte apetitiva, que em nossa opinião se torna os impulsos de Nietzsche, e a parte espirituosa, que se torna a vontade de poder? Não necessariamente. Nietzsche não *proíbe de forma categórica* pressupor entidades no nível micro similares às do nível macro; de modo mais exato, ele adverte contra a tendência a fazê-lo *mesmo quando elas não têm valor explicativo*. Se fôssemos explicar a decisão da ONU de intervir em certos conflitos mencionando os votos dados pelos Estados-membros que a compõem, não seria correto atribuir essa explicação à "necessidade atomista", embora a explicação evoque, em seu próprio nível, entidades que, sob aspectos importantes, são *como* a entidade cujo comportamento estamos tentando explicar. A razão é que, apesar de tudo, nossa explicação *esclarece* algo sobre o fenômeno ao nível macro. Nietzsche sustenta que, embora postular a interação de apetites (isto é, impulsos) ajude a esclarecer o comportamento humano, isso não pode ser dito ao se postular a noção de razão de Platão.

visão perspectiva, *apenas* um conhecer perspectivo", que "desconectar todo e cada sentimento, supondo que fôssemos capazes disto", seria "*castrar* o intelecto" (*GM* III: 12).[23]

Consideramos que o perspectivismo expresso neste trecho diga respeito ao conhecimento (não à verdade, como muita gente pensou) e seja uma afirmação empírica. Sua base, como Clark afirma, é a "compreensão naturalista do intelecto" de Nietzsche, segundo a qual as capacidades cognitivas passam originalmente a existir devido à

> [...] vantagem evolucionária que conferem. Uma vantagem desse tipo não é conferida por atender a todo e qualquer traço da realidade. Na realidade, o intelecto deve ser direcionado para certos traços — por exemplo, aqueles mais relevantes para a sobrevivência e reprodução humanas. E é precisamente o sentimento — interesse, emoção, afeto, paixão — que volta a mente numa determinada direção, concentrando sua atenção em certos traços da realidade e impelindo-a a registrá-los como importantes. (Clark, 1998b, p. 74)[24]

O que não parece possível é explicar como a natureza pode dar origem a uma aptidão para conhecer o "bem em si" (*ABM* P), muito menos fazê-lo de um modo "puro", isto é, sem que essa aptidão se dirija a seu objeto por interesse ou sentimento. O perspectivismo de Nietzsche, como o compreendemos, implica, portanto, a rejeição da razão de Platão que, como dissemos antes, tem conhecimento, independentemente de qualquer influência, da parte apetitiva. A reivindicação de Platão de que a própria razão tem desejos — de conhecer e fazer o bem, por exemplo — não nos ajuda aqui. A razão "quer" apenas conhecer a verdade e fazer o bem. Sem a especificação adicional proporcionada pelo poder diretivo do

---

23. Como mostramos na seção 6.1, esse é também o sentido da afirmação de Nietzsche de que os impulsos "fazem" a filosofia (*ABM* 6); eles procuram dirigir as aptidões cognitivas e o impulso para o conhecimento da pessoa com o objetivo de elaborar e defender o ponto de vista do impulso.

24. Mas, é claro, essa "compreensão naturalista do intelecto" não é o fim da história. Desde nosso Capítulo 2, está claro que, se Nietzsche pensa que as capacidades cognitivas passaram originalmente a existir para servir a fins biológicos, ele também acredita que a cultura enfim se tornou o principal canal para seu desenvolvimento. Mas a cultura tem de trabalhar com o intelecto, visto que ela o encontra, sem dúvida, como um conjunto de aptidões para o conhecimento o qual tem de ser dirigido por sentimentos e interesses: nos termos de Platão, pelas partes espirituosa e apetitiva da alma. Nietzsche apresenta uma explicação, à qual retornamos na Conclusão, sobre como a cultura pode usar o sentimento e o apetite a fim de conduzir o intelecto além de qualquer coisa que a natureza pudesse produzir (embora, é claro, haverá uma explicação de como a natureza pode ela própria dar origem à cultura).

apetite — verdade *sobre o quê* ou o bem *para quem?* —, a atividade da razão é aqui absolutamente exótica. Não pode, como resultado, *esclarecer* qualquer coisa sobre o papel dos juízos de uma pessoa sobre o bem.[25]

Podemos compreender melhor a rejeição da razão por parte de Nietzsche como uma parte independente da alma se examinarmos a introdução de Sócrates a essa noção na *República*. Sócrates tenta explicar uma situação na qual uma pessoa quer beber mas, ao julgar que seria errado fazê-lo, se abstém (*República* 439b-c). Se no caso que Sócrates cita a pessoa se abstivesse devido ao medo de adoecer, medo dos riscos que pudessem existir na água, como no exemplo de Cooper, ele não daria suporte à afirmação de que a razão é uma parte independente da alma (Cooper, 1998, pp. 6-7). Seria simplesmente um caso de conflito entre apetites, não entre razão e apetite. Abster-se de beber apenas mostraria que o medo da dor ou da doença era mais forte que o desejo de beber. Para ver o exemplo de Sócrates sustentando a condição da razão como parte independente da alma, é necessário aceitar algo como a interpretação que Cooper faz do exemplo, segundo o qual

> [...] o homem com sede resolveu (ou pelo menos sustentou), com base na razão, que a saúde é uma boa coisa, um bem mais importante que a gratificação do apetite. Então ele também deseja preservar sua saúde *porque* é uma coisa boa, e esse desejo (um produto da razão) entra em conflito com a sede; no caso considerado, o desejo da razão sai vencedor e o homem se abstém. (Cooper, 1998, p. 8)

Do ponto de vista do perspectivismo de Nietzsche, o problema é que esse relato "explica" o fenômeno familiar, mesmo que problemático, de agir de acordo com um julgamento sobre o bem, *não* em relação a alguma coisa familiar e não

---

25. Ao introduzir seu perspectivismo em *GM* III, 12, Nietzsche nos adverte primeiro contra "o conceito [de Kant] do 'caráter inteligível das coisas'" e depois contra o que é nitidamente a concepção de Schopenhauer da objetividade como "contemplação desinteressada". Finalmente, contudo, Nietzsche nos implora para "daqui em diante, nos resguardarmos melhor, senhores filósofos,"

> [...] contra a perigosa e velha fabricação conceitual que postula um "sujeito do conhecimento puro, sem vontade, imune à dor, intemporal"; vamos nos proteger contra os tentáculos de conceitos tão contraditórios quanto "razão pura", "espiritualidade absoluta", "conhecimento em si".

Nietzsche nos disse em *ABM* 12 para ficarmos alertas a exemplos em que "a 'necessidade atomista' [...] continua vivendo uma perigosa vida após a morte" — lá como aqui, essa noção "perigosa" parece ser a concepção de Platão sobre alma, pelo menos na medida em que deduz a razão como uma parte independente — e portanto atomista. A razão de Platão é "sem vontade" e, portanto, "pura", capaz de alcançar o "conhecimento em si" do bem em si.

problemática, mas de acordo com algo que é totalmente *não* familiar e possivelmente *mais* problemático: um tipo miraculoso de saber e desejar. Mas se a "explicação" ia acabar ficando com algo tão pouco familiar e problemático quanto essa "razão", então por que Platão não declara simplesmente que o *fenômeno a ser explicado* é real, mesmo que problemático — e deixa o assunto aí?

Não se trata de mera questão retórica para Nietzsche. Parte de sua resposta é, como sugerimos, que sustentar a razão satisfazia a "necessidade atomista": embora ela não tivesse valor explicativo, fornecia algo no nível micro similar ao fenômeno observado no nível macro. Mas Platão não é um simples sofredor de um desejo mental. Quando Nietzsche nega que "um 'impulso para o conhecimento' seja o pai da filosofia", ele insiste que "outro impulso, aqui como em outro lugar, empregou o conhecimento (e o desconhecimento) como um mero instrumento" (*ABM* 6). No nível dos impulsos, como argumentamos em 6.1, isso significa que um (ou possivelmente mais) dos impulsos de Platão — talvez seu amor por Sócrates (*ABM* 190) — foi capaz de implantar sua visão do mundo, estabelecendo, portanto, a si próprio como "senhor legítimo de todos os outros impulsos". Mas, no nível da pessoa, o que importa é que a psicologia de Platão é um caso paradigmático da vontade de valor usando "conhecimento e desconhecimento" como instrumento, um instrumento que serve (em vez de ser uma descoberta da) a visão que ele tem de uma boa vida.

Naturalmente, na visão de Nietzsche, Platão não pode ser censurado pelo fato de sua filosofia expressar uma vontade de valor: se nossa leitura de *ABM* 6 está correta, toda grande filosofia fará isso. Do que ele *pode* ser censurado, sob a perspectiva da vontade de valor, é de sua proclamação do ideal ascético e, sob a perspectiva da vontade de verdade, que exponha uma visão da psicologia humana que acaba se mostrando inválida como explicação. Por essas razões, Nietzsche apresenta Platão sacrificando a vontade de verdade no serviço que presta à vontade de valor em *ABM* 372, discutido no Capítulo 5.

Ficamos, então, com a questão com que esta seção começou: como é que valores — e não meramente desejos — têm um papel na motivação humana sob o ponto de vista de Nietzsche? Uma possível resposta, dada a rejeição da noção de razão de Platão, é que eles *não têm* esse papel na visão de Nietzsche. Pode parecer, sem dúvida, que Nietzsche deve adotar o que Annas (1981, pp. 134-35) chama de visão "humeana", segundo a qual os impulsos são "tomados como dados" na alma e o único "bem" é satisfazê-los "de um modo eficiente e ordenado". É a concepção de razão de Platão, segundo Annas, que admite um elemento da alma "*crítico* das outras motivações, mas sem sugerir que as motivações sejam críticas de si mesmas ou umas das outras". "Numa alma governada pela razão", ela nos diz, "já não se trata apenas de uma questão de o desejo mais forte acabar ganhando" — "a razão capacita a pessoa a tomar uma *decisão* crítica e informada, em vez de deixar o desejo mais forte ganhar a parada". A dúvida, portanto, surge quanto ao que, segundo Nietzsche, leva a ação humana a ser sempre algo diferente de "uma questão de o desejo mais forte acabar ganhando"?

Um momento de reflexão mostra que, se nossa leitura de *ABM* 12 está correta, Nietzsche deve ter uma resposta para o problema. Pois se encarasse impulsos ou apetites como suficientes para explicar a ação humana, estaria se unindo aos "naturalistas desastrados" de *ABM* 12 e perdendo a alma. Afirmamos que ele pode conservar a alma se ficar ao lado de Platão contra os naturalistas, se, é claro, sua teoria da alma for um refinamento da de Platão. Para ser esse o caso, ele deve ter um meio de fornecer o que a concepção da razão de Platão fornece, isto é, um meio de distinguir valores de meros desejos e de explicar como os valores ganham uma posição segura na motivação humana. Nossa tese é que fornecer isso é precisamente o papel da afirmação de Nietzsche de que os impulsos são organizados não meramente numa ordem causal, mas numa ordem política. Ou seja, se os impulsos só fossem organizados de modo causal, Nietzsche seria um "humeano" no sentido de Annas, e não haveria função para valores na motivação humana. Mas como os impulsos são organizados politicamente, em termos de autoridade e não apenas energia, a alguns deles é concedido o direito de falar em nome do todo e, portanto, de representar o ponto de vista da pessoa. Esse é o começo de nossa explicação de como Nietzsche pode descobrir uma função para os valores, para os julgamentos relativos ao que é bom, e não meramente desejado, na vida humana. Mas devemos deixar os detalhes para o final da discussão da vontade em nosso capítulo seguinte.

7

A Vontade

Temos afirmado que a noção central em *ABM* Um é a alma, em virtude da qual os seres humanos são pessoas. Crucial para a concepção de identidade que expomos aqui é a capacidade de agir não só de acordo com desejos, mas de acordo com valores: ao contrário dos outros animais, nós, pessoas humanas, podemos procurar não só o que desejamos, mas o que julgamos ser bom. Fundamentalmente, podemos procurar o que julgamos ser bom mesmo quando não se trata do que (no início) tanto desejávamos. Ter uma alma, então, é ter a capacidade de agir a partir de valores. No presente capítulo, mostramos que, para Nietzsche, essa capacidade é a vontade — a alma é a vontade na medida em que ela está envolvida em produzir ação.

Que Nietzsche pense desse modo sobre a vontade não é óbvio. Não porque os intérpretes tenham expresso uma compreensão diferente da visão da vontade de Nietzsche; pelo contrário, seu trecho mais importante sobre a vontade, *Além do Bem e do Mal* 19, embora bem conhecido e citado com frequência, recebeu pouca análise esclarecedora. Na realidade isso não é supreendente, considerando como é difícil compreender o que Nietzsche diz nele. Particularmente desconcertante é seu final, sobre o qual, ao que sabemos, ninguém jamais tentou dar uma explicação. Mas o começo já apresenta um enigma para leitores cuidadosos: por que Nietzsche sugere que pretende fornecer uma alternativa às exposições filosóficas tradicionais sobre a vontade, uma análise do que é querer ou ter uma vontade, quando apresenta uma fenomenologia do querer, uma exposição da *experiência* de querer?

Enfim temos uma interpretação esclarecedora de *ABM* 19 num recente estudo de Brian Leiter, que também apresenta uma resposta plausível a essa questão. Segundo Leiter (2007), Nietzsche nega que exista algo como uma vontade. Ele propõe uma filosofia do querer a fim de mostrar que a experiência que nos leva "a nos concebermos exercitando nossa vontade" não consegue "*rastrear* um verdadeiro relacionamento causal" e "sistematicamente nos ilude quanto à causação de nossas ações" (Leiter, 2007, pp. 4, 12). Leiter, assim, considera que *ABM* 19 apresenta um relato deflacionário da vontade. O querer existe apenas no sentido de que temos uma experiência de querer. Querer, portanto, é um epifenômeno: pertence à consciência, mas não tem efeito sobre o comportamento. Chamamos isso de interpretação naturalista de *ABM* 19 porque ela dá suporte à visão naturalista de Leiter sobre Nietzsche, segundo a qual "ações e crenças humanas (incluindo crenças sobre moralidade)" devem ser explicadas de modo causal, em relação a uma "determinada constituição psicofísica" da pessoa (Leiter, 2002, p. 8). Segundo essa imagem naturalista, a vontade é uma suposição desnecessária, só mais um item a ser atirado na pilha de lixo das fantasias metafísicas sobreviventes.

Consideramos a interpretação naturalista de *ABM* 19 o modo mais natural de ler o trecho e consideramos que Leiter proporcionou um apoio muito forte, sem dúvida o mais forte apoio possível, a essa interpretação. Não obstante, afirmamos que se trata da interpretação errada do trecho. Nossa estratégia para demonstrar a plausibilidade de nossa leitura normativa de *ABM* 19 é nos empenharmos para pôr em relevo as inconsistências da interpretação naturalista do trecho. Como Leiter forneceu o mais completo desdobramento e suporte para a última, dedicamos boa parte do presente capítulo a argumentar contra sua interpretação, pondo em relevo nossa interpretação normativa alternativa da vontade de Nietzsche em contraste com a dele. Na seção 7.1, argumentamos contra a explicação de Leiter sobre a fenomenologia do querer de Nietzsche e, em 7.2, contra sua compreensão da função dessa fenomenologia. Em nossa opinião, *ABM* 19 apresenta tal fenomenologia não a fim de mostrar que ela nos desorienta sobre a causalidade de nossas ações, como Leiter pensa, mas no intuito de fornecer uma base à sua teoria do que *realmente constitui o querer*. Uma vez que reconheçamos isso, torna-se implausível que o trecho vise mostrar que o querer é um epifenômeno. Em 7.3, explicamos então o que Nietzsche *rejeita* da concepção tradicional da vontade em *ABM* 19, mas de um modo que deixa a causalidade da vontade intacta. Tratamos das questões sobre a plausibilidade da teoria que estamos atribuindo a Nietzsche em 7.4.

A conclusão é que a discussão da vontade que Nietzsche faz em *ABM* 19, como sua discussão da alma em *ABM* 12, pretende reabilitar a noção tradicional diante da influência da necessidade atomista e da tendência do naturalismo a descartá-la. Vimos em nossa discussão de *ABM* 6, 9 e 12 que Nietzsche considera que *quem a pessoa é* seja algo constituído pela ordem política de seus impulsos; em *ABM* 19 veremos que ele encara o querer de uma pessoa como algo constituído pelo funcionamento (o comandar e obedecer) dessa ordem normativa. A explicação da vontade apresentada em *ABM* 19 está, então, profundamente ligada à explicação da alma apresentada em *ABM* 12: a vontade, como a alma, existe somente no espaço das razões. De acordo com a concepção tradicional, Nietzsche considera que a vontade seja a alma, na medida em que a alma está comprometida em produzir ação. Na seção final do capítulo (7.5), mostramos que *GM* proporciona uma explicação aceitável em termos naturalistas de como os impulsos dos seres humanos vêm a formar uma ordem política, isto é, uma alma ou vontade.

7.1 *ABM* 19: A FENOMENOLOGIA DO QUERER

Nietzsche começa *ABM* 19 criticando a visão de Schopenhauer de que "apenas a vontade é realmente conhecida por nós, conhecida por inteiro, sem acréscimo ou subtração", a qual considera um exemplo do que "os filósofos têm o hábito de fazer — ele adotou um preconceito *popular* e o exagerou".

> O querer me parece, acima de tudo, algo *complicado*, algo que só possui unidade como palavra — e é precisamente nesta palavra singular que se esconde o preconceito popular que derrotou a prudência sempre insuficiente dos filósofos. Vamos ser então mais cautelosos, vamos ser "não filosóficos": vamos dizer que, em todo querer, há de início uma pluralidade de sensações, nomeadamente a sensação do estado *do qual se quer sair*, a sensação do estado *ao qual se quer chegar*, a sensação em si de se "distanciar" e "aproximar" e também uma concomitante experiência muscular que, mesmo sem pôr em movimento "braços e pernas", se manifesta por meio de uma espécie de hábito assim que "queremos". Como as sensações, e na verdade muitas variedades de sensações, podem ser reconhecidas como um ingrediente da vontade, podemos, então, em segundo lugar, pensar: em cada ato de vontade existe um pensamento comandando — e não imaginemos que este pensamento possa ser separado do "querer", como se alguma vontade então restasse! Em terceiro lugar, a vontade não é apenas um conjunto de sensações e pensamentos; é também, sobretudo, um estado afetivo; é, de fato, a emoção do comando. (*ABM* 19)

A intenção de Nietzsche é mostrar que, ao contrário da exposição que Schopenhauer faz do querer como uma coisa simples, "o querer é [...] algo complicado, algo que só possui unidade como palavra". O que ele propõe é uma fenomenologia da vontade, segundo a qual nossa *experiência* de querer envolve complexidade: uma variedade de sensações, um pensamento dirigente e a emoção do comando. Mas como a complexidade de nossa *experiência* de querer — o fato de o querer ser acompanhado pelo aparecimento na consciência de sensações, pensamento e emoção — mostra que o ato de querer não é, em si, uma unidade? A afirmação geral de Leiter, como dissemos, é que a fenomenologia da vontade de Nietzsche funciona no intuito de desmistificar noções tradicionais da vontade. Mas isso não explica a ênfase de Nietzsche sobre o compromisso de Schopenhauer com a *simplicidade* da vontade ou como ele pretende opor-se a ela. Argumentamos que uma interpretação normativa de *ABM* 19 faz um trabalho melhor ao explicar por que Nietzsche pensa que pode usar a fenomenologia da vontade para mostrar, contra Schopenhauer, que o querer em si é complexo. Começamos a defender nossa posição contrária à interpretação naturalista de Leiter argumentando contra dois aspectos de sua exposição da fenomenologia de Nietzsche: as suposições relativas ao tipo de assunto para o qual Nietzsche propõe uma fenomenologia em *ABM* 19 e quanto de *ABM* 19 é concebido como fenomenologia.

A fim de compreender e avaliar a fenomenologia de Nietzsche, precisamos saber o que ele considera uma situação de querer, um "ato de vontade". A classe mais ampla das situações seria composta por ações, movimentos voluntários do corpo de alguém. Mas se a fenomenologia de Nietzsche for relativa a tais situações, é obviamente implausível. Nós nos envolvemos o tempo todo em ações sem a sensação, o pensamento e a emoção que Nietzsche atribui à pessoa empenhada em querer. Uma situação em relevo: digitar a palavra "ações" na frase precedente foi certamente uma ação, mas não detectamos — e não poderíamos, mesmo após reflexão — o "conjunto de sensações" que Nietzsche descreve.

Para tornar a fenomenologia de Nietzsche efetivamente plausível — e assim interpretar o trecho de forma moderada — devemos considerá-lo uma tentativa de captar uma categoria mais restrita de situações. Uma boa candidata é a categoria de ações empreendidas como resultado de uma decisão deliberada. É o que Leiter parece presumir ao apresentar o seguinte exemplo no intuito de "tirar a polpa" da primeira parte da fenomenologia de Nietzsche.

> Sentado diante do computador, pergunto-me se deveria descer para ver o que as crianças estão fazendo. "Decido" ir e começo então a me levantar da cadeira. Tenho a sensação de que desejei o movimento. Sinto o movimento que faço me afastando da escrivaninha e do computador, o movimento de avanço para a porta, e sinto também

o movimento físico ou muscular. Vamos chamar todo este conjunto de sensações, para facilitar as referências, de "sensações físicas" (Leiter, 2007, p. 4)[1]

Sob o ponto de vista de Leiter, então, a "emoção de comando" acompanha sua ida até o andar de baixo para dar uma olhada nas crianças. Naturalmente, acompanha não só essa ação particular, mas todas as ações dessa espécie: as que resultam de uma decisão deliberada.

Embora, para Leiter, a restrição implícita da fenomenologia a ações que resultem de uma decisão deliberada torne a fenomenologia *mais* plausível do que seria se tentasse descrever todas as ações, isso ainda não consegue deixar a fenomenologia plausível o suficiente para sobrecarregar Nietzsche com ela. A fim de entender por que, só precisamos ter duas coisas em mente: a) a descrição de Nietzsche da "emoção do comando" e b) o objetivo, segundo a exposição de Leiter, que a fenomenologia tem em vista. Quanto ao item (a), aqui está a descrição de Nietzsche sobre o que Leiter chama a "emoção de comando":

"Eu sou livre, 'ele' tem de obedecer" — esta consciência é inerente a toda vontade; e da mesma maneira o esforço da atenção, o olhar direto que se fixa exclusivamente num objetivo, a avaliação incondicionada de que "isto e nada mais é agora necessário", a certeza interior de que será prestada obediência — e seja lá o que mais faça parte da posição do comandante. O ser humano que *quer* comanda algo em si que presta obediência ou que ele acredita que presta obediência. (*ABM* 19)

Leiter apresenta o que poderíamos chamar este completo *drama de querer* como parte da fenomenologia da vontade. Quanto a (b), observemos que, do ponto de vista de Leiter, Nietzsche considera o trecho precedente como uma descrição fenomenológica de *todas as ações que resultam de deliberação*. Isso é realmente de todo plausível? Parece claro que não. Pois considerar que o fosse, teria de ser plausível supor que, quando decido pedir sorvete de baunilha e não de chocolate na sobremesa, me vejo "comandando" alguém que "obedece"[2] e experi-

---

1. Que as sensações a que Nietzsche se refere sejam "sensações físicas" é provavelmente a leitura mais natural do trecho, embora apresentemos uma alternativa mais para o final deste capítulo.

2. Talvez Leiter não tenha noção do problema porque traduz o "ich bin frei, 'er' muss gehorschen" de Nietzsche como "eu sou livre, 'isto' deve obedecer", em vez de "'ele' deve obedecer". Esta versão não segue as traduções que Leiter afirma seguir (e corrigir, se necessário), e ele não dá explicações para a alteração. A resposta de Leiter a uma primeira formulação dessa crítica é que parece óbvio que "er" significa o corpo, que é um substantivo masculino e que aparece no trecho (Leiter, 2011, p. 116). Contudo, *isto* (na realidade uma palavra diferente daquela que Leiter menciona, que

mentando o "esforço da atenção, a avaliação incondicionada de que 'isto e nada mais é agora necessário', a certeza interior de que será prestada obediência" (*ABM* 19). Não negamos que, se tenho essa fenomenologia em mente, posso ser capaz de ver o drama se passar ao pedir baunilha. A questão é que não parece absolutamente plausível supor que *tenho de* experimentar minha situação desse modo na medida em que me experimento agindo de forma deliberada.

No entanto, deve ser dito que o exemplo de Leiter, ao descer para dar uma olhada nos filhos, faz com que a fenomenologia pareça não de todo implausível. Isso acontece, no entanto, na medida em que se trata aqui de uma categoria diferente, ainda mais estreita de ações: não ações em geral ou ações que resultem de deliberação, mas *ações executadas em oposição a uma resistência*, como num caso de tentação. No exemplo, Leiter decide que "deveria descer para ver o que as crianças estão fazendo". Esse modo de abordar o assunto abre a possibilidade de que, no exemplo, Leiter pense que *deveria* dar uma olhada nas crianças, embora, no momento, *preferisse* continuar no computador. Em tal caso, talvez não fosse implausível pensar que o "drama de querer" ocorre: faz sentido pensar que acontece aqui um "comando" do tipo descrito por Nietzsche.

Pensamos que são justamente esses casos de ação, os empreendidos em oposição a uma resistência, que Nietzsche tem em mente em *ABM* 19. Seu ato paradigmático de vontade tem lugar numa situação de conflito e luta psíquicos, na qual uma pessoa se defronta com uma escolha entre alternativas, podendo, em determinado momento, preferir e ser atraída para uma delas, embora essa alternativa se lance diante de seus valores, enquanto a outra, requerida por esses valores, não é o que ela quer fazer. Propomos que a superação da resistência a agir conforme nossos valores — o exercício da "vontade de poder" — é o tipo de caso para o qual Nietzsche proporciona uma fenomenologia nesta seção. Se assim for, as sensações que acompanham o "querer" podem ainda ser agrupadas como sensações físicas. Mas poderia ser igualmente ou mais plausível interpretá-las como sensações *psíquicas*: "a sensação do estado *do qual se quer sair*", como a sensação de resistência e, num caso de tentação, "a sensação do estado *ao qual se quer chegar*", como a sensação de agir ou ser capaz de agir com base em seus compromissos ou

---

absolutamente não ocorre no trecho) só aparece mais de uma página à frente, de modo que é mais provável que o leitor do texto alemão interprete que Nietzsche se refere antes a um "ele" que a um "isto". Além do mais, é difícil ver como o corpo poderia ser o "algo em si" ("einem Etwas in sich") o qual Nietzsche afirma que a pessoa que deseja "comanda" (*ABM* 19).

valores. A sensação de "sair" seria a experiência de escapar daquilo que oferece resistência e, a de "chegar", a sensação de mover-se para mais perto da superação da resistência e ser capaz de agir com base em seus valores. Qualquer uma dessas interpretações do primeiro elemento da fenomenologia de Nietzsche se ajusta à interpretação "força de vontade" do trecho. Além disso, a última interpretação é também compatível com uma das sensações a que Nietzsche presta atenção especial, de um modo que pode parecer dar suporte à leitura naturalista de Leiter, isto é, as sensações, devido a "uma espécie de hábito", de nossos músculos começando a se mover antes que de fato o façam. Isso se ajusta, pelo menos igualmente bem, à interpretação "força de vontade": sentimos nossos músculos se movendo antes que o façam porque esperamos que o façam, isto é, que façam o que acabamos de dizer a nós mesmos para fazer.

A grande vantagem de considerar que Nietzsche ofereça uma fenomenologia da "força de vontade" é que ela pode explicar a necessidade tanto do "pensamento de comando" quanto da "emoção de comando". Como argumentamos, se *ABM* 19 apresenta uma fenomenologia de ações (comportamento voluntário) ou de ações empreendidas como resultado de deliberação, como Leiter presume, a fenomenologia é apenas implausível. Mesmo admitindo a necessidade de um pensamento no caso de ação baseada em deliberação, ele não precisa ser experimentado como um comando. Deveríamos nós (ou deveria eu) ir esta noite ao cinema ou ficar em casa lendo um livro? O pensamento que resulta na ação pode perfeitamente ser: "vamos ao cinema" ou "acho que vou [significando que decidi] ficar em casa lendo". Não existe aqui pensamento de comando nem qualquer "emoção de comando". Mas num caso no qual exercitamos a força de vontade a fim de superar resistência, parece plausível que o pensamento que dirige nosso comportamento assuma a forma de um comando — por exemplo: "Largue agora o garfo e saia de perto desse bolo de chocolate", ou um tanto mais sutil quando queremos mesmo continuar lendo o *New York Times*: "Hora de voltar ao trabalho". E seja qual for o tom do pensamento de comando, ele deve ser acompanhado pelo que Nietzsche chama de "emoção de comando". Caso contrário a pessoa não estaria dizendo a si mesma o que fazer, mas apenas articulando as palavras e sendo sujeita aos movimentos, sem ter a experiência de sua própria força de vontade. Em suma: embora seja implausível que uma emoção de comando faça parte da fenomenologia da tomada de decisão de cada dia, é bastante plausível que tenha de fazer parte de nossa experiência de exercitar a força de vontade diante de resistência. Essa é a primeira grande vantagem de nossa interpretação sobre a de Leiter.

Contudo, um sério problema continua a existir na fenomenologia de Nietzsche. Se é plausível que a experiência de superar a resistência por meio de um ato de vontade envolva uma emoção de comando, é (ainda) difícil admitir seriamente o que chamamos o drama de querer que, ao que parece, Nietzsche acondiciona na fenomenologia que propõe. Recorde o drama:

> O que chamam de "livre-arbítrio" é essencialmente o sentimento de superioridade sobre aquele que deve obedecer: "Eu sou livre, 'ele' tem de obedecer" — essa consciência é inerente a toda vontade, assim como essa atenção tensa, esse olhar direto que se fixa exclusivamente numa coisa, essa avaliação incondicional de que "isto e nada mais é agora necessário", essa certeza interior de que seremos obedecidos e o que mais se inclua no estado daquele que comanda. Um homem que *quer* [...] comanda algo em si que obedece ou que ele crê que obedece. (*ABM* 19)

Aqui Nietzsche parece estar dando prosseguimento à sua fenomenologia da vontade. Se está, "o sentimento de superioridade sobre aquele que deve obedecer" é o mesmo "sentimento de comando" que é o componente-chave dessa fenomenologia. É isso que ainda ameaça a fenomenologia de implausibilidade. Quando supero a resistência por meio do exercício de minha vontade, não pareço experimentar superioridade sobre alguém que deve obedecer. Isso é verdade mesmo se o "ele" ou ela que devem obedecer são apenas eu mesmo, como Nietzsche sugere algumas linhas mais tarde, ao dizer que "somos ao mesmo tempo aquele que comanda *e* aquele que obedece". Ao exercer a força de vontade, comando a mim mesmo, mas isso não me dá um sentimento de superioridade *sobre mim mesmo*. Talvez devêssemos considerar o "ele" que obedece como aquilo, seja o que for, que me move ou ameaça me mover a fim de agir contrariamente a meus valores, a saber, os impulsos ou as inclinações que vão contra esses valores. O fundamental seria então que, ao querer, experimento essas inclinações como externas a mim (já que o meu eu é constituído por meus valores), embora evidentemente elas ainda sejam, em outro sentido, *minhas* inclinações (pertencem a mim, embora eu não as endosse). Mas isso ainda não explica o sentimento de superioridade sobre "aquele que deve obedecer" como parte da fenomenologia da vontade. Embora eu possa experimentar ou tratar certas inclinações como externas a mim mesmo, não as experimento como um "ele" (ou um "ela"). Nem sinto que estou comandando minhas inclinações. Na medida em que meu sentimento de comando tem um objeto, esse objeto sou eu mesmo.

Aqui está nossa solução para o problema. Quando Nietzsche diz que aquilo que chamamos "livre-arbítrio" é "essencialmente" um sentimento de superioridade, ele não está mais envolvido com a fenomenologia. O uso de "essencialmente" sinaliza que se move do macronível, o nível da pessoa e da experiência consciente, para o micronível, o nível dos processos reais que *constituem* o querer, os processos dos quais somos conscientes, saibamos disso ou não, ao experimentarmos o querer. Ele nos diz como aquilo que experimentamos como "livre-arbítrio" e chamamos como tal é constituído; nos diz do que, em sua essência, se trata: isto é, de um sentimento de superioridade sobre "aquele que deve obedecer". Quem tem esse sentimento? Não (pelo menos em primeiro lugar) a pessoa do macronível, mas os elementos do micronível, os quais sabemos que Nietzsche julga serem os impulsos. *ABM* 12 afirma que a alma é uma "estrutura política dos impulsos e sentimentos" e *ABM* 6, que cada impulso (pelo menos cada um dos que inspiraram uma filosofia) "ficaria sem dúvida muito contente em *se* apresentar como [...] o senhor legítimo de todos os outros impulsos". *ABM* 19 deixa explícita a imagem sugerida por essas afirmações, descrevendo impulsos que comandam outros impulsos a fim de que realizem certas ações e ignorem impulsos subversivos que os estão instigando a agir de outro modo. Os impulsos que comandam se apresentam aos demais impulsos como tendo autoridade política, como tendo a autoridade de falar por toda a "comunidade", sendo portanto "senhores legítimos" dos demais impulsos. Ao assumir essa postura com relação aos outros impulsos, eles "se experimentam" como superiores a eles. É o impulso ou os impulsos comandantes ou mestres que Nietzsche tem em vista ao dizer: "Eu sou livre, 'ele' tem de obedecer", em que "ele" é o impulso que está sendo comandado para cumprir a ação e ignorar estímulos de impulsos contrários. Em outras palavras, segundo essa explicação, quando uma pessoa quer, comanda a si própria para fazer algo contra uma resistência e experimenta, assim, o sentimento de comando e "livre-arbítrio" no nível daquele impulso, que um conjunto de impulsos apresenta como superior, impulso cuja atividade constitui, no nível da pessoa, a tentação de afastá-la de seus valores ou compromissos, isto é, da execução da ação comandada.

Nietzsche, então, apresenta o "drama do querer" não como parte de como experimentamos o querer, mas como uma explicação do que é o querer, de como o querer está realmente constituído. O primeiro ponto a favor dessa visão é, como sustentamos, que ela nos impede de ter de atribuir a Nietzsche uma fenomenologia implausível. Suporte adicional vem de um trecho vizinho, que Leiter também usa para respaldar sua interpretação de *ABM* 19. *ABM* 17 sustenta contra Descartes que, com base apenas nos fatos da experiência ou consciência, só temos o direito de concluir que o pensamento está se desenvolvendo, não a existência de um "eu", de uma pessoa ou entidade que faz o pensamento. "Mesmo o 'isto' [*it*] contém uma interpretação do processo e não pertence ao processo em si" (*ABM* 17). Leiter cita esse trecho e se mostra de acordo com o que acabamos de dizer sobre ele, bem como com nossa suposição de que devemos aplicar o que ele diz a fim de formular a discussão do querer em *ABM* 19. Mas Leiter deixa escapar ou ignora o que consideramos a implicação mais importante desse recurso para a interpretação de *ABM* 19, ou seja, uma negativa de que "eu" e "ele" (ou "isto", como Leiter coloca) pertençam à fenomenologia da vontade.[3] A fenomenologia só envolve sensações, um pensamento de comando e a emoção de comando. *ABM* 17 mostra que Nietzsche está empenhado em dizer que o "eu" e "ele" contêm uma

---

3. Leiter afirma que *ABM* 17 fornece o fato crucial que Nietzsche usa para sustentar a negativa da causalidade da vontade presente em *ABM* 19, ou seja, que "um pensamento vem quando ele quer, não quando eu quero", o que, segundo ele, significa que "nossos 'pensamentos' aparecem na consciência sem termos a experiência de os ter desejado. Segue-se daí que um componente da experiência de querer — nomeadamente, o pensamento de comando — é, em si mesmo, determinado de forma causal por algo diferente da vontade" (Leiter, 2007, p. 10). Leiter acrescenta que, segundo Nietzsche, a única vontade que contaria como verdadeiramente livre — livre num sentido suficiente para aceitar imputações de responsabilidade moral — é a que fosse *causa sui* (*ABM* 21). "Como mostramos que o 'pensamento de comando', que é parte da experiência da vontade, não é *causa sui*, segue-se que a vontade que ele ajuda a constituir não é *causa sui* e, assim, quaisquer ações com base nessa experiência não poderiam suportar imputações de responsabilidade moral" (Leiter, 2007: 10). Há alguns problemas aqui. Primeiro, não há evidência em *ABM* 21 de que Nietzsche pense que as imputações de responsabilidade moral requeiram que o agente seja *causa sui*. Segundo, se ele de fato aceitasse esse requisito, seria supérfluo argumentar contra a vontade ser *causa sui* sob o pretexto de que o aparecimento de pensamentos na consciência é determinado de forma causal, pois Nietzsche (corretamente) afirma que a ideia de uma *causa sui* é uma contradição em termos (*ABM* 21). Terceiro, o fato de não podermos fazer pensamentos se transformarem em realidade não é um problema para qualquer concepção de livre-arbítrio. Consideremos isso do ponto de vista de nossa afirmação sobre o caso paradigmático de querer que Nietzsche tem em mente em *ABM* 19. Em casos de tentação, a presença do pensamento sobre o que eu deveria fazer é presumida: ela define a situação. Nenhum libertário — muito menos um compatibilista — que afirma que somos livres para fazer ou não fazer aquilo que somos tentados a fazer precisa se preocupar com o fato de que não se introduz o pensamento que formula as exigências de nossos valores na consciência *ex nihilo*. Esse pensamento está lá: sabe-se o que é; também se conhece o pensamento concorrente: o que seria bom fazer, embora entre em conflito com nossos valores. A experiência de querer é presumivelmente a experiência de comandar a si próprio a fim de agir com base num desses pensamentos, e não no outro. Portanto, o simples fato de que não introduzimos originalmente na consciência, por nossa própria vontade, o pensamento que se torna nosso pensamento de comando não tem tendência a mostrar que o querer — comandar a si próprio no intuito de agir com base nesse pensamento — não produz ações. Se esse, então, é o argumento de Nietzsche para a tese de *ABM* 19 sobre a causalidade da vontade, é um argumento desconcertante e não particularmente forte.

interpretação do processo e não pertencem ao processo em si, isto é, ao que aparece na consciência. Isso também acontece em *ABM* 19: "Eu sou livre, 'ele' tem de obedecer" não é uma descrição do que está presente na consciência, mas uma interpretação disso — isto é, uma explicação do que realmente se passa quando se experimenta o querer, uma explicação da realidade que essa experiência reflete. Que ela possa ter em conta essa implicação de *ABM* 17 é uma segunda grande vantagem de nossa interpretação de *ABM* 19 sobre a de Leiter.

7.2 *ABM* 19: QUERER

Como temos destacado, Leiter considera que a função da fenomenologia de Nietzsche seja desenvolver uma demonstração de que nossa experiência do querer nos desorienta sobre a causalidade de nossas ações. Nossa afirmação relativa a em que ponto cessa a fenomenologia de Nietzsche sustenta uma visão muito diferente de sua função e fornece uma base para a teoria de Nietzsche do que é realmente o querer. Essa teoria está concebida para explicar de onde vêm os elementos da fenomenologia — sensações, pensamento e emoção de comando —, dando uma explicação da realidade a partir do aparecimento desses elementos na consciência.

A explicação de Leiter seria mais plausível se ele admitisse esse ponto e afirmasse oferecer uma alternativa à nossa explicação da fonte da emoção de comando. A explicação alternativa pode ser reconstruída a partir do seguinte:

> Por "emoção de comando", Nietzsche entende o sentimento de que o pensamento (isto é, o conteúdo propositivo, como "vou me levantar da escrivaninha e descer") provoca outras sensações físicas, isto é, sensações de "se afastar", "se aproximar", sensações, numa palavra, de movimento; e que este comando é *quem eu sou*. *Identifican-do-me* com o pensamento que comanda — considerando que ele seja "quem eu sou" (nesta ocasião) —, sinto-me superior, experimento este sentimento de superioridade. *É uma identificação* com a "sensação" de que o pensamento é superior, que está sendo obedecido. (Leiter, 2007, p. 7)

Um elemento disso é particularmente estranho: a ideia de que o pensamento que comanda provoca as sensações de movimento. Por certo, quando nos experimentamos querendo, acreditamos estar provocando o movimento, não a sensação do movimento. Presumivelmente, Leiter se vê forçado a defender essa posição apenas porque acha que Nietzsche está envolvido com a fenomenologia, e a ação em si se encontra fora da experiência de querer. A explicação de Leiter seria mais plausível se ele considerasse que Nietzsche interrompe aqui sua fenomenologia e propõe uma explicação sobre a razão de o sentimento de comando aparecer na consciência, isto é, a pessoa se identifica com o pensamento de comando e acredita que esse pensamento provoca os movimentos físicos que constituem a ação. Pelo menos à primeira vista, isso não parece inaceitável e poderia ser visto como uma sugestão de epifenomenalismo se pensarmos que Nietzsche nega que pensamentos provoquem ações (com base, digamos, nos princípios sugeridos por Daniel Wegner [2002] de que a ação começa antes que o pensamento ocorra na consciência). Mas precisamos considerar ao que essa "identificação" equivale. Leiter parece dizer que a pessoa se considera o pensamento de comando — "este comando é quem eu sou". Mas isso é implausível como um elemento de fenomenologia. Eu *nunca* tenho a experiência de achar que *sou* um pensamento. Leiter só pode pretender dizer que a identificação com o pensamento é necessária no intuito de *explicar* minha experiência de uma emoção de comando. Contudo, isso ainda parece implausível se significa que tomo a mim mesmo, inconscientemente que seja, *como* o pensamento de comando. Há, porém, outro sentido de identificação, o qual representa o início de uma teoria plausível. Identificar-se com alguém não é (normalmente) achar que somos essa pessoa, mas adotar seu ponto de vista. Assim, talvez Leiter pretenda dizer que experimentamos um sentimento de comando quando "queremos" porque adotamos o ponto de vista do pensamento de comando. O problema aqui é que os pensamentos, em si, não têm pontos de vista, embora venham de pontos de vista que pertencem a pessoas. Mas o ponto de vista da pessoa, na opinião de Nietzsche, é o ponto de vista de seus impulsos, cada um dos quais vê o mundo do ponto de vista de seus interesses. Dada essa afirmação sobre os impulsos, faz sentido dizer que a pessoa experimenta um sentimento de comando quando "quer" devido ao fato de seu ponto de vista ser, nesse caso, o ponto de vista de seus impulsos de comando, daqueles que se situam mais alto na estrutura política. Não parece que o conceito de identificação acrescente algo necessário aqui; o conceito de constituição se ajusta melhor ao texto de Nietzsche. De novo, o ponto de vista da pessoa que experimenta o querer é constituído pelo — no sentido de que simplesmente é o — ponto de vista dos impulsos que usam os adornos da autoridade política a fim de se impor nos conflitos com os outros impulsos.

Apoio a essa interpretação vem de um exame do seguinte segmento de *ABM* 19:

> Mas observemos agora a coisa mais estranha sobre a vontade — sobre esta coisa tão complexa para a qual as pessoas têm apenas *uma* palavra, visto que nas circunstâncias

dadas somos ao mesmo tempo o que manda e o que obedece, e como o que obedece conhecemos as sensações de constrangimento, compulsão, pressão, resistência, reações que em geral começam imediatamente após o ato de vontade. Por outro lado, temos o hábito de não fazer caso dessa dualidade e de nos enganarmos a seu respeito por meio do conceito sintético do "eu"; assim, toda uma cadeia de conclusões errôneas e, consequentemente, de falsas avaliações da própria vontade acabou ligada ao querer — a tal ponto que aquele que quer acredita sinceramente que o querer é suficiente para a ação.

A "coisa mais estranha sobre a vontade" consiste na conjunção de dois fatos: primeiro, que a vontade admite uma dualidade e, segundo, que não fazemos caso dessa dualidade e nos enganamos a seu respeito "por meio do conceito sintético do 'eu'". Leiter comenta isso como se segue:

> Em outras palavras, falar de "eu" — como em "*eu* vou descer" — obscurece um fato elementar: é meu corpo que está "obedecendo" à minha vontade, portanto "eu" sou também alguém que obedece, assim como alguém que comanda. Naturalmente, não experimentamos ou pensamos nisso desse modo: identificamos o "eu" com o sentimento de *comandar*, não com o sentimento de obedecer. (Leiter, 2007, p. 6)

Mas não é bem assim. Nietzsche não afirma que meu uso de "eu" esconde de mim o fato de que também obedeço — ele admite como evidente que reconhecemos esse fato. Afirma que aquilo a que chamamos "a vontade" é uma "coisa complexa para a qual as pessoas têm apenas uma palavra". A vontade é "complexa" no sentido de ter componentes diferentes, uma parte que comanda e uma parte que obedece. O que é obscurecido por nosso uso do "eu" a fim de falar tanto da parte que comanda quanto da que obedece é isto: que a vontade tem diferentes componentes, e não que eu tanto obedeço quanto comando. E não se trata de que não possamos pensar em nós mesmos como também obedecendo enquanto estamos querendo. Na medida em que penso em mim mesmo como comandando, penso em mim mesmo como comandando a mim mesmo — e não a algum "ele" ou "ela", como já argumentamos. Portanto, posso facilmente reconhecer, mesmo se não costumo ter isso em primeiro plano na minha consciência enquanto estou querendo, que estou também obedecendo a mim mesmo. Contudo, na medida em que nos experimentamos querendo, Nietzsche afirma, presumimos o ponto de vista e, assim, experimentamos a emoção de "algo em nós" que comanda, e não o ponto de vista de "algo em nós que obedece". Mas o que é isso em nós que comanda e obedece? A resposta óbvia é que são os impulsos. Os impulsos dominantes na ordem política dos impulsos — aqueles que têm autoridade para falar por toda a comunidade — comandam. São os impulsos cuja alta posição na hierarquia política representa os compromissos mais fundamentais de uma pessoa. Os impulsos que obedecem são os que executam o comando, as disposições para ações básicas, digamos assim, além talvez dos impulsos subversivos que tentam fazer com que a pessoa não aja de acordo com os próprios valores.

Como evidência adicional de nossa interpretação, consideremos a reformulação do "livre-arbítrio" que Nietzsche faz mais adiante no trecho:

"Livre-arbítrio" — essa é a expressão do complexo estado de prazer da vontade que comanda e, ao mesmo tempo, se identifica com aquele que executa o comando; que, como tal, usufrui também o triunfo sobre obstáculos, achando, no íntimo, que foi realmente sua própria vontade que os superou. Desse modo, aquele que quer adiciona as sensações de prazer de seus bem-sucedidos instrumentos executivos, as úteis "vontades subalternas" ou almas subalternas — nosso corpo, na verdade, não passa de uma estrutura social composta de muitas almas —, à sensação de prazer como comandante. (*ABM* 19)

Observemos, primeiro, que a equação de Nietzsche com "vontades subalternas" e "almas subalternas" indica que a vontade é a alma. Porque, como mencionamos, Nietzsche encara a alma como a "estrutura política dos impulsos e sentimentos" (*ABM* 12), uma estrutura de legitimidade e autoridade, não apenas força, o que confirma nossa afirmação de que as partes da vontade são os impulsos e que a estrutura que lhes permite formar a vontade é política. Mas se a vontade é a alma, como ela pode ser composta de "muitas almas"? A ideia parece ser que o todo (alma ou vontade) é composto de partes (os impulsos), cada uma das quais é uma estrutura política de muitos outros impulsos. Por exemplo, Nietzsche apresenta o impulso de conhecimento como produto de um longo processo histórico e cultural o qual reuniu muitos impulsos diferentes num projeto comum (*GC* 110; cf. *GM* I: 1). Em segundo lugar, os impulsos que executam as ordens dos impulsos politicamente dominantes parecem ser disposições do corpo — portanto, como dissemos, disposições para executar ações básicas, como mover os pés. O terceiro ponto, e o mais importante, é que aquilo que constitui nossa experiência de "livre-arbítrio" combina elementos de ambos os componentes da vontade: o ponto de vista e, portanto, o sentimento de superioridade dos impulsos *de coman-*

do, mas também o prazer dos impulsos *comandados*, na medida em que superam obstáculos à execução da ordem.

A seção do trecho do qual extraímos esse último ponto continua como se segue:

> *L'effet c'est moi*; acontece aqui o mesmo que em toda comunidade bem organizada e feliz; ou seja, a classe dirigente se identifica com os êxitos da comunidade. (*ABM* 19)

A "classe dirigente" no caso da vontade pode ser apenas os impulsos que comandam: os situados mais alto numa ordem política. Na realidade, eles não executam o movimento físico que comandaram; tal movimento é realizado pelos impulsos ou hábitos relacionados especificamente a tal movimento. Mas a "classe dirigente" formada pelos impulsos de comando "se identifica com os êxitos da comunidade" no sentido de que fica com o crédito do que os impulsos comandados fizeram, que é o que acontece em "toda comunidade bem organizada e feliz". O faraó diz que construiu as pirâmides, quando, numa formulação mais literal, ele meramente ordenou que outros as fizessem.

Assim, é o impulso que comanda o qual "se identifica com aquele que executa o comando". Mas como a experiência de querer da pessoa é o aparecimento na consciência do ponto de vista dos impulsos que comandam, e esses impulsos se identificam com os "êxitos da comunidade", a pessoa também experimenta o prazer "daquele que executa o comando". "Desse modo", Nietzsche nos diz, a pessoa adiciona "à sensação de prazer como comandante" "a sensação de prazer de seus bem-sucedidos instrumentos [instrumentos do comandante] executivos". Assim, por exemplo, quando me obrigo a caminhar morro acima dizendo a mim mesmo que o exercício pode ser-me útil, embora eu não queira fazê-lo, obtenho o prazer não apenas de comandar a ação, mas também do "triunfo [de triunfar] sobre os obstáculos", que supero obedecendo, isto é, subindo o morro. A conclusão é que ter livre-arbítrio é ser uma comunidade bem organizada e feliz de impulsos, uma comunidade em que os impulsos com autoridade política comandam e são obedecidos pelos impulsos que realmente fazem o trabalho. Os impulsos politicamente superiores ficam, de forma conveniente, com o crédito pelo trabalho feito pelos outros impulsos, pois, nas mesmas circunstâncias, o trabalho não teria sido feito se aqueles não tivessem dado as ordens.

Esse modo de apresentar a coisa pode ser, no entanto, enganoso, pois não sustentamos que o querer seja necessário para toda ação. Segundo nossa interpretação de Nietzsche, a vontade está conectada de modo causal à ação, mesmo quando não está ocorrendo um comando, como de fato não está na maior parte da ação humana. A vontade é a ordem política dos impulsos, uma ordem de legitimidade, mas numa "comunidade bem ordenada e feliz" (*ABM* 19), a ordem causal dos impulsos, uma ordem de força, está em grande parte de acordo com a ordem política, o que não acontece por acaso. No mínimo, a ordem causal não seria como é se não estivesse de acordo com a ordem política — ou seja, com os valores da pessoa — e, em pelo menos alguns casos, ela é como é devido à ordem política. Nesses casos, é porque a autoridade dos impulsos que comandam foi reconhecida que certas práticas têm sido empreendidas (às vezes em resposta a comandos, às vezes simplesmente porque a autoridade é reconhecida), de modo que, como resultado, os impulsos com autoridade política são agora também mais fortes em termos causais que aqueles que poderiam, de outra forma, tentar subvertê-los, e não precisam recorrer a comandos a fim de que a vontade influencie a ação. Isso explica a afirmação aparentemente desconcertante de Nietzsche em *Ecce Homo* de que a experiência não o faz conhecer nada acerca da vontade. "'Querer' alguma coisa, 'lutar' por alguma coisa, ter em vista um propósito, um desejo — a experiência não me faz conhecer nada disso" (*EH* I: 9). Dada a interpretação de Leiter de *ABM* 19, é difícil compreender a negação que Nietzsche faz de ter tido alguma experiência de querer. Podemos admitir que talvez Nietzsche esteja exagerando, mas sua negação seria muito mais que exagero se ele achasse que a experiência de querer discutida em *ABM* 19 é algo que acompanha toda ação empreendida em resposta a uma decisão deliberada. Por outro lado, se nossa análise estiver correta e a experiência de querer detalhada em *ABM* 19 for a experiência da força de vontade, faz perfeito sentido Nietzsche negar que conheça isso a partir da experiência (mesmo que possa haver um exagero aqui) num trecho dedicado a nos advertir que "toda superfície da consciência [...] deve ser conservada livre de todos os grandes imperativos. Tomem cuidado com cada palavra grandiosa, cada postura grandiosa" (*EH* I: 9).

Concluímos esta seção com uma discussão sobre o final de *ABM* 19, que, como já mencionado, parece particularmente difícil de interpretar. Embora entre nossas várias reações iniciais a esse segmento estivesse a pergunta: "Do que afinal ele está falando?", pensamos agora que a interpretação de *ABM* 19 que desenvolvemos fornece uma moldura para compreendê-lo. Não vemos como o segmento pode fazer muito sentido dada a interpretação naturalista de Leiter e sugerimos que Nietzsche colocou-o no final de *ABM* 19 no intuito de dar uma pausa aos leitores da leitura naturalista para a qual sabia que o resto do texto se inclinaria e talvez os seduzisse. Aqui está o final:

Em todo querer se trata simplesmente de mandar e obedecer com base, como já disse, numa estrutura política composta de muitas "almas". Devido a ela um filósofo deveria afirmar o direito de incluir o querer em si dentro do campo da moralidade: isto é, da moralidade compreendida como a teoria das relações de domínio sob as quais surge o fenômeno "vida". (*ABM* 19)

Observe que Leiter não pode aceitar que Nietzsche fale aqui sobre a fenomenologia do querer porque nega que obedecer seja parte dessa fenomenologia. Nietzsche só pode estar falando sobre o querer em si. Tendo nos dito em *ABM* 12 que a alma é uma estrutura política dos impulsos e sentimentos, Nietzsche fala agora de como essa estrutura política trabalha a fim de produzir ações: por meio do comando e da obediência dos impulsos. Discutimos mais tarde objeções à plausibilidade dessa teoria; ainda, no entanto, que seja implausível, parece ser a única que Nietzsche apresenta no texto.

Mas o que pode significar dizer que os filósofos têm o direito de incluir o querer "dentro do campo da moralidade" ou, pior, de chamar de moralidade "a teoria das relações de domínio sob as quais surge o fenômeno 'vida'"? A interpretação naturalista da vontade não possui recursos para explicar essas afirmações — nada que conecte o querer à moralidade ou que pareça capaz de explicar como a vida se dá por meio de "relações de domínio". Podemos começar a compreender essas afirmações se reconhecermos que Nietzsche encara o querer como essencialmente conectado a valores.

A caracterização que Nietzsche faz da moralidade em relação a "relações de domínio" que dão origem à "vida" requer que perguntemos o que ele pretende dizer aqui por "vida" e por "moralidade". Quanto à primeira, argumentamos mais cedo que *ABM* 9 define "vida" antes em termos normativos que biológicos, como equivalente à "verdadeira vida", a viver de acordo com valores ou compromissos éticos, e é assim que ele usa "vida" durante toda a primeira parte de *ABM*. Sugerimos que Nietzsche faz a mesma coisa aqui: "vida" é equivalente à "verdadeira vida", uma vida vivida de acordo com valores éticos. Além disso, tais valores são o que Nietzsche tem em mente quando fala de "moralidade"; usa o termo no sentido amplo que o torna equivalente a "ética" — o sentido estreito sendo precisamente o tipo de moralidade que se mascara como moralidade em si e que a filosofia "além do bem e do mal" de Nietzsche visa superar (*ABM* 32; Clark, 2002). Colocadas essas duas afirmativas, podemos ver que as "relações de domínio" são as relações políticas entre os impulsos que constituem o acervo de valores éticos de uma pessoa, e é em virtude disso que ela tem "vida" no sentido normativo. Ser, então, capaz de oferecer uma interpretação plausível do final do trecho soma-se às vantagens de nossa interpretação de *ABM* 19 sobre a de Leiter.

7.3 O ERRO LIGADO AO QUERER

Embora tenhamos apresentado forte evidência de que a fenomenologia da vontade de *ABM* 19 procura antes *reabilitar* que desmistificar a noção tradicional de querer, reconhecemos que *ABM* 19 rejeita *algo* ligado a essa noção. Nosso objetivo nesta seção é explicar o que é esse algo de modo que deixe intacta a causalidade da vontade.

ABM 19 afirma, de fato, que "toda uma cadeia de conclusões errôneas e, consequentemente, avaliações falsas da própria vontade [*des Willens selbst*] tornou-se ligada ao querer [*Wollen*]" e explica que, como "o conceito sintético 'eu'" nos leva a menosprezar a dualidade da vontade, somos induzidos a acreditar "*que o querer é suficiente para a ação*", isto é, que atos de vontade são suficientes em termos causais para produzir ações. Leiter considera que a ideia de Nietzsche aqui é que "a fenomenologia do querer, por mais nítida que seja, de fato *não* reflete, retrata ou [...] identifica uma verdadeira relação causal".[4] Isso acontece porque "o pensamento de comando, com o qual nos identificamos porque ele nos dá um sentimento de superioridade, não é de fato idêntico a nada que realmente integre uma relação causal e a ação que dela resulta" (Leiter, 2007, p. 4). Segundo Leiter,

---

4. Leiter acrescenta aqui uma qualificação entre parênteses, sugerindo que *ABM* 19 pode negar apenas que a fenomenologia do querer identifique "uma relação causal *suficiente para aceitar imputações de responsabilidade moral*" (Leiter, 2007, p. 4; destacado por mim). Mas essa interpretação qualificada é uma tese muito diferente daquela que *ABM* 19 parece adotar acerca da causalidade da vontade. Leiter estava certo em ver nesse trecho a sugestão de que o querer não causa absolutamente ação, que é um epifenômeno. É essa sugestão — feita pelo texto de Nietzsche e defendida na explicação que Leiter dá sobre ele — que nos interessa refutar neste livro. A interpretação qualificada — dizendo que pelo fato de o querer ser determinado, não somos moralmente responsáveis por nosso comportamento volitivo — é uma questão muito diferente e requer uma resposta diferente. Embora uma resposta completa esteja além do objetivo deste livro, achamos difícil entender por que Nietzsche pensaria que a fenomenologia de *ABM* 19 é necessária para essa afirmação (cf. nota 4). Além disso, o que Leiter precisaria para tornar plausível atribuir essa afirmação qualificada a Nietzsche seria mostrar que *ABM* 21 presume, como ele afirma, que todas as formas de compatibilismo são falsas. Mas ele não apresenta evidências e, diante disso, *ABM* 21 é um argumento para o compatibilismo. Longe de rejeitar imputações de responsabilidade sob pretexto de que teriam implicado a noção absurda de uma *causa sui*, *ABM* 21 realmente critica tal rejeição como derivada de uma compreensão errônea de causalidade. Discutimos com mais detalhes esse trecho no capítulo seguinte. Ver também "Nietzsche on Causality and Responsability", de Maudemarie Clark, apresentado como a Bernd Magnus Lecture de 2009 na Universidade da Califórnia, Riverside.

cometemos o erro de pensar que isso acontece porque confundimos uma relação de *correlação* com uma de *causação*. Leiter encara isso como o essencial da afirmação de Nietzsche de que, como

> [...] na grande maioria dos casos, o querer só tem lugar onde o efeito do comando, portanto obediência, portanto a ação deviam ser *esperados*, seu *aparecimento* se traduziu na sensação, como se houvesse aqui uma *necessidade de efeito*. (*ABM* 19)

Mas observemos que esse trecho deixa explícito que "obediência, portanto a ação", é o "efeito do comando" e que isso liga Nietzsche à afirmação de que o querer (o comando) provoca de fato ação. Leiter pode dizer que Nietzsche deve pretender afirmar apenas que a ação é o "efeito visível do comando", mas a única razão para interpretar o trecho desse modo são as necessidades da interpretação de Leiter. Se sua ideia é que a experiência de querer está meramente correlacionada com a ocorrência da ação, mas não é sua causa, é estranho que Nietzsche incluísse na frase "o efeito do comando, portanto obediência, portanto a ação". O modo natural de ler o trecho, considerando como Nietzsche de fato o escreveu, é tomar como certo que querer (comandar) causa uma ação e procurar explicar como chegamos a presumir "que o querer é suficiente para a ação". Chamar essa suposição de "errônea" não é uma negação que pretenda comprometer uma relação causal com a ação. Nietzsche nega apenas que o querer seja *suficiente* para produzir ação.

Mas isso faz sentido? Podemos afirmar que A causa P e negar ao mesmo tempo que A seja suficiente para P? A fim de defender uma resposta afirmativa a ambas as questões, evocamos o comentário de J. L. Mackie sobre a causação: "A declaração '*A* causou *P*' afirma com frequência que *A* era necessário e suficiente para *P nas circunstâncias*" (Mackie, 1965, p. 248, destacado por mim). Dizer, por exemplo, que os freios com problemas causaram o acidente é dizer que os freios com problemas eram necessários e suficientes, *dadas as circunstâncias*, para o acidente — já que o carro estava se movendo a certa velocidade, por exemplo. Poderíamos de forma consistente negar que: a) os freios com problemas fossem *suficientes* para o acidente, sem, no entanto, negar que: b) os freios com problemas *causaram* o acidente, desde que (a) seja interpretado como negligenciando o fato de que eram necessárias *outras* condições (por exemplo, o estado derrapante da estrada e a alta velocidade em que o carro estava se movendo). Nietzsche faz uma coisa similar no caso do querer: ele nega a) que "o querer *seja suficiente* para a ação" sem negar b) que o querer causa uma ação, porque considera que (a) negligencia o fato de que são necessárias *outras* condições para permitir que o querer provoque a ação. Que condições são essas? Bem, consideremos que o querer de uma pessoa é constituído pelos — e, portanto, é idêntica aos — impulsos de alto nível ordenando que os impulsos de baixo nível façam alguma coisa, enquanto a atividade da pessoa é constituída pelos impulsos comandados obedecendo a esses comandos. As outras condições a serem preenchidas para que o querer provoque ação são, portanto, quaisquer condições que tenham de entrar em ação para os comandos dos impulsos superiores provocarem a obediência dos impulsos comandados. A condição principal seria, de modo presumível, que os impulsos comandados reconhecessem a autoridade dos impulsos comandantes, que os impulsos comandados e comandantes existissem então numa comunidade "bem organizada e feliz" (*ABM* 19). O que torna isso possível é um tema importante do trabalho de Nietzsche, mas não um tema de que ele trate nesse trecho.

O erro de pensar que "querer é suficiente para a ação", então, não é o de pensar que querer causa a ação, mas de pensar que ordenar uma ação é suficiente, por si só, para provocar a ação. Somos induzidos a pensar que é o bastante porque a experiência de comandar uma ação é, de modo geral, seguida pela ação; isso acontece porque os impulsos comandados costumam obedecer aos comandos dos impulsos politicamente bem colocados. É, na realidade, uma necessidade conceitual. Se os comandos dos impulsos politicamente bem colocados *não fossem* em geral obedecidos, esses impulsos não estariam no alto da escala política e nada do que pudessem fazer contaria como "comando", assim como o comportamento dos impulsos comandados não seria de reconhecer a autoridade deles ou lhes obedecer. Temos, portanto, uma tendência, que sustenta nosso senso de poder (pois estamos adotando o ponto de vista dos impulsos que comandam), a pensar que o querer (o comandar) provoca sozinho a ação, negligenciando tudo que condiciona a disposição dos impulsos comandados para reconhecer a autoridade dos impulsos que comandam e, assim, para obedecer a esses comandos.

Mas seria esse erro importante o suficiente para que Nietzsche o apresentasse como seu grande problema com as explicações tradicionais da vontade? Pensamos que sim por uma série de razões. Em primeiro lugar, ele torna difícil reconhecer o que é necessário para de fato provocar mudanças no eu ou na vida de alguém. Consideremos o que acontece se alguém pensa que o querer é suficiente para a ação. A pessoa acha que pode afetar a ordem causal de seus impulsos — portanto, o que ela faz — apenas lançando comandos e esquece que as ordens nada fazem por si mesmas, que o comando só é eficaz se nossos impulsos existem numa "comunidade bem organizada e feliz", portanto que o necessário se queremos mudar nossas vidas é pôr em execução tal comunidade de impulsos. Em segundo lugar, isso proporciona uma desculpa para a crença equivocada no "livre-arbítrio", naquilo que Nietzsche chama de "senso metafísico superlativo" (*ABM* 21). Ignorar o fato de que a vontade de poder só provoca ação se os impulsos comandados estão dispostos a obedecer permite que ignoremos todo tipo de sorte moral — a influência "do mundo, antepassados, acaso e sociedade" (*ABM* 21) — que faz com que nossos impulsos existam como uma comunidade "bem organizada e feliz" (*ABM* 19) e que acreditemos ter completa responsabilidade causal por nossas ações. Em terceiro lugar, é precisamente a suscetibilidade a esse erro que faz com que o naturalista rejeite, de modo provável, a própria existência da vontade. Consideremos que Leiter parece raciocinar como se segue:

1. Se houvesse uma vontade, querer seria suficiente para a ação.
2. O querer não é suficiente para a ação.
3. Portanto, não há vontade.

Em nossa opinião, Nietzsche aceita 2, mas nega 1. Sustenta que a vontade é a ordem normativa dos impulsos (isto é, a alma), na medida em que essa ordem está envolvida em ação e que o querer é o impulso que comanda dentre os impulsos normativamente bem situados na hierarquia. Por que seria problemático para Nietzsche ter de rejeitar a vontade em si, e não apenas determinada teoria do que está envolvido no querer? Em nosso modo de ver, isso o tornaria incapaz de cumprir um objetivo-chave de sua psicologia: explicar o fato de que os seres humanos sejam capazes de agir moral ou conceitualmente — que sem dúvida sejam capazes de fazer algo não porque o desejem ou o identifiquem entre seus interesses, mas porque o encarem como uma coisa boa.

Quando uma pessoa age com base em valores conceituais, o impulso eficaz em termos causais é aquele que é também o mais elevado na hierarquia política — e tal ação é, portanto, reflexo de sua vontade. Como temos sustentado, a análise do querer em *ABM* 19 diz respeito a um caso no qual uma pessoa está inclinada a agir de um modo que contradiz seus valores; isso significa que o impulso que, no momento, é mais forte em termos causais não é o que está mais alto na ordem política dos impulsos. Quando o querer (o comando) é bem-sucedido, a ordem causal dos impulsos é alinhada com sua ordem normativa por meio do uso da autoridade política, de modo que a vontade da pessoa (a ordem normativa de seus impulsos) é refletida em sua ação.

7.4 DOIS TIPOS DE TEORIA PSICOLÓGICA

Argumentamos que a explicação do querer proporcionada por Nietzsche em *ABM* 19 equipara a vontade à alma e que sua teoria da alma fornece uma base para distinguir o que uma pessoa valora do que meramente deseja. Mas ter uma vontade não é o mesmo que querer. Em nossa leitura da opinião de Nietzsche, uma pessoa *quer* quando tenta superar a resistência e agir de acordo com seus valores. Tal querer, segundo *ABM* 19, é constituído pelo comando de um impulso sobre outros impulsos. Só no caso em que os impulsos comandados *obedecem* é que o querer da pessoa é bem-sucedido. Querer é assim, na visão de Nietzsche, exercitar o que costuma ser chamado de "força de vontade" — um exercício que, no nível dos impulsos, é constituído pela tentativa de um impulso de modificar a ordem causal por meio de sua posição na ordem política. Em nossa opinião, como vimos, Nietzsche considera que essa ordem política — a alma ou vontade da pessoa — constitui os valores da pessoa. E como uma pessoa geralmente age de acordo com seus valores — se *não o fizesse*, eles não *seriam* seus valores —, a ordem política e a ordem causal (que resulta em ação) são, na maioria das vezes, a mesma. Como consequência, as ações de uma pessoa vão, em geral, *expressar sua vontade* sem que ela tenha de *se empenhar em querer* — sem que tenha de exercitar a força de vontade. Tal pessoa é então constituída por uma "comunidade", que costuma ser "bem organizada e feliz" (*ABM* 19).

Embora o texto sustente nossa atribuição da posição aqui descrita a Nietzsche, o princípio da caridade pode parecer militar contra isso. Isto é, embora Nietzsche *pareça* dizer que os impulsos formam uma ordem política, certamente não pode *pretender* dizê-lo de modo literal — fazer isso seria tratar os impulsos como protopessoas. Seria, podemos garantir, melhor perder a vontade ou a alma do que conservá-las compostas de homúnculos. Duas perguntas, então. Nossa leitura não considera que Nietzsche encara os impulsos como homúnculos? E isso não torna ridícula a visão que ela atribui a Nietzsche? Argumentamos, a seguir, que, embora a resposta à primeira pergunta seja um sim qualificado, a resposta à segunda é não.

A fim de responder às acusações apresentadas aqui, é útil considerar a caracterização feita por Daniel Dennett das "duas amplas estratégias que poderíamos adotar" ao nos voltarmos para a psicologia: as estratégias "de baixo para cima" e "de cima para baixo". Ele nos diz que "uma estratégia *de baixo para cima*"

> [...] começa com alguma unidade básica, bem definida ou átomo teórico na psicologia, e desdobra os átomos em moléculas e agregados maiores que podem explicar os fenômenos complexos que todos nós observamos. (Dennett, 1978, p. 110)

Essa estratégia pega alguma unidade não intencional (por exemplo, pares de estímulo-resposta ou sinais de neurônios) e tenta mostrar como tais unidades podem ser compreendidas ao constituírem fenômenos intencionais, psicológicos, como o agir, com base em razões, dos seres humanos. A segunda estratégia é a "estratégia *de cima para baixo*", que

> [...] começa com uma decomposição mais abstrata dos níveis mais elevados de organização psicológica e espera examiná-los em sistemas menores ou processos cada vez mais detalhados. (Dennett, 1978, p. 110)

Essa estratégia pega um fenômeno intencional, como o de um ser humano que deseja uma ação, e tenta mostrar como ele pode ser compreendido de acordo com fenômenos mais simples — embora ainda intencionais. Na leitura que propusemos, a explicação da vontade dada por Nietzsche é claramente um exemplo da abordagem "de cima para baixo". Ele tenta explicar o querer de uma pessoa por uma vontade constituída por impulsos, eles próprios exibindo certo tipo de iniciativa, isto é, aquela envolvida em comandar e obedecer.[5]

---

5. Embora Dennett nos diga que o processo de explicação "de cima para baixo" continua "até que finalmente se chegue a elementos familiares aos biólogos" (Dennett, 1978, p. 110), não está claro se Nietzsche concordaria com isso. A razão é que, sob um aspecto importante, a última parte da estratégia é ambígua. Pode ser que "chegar" a "elementos familiares aos biólogos" seja explicar a *existência* do fenômeno intencional em questão usando esses "elementos". Assim compreendida, a estratégia "de cima para baixo" visa explicar como é que seres que, por exemplo, pensam, desejam e querem passaram a existir via processos os quais podem ser compreendidos de uma perspectiva naturalista. Mas pode ser também que "chegar" a esses elementos seja usá-los para explicar a *intencionalidade* do fenômeno em questão. Compreendida desse modo, a estratégia tenta reduzir o significado a processos causais. Colocando de outra forma, no ponto em que a primeira versão da estratégia tenta compreender como o "espaço das razões" surge do "espaço das causas", a segunda versão tenta compreender o que acontece no primeiro em relação ao último.

A distinção é importante, porque, na leitura que desenvolvemos, Nietzsche não pode aceitar a segunda versão dessa estratégia. Mais especificamente, nossa leitura de *GC* 373-374 no Capítulo 5 argumenta que nessas seções Nietzsche defende a tese de que uma completa explicação causal (ou "mecanicista") do mundo não é uma explicação completa do mundo — isto é, tal explicação não dará acesso a todas as verdades. O que não é negar que todos os fenômenos possam ser compreendi-

Podemos desenvolver nossa análise da posição que Nietzsche adota aqui respondendo a um aparente dilema. Poderiam alegar que aquilo que apresentamos como explicação de Nietzsche dos atos de vontade (isto é, casos em que uma pessoa supera resistência e age conforme seus valores) não é uma *explicação* ou não é uma explicação *desses* atos de vontade. A fim de entender isso, consideremos se achamos que Nietzsche trata os impulsos como pessoas ou não. Se *achamos* que ele trata os impulsos como pessoas, sua posição é problemática, não só porque é ridículo encarar os impulsos dessa maneira, mas porque achamos que ele explica as atividades características de pessoas de acordo com impulsos — os quais se envolvem nas atividades características de pessoas. Nesse caso, não se trata de uma *explicação* em qualquer sentido identificável. Contudo, se *não achamos* que ele trata os impulsos como pessoas, a conversa de "comandar" e "obedecer" em *ABM* 19 parece se dissolver, e ficamos com uma visão segundo a qual é simplesmente o impulso mais forte que produz o comportamento. Nesse caso, sua análise tem força explanatória, mas, em vez de esclarecer os "atos de vontade", ela os obscurece: o que *parecem* ser casos de superação de resistência e de ação conforme valores se revelam indistinguíveis, no nível dos impulsos, de casos de uma simples indecisão seguida por uma ação. Portanto, a explicação de Nietzsche sobre os atos de vontade ou não é uma *explicação* ou não trata *dos atos de vontade*.

A primeira alternativa do dilema diz que, se nossa leitura mostra Nietzsche tratando os impulsos como homúnculos, não se pode considerar que ele tenha oferecido uma explicação da iniciativa característica de seres humanos. A fim de entender por que não, é útil primeiro observar que uma análise psicológica não é traiçoeiramente circular simplesmente em virtude de ser "de cima para baixo". Nas palavras de Dennett:

> Os homúnculos só são *bichos-papões* se duplicam por *inteiro* os talentos que estão pondo em relevo para explicar. Se pudermos conseguir que uma turma ou comissão de homúnculos *relativamente* ignorantes, cegos e de mentalidade estreita produza o comportamento inteligente do todo, isto é progresso. (Dennett, 1978, p. 123)

---

dos em termos causais; é apenas afirmar que há descrições verdadeiras do mundo que não podem ser postas em termos puramente causais. Entre essas descrições verdadeiras estão aquelas que envolvem pesquisas — por conseguinte, alguém que, como o Sr. Mecânico, afirma que todos os fenômenos podem ser compreendidos em termos causais ou mecanicistas se vê incapaz de entender sua própria condição de pesquisador. Isso é o que faz de sua explicação uma das "mais estúpidas interpretações, uma explicação extremamente sem sentido" (*GC* 373).

A pergunta, então, é se as atividades nas quais os impulsos se envolvem são *mais simples* que as atividades da pessoa que eles estão "pondo em relevo para explicar". E é claro que são. Não vamos esquecer que encaramos *ABM* 19 como a explicação de Nietzsche do que acontece quando uma pessoa se envolve num ato de vontade, isto é, quando ela supera resistência e age com base em seus valores. A explicação não vê *os impulsos* superando resistência e agindo com base em valores — ela os vê apenas comandando e obedecendo. Como essas atividades são mais simples que aquela para a qual deviam dar as razões, não existe aqui uma circularidade problemática.

Mas se tornar as atividades dos impulsos relativamente simples ajuda a superar a primeira alternativa do dilema, talvez isso pareça colidir com a segunda. Pois podemos nos perguntar se a explicação de Nietzsche não chega a dizer que o impulso mais forte no final prevalece. Se assim for, ela não oferece a base para distinguir entre casos de resistência a valores e casos de simples indecisão, que não precisam envolver valores.

No intuito de entender por que a explicação de Nietzsche *pode* distinguir entre tentação e indecisão, observemos primeiro que há um sentido trivial em que o impulso mais forte sempre prevalece — isto é, se a força é definida em relação à sua capacidade de prevalecer em caso de conflitos. Mas em qualquer outro sentido, a explicação de Nietzsche tem como intenção *negar* que o comportamento humano seja uma questão de o desejo mais forte prevalecer: é precisamente por isso que ele considera os impulsos comandando e obedecendo em certos casos. Quando agimos com base em nossos valores, não em desejos momentâneos, os comandos de algum(alguns) impulso(s) se contrapõem e sobrepujam a mera força fisiológica dos impulsos. Nesse caso, os impulsos não estão apenas exercendo força causal bruta (como fazem quando uma pessoa está num estado de indecisão); em vez disso, segundo a explicação de Nietzsche, um dos impulsos está exercendo autoridade *política*.

O dilema proposto, então, é um falso dilema: a opinião que atribuímos a Nietzsche é na verdade uma explicação do que acontece quando uma pessoa se empenha num ato de vontade. Poderíamos, no entanto, admiti-la e ainda sustentar que, embora se trate *potencialmente* de uma explicação, ela é bastante ridícula. Pois, afinal, *os impulsos* são vistos formando uma *ordem política*. No entanto, poderia ser dito que os impulsos não são o *tipo de coisa* que pudesse ser politicamente organizada. A fim de responder a essa objeção, devemos ter clareza sobre o que deve ser verdadeiro quanto ao comportamento de um indivíduo para que ele possa ser razoavelmente interpretado como "político". Quem estuda o comportamento social de certos animais inferiores considera que eles agem de modo político: acredita-se que chimpanzés, lobos e outros animais formem "hierarquias de domínio". Como o primatologista Franz de Waal (1997, p. 207) assinala, isso não quer dizer que os animais em questão *decidam* formar uma ordem política; seus "motivos e intenções conscientes" não precisam ter relação com sua posição política. Quer dizer apenas que o comportamento de um indivíduo é, às vezes, mais bem explicado não pela força bruta que ele exerce em relação aos seus pares, mas por seu posto na ordem social. Ao dizer, então, que os impulsos formam uma ordem política, Nietzsche não precisa considerá-los *conscientes* de sua situação política — não precisa considerá-los conscientes *de modo algum*. Só tem de pensar que o comportamento deles é esclarecido ao ser interpretado em termos políticos.

Sendo esse o caso, pode parecer que demos importância demais à afirmação de Nietzsche de que os impulsos formam uma ordem política. Poderíamos dizer que, embora Nietzsche pense que os impulsos podem ser *interpretados* como agentes políticos, ele não precisa encará-los como sendo *realmente* isso. Embora a afirmação pudesse fazer sua posição parecer mais palatável, Nietzsche não pode se aproveitar dessa estratégia — nem é necessário que o faça. Não pode porque, como vimos, Nietzsche pensa que é *na medida em que* os impulsos formam uma ordem política que os seres humanos podem agir com base em valores e são pessoas. Se Nietzsche, portanto, *fosse* dizer apenas que os impulsos "podem ser interpretados" como atores políticos, embora *realmente* não o sejam, ele poderia dizer que os seres humanos "podem ser interpretados" como pessoas, embora *de fato* não o sejam. Na medida, então, em que pensa que os seres humanos *são* pessoas, ele deve pensar que seus impulsos formam *de fato* uma ordem política. Na realidade, porém, a bifurcação sugerida de interpretação e ação trai uma incompreensão do ponto de vista de Nietzsche. Vimos que, para Nietzsche, dizer que X é um agente é dizer que a atividade de X deveria ser vista como tendo lugar no espaço das razões — em relação ao comportamento de alguém, ser um agente é *fazer sentido* (no caso de pessoas, embora não no caso de agentes meramente políticos, isso às vezes envolverá referência a valores). Por conseguinte, a afirmação de Nietzsche de que os impulsos devem ser *interpretados* como agentes políticos é equivalente à afirmação de que os impulsos *são* agentes políticos.[6]

---

6. O que dissemos aqui implica que, para Nietzsche, há casos evidentes de seres que *são* pessoas e casos evidentes de seres que *não* são pessoas. Contudo, o uso da genealogia para explicar como, a

Então, ser um agente é ser de tal forma que sua atividade é perfeitamente interpretada por razões; um agente é uma *pessoa* se sua atividade é tal que essas razões vão às vezes se referir a seus *valores*. Isso tem como implicação que pessoas (e valores) *existem* apenas *para* pessoas (isto é, seres com valores). Sua existência é, nas palavras de *GC* 374, "existência interpretativa" — elas não têm, em si mesmas, situação ontológica. Têm existência "para si", mas não "em si", para pôr as coisas nos termos sartrianos que a posição de Nietzsche antecipa aqui.

7.5 A GENEALOGIA DA ORDEM POLÍTICA

Se o que veio acima mostrou ser *possível* para os impulsos formar uma ordem política, não mostrou como eles *de fato* fizeram isso. Se, no entanto, temos certeza de que a ordem política dos impulsos é aquela em virtude da qual os seres humanos têm valores e, portanto, são pessoas, devíamos ser capazes de ver como essa ordem política vem a ser, examinando a descrição de Nietzsche de como os *Homo sapiens* se tornaram pessoas. Encontramos isso em Nietzsche, embora não em *ABM*, mas no trabalho que ele chama de "suplemento [a] e elucidação [de]" *ABM — Sobre a Genealogia da Moral*.

No que vem a seguir, argumentamos que a resposta de Nietzsche à questão de como os impulsos formam uma ordem política está embutida (embora não pelo nome) no "Segundo tratado: 'culpa', 'má consciência' e coisas afins", de *GM*. Nosso argumento se desenvolve em duas etapas. Primeiro mostramos que Nietzsche, como Platão, usa a reflexão sobre o Estado a fim de esclarecer a estrutura da alma e estabelece uma analogia entre os dois. Depois mostramos que a explicação dada por Nietzsche sobre o desenvolvimento dessa alma vai ser encontrada em sua descrição do desenvolvimento da má consciência. Ao fazê-lo, teremos mostrado que Nietzsche considera que as origens da alma são consistentes com o naturalismo.

Que Nietzsche pratica sua descrição da origem do Estado no intuito de esclarecer a origem da alma torna-se evidente ao refletirmos sobre a seguinte afirmação:

A força ativa que está em ação numa escala grandiosa naqueles organizadores e artistas da violência, e que constrói Estados, é basicamente a mesma força que agora

---

partir da não identidade como pessoa, passa a existir a identidade como pessoa não precisa especificar um *ponto* exato que separe pessoas de não pessoas. Talvez não se possa responder claramente se certos seres são pessoas ou não.

— interiormente, numa escala menor, mais mesquinha, voltada para a intimidade, no "labirinto do peito", para usar as palavras de Goethe — cria para si mesma a má consciência e constrói ideais negativos: ou seja, aquele *instinto de liberdade* (falando em minha linguagem: a vontade de poder). (*GM* II: 18)

Nietzsche acabou de afirmar que "o 'Estado' começa na Terra" quando bandos de bestas louras dão vazão a seus instintos agressivos sobre nômades muito mais mansos e provavelmente mais numerosos, enquadrando-os numa estrutura política. Ele agora afirma que a mesma vontade de poder expressa por essas bestas louras também funciona "interiormente, numa escala menor, mais mesquinha". Essa escala ou nível menor, como discutiremos, é o nível dos impulsos, e a ação aqui da vontade de poder produz uma ordem política dos impulsos, que, como Nietzsche nos disse em *ABM* 12, é a alma.

A fim de examinar a analogia que Nietzsche estabelece, consideremos primeiro a criação do Estado. As bestas louras são levadas a criar Estados, como vimos, por "um instinto de liberdade", o qual, traduzido na linguagem de Nietzsche, é uma vontade de poder. Vamos examinar primeiro o termo original, o "instinto de liberdade". Obviamente, no estágio primitivo de civilização ao qual Nietzsche se refere, tal instinto não pode ser algo muito sofisticado, e ele certamente pretende que seja algo do mesmo gênero daquilo que pode ser encontrado entre animais. De modo plausível, o que é encontrado entre animais e pode se ajustar à expressão de Nietzsche é uma resistência a restrições. É um animal não doméstico enjaulado, e talvez um animal enjaulado há relativamente pouco tempo, que poderíamos mais facilmente identificar como portador de um "instinto de liberdade", equivalente a uma resistência ao cativeiro: um impulso para escapar da jaula e retornar à selva.

As bestas louras, no entanto, ao contrário dos nômades que formarão um Estado, não estão enjauladas, mas submetidas a *restrições*. Esse "bando de predadores louros" é uma "raça [altamente organizada] de conquistadores e senhores", que tem força para organizar a população nômade sobre a qual se lança. São as mesmas "bestas louras" de que Nietzsche fala mais acima na *Genealogia*, os nobres de *GM* I (mesmo que talvez num estágio primitivo) que (mesmo numa vida não militar) "são mantidos muito estritamente dentro de limites *interpares* por atitudes morais, cultos, costumes, deveres de gratidão e ainda por vigilância mútua, por inveja", mas "não são muito melhores que predadores soltos com relação ao mundo exterior. Lá eles desfrutam de liberdade de toda restrição social; na selva recuperam as perdas que sofreram em virtude da tensão de estarem há muito tempo cercados pela paz da comunidade, encerrados nela" (*GM* I: 11). Assim, o "instinto de liberdade" é um instinto ou impulso para retornar à "selva", onde podem tratar como quiserem os "outros" com que se deparam e, portanto, descarregar sobre eles os impulsos agressivos os quais devem impedir que se voltem contra membros de seu próprio grupo. E esse é o instinto que os move, afirma Nietzsche, a se lançarem sobre uma população nômade e a enquadrá-la num Estado.

Um segundo ponto a considerar é por que Nietzsche chama o "instinto de liberdade" de "vontade de poder". Uma razão óbvia é que, ao formar o Estado, as bestas louras não visavam se libertar de constrangimentos sociais; visavam precisamente *impor* esses constrangimentos a uma população em grande parte livre deles. De modo irônico, seu "instinto de liberdade" as levava a retirar "uma enorme quantidade de liberdade" do mundo (*GM* II: 17), a liberdade dos nômades que enquadravam num Estado. Assim, a sugestão de Nietzsche parece ser que um instinto de liberdade, mera resistência à restrição e ao cativeiro, passa a ser direcionado à obtenção de poder ou ao controle sobre outros, sendo, por essa razão, denominado apropriadamente "vontade de poder".

Mas por que a resistência das bestas louras ao cativeiro as levaria a procurar poder sobre outros? Nietzsche não nos diz, e parece claro que uma genealogia dessa transformação precisaria citar uma série de diferentes fatores. Mas parece plausível que um deles, e o principal fator para o qual Nietzsche quer aqui chamar nossa atenção, tenha a ver com organização militar. No intuito de ser parte de tal organização, devemos aceitar a *autoridade* daqueles que estão acima de nós na hierarquia militar, o que significa reconhecer seu direito a dar ordens e obedecer a essas ordens. E, segundo Zaratustra, os que obedecem o fazem de modo a poder comandar os que estão abaixo deles (*Z* II: "Da Vitória sobre si Mesmo"). Isso sugere que a história de Nietzsche avança mais ou menos assim. A organização do grupo das bestas louras foi tornada possível, como vimos, pelo desenvolvimento de seus naturais instintos agressivos de modo a não serem dirigidos *interpares*, mas desviados para "o outro" e, especialmente, o estrangeiro. Na medida em que a ideia era simplesmente descarregar impulsos agressivos, a princípio teria havido pouca motivação (ou aptidão) para transformar esses "outros" numa sociedade. Por que não apenas sair em pequenos bandos para matar, destruir e roubar? É o que a discussão em *GM* I: 11 parece sugerir que aconteceu de fato. Mas a discussão de *GM* II: 16-18 sugere que Nietzsche pensa que, por fim, uma organização militar mais estruturada tomou a frente como meio principal de desviar impulsos agressivos para forasteiros. Na verdade, faz sentido que a expressão desses impulsos acabasse sendo definida pelo modelo de organização e poder militares. Se o instinto de liberdade foi originalmente um impulso de retornar à selva, onde poderíamos tratar os outros como bem quiséssemos, faz sentido que, sob a influência da organização militar, o modelo do que é sujeitar outros à nossa vontade se tornasse cada vez mais o modelo de dominá-los com êxito a partir de uma posição de autoridade.

Um último ponto a mencionar sobre os criadores do Estado é que Nietzsche os chama de "os artistas mais involuntários e inconscientes que já existiram". Trata-se de uma declaração muito forte. A ideia aqui não pode ser que tenham sido completamente inconscientes, mas apenas que não eram conscientes do que estavam criando e que não o criaram de modo intencional. Assim, a ideia é presumivelmente que o objetivo deles era apenas exercer poder ou controle sobre outros, e não materializar uma sociedade estável e (de modo relativo) pacífica, uma sociedade que enfim chegasse a parecer ter sido estabelecida por um contrato social (o que é falso, e Nietzsche se afasta de seu caminho a fim de insistir nisso nessa seção). Mas na verdade foi o que fizeram. Apesar de não terem essa intenção, as bestas louras foram artistas e "seu trabalho é uma criação instintiva de formas". Como resultado desse trabalho

> [...] alguma coisa nova se encontra lá, uma estrutura de domínio [*Herrschafts-Gebilde*] que *vive*, na qual partes e funções são delimitadas e relacionadas entre si, na qual absolutamente nada encontra um lugar sem ter primeiro recebido um "sentido" com relação ao todo. (*GM* II: 17)

As bestas louras e os nômades se tornaram "partes e funções" de uma "estrutura *de domínio*", o que significa "uma estrutura para o comando", na qual a autoridade é reconhecida e "ordens" são dadas e obedecidas, como Nietzsche deixa claro. Na medida em que há um "todo", há um suporte para julgamentos, os quais podem ser feitos sobre o que é para o bem ou proveito desse todo, portanto sobre o que é correto ou justo. Embora no início violenta, imposta, a interação entre esses humanos primitivos deixa de ser simplesmente bruta e forçada: torna-se política.

Sustentaremos agora que a exposição de Nietzsche sugere acerca da alma humana os mesmos três pontos que ele defende sobre o Estado. Primeiro, que ela foi engendrada pela operação de um "instinto de liberdade"; segundo, que esse instinto está transformado em algo que é imaginado, de forma plausível, como uma vontade de poder; e, terceiro, que a operação desse instinto resulta involuntariamente na existência de uma "estrutura de domínio". Embora Nietzsche não deixe inteiramente explícito, podemos ver tudo isso na sequência do que ele deixa explícito se compararmos a exposição em *GM* II sobre a origem da má consciência com a exposição que *ABM* faz da alma como "a estrutura política dos impulsos e sentimentos".

Observemos, primeiro, que Nietzsche nos diz explicitamente que sua explicação das origens da má consciência é ao mesmo tempo uma explicação das origens "daquilo que mais tarde o homem chama sua alma" (*GM* II: 16). E o ponto crucial nessa explicação é que, uma vez submetidos ao aparelho do Estado, os impulsos agressivos dos nômades não poderiam mais ser dirigidos a outros sem severa punição e, no entanto, "esses velhos instintos não cessaram de modo algum de fazer suas exigências!". Numa situação parcialmente similar,[7] como vimos, os impulsos agressivos das bestas louras foram descarregados sobre outra população, os nômades. Contudo, como não havia população externa sobre a qual os impulsos agressivos dos nômades pudessem ser descarregados, eles "tiveram de procurar gratificações novas e, por assim dizer, subterrâneas. Todos os instintos que não se descarregam externamente *voltam-se para dentro* [...] e assim começa a brotar no homem o que mais tarde ele chama sua 'alma'" (*GM* II: 16).[8] A afirmação, dedu-

---

7. Existe aqui uma disparidade muito importante pelo fato de que as bestas louras tiveram um período longo de tempo durante o qual novos padrões para descarregar instintos agressivos puderam ser desenvolvidos e tornados instintivos. No caso dos nômades, a mudança aconteceu depressa demais para que novos padrões se desenvolvessem, e a necessidade de deliberar partiu daí. Ver a nota seguinte para mais detalhes sobre essa diferença.

8. Há realmente outra mudança anterior à que estamos aqui discutindo: o despontar da necessidade de deliberação. Enquanto anteriormente eles tinham sido conduzidos pelos "impulsos reguladores que os guiavam inconscientemente", estavam agora "obrigados a pensar, deduzir, calcular, conectar causa e efeito" (*GM* II: 16). Visto que os "impulsos reguladores" os haviam "guiado com segurança", seguir esses instintos não iria expô-los a grande perigo e, como a mudança era súbita, não havia tempo para desenvolver um novo conjunto de instintos (originando-se quer na biologia quer na cultura) para lidar com o perigo. Além disso, os velhos "instintos reguladores" não deixavam espaço para incertezas sobre o que fazer, de onde nenhuma necessidade ou espaço para deliberação. Se dois impulsos entravam em conflito, digamos o impulso da fome e o desejo de destruição, o organismo era constituído de maneira tal — esse é presumivelmente o papel dos "impulsos reguladores" — que, naquelas circunstâncias, um deles ganhava prioridade sem qualquer necessidade de deliberação. Mas assim que severas punições eram definidas — assim, é claro, como a linguagem, a memória, as técnicas de raciocínio sobre as causas e instituições legais que a eficiência dessas punições tanto pressupunha quanto incutia —, os instintos que constituíam a ordem fisiológica dos impulsos e, portanto, sua ordem causal, eram "desvalorizados e 'desconectados'". Os instintos ainda

zimos, é que os instintos agressivos que não pudessem ser descarregados externamente — "hostilidade, crueldade, prazer na perseguição, no ataque, na mudança, na destruição" — eram desafogados sobre "outra" população, os outros impulsos do nômade, e que isso é o que explica a origem da má consciência.

Nietzsche prossegue deixando claro que o que aconteceu aqui foi trabalho do mesmo impulso que levou à formação do Estado: "esse instinto de liberdade, repelido, suprimido, aprisionado por dentro e finalmente descarregado somente sobre si mesmo: isso, só isso é a *má consciência* em seus começos". Assim, como se diz que são os instintos que se voltam contra quem os possui, Nietzsche deve pensar que são esses instintos ou impulsos que têm eles próprios um "instinto de liberdade". Isso é dizer que tais instintos resistem a restrições à sua expressão e procuram canais alternativos para sua satisfação. Quando sua expressão *externa* é bloqueada pelas restrições estabelecidas dentro do Estado e que se fazem cumprir por severa punição, eles são capazes de encontrar satisfação voltando-se *para dentro*, adotando outros impulsos como seus objetos. E o único meio de os impulsos agressivos poderem expressar um "instinto de liberdade" ao buscar sua própria satisfação ao agir sobre *outros* impulsos é procurar *negar* satisfação a esses impulsos.[9]

---

faziam exigências, como Nietzsche deixa claro, mas quando os instintos moviam os humanos em direções diferentes, era agora necessário deliberar, decidir o que fazer.

É aqui que o "mundo interior", o ponto de vista em primeira pessoa, aparece — e não com a mais tardia "interiorização do homem". Em vez de agir de forma instintiva (quando abastecidos com informação sobre a situação), os seres humanos estavam agora obrigados a pensar no assunto, pesando as vantagens e desvantagens de fazer o que seus variados instintos exigiam deles. Em outras palavras, os seres humanos começavam a se preocupar com as razões que tinham para agir de um modo ou de outro. Por certo, Nietzsche concederia que as considerações fornecidas à pessoa como razões estejam sendo fornecidas como tal pelos impulsos. Isso não significa, no entanto, que a pessoa admita como razão para fazer x que aquilo satisfará um impulso. Na realidade a pessoa está levando em conta como razão para fazer ou não fazer x aspectos da situação aos quais um impulso a impele a prestar atenção: por exemplo, a dor que aquilo pode lhe trazer. É presumivelmente desse modo que aprendemos os cinco ou seis "não farei" que Nietzsche inclui como importante resultado da instituição de punições (*GM* II: 3).

E nesse momento o "mundo interior" da deliberação, Nietzsche nos diz, é "fino, como se tivesse sido inserido entre duas membranas". A ideia parece ser que ter uma perspectiva em primeira pessoa não basta para se ter uma alma no sentido suficiente para a condição de pessoa. É só em relação à mudança considerada previamente — a "interiorização do homem" — que o mundo interior "se expandiu e se desdobrou, adquiriu profundidade, largura e altura" (*GM* II: 16).

9. Quando os impulsos agressivos foram privados de satisfação, seus instintos de liberdade os levaram a se dirigir para outros impulsos e a se satisfazer privando esses outros impulsos de satisfação. Prova de que esse é o ponto de vista de Nietzsche é encontrada na seguinte passagem de *GM* II: 16:

236

Abordamos a questão de *como* os impulsos podem adotar outros impulsos como seus objetos mais para o fim do capítulo. A esta altura, o que está claro é que Nietzsche julga que o fazem e que aquilo que fazem é resultado do "instinto de liberdade" que possuem. Mas ele acha que esse instinto dos impulsos se torna uma "vontade de poder"? Vimos que pensava assim no caso daqueles que formaram o Estado porque este os levava a se impor a si próprios, com a imposição de severas restrições à população nômade pelo estabelecimento de um sistema de *autoridade*, uma "estrutura de domínio". Ele vê alguma coisa semelhante no caso dos impulsos? Isto é, ele afirma que o exercício do "instinto de liberdade" leva *os impulsos* a impor restrições a outros com o estabelecimento de uma "estrutura dominante" de comando e obediência?

A fim de começar a entender que isso acontece, vamos examinar de novo a descrição de Nietzsche da "alguma coisa nova" que resulta da atividade das bestas louras, com relação à qual elas são "os artistas mais involuntários e inconscientes que já existiram". Recordemos a descrição que Nietzsche faz disso como

> [...] uma estrutura de domínio que *vive*, na qual partes e funções são delimitadas e relacionadas entre si, na qual absolutamente nada encontra um lugar sem ter primeiro recebido um "sentido" com relação ao todo. (*GM* II: 17)

Consideramos que isso se refere ao Estado; de fato, no entanto, nada do que Nietzsche diz deixa explícito que está se referindo ao Estado, muito menos *só* ao

---

O homem que, por falta de inimigos externos e resistência, encerrado à força numa opressiva estreiteza e regularidade de costumes, impacientemente dilacerou, perseguiu, atormentou, provocou, maltratou a si mesmo; este animal que se quer "domesticar" e que se deixa em carne viva ferindo-se nas grades da própria jaula; este ser carente, consumido pela nostalgia do deserto, que teve de extrair de si mesmo uma aventura, um local de tortura, uma aridez incerta e perigosa — esse tolo, esse prisioneiro desesperado e ansioso, tornou-se o inventor da "má consciência". Nele, sem dúvida, a maior e mais sinistra doença foi inoculada, uma doença da qual a humanidade até hoje não se recuperou, o sofrimento do homem *imposto pelo homem*, imposto por *ele próprio* [...] como consequência de uma separação violenta de seu passado animal, de um salto e mergulho, por assim dizer, em novas situações e condições de existência, de uma declaração de guerra contra os velhos instintos nos quais sua energia, seu prazer e o temor que inspirava tinham até então se apoiado.

Nietzsche nos revela aqui que o nômade privado de sua liberdade "[se] dilacerou". Descreve esse processo como "uma declaração de guerra contra os velhos instintos". Naturalmente, o nômade não encara "os velhos instintos" como o objeto de sua ira — considera que o objeto é ele próprio. Sua ação, portanto, revela-se em seus instintos agressivos, impelidos pelo instinto de liberdade, descarregando-se nos "velhos instintos". Discutimos a relação entre o "nível da pessoa" e o "nível do impulso" nessa situação mais no final do capítulo.

Estado. Presumimos que é uma descrição do Estado devido ao contexto, mas após reflexão torna-se claro que o contexto torna igualmente possível que se trate de uma descrição da alma que se desenvolve da má consciência (*GM* II: 16). Dado o modo como Nietzsche escreve, parece improvável que essa ambiguidade seja um acidente; de modo presumível, a expectativa é que se reflita um pouco aqui.

Aspectos de *GM* II: 17 indicam que Nietzsche de fato pretende que a "estrutura de domínio que *vive*" se aplique aos impulsos que constituem a alma. Em primeiro lugar, consideremos que, se ela se refere somente ao Estado, trata-se apenas de um Estado idealizado, não de algum Estado que por acaso exista. Isso sugere que o trecho descreve a *forma* do Estado, o que deveria nos fazer recordar de Platão e, portanto, de sua analogia entre a forma do Estado e a estrutura da alma. Em segundo lugar, o uso que Nietzsche faz do plural "formas" em referência ao que as bestas louras criam ("criação de formas, impressões de formas") dá motivos para pensar que esteja se referindo a alguma coisa que se acrescenta ao Estado. Alguém que leu bem *ABM* reconhecerá isso como uma provável descrição da alma como ordem política dos impulsos. Finalmente, o uso repetido desse termo atrai nossa atenção para o *outro* ponto da seção em que Nietzsche usa uma variante dele, a passagem em que apresenta as "bestas louras" não apenas "enquadrando uma população anteriormente informe e não sujeita a restrições numa forma fixa" (isto é, numa sociedade), mas trabalhando "até que finalmente essa matéria-prima de pessoas e semianimais não fosse apenas perfeitamente necessária e dócil, mas também *formada*". Ela era "*formada*", presume-se, por ter uma forma impressa nela — isto é, por ter seus impulsos moldados como uma "estrutura de domínio que *vive*".[10]

---

10. Isso faz sentido: as bestas louras tiveram êxito em constituir um Estado *porque* tiveram êxito em constituir seres humanos, e sua constituição de seres humanos *consistiu em* implantar uma "estrutura de domínio que vive" entre seus impulsos. Sem dúvida, não é preciso dizer que esses dirigentes não faziam ideia de que estavam implantando uma ordem política entre os impulsos dos nômades. Chamar as bestas louras "os artistas mais involuntários e inconscientes" com relação a essa criação não é um exagero. Parece ter alguma coisa de exagero, no entanto, se considerarmos que só se refere à sua criação do Estado: certamente essa "raça de conquistadores e senhores" (como Nietzsche os chama) viu que o que estavam fazendo era conquistar e dominar. E, embora o Estado que formavam fosse "algo novo", não era de modo algum tão novo quanto a má consciência e o começo da alma: Nietzsche anteriormente chama a segunda — e não o primeiro — de "algo tão novo que a aparência da Terra foi desse modo essencialmente alterada" (*GM* II: 16). Concluímos, então, que Nietzsche se refere não apenas ao Estado, mas também aos impulsos ao falar de uma "estrutura de domínio que *vive*".

Como Nietzsche pensa de fato que os impulsos — como os nômades — acabam sendo organizados numa estrutura dominante de autoridade, temos razão para pensar que o instinto de liberdade que levou os impulsos agressivos a se descarregarem sobre outros impulsos se transformou numa vontade de poder, numa vontade de controlar e comandar. Foi, no entanto, relativamente fácil ver como isso funcionou entre as bestas louras: elas impuseram uma organização de estilo militar aos nômades por meio de punição e ameaça da punição. Mas como os *impulsos* passaram a fazer isso um ao outro?[11]

A fim de responder a essa pergunta, temos de examinar a análise de Nietzsche sobre o desenvolvimento da "má consciência".[12] Ele nos diz que ela começou a se desenvolver "em épocas primitivas", quando o "laço do devedor com seu credor

---

11. Como os impulsos agem uns sobre os outros é uma questão que os intérpretes têm deixado completamente obscura. Risse (2001, p. 57) diz corretamente que aqueles ameaçados com punição severa por agir agressivamente "são forçados a redirecionar estes instintos para dentro. De agora em diante, [eles] tratam a si mesmos de modo semelhante ao que usavam para tratar outros e do modo como eles próprios são tratados pelos opressores [aqueles que instituíram as punições]". Até aí tudo bem, mas como eles fazem isso? Risse assinala que "Nietzsche apresenta a imagem de um animal encarcerado que fica em carne viva ferindo-se nas grades da própria jaula". O problema é que não se trata de um impulso suprimindo outro, mas de um impulso agressivo atacando seu próprio corpo. Em si mesma, no entanto, essa imagem não ajuda a tornar plausível o modo como um impulso pode direcionar sua hostilidade ou agressividade para outros impulsos: pode servir como *metáfora* para a internalização dos impulsos, mas uma metáfora que deve ser desfeita.

12. De acordo com a natureza em "dois níveis" da psicologia de Nietzsche, ele vai procurar explicar esse fenômeno em relação ao comportamento dos impulsos. Sem dúvida, não falará simplesmente sobre os impulsos, porque o comportamento *deles* só pode ser compreendido se mantivermos em mente a interpretação da situação da (proto)pessoa. Que isso possa induzir uma espécie de náusea não é, contudo, uma objeção ao fato de fazermos nossa exposição como uma leitura da psicologia de Nietzsche. Na realidade, conta a seu favor: o próprio Nietzsche nos diz que uma das consequências de aceitar sua concepção de psicologia — "como morfologia e *teoria do desenvolvimento da vontade de poder*" — é que "sofremos com a direção de seu julgamento [*Richtung seines Urteils*] como de um enjoo numa viagem" (*ABM* 23). Essa declaração aparentemente desconcertante ajusta-se bem à nossa afirmação de que Nietzsche propõe uma explicação em dois níveis da psicologia humana. Podemos admitir, sem entrar em nossa discussão do capítulo anterior, que a declaração deixa claro que existe uma áspera disparidade entre o que acontece no nível da pessoa e no nível dos impulsos: quando a pessoa expressa um compromisso com valores, os impulsos expressam o desejo que têm por poder.

Sem dúvida, a "direção do julgamento" que Nietzsche menciona pode se referir não apenas ao foco do julgamento, mas também ao seu *estilo* — ao modo como um processo de julgamento é conduzido ou pilotado. Assim compreendida, podemos considerar que a afirmação significa que uma pesquisadora que tem seu julgamento dirigido ou administrado do modo tornado necessário pela psicologia de Nietzsche sofrerá de "enjoo". E esse segundo significado se ajusta bem à qualidade da psicologia de Nietzsche apresentada mais atrás: como um navio jogando ondas e batendo nelas, o psicólogo deve se deslocar de forma contínua entre os níveis da pessoa e dos impulsos — "para

foi interpretado como um relacionamento que talvez seja para nós, seres humanos modernos, extremamente incompreensível: a saber, a relação *dos que presentemente vivem* com seus *ancestrais*" (*GM* II: 19). Aqui a noção de "sacrifício" se torna central e com ela um meio de os impulsos agressivos de seus praticantes ganharem satisfação: quando a pessoa (ainda proto)[13] sacrifica o primogênito (por exemplo), os impulsos agressivos são descarregados sobre outro impulso (presumivelmente o impulso de criar a criança).[14]

Nietzsche nos diz que, à medida que a sociedade prospera, os sacrifícios considerados necessários se tornam mais severos. Isso continua até que os antepassados sejam encarados como deuses e depois como "o deus cristão", a encarnação dos "opostos mais extremos" que o ser humano "pode encontrar para seus reais e inevitáveis instintos animais" (*GM* II: 22). Nesse ponto, o débito é considerado de quitação impossível: enquanto os seres humanos anteriormente julgavam ter algo de valor para oferecer aos deuses, julgam agora não ter — pior, não *ser* — nada de valor. E, no entanto, é com essa total desvalorização de si que ações de autêntico valor passam a ser possíveis:

> Ele pega todo o "não" que diz a si mesmo, à natureza, à naturalidade, à realidade do seu ser e o projeta para fora de si como um "sim", como algo existente, corpóreo, real, como Deus, como santidade de Deus. (*GM* II: 22)

É então que a má consciência atinge seu "ápice mais terrível e mais sublime" (*GM* II: 19) e que os conceitos de culpa e dívida são moralizados de um modo que permite compromissos incondicionais. É só agora, sem dúvida, que os seres humanos se tornam capazes de executar ações não porque as fazer satisfará algum desejo precedente, mas porque consideram que é bom agir assim.[15]

Como funciona? Aqui devemos novamente alternar entre o nível da pessoa e o dos impulsos. O que está acontecendo no nível dos impulsos quando um

---

cima" e "para baixo", "para cima" e "para baixo" — de um modo que poderia induzir essa forma específica de náusea.

13. Como um ser humano só se torna uma pessoa, para Nietzsche, quando é capaz de agir conforme valores, o nômade não é, nesse ponto, uma pessoa. De qualquer modo, por facilidade de referência, no que se segue, referimo-nos ao nômade como uma "pessoa".

14. Dada a estrutura da psicologia em "dois níveis" de Nietzsche, a inclinação da pessoa para *aceitar* a interpretação ascética dos sacerdotes seria compreendida em relação aos impulsos agressivos terem *realçado* aspectos da realidade e aumentado *sua* probabilidade de alcançar satisfação.

15. Quando a pessoa *deixa* de agir de acordo com esses valores, os impulsos agressivos extorquem pagamento por se descarregarem sobre outros impulsos, e a pessoa se sente culpada.

homem se abstém do adultério, digamos, não porque queira que seus espíritos ancestrais o favoreçam ou porque ache que os deuses vão puni-lo, mas porque ele acha que é errado? Os impulsos agressivos estão suprimindo um impulso (presumivelmente, o de ter mais de uma parceira sexual). E fazem isso não apenas aqui e agora, com a promessa de que esse impulso será satisfeito em algum momento do futuro; em vez disso, os impulsos agressivos simplesmente dizem não. O feito dos impulsos, então, é o dizer sim do indivíduo — sim para a realidade de algo cujo caráter bom não deve ser identificado com a capacidade dos impulsos para satisfazer os desejos dele.

Como tudo isso leva ao quadro dos impulsos formando uma ordem política? Embora não deixe uma resposta explícita, Nietzsche nos dá as ferramentas para encontrá-la. Sabemos do que ele já disse, por exemplo, que o impulso dominado no exemplo precedente não cessará de fazer suas exigências: como resultado, desenvolverá seu *próprio* "instinto de liberdade" e procurará meios para obter, de novo, satisfação. Essa busca obstinada de sua satisfação diante da supressão feita pelos outros impulsos leva o impulso dominado a se tornar agressivo e a voltar-se contra seus opressores e competidores: o que significa dizer, ele desenvolve uma vontade de poder. A vontade de poder o leva a procurar um lugar na ordem de domínio recentemente formada, uma posição a partir da qual possa tanto atingir seu objetivo quanto submeter outros impulsos (assegurar tal posição é uma questão de pôr em relevo certos aspectos da realidade, aspectos que engendrariam na pessoa um compromisso com a busca do objeto do impulso).[16] Se é bem-sucedido, o impulso até então submetido fica em posição tanto de alcançar seu objeto quanto de satisfazer a vontade de poder submetendo *outros* impulsos.[17]

---

16. A possibilidade de tal compromisso vai, evidentemente, requerer a presença de práticas sociais, incluindo a de encarar a si mesmo e aos outros como responsáveis. Nietzsche fornece uma explicação de como essa e outras práticas semelhantes passam a existir em *GM* I.

17. Isso poderia explicar como os impulsos passam a testar e a submeter uns aos outros por meio de comandos, mas por que os impulsos comandados deveriam *obedecer*? Zaratustra faz uma versão dessa mesma pergunta na seção "Da vitória sobre si mesmo" de *Assim falou Zaratustra*: "O que convence o vivente a obedecer, a comandar e a praticar obediência mesmo quando comanda?". Ele responde: "De que o mais fraco deve servir ao mais forte é persuadido por sua própria vontade, que dominaria sobre o que é ainda mais fraco: é o único prazer a que ele não quer renunciar". A ideia, então, é que a vontade de poder explica por que os que se caracterizam por ela (isto é, os impulsos) estão dispostos a obedecer: a obediência é um meio — ou um mal necessário que a acompanha — de ser capaz de comandar outro, de exercer o poder. Assim os impulsos passam a formar uma totalidade coerente, na qual "absolutamente nada encontra um lugar sem ter primeiro recebido um 'sentido' com relação ao todo" (*GM* II: 16).

O processo continua até que a vontade de poder leva os impulsos a formar uma estrutura política coerente, ordenada — análoga àquela que as "bestas louras" criaram com os nômades a partir de *suas* (deles, nômades) vontades de poder. Assim como há uma explicação naturalista para a origem do Estado, Nietzsche tem essa explicação para como os impulsos acabam por se encontrar numa "estrutura de domínio" e, assim, por formar uma alma.[18]

7.6 CONCLUSÃO

A discussão da vontade que Nietzsche faz em *ABM* 19, como sua discussão da alma em *ABM* 12, não tem em vista desmistificar a noção tradicional, mas reabilitá-la ante a tendência dos naturalistas a rejeitá-la. Nietzsche afirma (em *ABM* 12) que *quem a pessoa é* constitui-se pela ordem política dos impulsos, e que o querer de uma pessoa é constituído pelas operações (o comando e a obediência) dessa ordem (em *ABM* 19). A vontade é a alma, na medida em que a última está envolvida em produzir ação. E embora Nietzsche forneça uma descrição aceitável em termos naturalistas da *existência* da ordem política dos impulsos em *GM*, a *atividade* dessa ordem — e portanto da vontade — não tem lugar no espaço das causas, mas no espaço das razões.

---

18. Nossa discussão a respeito da exposição de *GM* sobre como essa ordem política passa a existir mostrou que Nietzsche vê a capacidade de agir em função de razões categóricas, portanto originadas dos conceitos integrados à moral de "culpa" e "dívida", quando a má consciência faz uso das noções ascéticas de deus e bondade (ver a discussão dos "mestres" de *GC* 1 em Clark e Dudrick, 2007). O que não significa dizer, contudo, que esses compromissos não possam sobreviver à extinção desses conceitos e noções — isso, é claro, é exatamente o que Nietzsche pretende ao procurar reforçar simultaneamente a vontade de verdade e a vontade de valor. Tais compromissos não podem, no entanto, sobreviver à extinção do papel dos impulsos agressivos na estrutura política que é a alma. O papel dos impulsos cruéis, rancorosos, na alma constitui os compromissos de uma pessoa, sua vontade de valor e sua vontade de verdade.

8

As Outras Doutrinas da Vontade de Poder

Sustentamos que a preocupação central na primeira parte de *Além do Bem e do Mal* é platônica: está interessada na alma e, em particular, na atual condição da alma filosófica. Dá suporte à nossa interpretação de que a Parte Um expressa a esperança de que a "psicologia será de novo reconhecida como a rainha das ciências, existindo as outras ciências para servi-la e prepará-la. Pois a psicologia é agora, mais uma vez, o caminho para os problemas fundamentais" (*ABM* 23).[1] Essa afirmação faz sentido se reconhecermos que Nietzsche compreende a psicologia como o estudo da alma e que sua lista dos "problemas fundamentais" incluiria as, e talvez fosse encabeçada pelas, discussões do que foi feito e há de ser feito dos seres humanos, isto é, da alma humana. *ABM* 23 também deixa claro que Nietzsche compreende a psicologia como um estudo das formas e do desenvolvimento da vontade de poder, o que sustenta nossa afirmação de que sua doutrina da vontade de poder é sua teoria da alma. Com o ponto anterior, isso explica por que Nietzsche coloca a teoria da vontade de poder no centro de sua filosofia, mesmo se, como afirmamos, trata-se apenas de uma hipótese sobre as formas e o desenvolvimento da alma.

O problema tratado neste capítulo é que outras seções sobre a vontade de poder nas primeiras duas partes de *ABM* não parecem limitar a doutrina da vontade de poder de Nietzsche ao poder da alma humana. *ABM* 13 afirma que a vida é vontade de poder enquanto *ABM* 22 sugere que tudo da realidade física é vontade de poder. Longe de restringir a vontade de poder à alma humana, essas passagens

---

1. Ver na nota 22 do Capítulo 6, acerca da alma, por que deveríamos considerar que Nietzsche está aqui reconhecendo Platão como seu predecessor.

parecem declarar que os objetos da biologia e da física são a vontade de poder. Assim, quando *ABM* 23 apresenta a psicologia como o estudo das formas e do desenvolvimento da vontade de poder, isso parece destinado não a revelar alguma coisa especial sobre a psicologia e a alma que ela investiga, mas meramente a alinhar a psicologia com as demais ciências.[2] Finalmente, se Nietzsche acredita que o objeto das três maiores ciências é a vontade de poder sob uma de suas formas, não causaria grande surpresa vê-lo sustentar em *ABM* 36 que o objeto da investigação ontológica, a própria realidade, é vontade de poder.

Neste capítulo, refutamos a leitura-padrão dessas três passagens e mostramos que elas estão realmente preocupadas com a alma e não fazem as afirmações que parecem fazer sobre a vida, o mundo físico ou a realidade como um todo. Esses trechos diferem de modo notável dos outros trechos das obras publicadas em que Nietzsche faz afirmações sobre a vontade de poder. Os últimos meramente declaram que a vida é vontade de poder (nenhum outro trecho publicado afirma que o mundo físico ou a realidade como um todo é vontade de poder) e exigem que olhemos para outro lugar se quisermos compreender que justificativa Nietzsche pensa haver para tal afirmação.[3] Mas *ABM* 13, 22 e 36 dão argumentos para suas teses sobre a vontade de poder ou, pelo menos, dão às afirmações um papel numa argumentação. Pensaríamos que os argumentos desses trechos seriam analisados em profundidade, como elemento fundamental para compreender o sentido das afirmações de Nietzsche sobre a vontade de poder. Mas isso quase nunca é feito, seja porque o argumento é difícil demais de se analisar (*ABM* 36), seja porque, embora o argumento seja simples, ele não parece ajudar a definir que a vida é vontade de poder (*ABM* 13). Assim, os intérpretes tendem a ignorar os argumentos dessas passagens e a presumir que Nietzsche deu suas razões para acreditar que a vida e a realidade são vontade de poder nos cadernos que constituem seu *Nachlass*.[4] Mas usar o *Nachlass*** dessa maneira é má estratégia, mesmo em geral. Quando Nietzsche nos pediu para "*aprender* a ler [a lê-lo] bem" não se referia a

---

2. Anderson, 2005, pp. 77-93.

3. Isso também se aplica aos trechos que relacionam vontade de poder a psicologia. Já vimos que trechos anteriores de *ABM* Um são necessários a fim de dar sentido à conclusão de Nietzsche de que a psicologia estuda a vontade de poder. Mas é difícil encontrar trechos em *ABM* que deem quaisquer fundamentos às afirmações de Nietzsche de que a vida ou a realidade são vontade de poder.

4. Anderson é uma exceção importante aqui.

* Essa palavra alemã, que se refere à herança literária deixada por um autor, é usada com frequência em inglês. (N. do T.)

seus cadernos. Como dissemos na Introdução, falava sobre aprender a ler seus *livros* e nos pedia especialmente para nos abrirmos à possibilidade de ver nossa interpretação de uma afirmação ou trecho alterada por nossa compreensão do que ele diz em outro lugar ("de seus livros", como é evidente). Sua ideia, como pensamos que temos demonstrado neste livro, é que fazê-lo nos daria condições não só de compreender melhor suas posições, mas também de discernir as razões a que ele recorre a fim de justificar essas posições, mesmo quando não as classifica como afirmações. Assim, parece uma estratégia *particularmente* má apelar ao *Nachlass* para uma interpretação das teses sobre a vontade de poder em *ABM* 13, 22 e 36, visto que ele fornece *argumentos* a essas teses ou pelo menos as encaixa em argumentos, pois isso impõe sérias restrições a como as afirmações devem ser interpretadas, a saber, de um modo que permita que desempenhem um papel nos argumentos.

Sustentamos que, quando interpretadas nos termos correntes, como afirmando que a vida, o mundo físico ou a própria realidade são vontade de poder, essas afirmações sobre a vontade de poder são inadequadas para desempenhar um papel no que as leituras-padrão devem considerar o argumento da respectiva passagem. E há os problemas e enigmas referentes a como Nietzsche poderia endossar as afirmações ou os argumentos. Mas em cada caso há outra leitura da afirmação e do argumento do trecho que faz com que a afirmação seja adequada para desempenhar um papel no argumento e Nietzsche possa endossar tanto a afirmação quanto o argumento (ou, no caso de *ABM* 36, boa parte do argumento). *ABM* 13, 22 e 36 oferecem, assim, forte suporte à nossa afirmação de que *ABM* admite uma leitura esotérica. E, na leitura esotérica desses trechos, a função deles é esclarecer aspectos da vontade de poder como uma teoria da alma.

8.1 *ABM* 13: VIDA COMO VONTADE DE PODER

ABM 13 é o mais curto dos três trechos de que tratamos neste capítulo. Aqui está o aforismo na íntegra:

> Os fisiologistas deviam pensar duas vezes antes de afirmar que o impulso de autopreservação é o impulso cardinal de um ser orgânico. Uma coisa viva quer, antes de mais nada, *descarregar* sua energia — a vida em si é vontade de poder; a autopreservação é apenas um dos *resultados* indiretos e mais frequentes. Em suma, aqui como em outro lugar, desconfie de princípios teleológicos *supérfluos* — um dos quais é o impulso de

autopreservação (que devemos à incoerência de Spinoza). Assim o exige o método, que deve ser essencialmente economia de princípios. (*ABM* 13)

Essa é a primeira declaração na voz do próprio Nietzsche sobre sua célebre tese de que a vida é vontade de poder; ela é amplamente encarada como prova de que ele endossava o que John Richardson apelidou de "biologia do poder", uma tese de que a vida no sentido biológico é vontade de poder. Nós contestamos essa interpretação da tese de Nietzsche.

Não negamos, é claro, que Nietzsche declare nesse trecho que a vida é vontade de poder. Nossa dúvida é o que ele realmente pretende dizer com isso. Pode parecer óbvio, dada a linguagem de Nietzsche aqui — a menção não apenas de "vida", mas de "fisiologistas" e "ser(es) orgânico(s)" —, que ele pretende dizer que a vida biológica é vontade de poder. Contudo, como mostramos em várias seções de *ABM* Um, Nietzsche usa "vida" no intuito de se referir antes à vida normativa — a vida característica dos seres que agem e moldam suas vidas de acordo com normas ou valores — que à vida biológica. Isso está extremamente explícito em *ABM* 9: "Vida [...] Isso não é precisamente querer ser distinto desta natureza? Viver não é avaliar, preferir...?". Mostraremos que é também assim que Nietzsche usa "vida" quatro seções à frente, ao declarar que "a vida em si é vontade de poder". Nosso argumento tem duas partes. Primeiro argumentamos contra a leitura-padrão do trecho, segundo a qual "vida" é usada no sentido biológico. Depois argumentamos que interpretar "vida" no sentido normativo proporciona base para uma leitura alternativa do trecho que evita todos os problemas da leitura-padrão.

Observemos que a declaração em causa ocorre no meio de um argumento para a conclusão de que postular um impulso de autopreservação é exemplo de evocação de um "princípio teleológico supérfluo". É de fato uma premissa nesse argumento. Uma interpretação de seu significado deveria, portanto, ser restringida pela consideração de como ela permite que a declaração desempenhe um nítido papel no argumento. Ignorar esse requisito, como a maioria dos intérpretes faz, é remover a declaração de seu contexto. Começamos, então, explicando detalhadamente o argumento de *ABM* 13.

Embora elas sejam apresentadas em termos muito condensados, é fácil discernir as suposições feitas. Em primeiro lugar, Nietzsche presume que "impulso" é uma noção teleológica: postular um impulso é postular uma meta — mais especificamente, admitir que certos comportamentos sejam direcionados a uma meta. Postular um impulso de autopreservação para seres orgânicos é afirmar que tais seres são constituídos de modo a desenvolverem comportamentos que *visam* sua própria conservação, que têm a autoconservação como meta.[5] Em segundo lugar, Nietzsche presume que o que justifica admitir que o comportamento de um ser tenha certo objetivo é que o fazer é necessário para explicar por que esse comportamento tende a resultar no estado ou na atividade apresentados como seu objetivo. Postular que seres orgânicos tenham um *impulso de autopreservação* (considerando, portanto, que o comportamento deles seja *direcionado*, como um objetivo, para a autopreservação) só é justificado se fazê-lo é necessário para explicar por que o comportamento de tais seres tende a resultar em sua própria conservação. Se postular o objetivo não é necessário para explicar o resultado porque alguma outra coisa que precisamos postular já o explica, fazê-lo introduz um "princípio teleológico supérfluo". E é o que temos nesse caso, Nietzsche afirma. Que o comportamento de seres orgânicos tende a preservá-los já está explicado por alguma outra coisa; somos, portanto, culpados de evocar um "princípio teleológico supérfluo" se postulamos um impulso de autopreservação.[6]

Até agora, esse é um bom argumento. Ele está baseado num saudável princípio metodológico contra a multiplicação de princípios explicativos além da necessidade, uma variação da navalha de Occam. É certamente válido e não há nada a objetar em suas premissas — até, sem dúvida, que se chega à premissa-chave relativa ao que precisamos postular, que já explicaria o fato de que o comportamento de seres orgânicos tende à autopreservação: "uma coisa viva quer, antes de mais nada, *descarregar* sua força [ou alternativamente: vigor ou energia — *seine Kraft auslassen*]". Isso é muito estranho. No meio de um argumento bastante razoável e *fácil de entender*, Nietzsche faz uma declaração franca que não é absolutamente fácil de compreender. Nada no trecho ou nos que o cercam — ou, na verdade, em toda a obra publicada — parece ajudar a entender por que ele pensa que precisamos postular um desejo dos seres orgânicos de dar vazão a força ou energia,

---

5. Na realidade, essa afirmação é feita especificamente sobre a postulação de um impulso de autopreservação, como o impulso "cardinal" de seres orgânicos. Ignoramos isso por enquanto, mas o discutiremos mais tarde.

6. A incoerência da qual Nietzsche acusa Spinoza nos parênteses está presumivelmente entre sua negação da teleologia, a insistência de que o comportamento humano pode ser explicado segundo os mesmos princípios causais que explicam o restante da natureza e a atribuição a tudo de uma tendência, o que Nietzsche interpreta como um impulso para continuar existindo, um impulso de autopreservação que, segundo o argumento do trecho, é uma noção teleológica. Mas se temos uma explicação causal do comportamento, então esse impulso de autopreservação é um caso de teleologia supérflua.

ou como isso explicaria por que o comportamento dos seres orgânicos tende a preservá-los. E a afirmação parece completamente vinda do nada, sem ligação com as *preocupações* dos trechos vizinhos, que são sobre filosofia e psicologia, não biologia.

Mas o fator mais desconcertante toma a frente se perguntarmos, como certamente deveríamos, se "uma coisa viva quer [*deseja*], antes de mais nada, *descarregar* sua força", se isso é em si um princípio teleológico. Certamente pareceria ser. A linguagem de querer ou desejar não é menos teleológica que a linguagem dos impulsos, e Nietzsche nada faz para distanciar essas noções da teleologia no trecho. Assim, sua tese parece ser que o comportamento de seres orgânicos tem como meta a vazão de força ou energia, e que isso explica por que o comportamento tende a resultar em autopreservação, motivo pelo qual é supérfluo postular um impulso de autopreservação. Quando ele então nos instrui a "ter cuidado com os princípios teleológicos supérfluos", não só no caso do impulso de autopreservação ("aqui"), mas também "em outro lugar", é como se estivesse nos desafiando a considerar se a postulação de uma meta de descarregar força ou energia é uma peça de teleologia menos supérflua que aquela que ele explicitamente critica no trecho. Além disso, a afirmação de que "a própria vida é vontade de poder" parece ocorrer no argumento como uma tradução para diferentes termos da afirmação de que "uma coisa viva quer antes de mais nada *descarregar* sua energia". Nesse caso, pareceria que qualquer interpretação da afirmação de que a vida é vontade de poder deve ser capaz de explicar por que a afirmação e a afirmação equivalente relativa à descarga de energia não envolvem teleologia supérflua.

No contexto do argumento do trecho, é difícil ver como não. Postular uma meta de descarregar energia parece ao mesmo tempo insuficiente e desnecessário para explicar por que o comportamento dos seres vivos tende, em geral, a preservá-los: insuficiente já que não explica por que o comportamento daria o resultado em questão; desnecessário porque a seleção natural explica por quê. Se o comportamento dos membros de uma espécie não tendesse a preservá-los (pelo menos até que se reproduzam), as espécies rapidamente desapareceriam.[7] Se há uma história que tornaria plausível uma explicação alternativa, é difícil discernir o que ela seria ou em que parte, na obra publicada de Nietzsche, ele falou alguma coisa a seu respeito. E, finalmente, o que, antes de mais nada, justificaria postular uma meta de descarregar força ou energia? Segundo o que consideramos serem

---

7. Richardson (2004) forneceu evidência convincente de que Nietzsche era um darwinista.

as suposições do argumento de Nietzsche contra o impulso de autopreservação, fazê-lo é necessário a fim de explicar por que o comportamento de coisas vivas tende a descarregar energia. Mas esse fato é claramente explicável em termos causais, como uma pressuposição causal do comportamento. O comportamento de seres vivos é uma descarga de força ou energia. Postular, portanto, uma *meta* de descarga de energia parece ser um nítido exemplo de evocação de um "princípio teleológico supérfluo".

As coisas ficam ainda mais problemáticas se perguntarmos por que Nietzsche equipara um desejo de descarregar energia a uma vontade de poder. Mesmo se admitirmos que os pássaros no céu frequentemente parecem voar e atacar suas presas apenas para descarregar sua energia, por que deveríamos considerar que isso tenha alguma coisa a ver com poder? O único trecho em todo o conjunto de obras publicadas que parece tratar dessa questão é *GM* III: 7. Aqui Nietzsche afirma que "todo animal" e, portanto, também o animal filosófico, "luta instintivamente por um nível ótimo de condições favoráveis sob as quais possa descarregar completamente sua energia [*seine Kraft ganz herauslassen*] e alcançar seu máximo em termos de sentimento de poder". Repare que a terminologia está muito próxima daquela de *ABM* 13, mas que é ainda mais obviamente teleológica — um animal não apenas quer (*will*), mas "luta" (*strebt nach*) pela descarga de energia. Mais importante ainda, essa passagem explica por que Nietzsche liga descarga de força ou energia e poder, pois a ideia é que, ao se empenhar para criar condições ótimas a uma descarga de força, o animal está lutando por condições sob as quais possa alcançar seu maior *sentimento de poder*. Mas parece bastante improvável que os pássaros voando no céu sejam motivados pelo desejo de um *sentimento* de poder ou mesmo que sejam capazes de ter esse sentimento. Alguém que pensasse assim pareceria culpado não só de uma teleologização supérflua, mas também de uma antropomorfização.

Em suma, quando a consideramos no contexto do argumento de *ABM* 13 e a interpretamos em termos biológicos, é difícil encontrar algo para dizer a favor da afirmação de Nietzsche de que a vida é vontade de poder. E não se trata apenas de uma afirmação implausível, mas de uma afirmação que parece violar as restrições contra "princípios teleológicos supérfluos" defendidos na mesma passagem. Sendo assim, parece óbvio que um leitor cuidadoso deveria procurar um meio alternativo de ler a afirmação e o argumento.

Passamos agora a apresentar tal alternativa, uma alternativa que interpreta a "vida" em *ABM* 13 em termos normativos, como a vida característica de seres que agem e moldam suas vidas de acordo com normas ou valores. Começamos considerando as outras palavras do trecho que parecem deixar óbvio que a "vida" deveria ser encarada num sentido biológico. A primeira é "fisiologistas". Se Nietzsche não fala sobre vida biológica em *ABM* 13, por que começa o trecho se referindo a fisiologistas, advertindo-*os* contra uma teleologia supérflua? A resposta relativamente fácil é que ele não está falando sobre vida biológica, que está usando "fisiologista" como forma abreviada de "psicofisiologista", de acordo com a indicação em *ABM* 23 de que uma psicologia nietzschiana deve ser uma "autêntica psicofisiologia". Nesse caso, ele dirige *ABM* 13 a um certo tipo de psicólogos, não a fisiologistas.

A fim de entender por que faria isso, consideremos a expressão "ser orgânico". Os que aceitam a leitura-padrão presumem que Nietzsche usa essa expressão no intuito de demarcar os seres como portadores de vida no sentido biológico. Mas "orgânico" tem um sentido mais amplo relacionado à *organização*. Dizer que certas coisas formam um todo "orgânico" é dizer que estão organizadas de tal forma que constituem um indivíduo unificado, em oposição a uma coleção desigual de elementos. Organismos biológicos são, é claro, "orgânicos" nesse sentido, mas o termo é também usado para caracterizar coisas que *não* têm vida no sentido biológico, por exemplo, estruturas sociais, equiparando-as a coisas que têm. O próprio Nietzsche descreve uma tal estrutura social num trecho que já citamos, no qual ele se refere a um Estado como "uma estrutura de domínio que *vive*, em que partes e funções são delimitadas e relacionadas umas às outras, em que absolutamente nada encontra um lugar que não tenha primeiro recebido um "sentido" com relação ao todo (*GM* II: 17). Embora ele não use "orgânico" a fim de descrever essa estrutura, seria sem dúvida apropriado fazê-lo, e a ênfase de Nietzsche serve para acentuar que ele de fato lhe atribui "vida" e, sem dúvida, não num sentido biológico.

A questão, assim, surge quanto a se *ABM* 13 usa "orgânico" e "vida" nesse sentido não biológico mais amplo. Em 7.6 expusemos várias razões para pensar que Nietzsche julga que a descrição da "estrutura de domínio" citada mais acima se ajusta à alma pelo menos tanto quanto se ajusta ao Estado. Observemos agora que *ABM* 13 é colocado imediatamente após a seção que introduz a noção central de *ABM* Um, a alma. Lembremos que *ABM* 12 procura refinar a noção que Platão tem da alma. Como Platão, Nietzsche sustenta que a vida *normativa*, a vida de pessoas, é tornada possível por uma alma composta de partes. Platão, é claro, explica como é que essas partes da alma estão sistematicamente relaciona-

250

das a fim de formar um todo orgânico: numa alma bem ordenada, a razão tem conhecimento do bem da alma inteira, e o espírito se alinha com a razão e ajuda a governar a parte apetitiva à luz desse conhecimento. Na visão de Platão, então, podemos dizer que é porque a razão desempenha o papel de governar as outras partes da alma que ela tem a "organicidade" necessária para funcionar como um agente individual unificado — necessária, sem dúvida, para sua atividade constituir as ações de uma pessoa. Pondo de outra maneira, é pelo fato de a razão, ao contrário de outras partes da alma, ser reconhecida pelos outros componentes da alma como tendo o *direito de governar*, que os comportamentos produzidos por *ela* constituem o agir da pessoa com base em valores, enquanto aqueles produzidos pelas *outras* partes não. Nietzsche não pode se aproveitar dessa explicação, porque rejeita a razão como uma parte independente da alma e considera isso um caso de atomismo da alma.[8] Resta-lhe, assim, a visão de que a alma é uma coleção de impulsos sem um supervisor.

Então, quando Nietzsche começa a seção que vem imediatamente a seguir tratando dos "fisiologistas", faz sentido pensar que ele está tratando das preocupações daqueles psicólogos que, como ele, apelam apenas para os impulsos, e não para a "razão", ao fazer seus relatos da psique: aqueles que possuem uma "autêntica psicofisiologia" (*ABM* 23).[9] E se destaca entre essas preocupações saber como os impulsos podem formar um todo "orgânico", constituindo assim uma pessoa. Afinal, cada impulso tem seu próprio fim, e esses fins podem com certeza e com frequência entrar em conflito. Como é, então, que os impulsos são qualquer outra coisa além de uma coleção de facções em guerra, o ser humano qualquer outra coisa além de um agente guiado por desejos conflitantes? Como é que a vitória difícil de alguns desses impulsos constitui o agir de uma pessoa com base em seus valores, enquanto o sucesso de outros não?

Mostramos que Nietzsche responde a essas questões ao afirmar que os impulsos formam uma ordem política em que algum impulso ou alguma coalizão de impulsos tem autoridade para falar pelo todo. Mas em *ABM* 12, ele só mencionou a hipótese de que a alma poderia ser uma "ordem [social ou política] dos impulsos e sentimentos". É somente em *ABM* 19 que se torna claro que isso devia ser pensado como uma ordem política plena. Assim, faz sentido que ele pudesse

---

8. Ver o Capítulo 6 para detalhes.

9. Ver o Capítulo 6, sobre a alma, para nossa explicação do que Nietzsche quer dizer com uma "autêntica psicofisiologia".

estar tratando dessas questões em *ABM* 13 e que começasse a tratá-las com um cuidado: deveria "pensar duas vezes antes de postular a autopreservação como o impulso fundamental de um ser orgânico". A fim de que nossa leitura faça sentido, no entanto, teria de suceder que o psicólogo nietzschiano pudesse realmente ser tentado a postular um impulso de autopreservação como aquele em virtude do qual os impulsos formam um todo "orgânico". Isso poderia não parecer plausível: postular outro impulso explicaria como os impulsos são do tipo necessário para constituir uma pessoa? Além do mais, se um impulso *devesse* explicar isso, ficaria muito parecido com a razão de Platão — ou seja, seria uma parte da alma que procura o bem do todo (o "eu") organizando as outras partes —, e assim teríamos uma forma de atomismo da alma, como analisamos no capítulo anterior. Mas então é difícil entender por que Nietzsche precisaria advertir contra isso como uma resposta ao problema da "organicidade" — é precisamente porque a psicologia nietzschiana se mantém cautelosa ante o atomismo da alma que surge o problema da "organicidade"!

No intuito de entender exatamente contra o que Nietzsche adverte aqui, será útil examinar uma expressão notável que até agora ignoramos: "impulso cardinal". Nós a ignoramos porque não há nada no trecho que indique o que ela significa e, dada a interpretação-padrão, é desnecessário determinar seu significado a fim de compreender o argumento de Nietzsche contra o impulso de autopreservação. Trata-se, contudo, de uma expressão inabitual e, pelo menos no que diz respeito à reflexão, ela parece destinada a se apoderar de nossa atenção e nos induzir a perguntar sobre seu significado. Embora Nietzsche não dê indicação de seu significado nessa ou em qualquer outra seção de *ABM*, uma possibilidade emerge ao considerarmos que "cardinal" pode também ser usado com relação a conjuntos: um "número cardinal" denota o tamanho de um conjunto. Dois conjuntos terão a mesma "cardinalidade" se contiverem o mesmo número de elementos, mesmo que os elementos que compartilham em comum estejam ordenados de modo diferente nos respectivos conjuntos. Embora esteja longe de nossa intenção discutir aqui teoria matemática, isso de fato sugere uma analogia que poderia ser útil. Consideremos que, se os elementos de um conjunto são números, o "número cardinal" é o *número de números*. Se "impulso cardinal" fosse usado de um modo análogo, ele seria o *impulso dos impulsos.* Denotaria, sem dúvida, um impulso de segunda ordem, o impulso que os próprios impulsos têm em comum.[10]

Ainda que a leitora atenta não postulasse o impulso de autopreservação para resolver o problema da organicidade, como argumentamos, ela poderia perfeitamente ser tentada a fazê-lo postulando a autopreservação como um impulso *cardinal* nesse sentido. Isto é, quem se recusasse a postular a razão como uma parte independente da alma poderia considerar que as partes apetitivas formam um todo coerente, sistemático, graças a cada ser disposto a se preservar. De fato, é a estratégia óbvia para qualquer psicólogo que rejeite um papel independente para a razão e reconheça que isso deixa a psique como uma coleção de impulsos com fins frequentemente conflitantes. Um exemplo contemporâneo de tal psicólogo é George Ainslie, que resiste a qualquer apelo por uma faculdade racional separada e reconhece que isso o deixa com o seguinte problema: "Se uma pessoa é uma população de processos" em que cada um procura sua própria satisfação, "que fatores, se é que existe algum, impõem a unidade a esta população?". A resposta de Ainslie é que a harmonia relativa entre os processos *dentro* da pessoa é produzida pelos mesmos fatores que produzem essa harmonia *entre* pessoas. "O que coordena interesses variados em diferentes pessoas é a limitação de recursos." Do mesmo modo, "pode haver muitas pessoas ou parcialmente pessoas em sua mente, mas todas estão obrigadas a coordenar o que fazem pelo fato de serem colegas de quarto permanentes" (Ainslie, 2001, p. 41).

A ideia, então, é que verdadeiros colegas de quarto podem coordenar seu pensamento não em virtude de algo generoso (por exemplo, o compromisso com um princípio de justiça), mas graças ao interesse pessoal, no intuito de aumentar as chances de conseguir mais do recurso escasso (uma guerra de todos contra todos levaria cada um desses colegas de quarto a obter muito menos satisfação do que com uma programação que distribui o uso do espaço de acordo com alguma regra com a qual todos concordaram). Podemos compreender que os colegas de quarto sigam essa regra, mesmo em casos nos quais um deles pudesse ter êxito em quebrá-la (por exemplo, ao convidar pessoas para uma festa numa noite em que estava programado estudar), por medo das consequências (por exemplo, os outros

---

10. Em nossa hipótese, então, um "impulso cardinal" é um impulso de segunda ordem no sentido discutido no texto, um impulso dos impulsos. Mas quem postularia tal coisa? Há boa razão para pensar que o próprio Nietzsche faz isso no caso da vontade de poder; que ele pretenda indicar uma vontade de segunda ordem é uma ideia defendida não apenas na presente obra, mas também em Clark (1990), Richardson (2004) e Reginster (2006).

dois colegas de quarto podem decidir impedir as diversões durante um mês). Os impulsos (o que Ainslie menciona como "os processos *dentro* da pessoa") podem se comportar como colegas de quarto que se comportam de maneira ordeira sem qualquer supervisão — não em função de valores ou compromisso com um princípio, mas devido a mero interesse pessoal. Faz sentido chamar esse comportamento voltado ao interesse pessoal de "autopreservação" no caso dos impulsos, pois para eles preservar seus "interesses" é preservar a si próprios.

Sustentar, então, que um impulso cardinal de autopreservação explica a organicidade dos impulsos é sustentar que os impulsos formam um todo coerente em virtude do fato de cada impulso procurar se preservar. Os impulsos agem de comum acordo não porque procurem um bem mais elevado, mas porque o fazer contribui para sua própria preservação. Embora tal posição pareça, sem dúvida, plausível, a ideia de *ABM* 13 é se colocar *contra* isso, como num caso de teleologia supérflua. Como discutimos, o argumento é que um impulso de autopreservação é tornado supérfluo pela vontade de poder. E podemos agora começar a entender por que Nietzsche consideraria que fosse assim. Sustentamos que Nietzsche atribui uma vontade de poder aos impulsos — a vontade de poder é um "impulso cardinal", um impulso dos impulsos. É, além disso, em virtude de serem caracterizados por uma vontade de poder que os impulsos formam uma *ordem política*, isto é, uma alma, aquela em virtude da qual os seres humanos são pessoas. É porque os impulsos de alto escalão nessa ordem política são reconhecidos pelos demais como tendo *direito a governar* que os comportamentos que *eles* produzem constituem o agir da pessoa com base nos valores, enquanto os produzidos pelos *outros* impulsos não. A teoria da vontade de poder de Nietzsche lhe permite explicar a "organicidade" dos impulsos sem recorrer à razão de Platão.

Embora tenhamos discutido mais plenamente o *modo* como a vontade de poder leva a uma ordem política entre os impulsos no Capítulo 7, podemos agora ver como essa discussão esclarece um aspecto de *ABM* 13: a saber, por que Nietzsche caracteriza a vontade de poder como vontade de descarregar energia ou força. Por estarem sujeitos às restrições da sociedade, os impulsos dos nômades — especialmente os agressivos — não podiam alcançar satisfação externa devido à ameaça de punição severa. Embora incapazes de encontrar satisfação, tais impulsos "não cessaram de fazer suas exigências" (*GM* II: 16) — a energia associada a eles foi assim reprimida. Esses impulsos agressivos procuraram descarregar a energia voltando-se para dentro, negando satisfação a outros impulsos. A vontade de descarregar energia foi então, ao mesmo tempo, uma vontade de poder sobre os outros impulsos.

Mesmo assim, pode parecer que um impulso de autopreservação é ainda requerido para explicar a integridade orgânica dos impulsos, mesmo que esta seja caracterizada por uma ordem política. Pois observemos que, para os impulsos formarem uma ordem política, não basta que alguns deles comandem outros. É também necessário que os impulsos comandados (pelo menos às vezes) *obedeçam*. Poderia parecer, então, que embora a vontade de poder explique por que os impulsos dominantes comandam, não explica por que os impulsos comandados obedecem — por isso, talvez fosse necessário atribuir a estes algo como um impulso de autopreservação (a ideia, então, seria que os impulsos comandados obedecem porque o fazer é um recurso para a preservação de si próprios). No entanto, como vimos no Capítulo 7, nota 17, há um bom motivo para se pensar que Nietzsche encara a vontade de poder como suficiente para explicar não apenas o comando, mas também a obediência dos impulsos. A fim de entender isso, consideremos a resposta de Zaratustra à pergunta: "O que convence o vivente a obedecer, a comandar e a praticar a obediência até mesmo quando comanda?" na seção "Da vitória sobre si mesmo" de *Assim Falou Zaratustra*. Aqui, assim como Nietzsche faz em *ABM* 13, a resposta de Zaratustra evoca a vontade de poder: "[Onde] encontro o vivente, lá encontro vontade de poder".

Zaratustra, porém, continua a nos dar noções de *como* a vontade de poder responde à questão: "Que o mais fraco sirva ao mais forte, pois disso é o primeiro persuadido por sua própria vontade, que seria senhora sobre o que é ainda mais fraco: este é o único prazer a que ela não quer renunciar". A ideia, então, é que a vontade de poder explica por que aqueles caracterizados por ela (isto é, os impulsos) estão dispostos a obedecer: a obediência é um meio de — ou um mal necessário que acompanha a capacidade de — ser capaz de comandar outro, de exercer poder. A ideia sugerida por *Z*, então, é que os impulsos caracterizados pela vontade de poder assumem, de bom grado, o lugar que concordaram em ocupar numa ordem política e obedecem a seus superiores na ordem porque fazer isso lhes dá oportunidade de exercer *sua própria* vontade de poder — que *ABM* 13 explica como um "desejo sobretudo de *dar vazão* à sua energia". As mesmas restrições que lhes pedem para obedecer à hierarquia sancionam a *própria* vazão da energia *deles* sobre *outros* impulsos. O plebeu obedece ao patrício para poder espancar o escravo. Mesmo o impulso de mais baixo escalão na ordem política pode obedecer na esperança de que terá uma chance, em algum momento, de dar vazão à sua energia — ou é possível que tal impulso não "obedeça", mas seja simplesmente dominado. Seja como for, os comentários acima nos dão uma visão de como a vontade de poder explica o fato de os impulsos constituírem um conjunto de partes ordenadas, um todo orgânico.

Em conclusão, observamos que a principal função de *ABM* 13 é de alerta: ele adverte quem aceita a compreensão que Nietzsche tem da alma em *ABM* 12 de que não é preciso postular um impulso cardinal de autopreservação — tal impulso é tornado supérfluo pela vontade de poder. A leitura normativa mostra por que tal advertência faz sentido. Em *ABM* 12, Nietzsche apresenta uma revisão da hipótese da alma de Platão, revisão que descarta a razão como parte da alma, isto é, como um componente de sua estrutura motivacional básica. Alguém simpático à revisão de Nietzsche pode se sentir compelido a postular que um impulso cardinal de autopreservação assume o papel desempenhado pela razão na teoria de Platão. Em *ABM* 13, Nietzsche diz que a vontade de poder torna supérflua tal postulação: a vontade de poder leva os impulsos a formar uma ordem política em que os impulsos de alto escalão têm o direito de falar pelo todo. É a atividade desses impulsos procurando o poder, não a atividade da razão platônica ou dos impulsos procurando meramente preservar a si mesmos, que constitui o agir de uma pessoa com base em seus valores.[11]

8.2 *ABM* 22: REALIDADE FÍSICA COMO VONTADE DE PODER

ABM 22 tem sido considerado uma exposição de uma física do poder, uma descrição da natureza (no sentido de realidade física) como vontade de poder. Embora se admita que essa descrição é "apenas interpretação", ela parece sugerir ser equivalente, senão superior, à descrição da natureza que conhecemos, fornecida pela física. Se Nietzsche está comprometido com uma física do poder ou mesmo com a afirmação de que a física é "apenas interpretação", nossa compreensão de sua teoria da vontade de poder está seriamente equivocada.[12] Já afirmamos que ele

---

11. Naturalmente, *ABM* 13 só pode ser compreendido do modo devido por quem já entende que a vontade de poder é a teoria da alma de Nietzsche, o que, como mostramos, requer cuidadosa interpretação de inúmeras seções, entre elas *ABM* 19, que entra mais adiante na Parte Um. Não somente alguém que aborde *ABM* 13 fora de contexto fica perdido quanto a seu real significado; isso também acontece com quem o lê pela primeira vez. Isso depõe a favor da complexidade da obra e da afirmação que fizemos no princípio e mantivemos durante todo o livro: temos de ler *ABM* com cuidado e inúmeras vezes antes de podermos, justificadamente, admitir que o compreendemos.

12. Clark (1990) responde a ambas as preocupações, e ratificamos a resposta à primeira no que se segue, mas achamos que a preocupação sobre o *status* da física requer uma resposta mais complicada.

não está, mas chegou o momento de argumentar a favor de nossa interpretação do texto. Isso requer certa repetição do que sustentamos em 4.1.

ABM 22 apresenta uma física do poder em sua resposta àqueles que acreditam que os físicos mostraram que a natureza obedece a leis. Eles não fizeram nada disso, Nietzsche afirma, confessando sua "malícia" em "pôr o dedo nas incômodas artes da interpretação".

> Mas "a conformidade da natureza à lei", da qual vós, físicos, falais tão orgulhosamente, na realidade não é um fato — existe apenas graças à vossa interpretação e má "filologia" — nem um "texto", mas somente um ingênuo arranjo humanitário e uma deturpação de sentido com que avançais consideravelmente ao encontro dos instintos democráticos da alma moderna!

Embora isso pareça apresentar a física como mera projeção de valores "humanitários" ou democráticos e negar que ela nos dê a verdade sobre a natureza, argumentamos contra essa leitura em 4.1. Os físicos (ou os filósofos da física) só são criticados por deixarem de reconhecer que "a conformidade da natureza à lei" é "interpretação [...] não um fato, não um 'texto'". Para dar suporte a essa acusação se acrescenta que uma interpretação *alternativa* é possível — que um intérprete pode "deduzir da mesma natureza e com relação aos mesmos fenômenos" não obediência a leis, mas "a imposição tiranicamente impiedosa e inexorável das reivindicações de poder". O que faz dela "a mesma natureza e os mesmos fenômenos" é o "curso necessário e 'calculável'" que ambas as interpretações admitem que a natureza segue. Como argumentamos em 4.1, esse "curso" é precisamente "o texto" descoberto pelos físicos. A afirmação, então, é que a interpretação "vontade de poder" não é menos fiel *ao texto* que a interpretação da "conformidade da natureza à lei", pois a primeira, como a segunda, reafirma que o mundo tem esse "curso necessário e 'calculável'".

Então, embora negue que a conformidade da natureza à lei corresponda "aos fatos" ou "ao texto", Nietzsche nem por isso nega que *há* "fatos" ou "texto" a serem aqui descobertos. Sem dúvida seu argumento presume que tais coisas *existem*, pois se apoia na afirmação de que a interpretação vontade-de-poder é igualmente verdadeira para elas. O "fato" aqui, como indicamos, é que o mundo "tem um curso 'necessário' e 'calculável'", o qual poderia ser posto em termos contemporâneos se dissermos que a natureza admite generalizações tipo lei que se diferenciam de generalizações meramente acidentais. Assim compreendida, Nietzsche apresenta a vontade de poder não como uma física do poder, isto é, como uma alternativa à física, mas como alternativa a determinada *interpretação* da física pelas generalizações tipo lei que ele concede às descobertas físicas sobre o curso da natureza.

Mas o que exatamente é "uma interpretação"; como Nietzsche usa esse termo? Obtemos uma pista importante em outra seção, *ABM* 14. Discutimos esse aforismo no capítulo 4 e retornamos neste capítulo suas afirmações sobre o que é uma explicação. Por ora, consideremos a afirmação de Nietzsche no início dessa seção de que "a física também é apenas uma interpretação" (*ABM* 14). Observemos que a expressão "a física também" levanta uma questão para o leitor cuidadoso: o que *mais*, no que estava discutindo, Nietzsche encarava como "apenas uma interpretação"? Embora o aforismo anterior, *ABM* 13, se apresente discutindo "fisiologia", antes de concluir que Nietzsche pensa que a fisiologia é também "apenas uma interpretação", devíamos lembrar que, em nossa leitura, *ABM* 13 dá continuidade à discussão da alma de *ABM* 12 e que "fisiologia" é forma abreviada de "psicofisiologia" (*ABM* 23). Isso faz sentido: a psicologia é uma candidata mais provável à faixa de "interpretação" que a fisiologia. A fim de compreender, então, o que Nietzsche encara como específico numa interpretação, devíamos recordar o que ele encara como específico na psicologia.

Como vimos no Capítulo 5, Nietzsche encara a psicologia como uma "ciência não natural". Isso acontece porque considera que a psicologia compreende seus objetos — sejam pessoas ou impulsos, na medida em que eles formam uma alma e, portanto, constituem uma pessoa — racionalizando-os, vendo-os fazer sentido, o que significa vê-los como o tipo de coisa que um agente racional pensaria ou faria. E isso só é possível de uma perspectiva constituída por normas relativas a como um agente racional deveria pensar ou agir. O que faz sentido, dado que a "interpretação" está, talvez, extremamente à vontade em relação aos textos e estes só podem ser interpretados do ponto de vista de tais normas ou valores. *ABM* 14, então, nos dá boas razões para supor que Nietzsche encara a interpretação como uma questão de observar os fenômenos de uma perspectiva constituída por tais normas ou valores.

Retornando a *ABM* 22, podemos ver como essa seção confirma a indicação de *ABM* 14 sobre a natureza da "interpretação". Nietzsche chama a concepção leis-da-natureza da física de "interpretação e má filologia" porque é uma projeção dos valores democráticos dos físicos sobre a natureza, não algo que tenham descoberto *na* natureza. A interpretação vontade-de-poder é também nitidamente uma projeção de valores. É formulada, Nietzsche deixa claro, por alguém com "uma intenção oposta e arte de interpretação" e pareceria significar que interpreta a física do ponto de vista de valores contrários, valores não democráticos ou aristocráticos. Esses valores são mais substanciais que os valores puramente cognitivos envolvidos em qualquer explicação da natureza. Quando unido às nossas observações sobre o uso do termo em *ABM* 14, isso torna razoável admitir "interpretação", como Nietzsche emprega o termo, como uma explicação que se apoia em ou pressupõe valores substantivos do tipo que encontramos pressupostos por qualquer explicação da ação ou do pensamento humanos no Capítulo 5.

Examinemos agora o fim de *ABM* 22. Após sugerir que "vós" (não está claro se os físicos ou o leitor) estareis "bastante ansiosos" para fazer a "objeção" de que a vontade de poder é também "apenas interpretação", ele responde: "Bem, tanto melhor!". Quem faz a objeção não deixa de falar: "Dizeis que minha opinião é apenas interpretação; bem, a vossa também é". Assim a objeção põe a vontade de poder no mesmo nível que a "conformidade da natureza à lei". E a resposta de Nietzsche mostra que ele concorda. Dado o que sustentamos, isso significa que ele encara tanto a "conformidade da natureza à lei" quanto a vontade de poder como explicações racionalizantes do curso da natureza descoberto pelos físicos, uma visão dessa natureza do ponto de vista de certos valores éticos. A física em si não é mera projeção de valores "humanitários" ou democráticos, como vimos, mas a interpretação leis-da-natureza da física é exatamente isso, já que toda a natureza é concebida como obedecendo a leis. E quem em vez disso interpreta a natureza como vontade de poder "deduz da mesma natureza [...] a imposição tiranicamente impiedosa e inexorável de exigências de poder" do ponto de vista de valores anti-humanitários ou aristocráticos (cf. Clark, 1990, pp. 222ss.).

Mas isso não explica inteiramente a resposta de Nietzsche, "tanto melhor!". Muitos presumem que a ideia é indicar que Nietzsche é admiravelmente coerente com sua posição geral de que todo conhecimento é interpretação. Há dois problemas aqui. Primeiro, de modo contrário à opinião aceita, a visão de Nietzsche em *ABM* não parece ser que todo conhecimento é interpretação. Em breve, trataremos do que é aparentemente a mais importante evidência a favor dessa visão aceita (a afirmação de que "a física também é interpretação"). Segundo, a tese de Nietzsche parece ser: não que é melhor para ele *admitir* que é uma interpretação, mas que é melhor que *seja* uma interpretação. Isso só faz sentido se alguma coisa *que não* uma interpretação for possível, e que é melhor que seja uma interpretação em vez da outra possibilidade.

Talvez a ideia de Nietzsche é que é melhor que a vontade de poder seja, e assim possa ser compreendida, uma explicação racionalizante do curso da natureza descoberto pela física antes que uma tentativa de fornecer uma alternativa para a explicação da natureza que a física dá. Como vimos no Capítulo 5, Nietzsche sustenta que é a atividade racional e apenas a atividade racional — as várias expressões de seres racionais — que deve ser racionalizada a fim de ser compreendida. No caso de fenômenos meramente naturais, puramente causais, explicações mecanicistas são suficientes. Fazer descrições racionalizantes de tais fenômenos é, portanto, não apenas desnecessário, mas mistificador. Não seria apenas uma interpretação, mas um exemplo de "má filologia" (*ABM* 22), em que a filologia é a "arte de ler bem, de não falsificar os fatos com interpretação" (*A* 52). Mas se as duas explicações comparadas em *ABM* 22 são, ambas, "apenas interpretação", explicações racionalizantes do que a física nos diz sobre a natureza, podemos vê-las antes como "belas imagens" da natureza (cada qual de seu ponto de vista) que efetivas falsificações. São meios de olhar para o mundo do ponto de vista de dois conjuntos muito diferentes de valores, e, assim que o vemos desse modo, qualquer tendência a dizer que um ou outro é verdadeiro deveria desaparecer.

Então *ABM* 22 não nos dá motivo para pensar que Nietzsche endossa a vontade de poder como uma alternativa à física ou que duvide do *status* explanatório da física. No entanto, a pausa oferecida por essa leitura é breve, pois um trecho anterior nos dá uma razão mais convincente para pensar que Nietzsche encara as descobertas da física como *mera* interpretação. Em *ABM* 14, como já discutimos, Nietzsche de fato começa o trecho dizendo o seguinte:

> Talvez esteja apenas despontando em cinco ou seis cabeças a ideia de que também a física é somente uma interpretação e um arranjo do mundo (ajustando-se a nós, se posso dizer assim!), e *não* uma explicação do mundo.

Ao contrário da situação em *ABM* 22, ao falar de "física" aqui, Nietzsche parece ter em mente o *conteúdo* da física: não há menção no trecho de qualquer coisa no sentido de "conformidade à lei" como havia em *ABM* 22. Ele parece assim dizer que esse conteúdo é "apenas uma interpretação [...] e *não* uma explicação do mundo".

Na seção 4.1, sustentamos que Nietzsche nega não que a física explique, mas somente a concepção diretiva das generalizações tipo lei que constituem a explicação. Contudo, ainda não tínhamos reunido um número suficiente de evidências para explicar por que ele afirma que "a física também é apenas uma interpretação". Vimos previamente que "também interpretação" devia nos lembrar que Nietzsche encara a psicofisiologia — o verdadeiro tema de *ABM* 13 — como interpretação, isto é, como uma questão de *compreender pela racionalização*. Mas isso não parece explicar por que ele inclui aqui a física na categoria de "interpretação". Pois embora Nietzsche às vezes apresente os físicos tratando a natureza como se ela operasse no espaço das razões, isso só ocorre quando eles insistem sobre a "conformidade da natureza à lei", não quando apenas apresentam as generalizações tipo lei que descrevem fenômenos naturais. A implicação de *ABM* 14, no entanto, é que essas generalizações são *elas próprias* "apenas uma interpretação", e isso não resulta da aplicação do padrão que Nietzsche emprega para declarar a psicologia "interpretação". Que padrão de explicação Nietzsche *usa* em *ABM* 14 ao dizer que o conteúdo da física é "interpretação, não explicação"? E é um padrão que ele aceita?

Sugerimos que é o padrão do "eterno, popular sensualismo" discutido em *ABM* 14, e que não é um padrão que ele aceite. Esse sensualismo ontológico, como o interpretamos em 4.2, responde à pergunta: "O que é óbvio, o que foi 'explicado'"? com a declaração: "Só o que pode ser visto e sentido". De acordo com seu "cânone", então, a física só é uma explicação se seus objetos "podem ser vistos e sentidos". Nietzsche sustenta que as pessoas acham que as unidades básicas da física, os átomos, são em princípio sensíveis e, por essa razão, acham que a física é "uma explicação". Vimos, no entanto, que Nietzsche considera que Boscovich mostra que as unidades básicas da física *não podem* "ser vistas e sentidas". Com isso Boscovich alcançou "o maior triunfo sobre os sentidos" — e, portanto, sobre o "eternamente popular sensualismo" — "até agora alcançado na Terra" (*ABM* 12). O que tem custado a despontar em não mais que "cinco, seis cabeças", então, é que, dada a realização de Boscovich, a física não é uma explicação, mas apenas "interpretação e arranjo" *segundo um popular padrão sensualista de explicação.*

Nietzsche pensa que, se tiverem de enfrentar uma escolha entre aceitar a compreensão que Boscovich tem da física ou aceitar a física como uma explicação, os "gostos plebeus" da época levarão a uma aceitação da segunda opção "durante um longo tempo à frente" (*ABM* 14). Esses gostos são inteiramente diferentes daqueles que caracterizaram "o modo platônico de pensamento" descrito aqui (*ABM* 14). Isso se deve não à inclinação de Platão a seguir a ciência empírica até o ponto em que ela podia levar — muito pelo contrário. A visão de Platão quanto ao que a explicação requer era o oposto da sensualista. Quando lhe perguntassem: "O que é óbvio, o que foi 'explicado'"?, um platonista responderia: "Só o que *não pode* ser visto e sentido". Nietzsche considera que Platão sustenta que uma coisa pode ser explicada se e só se pode ser vista como *racional*, para participar à sua própria maneira do Bem.[13] O sensualista ontológico, ao contrário, pensa que as coisas só podem ser explicadas se puderem ser reduzidas a causas, sendo que uma causa é uma pequena *coisa*, algo que pode ser visto e sentido.

Podemos agora entender que a ideia de *ABM* 14 é paralela, então, à de *ABM* 22. Em *ABM* 22, Nietzsche afirma que a "conformidade da natureza à lei" é tanto uma explicação quanto expressão da natureza da vontade de poder. Em *ABM* 14, Nietzsche parece afirmar que a física é tanto uma explicação quanto é a psicologia. Há, contudo, uma diferença muito importante: enquanto em *ABM* 22 ele aceita o critério usado para distinguir interpretação de explicação (isto é, uma explicação, ao contrário de uma interpretação, não "racionaliza" seu objeto), em *ABM* 14 usa um critério aceito pelos seus oponentes, mas que ele rejeita (isto é, uma explicação, ao contrário de uma interpretação, tem como seu objeto o que pode ser "visto e sentido"). *ABM* 14 afirma que o mesmo sensualismo eterno, popular, que interpretamos como sensualismo ontológico, que negaria *status* epistêmico à psicologia de Nietzsche, também teria de negar esse *status* epistêmico à física: nem num caso nem no outro lidamos com coisas que "podem ser vistas ou sentidas". A fim de pôr o assunto de outra maneira: a ideia de *ABM* 14 é que o mesmo princípio (isto é, o sensualismo eternamente popular) que negaria o *status* de explicação à psicologia de Nietzsche deve também negar esse *status* à física.

Devíamos observar aqui que *ABM* 22 mostra que um raciocínio como o de *ABM* 14 não compromete Nietzsche com a ideia de que a psicologia é explanatória no *mesmo sentido* que a física. A física não deve ser distinguida da psicologia pelo fato de aquela, e não esta, tratar do que pode ser visto ou sentido, mas isso não significa que a física não deva ser distinguida *de modo algum* da psicologia. E, na verdade, vimos acima que Nietzsche realmente pensa que física e psicologia diferem sob um aspecto importante: ele sustenta que, enquanto a psicologia racionaliza seu objeto a fim de explicá-lo, ciências como a física não fazem isso — é por essa razão que a psicologia, ao contrário da física, é uma ciência "antinatural" ou interpretativa.

---

13. Segundo Christine Korsgaard (1996, pp. 2, 4), "Platão e Aristóteles passaram a acreditar que o valor era mais real do que o fato experimentado, na verdade que o mundo real é, em certo sentido, ele próprio valor"; para nós, contudo, "o real não é mais o bem. Para nós, a realidade é uma coisa *dura*, uma coisa que resiste à razão e ao valor, uma coisa que resiste com obstinação à forma".

8.3 *ABM* 36: O MUNDO COMO VONTADE DE PODER

Voltamo-nos agora ao mais sério desafio à nossa compreensão da vontade de poder: o argumento de *ABM* 36 de que o próprio mundo é "'vontade de poder' e nada mais". Arthur Danto capta a interpretação da doutrina da vontade de poder de Nietzsche numa abordagem derivada, por padrão, do trecho abaixo:

> Vontade-de-poder é um conceito elementar no pensamento de Nietzsche, um conceito em cujos termos tudo deve ser compreendido e ao qual tudo é finalmente reduzido. É um conceito metafísico, ou melhor, ontológico, pois "Vontade-de-Poder" é a resposta de Nietzsche à pergunta: "O que existe?". (Danto, 1965, 215)

Danto baseia a interpretação da vontade de poder como uma doutrina ontológica quase exclusivamente em *ABM* 36 e em trechos do *Nachlass*. E *ABM* 36 parece, de fato, dar suporte a essa interpretação e é o único trecho publicado de Nietzsche que o faz. A fim de chegar a uma conclusão sobre a vontade de poder, *ABM* 36 fornece um argumento muito complicado, o qual parece não uma hipótese sobre a alma, mas uma doutrina ontológica ao fazer uma afirmação sobre a própria essência da realidade. Além disso, as premissas do argumento incluem as afirmações de que a vida e a realidade física são vontade de poder. Se Nietzsche endossasse esse argumento, nossas leituras de *ABM* 13 e 22 seriam, portanto, refutadas. Ele endossaria um argumento que inclui entre as premissas o que consideramos ser as afirmações meramente exotéricas dos trechos; estaria partindo delas no intuito de chegar à conclusão de que tudo, na medida em que é "inteligível", é vontade de poder.

Seguimos Clark (1990) e negamos tanto que Nietzsche endosse um argumento para essa conclusão ontológica em *ABM* 36 quanto que aceite a conclusão. Como Clark (1990, p. 213) assinala, o argumento do trecho está explicitamente construído em forma hipotética, e sua conclusão é formulada de forma condicional. Ele começa nos pedindo para "presumir" que "nada é 'dado' como real exceto nosso mundo de desejos e paixões" e apresenta argumentos para a conclusão de que o mundo "seria 'vontade de poder' e nada mais", não que seja vontade de poder. Assim, Nietzsche não indica endossar nem a primeira premissa do argumento, nem a conclusão, mas apenas sustenta de modo claro que devemos endossar a conclusão se endossarmos as premissas. Mas ele endossa as premissas? Deixa claro que o faz em um caso, mas isso só serve para realçar o fato de que não se compromete com inúmeros outros. Vários aspectos do trecho sugerem que Nietzsche nos incita a examinar se ele realmente aceita as premissas. Além disso, Clark sustenta que Nietzsche não pode endossar várias das premissas, em particular a primeira, que se refere ao que é "'dado' como real", e uma premissa posterior que afirma a causalidade da vontade. Em vista desses traços desconcertantes, parece a Clark que o trecho deve ter outro propósito que não o objetivo superficialmente aparente de dar suporte a uma visão ontológica.[14]

Não poderemos, contudo, aceitar plenamente a análise feita por Clark (1990) de *ABM* 36. Primeiro, como veremos, há um sentido em que Nietzsche *pode* aceitar a primeira premissa do argumento relativa ao que é "dado", e já afirmamos que Nietzsche aceita a causalidade da vontade. Segundo, Janaway (2007) aceita a afirmação de Clark de que o argumento de *ABM* 36 é hipotético e que Nietzsche não endossa sua conclusão, mas assinala que, embora isso remova "um nítido argumento para a vontade de poder como generalização acerca de todos os acontecimentos orgânicos", não mostra "que não seja essa a visão de Nietzsche". Janaway (2007, p. 156) considera óbvio que Nietzsche usa *ABM* 36 "para pôr em circulação uma ideia que é enfaticamente dele próprio — a tese da vontade de poder — e para alimentar a hipótese de que todos os eventos mecânicos são vontade operando sobre vontade". Concedemos esse ponto a Janaway, mas sustentamos que a ideia que Nietzsche "põe em circulação" em *ABM* 36 como "sua ideia da vontade de poder" não é uma doutrina ontológica no sentido de Janaway, mas uma doutrina psicológica, uma afirmação sobre a alma. E a hipótese que ele alimenta não é sobre todas as ocorrências mecânicas, mas apenas sobre uma categoria específica de tais ocorrências, a saber, os movimentos físicos envolvidos em ações. Em outras palavras, como *ABM* 13 e 22, *ABM* 36 admite uma leitura esotérica que revela sua verdadeira intenção, que é deixar mais clara a vontade de poder como uma teoria da alma.

---

14. Clark (1990) sugeriu que a intenção era ilustrar dois pontos defendidos mais cedo em *ABM*: a ideia de seu prefácio referente a quão pouco costumava ser necessário para construir um edifício metafísico e a ideia de *ABM* 9 de que todo filósofo constrói o mundo à imagem de seus próprios valores. Nietzsche valoriza a vontade de poder (como *A* 2 deixa claro), segundo Clark. Janaway (2007, p. 162) desafia a ideia de Clark sob a alegação de que Nietzsche é crítico com relação a muitas diferentes expressões da vontade de poder. Mas Clark, certamente, admite isso. Ela considera que Nietzsche sustenta não que toda expressão da vontade de poder é boa, mas só que tudo que é bom é uma expressão da vontade de poder. Nossa exposição da vontade de poder como teoria da alma de Nietzsche dá suporte adicional à segunda afirmativa, pois nossa exposição sugere que toda expressão da alma humana é uma expressão da vontade de poder ou por ela tornada possível.

Dividimos o argumento de *ABM* 36 em segmentos a fim de facilitar a apresentação. O primeiro segmento assim se desenvolve:

1. Nosso mundo de desejos e paixões é "dado" como real e nada mais é.
2. Nosso mundo de desejos e paixões deve ser compreendido de acordo com os impulsos e as relações que eles mantêm entre si.
3. O tipo de causalidade que caracteriza os impulsos e as relações que eles mantêm entre si é a causalidade da vontade.
4. Portanto, tudo que é "dado" como real deve ser compreendido pela causalidade da vontade. (1, 2, 3)

Do modo como a formulamos, a lógica desse segmento fica clara (muito mais clara que na própria formulação de Nietzsche), mas seu conteúdo não. O que é ser "'dado' como real?". Nietzsche não diz. Clark (1990) considerou a expressão equivalente a "imediatamente certo" ou "indubitavelmente conhecido como real" e, baseada nisso, argumentou que Nietzsche não poderia aceitar a primeira premissa do argumento porque ela entra em conflito com a rejeição de *ABM* 16 de "certezas imediatas".[15] Mas há outro sentido da frase em que nossos desejos e paixões são "dados" como real e o mundo material não é — a saber, que eles são conhecidos de um modo que não parte da observação. Quando sabemos o que desejamos e sentimos, o conhecimento geralmente não conta com a observação, embora nossas crenças sobre nossos desejos e sensações não sejam indubitáveis e possam ser corrigidos pela observação.[16] Assim interpretada, Nietzsche pode aceitar a premissa 1.

Na formulação de Nietzsche, a segunda premissa é talvez ainda menos clara que a primeira: somos instados a "supor" que "não podemos descer ou ascender a qualquer outra 'realidade' que não seja a realidade de nossos impulsos".[17]

---

15. Clark fez isso porque considerou que o argumento visava chegar a uma conclusão a qual modelava toda a realidade com base no mundo "dado" e via que isso só era possível se considerássemos que o mundo dado tem prioridade cognitiva sobre o mundo exterior, prioridade que só poderia ter por ser indubitável. Ela agora pensa que foi induzida em erro pelo que Nietzsche continua dizendo.

16. Essa é uma visão semelhante àquela encontrada numa longa linhagem de filósofos que remonta a Schopenhauer e, via Wittgenstein, inclui G. E. M. Anscombe e, mais recentemente, Richard Moran e Akeel Bilgrami.

17. "[...] pois pensar é apenas uma relação desses impulsos entre si". Mas observemos que "pensar" parece ser a alternativa para os impulsos que Nietzsche alimenta e rejeita, e por que

Ignorando por ora "descer" e "ascender", a afirmação parece ser a de que estamos autorizados a nos mover apenas para — isto é, a inferir — a realidade dos impulsos a partir da existência do mundo "dado". Mas isso tornaria difícil compreender por que Nietzsche vê as primeiras duas premissas nos dando permissão para "fazer o experimento e perguntar se este 'dado' não seria também suficiente para compreender, com base neste tipo de coisa, o chamado mundo mecanicista (ou 'material')". A sugestão é que elas nos dão permissão para perguntar se o mundo "dado" não fornece um modelo para *compreender* o mundo material "com base neste tipo de coisa" — presumivelmente, com base na relação do mundo dado com os impulsos. Assim, o que Nietzsche precisa na segunda premissa é que o "dado" seja *compreendido* em relação aos impulsos, não que a existência dos impulsos seja inferida do "dado" — daí nossa formulação da premissa 2.

Mas o que é "este tipo de coisa" com base na qual os impulsos são relacionados ao mundo "dado" e, portanto, fornecem um modelo para compreender o mundo material? Como logo veremos, essa expressão excessivamente vaga se refere à causalidade da vontade. Daí nossa formulação da premissa 3, que Nietzsche nunca deixa explícita, e a conclusão das primeiras três premissas em 4.

Voltamos agora ao segundo segmento do argumento, o qual formula a tese de Nietzsche de que não apenas somos autorizados a "fazer a experiência" de considerar "se este 'dado' não seria suficiente para também compreender, com base neste tipo de coisa, o chamado mundo mecanicista (ou 'material')", mas que a "consciência do método" realmente o exige. Esse segmento assim se desenvolve:

5. Não podemos postular vários tipos de causalidade antes de termos tentado nos contentar com um único tipo de causalidade.
6. A aceitação de algum tipo de causalidade implica a aceitação da causalidade da vontade.
7. Portanto, não devemos presumir que um diferente tipo de causalidade (isto é, causalidade mecânica) opere no mundo "material" até que tenhamos tentado compreendê-lo com base na causalidade da vontade. (5, 6)
8. Tentar compreender o mundo "material" com base na causalidade da vontade é "testar a hipótese" de que "todas as ocorrências mecânicas, na medida em que há uma força ativa nelas, são força da vontade, efeitos da vontade".

---

pensar seria uma resposta alternativa à questão do que pode ser deduzido da existência de desejos e paixões?

9. Portanto, devemos "testar a hipótese" de que "todas as ocorrências mecânicas, na medida em que há uma força ativa nelas, são força da vontade, efeitos da vontade". (7, 8)

Temos aqui o cerne do argumento. A premissa 5 declara a ilegitimidade de multiplicar tipos de explicação além do necessário. Se aplicamos a navalha de Occam a tipos de explicação, vemos uma variação do princípio metodológico endossado em *ABM* 13 contra multiplicar princípios explanatórios particulares além da necessidade.[18] Temos todas as razões para supor que Nietzsche endossa esse princípio e certamente nenhuma razão para negá-lo.

Isso não pode ser dito da premissa seguinte, que introduz a causalidade da vontade. Eis o que Nietzsche diz ao enunciá-la e defendê-la:

> No fim, a questão é se realmente reconhecemos a vontade como *eficiente*, se acreditamos na causalidade da vontade: se o fazemos — e fundamentalmente nossa crença *nisto* é precisamente nossa crença na própria causalidade — temos então de fazer a experiência de postular a causalidade da vontade, hipoteticamente, como a única. (*ABM* 36)

A primeira questão que isso levanta diz respeito a se *deveríamos* acreditar na causalidade da vontade. Com base em suas interpretações de *ABM* 19, tanto Clark (1990) quanto Leiter (2007) defendem que o próprio Nietzsche nega a causalidade da vontade.[19] E há muitos outros trechos de *A Gaia Ciência*, passando pelo *Crepúsculo dos Ídolos* e *O Anticristo*, que parecem apoiar suas interpretações acerca desse ponto (*GC* 127; *CI* II: 3, 5; *A* 14). Se elas estão corretas, é difícil aceitar o ponto de vista expresso por Janaway, hoje tornado padrão, segundo o qual Nietzsche "sugere" sua própria teoria no trecho e alimenta a ideia de que a

---

18. O que Nietzsche chama aqui "tipos de causalidade" (causalidade mecânica e causalidade da vontade) podem ser mais bem compreendidos como tipos de *explicação*: explicação do tipo empregado com relação a eventos no mundo natural (exposições que se referem ao "espaço das causas") e explicação empregada com relação a pessoas e ações (que se refere ao "espaço das razões"). Assim compreendida, a premissa 5 declara que não deveríamos evocar nenhum dos dois tipos de explicação antes de termos tentado nos arranjar com apenas um deles. Essa diferença terminológica não afeta o argumento; no que se segue, conservamos a menção de Nietzsche de "tipos de causalidade".

19. Em acréscimo a alguns dos trechos citados a seguir, Leiter também cita *Aurora* 124. Mas esse trecho é relativamente precoce e não deveria ser encarado como um ponto de vista maduro de Nietzsche. O mesmo pode ser dito de *GC* 127. Por certo é importante para compreender a posição mais tardia de Nietzsche sobre a vontade, mas não deveria ser tomado como sua palavra final.

vontade de poder opera nos mundos físico e orgânico. Por que Nietzsche construiria um argumento destinado a sugerir ou alimentar uma doutrina que ele pensa que poderia ser verdadeira de um modo que a faz evocar uma premissa que ele considera falsa? Não temos o direito de sustentar que Nietzsche esteja sequer alimentando tal teoria em *ABM* 36, a não ser que tenhamos razão para rejeitar a leitura de *ABM* 19 oferecida por Clark (1990) e, especialmente, Leiter (2007), e ver Nietzsche afirmar a causalidade da vontade.

Já expusemos tal raciocínio em nossa própria análise de *ABM* 19. Como vimos, é muito difícil decifrar esse trecho, escrito no intuito de encorajar uma avaliação abertamente naturalista de seu conteúdo. Segundo a leitura naturalista, ele sustenta que a causalidade da vontade é uma ilusão e alega que as "causas últimas de nossas ações não são [...] os pensamentos e sensações conscientes com os quais identificamos a vontade" (Clark, 1990, p. 215). Mas há um número muito grande de aspectos de *ABM* 19 para os quais essa interpretação não pode valer, enquanto nossa interpretação normativa explica todos esses aspectos. Ela também evita expor o texto de Nietzsche às objeções filosóficas levantadas contra a teoria naturalista da vontade que o trecho parece endossar. Se nossa exposição está correta, Nietzsche afirma a causalidade da vontade em *ABM* 19 e não sustenta que identificamos a vontade com certos pensamentos ou sensações conscientes. Sustenta que a vontade é a ordem política dos impulsos e sentimentos, e que essa ordem é capaz de produzir ações por meio do "comandar e obedecer" de seus componentes, ao passo que a ordem causal dos impulsos está em dissonância com a ordem política, portanto, com os valores de uma pessoa.

Agora estamos em posição de responder a outra pergunta, relacionada à defesa feita por Nietzsche desse segmento do argumento citado mais acima. Consideremos que, se de fato acreditamos na causalidade da vontade, também acreditamos na causalidade mecânica (o tipo de causalidade que opera no mundo físico). E a ciência natural tem tido enorme sucesso em fornecer explicações desse tipo de causalidade. Por que, então, não deveríamos arriscar a hipótese de que podemos explicar tudo em termos de causalidade mecânica e dispensar a causalidade da vontade (como muitos filósofos tentaram fazer)? Como pode Nietzsche defender que se dê prioridade à causalidade da vontade?[20] A resposta que ele dá no trecho citado mais acima

---

20. Foi porque não pôde encontrar nenhuma outra resposta que Clark (1990) interpretou a primeira premissa do argumento como afirmando a indubitabilidade, portanto, a prioridade cognitiva, de nosso conhecimento do mundo interior de desejos e paixões, que ela presumiu fosse

é que nossa crença na causalidade da vontade é "nossa crença na própria causalidade". Essa é uma afirmação crucial: na ausência de uma explicação dela, é difícil ver como um intérprete pode ser desculpado ao considerar que Nietzsche esteja de alguma forma "alimentando" conclusões mais tardias no argumento.

Clark (1990, p. 216) achava que a ideia de Nietzsche era que havíamos interpretado a relação causal de acordo com nossa experiência de querer, acreditando que tínhamos "finalmente apanhado a causalidade em flagrante": a "fé" ou a "crença na causalidade" em questão em *ABM* 36 é uma fé nessa *interpretação* da relação causal (*CI* "Erros" 3).[21] Mas como Nietzsche nos exorta a rejeitar tal interpretação da causalidade, como vimos no Capítulo 4, essa interpretação da defesa que Nietzsche faz da premissa 6 fornece ainda mais motivos para negar que Nietzsche a aceite.

Encontramos uma base para considerar que Nietzsche aceita a premissa 6 na descrição de causalidade apresentada em *ABM* 21, a qual discutimos no Capítulo 4. Segundo essa descrição, deveríamos

> [...] empregar "causa" e "efeito" somente como *conceitos* puros, o que significa dizer, como ficções convencionais com propósitos de designação, entendimento mútuo, *não* explicação. (*ABM* 21)

Consideramos isso uma expressão da visão humeana que Nietzsche tem da causalidade. Ele nega que, quando apontamos um determinado evento como causa de outro, estejamos explicando o segundo evento. Mas dissemos que Nietzsche não precisa negar que a causalidade tenha alguma relação com explicação. O que dá a explicação, afinal, é situar o evento em questão num padrão geral ou numa regularidade, *não* a conexão necessária entre causa e efeito. O sentido de designar algo como causa, com a implicação de que há uma conexão necessária entre a causa e o efeito, Nietzsche sugere, é ter um ponto focal externo para

---

transferido para o mundo da vontade, constituído pelos impulsos. Mas Nietzsche não pode aceitar essa premissa, como discutimos; em vez disso, se nossa leitura da primeira premissa é aceita, Nietzsche *pode* aceitá-la, mas ela não fornece base para a prioridade cognitiva de nosso conhecimento do mundo interior sobre o do exterior ou, consequentemente, para a causalidade da vontade.

21. "As pessoas sempre acreditaram que sabiam o que é uma causa, mas de onde tiramos nosso conhecimento?... Ou, mais precisamente, a fé que tínhamos nesse conhecimento? Do reino dos famosos "fatos interiores", dos quais até agora nem um só deles provou ser factual. Acreditávamos que nós mesmos éramos causais no ato de querer: pensávamos aqui ter finalmente apanhado a causalidade em flagrante" (*CI* VI: 3).

comunicar alguma coisa sobre nós mesmos, sobre nosso próprio estado mental, numa tentativa de "entendimento mútuo". E uma das coisas que comunicamos ao selecionarmos algo como causa é nosso compromisso com a afirmação de que há uma explicação do efeito do tipo mencionado anteriormente. Enquanto Hume pensaria que o que comunicamos aos outros são nossas expectativas, encaramos a conversa de Nietzsche sobre "propósitos" e "entendimento" como indicativa da visão mais kantiana ou normativa de que comunicamos mais que expectativas, ou seja, comunicamos nossos compromissos. Admitir que se tenha conhecimento causal é não apenas estar disposto a agir e pensar de certa maneira, mas a encarar nosso modo de pensar e agir como *justificado*; é estar *comprometido* a pensar e agir do modo indicado por essas disposições.

A premissa 6 se deriva dessa "visão normativa" da causalidade. Como a noção de causalidade envolve a de compromisso, se vamos afirmar a realidade da causalidade, vamos afirmar a de compromissos. E se os compromissos são reais, então a vontade deve ser causal. Para um compromisso ser um compromisso — na realidade e não "apenas no nome" —, devemos esperar que a pessoa que o assume costume agir de acordo com ele. De fato, devemos esperar que (pelo menos às vezes), em situações nas quais esteja tentada a agir de outra forma, a pessoa aja de determinada maneira por ter assumido um compromisso — nossa análise de *ABM* 19 sugere que Nietzsche considera tais casos como paradigmas da vontade.[22] Isso significa que, se não fosse possível que a vontade causasse uma ação (isto é, que a causa de uma ação seja o fato de que temos um compromisso de agir assim, e não simplesmente o fato de estarmos, em determinado momento, inclinados a agir assim), não poderia haver algo como um compromisso. E então, segundo a visão normativa, não poderia haver nenhum tipo de causalidade. Parafraseando a ideia da premissa 6: se existe algo que seja causal, esse algo é a vontade.[23]

---

22. Nesses casos, a ordem normativa dos impulsos (isto é, a vontade) exerce uma influência sobre a ordem causal, levando à ação — uma ação que reflete, assim, os valores da pessoa.

23. Dada a compreensão da vontade discutida no Capítulo 5, a "causalidade da vontade" mencionada em *ABM* 36 é, portanto, a influência da ordem normativa dos impulsos sobre sua ordem causal e, assim, sobre o comportamento. Vale a pena nos referirmos a dois outros pontos nessa relação. Primeiro, tal afirmação sobre a causalidade da vontade proporcionará um motivo adicional para acreditarmos que Nietzsche não aceita a noção de que o querer seja um epifenômeno, como Leiter supõe. Em segundo lugar, ela justifica a afirmação de Nietzsche em *ABM* 22 de que a vontade de poder não é de modo algum o que há de pior em termos de interpretação. Interpretações, como vimos, são explicações que racionalizam seus objetos, isto é, que tratam seus objetos como produtos da vontade. Ao mostrar que a causalidade característica do querer é indispensável para a coerência

Embora tenhamos, assim, defendido as premissas 5 e 6 como premissas que Nietzsche não apenas pode endossar, mas *de fato* endossa em trechos vizinhos, já devia estar claro que essa defesa não será útil para aqueles que pensam que Nietzsche pelo menos alimenta, nessa passagem, uma versão ontológica da vontade de poder ou algo perto disso. Talvez a afirmação de que estamos comprometidos com a causalidade da vontade se considerarmos que alguma coisa seja casual (premissa 6), em conjunção com o princípio metodológico de Nietzsche (premissa 5), nos obrigue a duvidar que possamos deixar de compreender o mundo material em relação à causalidade da vontade. Mas só por um momento — pois simplesmente não é plausível a ideia de que a causalidade da vontade, como afirmamos que Nietzsche a compreende, isto é, como a operação da ordem política dos impulsos (a qual surge no macronível como a possibilidade de uma pessoa ser capaz de superar, devido a compromissos, uma resistência a fim de agir com base em seus valores) — ofereça algum tipo de modelo para a compreensão do mundo natural. Como argumentamos, essa é uma interpretação racionalizante das ações humanas que se ajusta ao modelo "de cima para baixo", de Dennett, de uma teoria psicológica, e o tipo de explicação oferecido pelas ciências naturais é diferente. É por isso que Nietzsche considera a psicologia uma ciência não natural. Se nossa interpretação acerta de alguma forma no alvo, não podemos aceitar a conclusão formulada no item 9 do argumento.

Se a expressão "todos os eventos mecânicos" é lida de um modo completamente genérico, de forma a incluir, por exemplo, eventos como pedras rolando pelas colinas, a hipótese na premissa 9 é uma ideia sem chance de ser aceita por Nietzsche. Isso é preocupante: Nietzsche afirma que *devemos* realizar esse experimento relativo à causalidade e, no entanto, parece que a hipótese apresentada é ridícula. Somos então levados a nos perguntar se há outra leitura da premissa 9 que Nietzsche possa, se não endossar, pelo menos encarar com seriedade. Podemos ler a hipótese como relativa apenas a todos os membros de uma *determinada classe* de ocorrências mecânicas. Considerando o assunto tratado, "movimentos corporais" parece um candidato plausível para tal classe. Logo se torna claro, no entanto, que ler a hipótese como referente a movimentos corporais não é de grande ajuda: é óbvio que nem todos os movimentos corporais são produto da vontade. Movimentos reflexos, espirros e coisas semelhantes são movimentos

---

da causalidade mecanicista, Nietzsche mostrou que não há nada de menor valor na interpretação: seu objeto é, no sentido já especificado, mais fundamental que o objeto da explicação mecanicista.

corporais e não são "efeitos da vontade". Podemos, contudo, limitar um pouco mais a classe de movimentos mecânicos e considerar que sejam não apenas movimentos corporais, mas aqueles movimentos corporais que constituem *ações*. Dada a qualificação da premissa — "na medida em que há força ativa nelas" —, essa restrição faz sentido. Se "ocorrências mecânicas" se referem *de fato* a movimentos corporais, "ocorrências mecânicas, na medida em que há força ativa nelas" se refeririam àqueles movimentos corporais *deliberados*. Faria então sentido concluir que *tais* "ocorrências mecânicas" (e não toda a classe de movimentos corporais) são "força da vontade, efeitos da vontade". A hipótese que deve ser testada — que "todas as ocorrências mecânicas, na medida em que há força ativa nelas, são força da vontade, efeitos da vontade" — é, portanto, nesta leitura, que todas as ações devem ser explicadas pela causalidade da vontade.

Ao contrário das que consideramos anteriormente, esta leitura da hipótese não a torna obviamente implausível. Poderíamos sustentar de forma razoável que o fato de a pessoa S ter desempenhado a ação A é o fato de S ter desejado A. Na verdade (conforme argumentamos antes), como Nietzsche pensa que pelo menos algumas ações devem ser explicadas de acordo com a causalidade da vontade, faz sentido para ele considerar a possibilidade de que todas as ações sejam assim explicáveis. Além disso, essa leitura esclarece dois aspectos do trecho que, de outro modo, ficariam sem explicação. Primeiro, ajuda a compreender a função das premissas de 1 a 4: embora não a chamem assim, essas premissas introduzem a causalidade da vontade no argumento. De modo a explicar "o mundo de desejos e paixões" — isto é, por que uma pessoa quer e sente do modo como faz —, devemos levar em conta o que ela *valora*. Ser insultada por um amigo causará mais angústia que ser insultada por um estranho, pois a pessoa atribui um valor mais alto à aprovação do amigo que à do estranho. (No micronível, tal explicação envolverá não apenas uma especificação de impulsos e sua energia, mas também uma compreensão de seu lugar na ordem política. O impulso em questão — digamos, o impulso para manter um certo *status* social — ocupa, no primeiro caso, um lugar mais alto na ordem política que no segundo caso.)

O segundo aspecto do trecho que (só) pode ser explicado se considerarmos que a hipótese da premissa 9 se refere a ações é o uso das expressões "funções orgânicas" e "*pré*-forma de vida". *ABM* 36 fala de um estágio "em que todas as funções orgânicas estão ainda sinteticamente entrelaçadas com a autorregulamentação, assimilação, nutrição, excreção e metabolismo — como uma *pré*-forma de vida". Isso levanta pelo menos duas questões: como podem a autorregulamentação, a nutrição, o metabolismo e coisas parecidas estarem "sinteticamente entrelaçados [...] com" funções orgânicas, quando as primeiras *já são* funções orgânicas? E por que deveria o estágio que Nietzsche descreve aqui ter sinalizado uma "*pré*-forma de vida" quando é, segundo qualquer visão biológica sensata, simplesmente uma *forma* de vida? Essas perguntas têm uma pronta resposta se Nietzsche usa "orgânico" e "vida" a fim de se referir não à vida biológica (comum aos animais), mas à vida normativa (específica de pessoas), como mostramos que ele faz em outros pontos de *ABM,* mais recentemente em *ABM* 13. Recordemos que Nietzsche argumenta aí que a vontade de poder explica a "organicidade" necessária aos impulsos que constituem um ser humano funcionar como um agente unificado individual — isto é, necessária para que a atividade deles constitua as ações de uma pessoa. Se Nietzsche usa aqui "orgânico" no mesmo sentido, então "funções orgânicas" são as funções específicas de tal agente unificado, individual: isto é, aqueles envolvidos em valorar e em assumir e honrar compromissos. Quando tais aptidões *começam* a caracterizar seres humanos — quando eles passam a ter "o que mais tarde será chamado sua *alma*" (ver a discussão de *GM* II no Capítulo 7) — estão de fato "sinteticamente entrelaçadas com" funções orgânicas no sentido biológico. Haverá, afinal, uma história causal, evolucionária, relativa a como os seres humanos passaram a ter vida no sentido normativo,[24] nos primórdios da qual juízos de protovalor estarão intimamente relacionados a necessidades básicas. E como serão juízos de *protovalor* — um estágio no caminho para genuínos juízos de valor —, os seres humanos que os fazem terão uma "*pré*-forma de vida" no sentido normativo.[25]

Há, portanto, boas razões para ler a hipótese que deve ser testada, segundo a premissa 9 — que "todas as ocorrências mecânicas, na medida em que há força ativa nelas, são força da vontade, efeitos da vontade" —, como a afirmação de que

---

24. Assim é, embora os juízos normativos feitos de acordo com essas capacidades *não possam* ser compreendidos em termos puramente causais, evolucionários: esse é o sentido da advertência de Nietzsche contra "perder [perdendo] a alma" (*ABM* 12 e nosso Capítulo 4) e de suas aspersões sobre o "Sr. Mecânico" (ver *GC* 373-374 e nosso Capítulo 5).

25. Gregory Moore (2002) assinala que Nietzsche está aqui e em outros lugares fazendo uso da terminologia de Ernst Haeckel, Wilhelm Roux e outros biólogos alemães do século XIX. Como tal uso é certamente verdadeiro, Moore (e muitos outros que acreditam que Nietzsche foi inspirado por Roux em sua ideia da vontade de poder operando no nível biológico) considera que isso indica, de modo evidente, que Nietzsche assume os projetos deles e aceita suas posições. Deixa-se assim de considerar a possibilidade, em favor da qual argumentamos aqui, de que Nietzsche use essa terminologia para um objetivo muito diferente.

todas as ações devem ser explicadas pela causalidade da vontade. Trata-se de um achado importante: como é próprio de um argumento baseado num "experimento" que nos pede para considerar uma "hipótese", a famosa e infame conclusão de *ABM* 36 é expressa como algo subordinado a condições. Isto é, *ABM* 36 não declara que o mundo é vontade de poder; diz, na realidade, que "o mundo [...] *seria* 'vontade de poder'" (destacado por mim).[26] Seria vontade de poder se acontecesse o quê? Que condições seriam suficientes para o ser vontade de poder do mundo? Uma condição óbvia é que a hipótese da premissa 9 seja verdadeira. Então, no intuito de continuar nossa tentativa de construir um argumento válido, devemos acrescentar uma premissa e declarar a verdade da hipótese:

10. Todas as ocorrências mecânicas, na medida em que há força ativa nelas, são força da vontade, efeitos da vontade.

Uma questão crucial para determinar o que *ABM* 36 nos diz sobre os pontos de vista de Nietzsche será, portanto, saber se ele endossa a premissa 10 — se podemos achar que ele defende que todas as ações são produtos da vontade. Por ora, contudo, podemos prosseguir em nossa tentativa de construir um argumento válido usando o texto de *ABM* 36.

O próximo segmento do argumento é como se segue:

11. "A vida dos impulsos" — isto é, os impulsos e as relações que eles mantêm entre si — pode ser compreendida como "desenvolvimento e ramificação de *uma* forma básica de vontade — como vontade de poder".

12. A causalidade da vontade pode ser compreendida como "desenvolvimento e ramificação de *uma* forma básica de vontade — como vontade de poder". (2, 3, 11)

---

26. Paul Loeb apresentou uma leitura de *ABM* 36 que reconhece a natureza condicional de sua conclusão. Ele argumenta que Nietzsche apresenta *ABM* 36 como um aforismo heurístico a fim de obter uma percepção inicial das perspectivas apresentadas em *ABM* 22, isto é, a visão da natureza como manifestação de uma vontade de poder. A ideia é que *ABM* 36 nos dá os passos a seguir a fim de alcançar "uma *visão* do mundo *a partir de dentro*, que o mostraria como vontade de poder e nada mais... Essa visão conclusiva nos proporcionaria o tipo de perspectiva da natureza, ou interpretação da natureza, que Nietzsche afirma ser a sua no início de *ABM* 22" (Loeb, no prelo). Sustentamos que Nietzsche não endossa a interpretação vontade-de-poder da natureza em *ABM* 22 e sustentaremos aqui que sua preocupação em *ABM* 36 não é o mundo, mas a alma.

13. Podemos fazer todas as funções orgânicas remontarem a essa vontade de poder.

A premissa 11 nos diz que a vida de nossos impulsos (isto é, aquilo a que a premissa 2 se refere como os impulsos e as relações que eles mantêm entre si) pode ser compreendida de acordo com a vontade de poder. E, como vimos na premissa 3, já que o tipo de causalidade que caracteriza essa vida instintiva é a causalidade da vontade, conclui-se que a vontade de poder pode explicar também a causalidade da vontade.

Vimos, no entanto, que Nietzsche encara a vontade como a alma — a ordem normativa dos impulsos — na medida em que ela está envolvida em ação. Isto é, quando a ordem normativa dos impulsos é responsável por algum elemento de comportamento — ou seja, quando uma pessoa age com base em seus valores —, a vontade é operante. Portanto, podemos compreender a premissa 12 como uma declaração do compromisso de Nietzsche com a vontade de poder como sua teoria da alma. Pois é em virtude de serem caracterizados por uma vontade de poder que os impulsos formam uma ordem normativa, uma alma — ou, na medida em que essa ordem normativa está envolvida em ação, uma vontade. Vimos que temos razão para considerar que a conversa de *ABM* 36 sobre "funções orgânicas" refere-se àquelas atividades características de seres com valores, seres com vida no sentido normativo. Assim, quando a premissa 13 declara que "todas as funções orgânicas" se devem em última instância à vontade de poder, devemos admitir que isso significa podermos fazer remontar as origens de todos os aspectos da vida normativa ao desenvolvimento da vontade de poder: se não houvesse vontade de poder entre os impulsos, os impulsos não formariam uma ordem normativa e, portanto, não haveria "funções orgânicas" nesse sentido.[27]

---

27. Ao falar do modo como sua proposição da vontade de poder nos permitiria compreender "funções orgânicas", ele nos diz que nisso se poderia encontrar "a solução do problema da procriação e da nutrição — pois é o *mesmo* problema". Embora possa parecer uma evidência contra a leitura normativa do "orgânico" e a favor do biológico, a leitura normativa pode tornar bastante inteligível essa afirmação de outro modo desconcertante. É desconcertante porque não está claro qual deve ser "o problema da procriação e da nutrição" na leitura biológica desses termos, nem está claro em que sentido eles são "o *mesmo* problema". Em nossa leitura normativa, porém, a questão é muito mais clara: a "procriação e nutrição" de seres "orgânicos" refere-se às práticas de seres especificamente humanos em torno de sexo e alimento. O "problema" diz respeito a explicar a óbvia *diferença* dessas práticas em comparação com aquelas de outros animais — isto é, por que as vidas sexuais e nutricionais dos seres humanos são tão diferentes daquelas de outros (meros) animais? Ao propor a vontade de poder como solução, Nietzsche propõe sua teoria da alma; diz que essa dife-

Chegamos agora ao segmento final do argumento, em que a importância da afirmação proposta como hipótese na premissa 9 e afirmada na premissa 10 se torna clara.

14. Toda força eficiente pode ser definida como vontade de poder. (10, 12, 13)[28]

15. Portanto, "o mundo visto de dentro, o mundo descrito e definido de acordo com seu 'caráter inteligível'" é "'vontade de poder' e nada mais". (14)

Em nossa reconstrução do argumento, a afirmação da conclusão de que o mundo é vontade de poder está baseada na afirmação da premissa 14 de que toda força eficiente pode ser definida como vontade de poder. Se toda força é resultado da atividade da vontade de poder, então todos os eventos são produzidos pela vontade de poder. Nesse caso, não parece absurdo dizer que "o mundo" é vontade de poder.[29] A premissa 14, contudo, requer (pelo menos)[30] que a premissa 10 seja verdadeira — que seja verdade que "todas as ocorrências mecânicas, na medida em que há força ativa nelas, sejam força da vontade, efeitos da vontade". Antes, então, que se possa atribuir a Nietzsche a afirmação de que o mundo é vontade de poder com base no que ele diz em *ABM* 36, é imperativo determinar a atitude de Nietzsche com relação à "hipótese" levantada na premissa 9 e afirmada na premissa 10.

---

rença deve ser explicada pelo fato de que os seres humanos agem não apenas conforme seus desejos, mas conforme seus valores. O "problema da procriação e nutrição" é "o *mesmo* problema" porque se trata de aspectos do problema do fosso que separa seres com vida no sentido normativo daqueles sem ela: é o problema da cultura, que Nietzsche pensa que só pode ser adequadamente tratado por sua teoria da alma, a vontade de poder.

28. Na realidade, deduzir de forma válida a premissa 14 requer que o mundo dos desejos e paixões (isto é, o da vontade), o mundo orgânico e o mundo mecânico (ou "material") sejam os únicos domínios em que uma força eficiente se manifesta. Que seja assim não é afirmado em parte alguma do argumento, mas a implicação é óbvia.

29. Mas por que o "mundo visto de dentro, o mundo definido e determinado de acordo com seu 'caráter inteligível'" é a vontade de poder? Aqui a influência de Schopenhauer oferece uma pista. Schopenhauer afirma que "a motivação é a causalidade vista de dentro" (Schopenhauer, 1974 [1813], p. 214; citado em Janaway, 1989, p. 216). Ao fazer essa qualificação, Nietzsche indica que a vontade de poder caracteriza a causalidade na medida em que é o resultado de "motivação", isto é, na medida em que é um resultado de nossos valores.

30. Ver a nota 28.

Como vimos em nossa discussão da premissa 9, a hipótese em questão é a afirmação de que todas as ações são explicáveis de acordo com a causalidade da vontade. Considerando a compreensão de Nietzsche sobre a causalidade da vontade, pensar assim seria pensar que todas as ações devem ser explicadas de acordo com os valores e os compromissos do agente. Tal pensamento faz eco à visão de Hume de que só podemos ser considerados moralmente responsáveis por aquelas ações que expressam nosso caráter; a ideia aqui seria que aquelas ações pelas quais Hume acredita que não somos moralmente responsáveis não são mesmo consideradas absolutamente "ações".

Há indícios textuais em *ABM* 36 de que Nietzsche não aceita essa hipótese; por exemplo: ele diz que o "experimento" deve ser "levado a seus limites máximos (ao ponto do *absurdo*, se podemos dizer assim)" (*ABM* 36, destacado por mim). Isso nos leva a esperar que Nietzsche encare os resultados do experimento como implausíveis e que, portanto, tenha de rejeitar a hipótese na qual ele está baseado. De fato, Nietzsche não pode aceitar a afirmação de que todas as ações expressam valores e compromissos de um agente — isto é, não pode aceitar a afirmação de que todas as ações são ações determinadas pela vontade. Como vimos em nossa discussão de *ABM* 19 no Capítulo 7, Nietzsche pensa ser um erro comum e crucial supor que "querer é suficiente para a ação" — isto é, supor que, se uma pessoa quer executar uma ação, ela há de executar tal ação. *ABM* 19 afirma que o querer de uma pessoa é constituído por impulsos com alta colocação na ordem normativa *comandando* outros impulsos: se esses comandos não forem adequados, a ação executada não será aquela desejada. E como os impulsos normativamente bem colocados constituem os valores da pessoa, a ação em questão violará esses valores. Uma ação que executamos, mas que não queremos, revela assim fraqueza de vontade, um fenômeno que Sócrates negava e que, como já argumentamos, Nietzsche procura explicar.[31] Como consequência, embora esteja comprometido a "testar a hipótese" na premissa 9, Nietzsche não pode aceitar o endosso da premissa 10 como verdade.

Tanto a retórica quanto a lógica de *ABM* 36 indicam que Nietzsche não aceita a conclusão do argumento: isto é, não aceita a afirmação de que o mundo

---

31. Em nossa leitura, então, Nietzsche reconhece uma categoria de ações que executamos "contra nossa vontade". Isso não é dizer que a ação não foi executada pelo agente ou que o agente não é responsável pela ação (ao contrário de Hume, Nietzsche não dá indicação de achar que a responsabilidade depende da conformidade da ação ao caráter da pessoa). Discutiremos em breve as implicações de *ABM* 36 para a taxonomia das ações feita por Nietzsche.

é vontade de poder. Isso absolve Nietzsche do implausível ponto de vista metafísico que às vezes lhe é atribuído com base nessa passagem, mas levanta outro problema: se a intenção do argumento *não é* endossar uma tese ontológica, qual é a intenção? O que, na leitura esotérica, se destina a transmitir a hipótese de que a alma — e a vontade — é vontade de poder? Lembremos que Nietzsche nos diz, no decorrer de *ABM* 36, que conduz uma "experiência". Podemos agora ver que essa experiência estava destinada a determinar o alcance da vontade de poder como o princípio que governa a psicologia humana. Nietzsche levantou aqui a hipótese de que todas as ações acontecem devido às operações da vontade de poder e depois demonstrou que a hipótese é falsa. A vontade de poder, embora nos proporcione uma compreensão da vontade, não proporciona uma compreensão de todas as ações, simplesmente porque nem todas as ações são "desejadas" — isto é, nem todas as ações são reflexos dos valores de uma pessoa.

Uma leitura adequada de *ABM* 36 nos dá o ingrediente final necessário para sugerir uma explicação da "taxonomia" de ações de Nietzsche. Em nossa discussão de *ABM* 19, vimos que Nietzsche reconhece "atos de vontade", as ações desempenhadas quando resistimos a uma tentação e agimos a partir de nossos valores. Esse não é, contudo, o único tipo de ação que expressa nossos valores; poderíamos agir em consequência de nossos valores sem ter de resistir a uma tentação. Tais ações não são "atos de vontade", mas "atos desejados": ações cuja explicação consiste no fato de o agente ter certos valores e compromissos. Nessa taxonomia, atos de vontade são atos desejados (porque são uma consequência de nossos valores), mas atos desejados não são atos de vontade (porque não requerem resistência a tentação). (Vistos da perspectiva do micronível ou nível dos impulsos, tanto os atos da vontade quanto os atos desejados resultam da ordem normativa dos impulsos, embora só atos desejados exijam que os impulsos de alto escalão emitam *comandos.*) *ABM* 36 nos mostra que há um terceiro tipo de ação, aquela que *não* é desejada. Atos não desejados não são, no entanto, involuntários; são apenas ações que não refletem os valores de uma pessoa — uma possibilidade que deve ser reconhecida por qualquer um que leve seriamente em conta a fraqueza da vontade.

8.4 CONCLUSÃO

Neste capítulo, defendemos nossa visão de que a vontade de poder é a teoria da alma de Nietzsche. Ao fazê-lo, tivemos de lidar com seções em que Nietzsche parece encarar a vontade de poder como algo mais — como a essência da vida biológica (*ABM* 13), do mundo físico (*ABM* 22) ou da própria realidade (*ABM*

36). Sustentamos que não é plausível considerar que Nietzsche endossasse os argumentos que levariam a essas conclusões: sendo assim, tais seções dão suporte à nossa afirmação de que *ABM* admite uma leitura esotérica. Além disso, tomando como base a versão dessas passagens que Nietzsche *pode* aceitar, vemos que elas dão suporte à nossa visão relativa à vontade de poder: sua função é esclarecer aspectos da vontade de poder como uma teoria da alma.

A intenção de *ABM* 13 não é, na leitura que fazemos, demonstrar que toda vida biológica é caracterizada pela vontade de poder; o aforismo, ao contrário, ajuda a mostrar que a vontade de poder é o que *distingue* a vida especificamente humana da vida biológica em sentido mais geral. A intenção de *ABM* 22 não é mostrar que a vontade de poder é responsável pelo funcionamento do mundo material; na realidade, a intenção é distinguir explicações que racionalizam seus objetos (isto é, interpretações) daquelas que não o fazem.

Embora em psicologia se compreenda e explique os eventos vendo-os "fazer sentido" (por exemplo, como ações de uma pessoa), Nietzsche deixa claro em *ABM* 22 que esse não é o caso em física. Assim, embora Nietzsche defenda a psicologia quando, em *ABM* 14, afirma que lhe negar o *status* de explicação (como fazem os adeptos do "popular sensualismo") exige que se negue o da física, *não se* conclui daí que ele pense que a física e a psicologia expliquem *da mesma maneira*: *ABM* 22 mostra que, embora considere a interpretação como característica das explicações psicológicas, Nietzsche não a considera característica daquelas oferecidas pela física. Finalmente, apesar de toda a complexidade e evidente especulação metafísica, a verdadeira conclusão de *ABM* 36 é conservadora: longe de sustentar que toda a realidade é caracterizada pela vontade de poder, o trecho afirma que — muito pelo contrário — nem mesmo todas as *ações* são caracterizadas por essa vontade.

CONCLUSÃO

C. 1 POR QUE NIETZSCHE ESCREVE DO MODO COMO ESCREVE?

Encerramos com a apresentação de algumas sugestões para responder à pergunta com a qual começamos: Por que Nietzsche não escreve como um filósofo e expõe suas opiniões e dá argumentos para elas? Inspirando a pergunta havia uma persistente preocupação de que isso pudesse refletir sua atitude para com a verdade.[1] Presumivelmente os filósofos escrevem do modo como escrevem porque seu trabalho é compreender e comunicar a verdade sobre seu assunto, e eles acham que expor o argumento — o conjunto ordenado de considerações a favor da concepção que consideram verdadeira — é o melhor meio de assegurar que a tarefa seja cumprida com êxito. A recusa de Nietzsche em escrever desse modo revela que ele rejeita a importância do argumento e, portanto, da verdade? Nossa exposição sobre *ABM* Um mostra que esse está longe de ser o caso, por razões relativas tanto à forma quanto ao conteúdo.

Com relação à forma, *ABM* Um está longe da série precariamente organizada de reflexões que parece ser. Sustentamos que ele está escrito de modo a que o verdadeiro significado só se torne claro ao examinarmos o texto mediante perguntas e objeções, na tentativa de compreender a *lógica* de cada trecho, de ver como ele pode dizer algo que seja verdadeiro ou pelo menos plausível, algo que se derive das considerações que adianta. Só alguém que atribua um alto valor tanto ao argumento quanto à verdade poderia ter escrito *ABM*, como nós o interpretamos. Com relação ao conteúdo, sustentamos que as seções de *ABM* Um que parecem negar a importância de buscar a verdade e/ou a possibilidade de alcançá-la

---

1. Foi essa a tese da interpretação pós-moderna de Nietzsche dominante na década de 1990.

(por exemplo, *ABM* 1-5) o fazem apenas no nível exotérico. Quando seguimos as instruções de Nietzsche e aprendemos a lê-lo bem, descobrimos que ele não nega nem uma coisa nem outra. A "filosofia do futuro", a filosofia para a qual ele aponta e nos guia em *ABM*, destina-se a satisfazer a vontade de verdade. E, como o tipo de naturalismo neokantiano que sustentamos que ela é, trata-se certamente de uma filosofia no sentido tradicional. Achamos, portanto, que fornecemos evidência contra a tese bem conhecida de Bernard Williams (1994, p. 238) de que o texto de Nietzsche é uma armadilha, não apenas contra a possibilidade de recuperar uma teoria a partir dele, mas, em muitos casos, contra qualquer exegese sistemática que o assimile a uma teoria. Concordaríamos, é claro, se ele pretendesse dizer que o texto de Nietzsche é uma armadilha contra uma recuperação *fácil* da teoria, contra a possibilidade de ler uma teoria filosófica sem sair de sua superfície. Nossa interpretação poderia então ser vista dando novo suporte à tese de Williams. Mas se Williams pretendeu dizer que *nada* que se pareça com uma teoria filosófica pode ser extraído da obra de Nietzsche, nosso trabalho fornece prova importante contra sua tese.

Contudo, nossa exposição talvez só pareça levantar mais questões sobre o modo como Nietzsche escreve em *ABM*. Por que escreve dando atenção à "diferença entre o exotérico e o esotérico" (*ABM* 30)? Se ele respeita a argumentação, a verdade e a filosofia tanto quanto nossa exposição sugere que faz, por que não expressa, na superfície, lealdade a elas? Por que confunde os leitores quanto a suas verdadeiras opiniões, principalmente se elas forem menos rudes, mais ponderadas e mais filosoficamente sofisticadas do que parecem ser?

Nossa resposta é que o esoterismo de *ABM* deveria ser compreendido de acordo com as metas educacionais de Nietzsche. "O verdadeiro mestre só vê as coisas — e até a si próprio — com seriedade na relação estabelecida com os discípulos" (*ABM* 63).[2] Lampert considera que as metas educacionais de Nietzsche são fundamentais para o modo como ele constrói *ABM*, mas discordamos da visão neostraussiana que ele tem acerca disso. *ABM* não é um livro para supostos cavalheiros que "quase ouvem" a conversa dos superiores no saguão e "completam", como se fossem suas, as ideias ouvidas por acaso (Lampert, 2001, p. 5). A verdade na tese de Lampert é que a leitora tem de juntar por si mesma os pensamentos de Nietzsche a fim de compreender o que eles são — semelhante ao que deve-

---

2. De modo estranho, Lampert nega que Nietzsche seja fundamentalmente um mestre sob o pretexto de que seria antes um buscador da verdade que um expositor da verdade.

mos fazer com um diálogo platônico no intuito de determinar, se pudermos, a posição do próprio Platão. Nenhum desses filósofos anda com a posição filosófica na manga; para compreendê-la, não podemos deixar de trabalhar com o texto, reconstruindo-o por nós mesmos. O que Lampert deixa de transmitir é como é árduo o trabalho que isso requer. Nietzsche certamente tenta produzir uma "nova nobreza", como pensa Lampert, mas que é também e igualmente uma nova servidão. "A cada passo temos de lutar pela verdade [...] o serviço da verdade é o mais árduo serviço" (*A* 50). Nietzsche pode não dizer que os leitores terão de enfrentar trabalho realmente árduo para compreender o que ele diz no livro, que vão ter de se engalfinhar com ele a fim de conseguir isso. Mas vão ter.

A pergunta é por quê. Qual é o sentido de escrever dessa maneira? Há muito mais a dizer sobre o esoterismo de *ABM* do que podemos dizer aqui. Concentramo-nos em *ABM* Um por que, quando lido esotericamente, ele proporciona as fundações da "filosofia do futuro" para a qual Nietzsche nos chama a atenção em *ABM*. A "magnífica tensão do espírito" é a metáfora para sua própria filosofia intermediária. Em *ABM* a flecha já foi atirada, o que significa dizer que o livro nos dá a "filosofia do futuro" — se soubermos lê-lo. Mas o livro está escrito para garantir que não saberemos lê-lo. Como é deixado claro no prefácio de *Aurora*, escrito logo depois de Nietzsche ter concluído *ABM*, temos de *aprender* a lê-lo (*AR* P: 5). Sugerimos que *ABM* está escrito para ensinar os leitores a fazê-lo. Como o livro faz isso e o que justifica esse modo de proceder — o que o leitor aprende no processo — é boa parte do que trata o restante do livro de Nietzsche. Aqui podemos apenas sugerir a estrutura que nosso livro oferece para começarmos a compreender esses assuntos, para lermos, portanto, o restante do livro de Nietzsche.

Nossa interpretação do prefácio e de *ABM* Um sugere que a principal preocupação do livro é o futuro da filosofia; seu objetivo principal, educar os filósofos. Nietzsche dá à sua teoria da alma, que inclui a vontade de poder, o lugar de destaque que ela tem em *ABM* Um precisamente porque, com sua psicologia de filósofos, é a base para a compreensão de como educar filósofos, de como incutir neles as virtudes necessárias para que sejam seus "filósofos do futuro", além do bem e do mal. Esses filósofos são os pensadores que serão capazes de satisfazer os objetivos originais da filosofia: representar o mundo tanto como ele é quanto como seria bom que fosse. Mais especificamente, o esoterismo de *ABM* destina-se, antes de mais nada, a fortalecer cada um dos dois lados da alma filosófica, a vontade de verdade (identificada com os plebeus ou servos em *ABM* 14) e a vontade de valor (identificada com a nobreza em, por exemplo, *ABM* 9). As virtudes que Nietzsche visa incutir ou fortalecer são traços que ajudam essas duas partes da alma filosófica a alcançar suas metas.

Muitas das aptidões necessárias para a vontade de verdade alcançar sua meta são as aptidões dialéticas gerais louvadas por todos os filósofos, aptidões que implicam sermos capazes de compreender, acompanhar, analisar e dar argumentos. Não são aptidões associadas, com frequência, a Nietzsche.[3] Horstmann convence muitos leitores ao sugerir que isso não chega exatamente a surpreender, já que os "novos filósofos" louvados em *ABM* estão interessados na *emoção* do pensamento: ao apresentar hipóteses arriscadas, chegar a "noções de impacto", seguir "palpites" e pensar num "ritmo 'veloz'". Por que, ele então pergunta, esse tipo de filósofo se preocuparia em estar "de posse de um 'bom argumento'" (Horstmann, 2002, p. xix)? Bem, depende do que isso significa. Se significa perguntar por que uma filósofa se importaria em ter bons fundamentos para suas concepções, a resposta é que, se não se importasse, simplesmente não seria filósofa. Nietzsche consideraria tal pessoa desprezível (ver *GC* 2). Mas se significa perguntar por que ela se importaria em apresentar suas razões na forma de premissa ou conclusão, não vemos como o fato de Nietzsche, em geral, evitar esse modo de *expor* sua filosofia deva ser explicado pela descrição dos "novos filósofos" que Horstmann colhe de *ABM*.

Consideremos, por exemplo, a celebração por parte de Nietzsche de "uma corajosa e exuberante espiritualidade que avança num ritmo *presto*" (*ABM* 213). Recorrer a isso, como Horstmann claramente faz, no intuito de demonstrar uma falta de preocupação por parte de Nietzsche em ter um "bom argumento", o que seria, portanto, incompatível com a possibilidade de apresentar sua filosofia numa forma argumentativa, é um sério equívoco, dado o que Nietzsche de fato celebra aqui — não um andamento rápido em si, mas sua *combinação* com "uma severidade e necessidade dialéticas que não dão passo em falso" (*ABM* 213). A "severidade" que Nietzsche chama de "dialética" (sobre a qual teremos em breve mais a dizer) é equivalente a rigor lógico ou argumentativo, e sua celebração de presto *e* rigor como "a combinação genuinamente filosófica" não faz sentido a menos que aqueles que exemplificam a combinação estejam preocupados com os fundamentos de suas concepções, preocupados em ter um "bom argumento".

---

3. Mesmo Brian Leiter, um comentador que certamente tem apreço pela argumentação, considera evidente que, no geral, Nietzsche não apresenta argumentos. Sua explicação é que, segundo Nietzsche, os argumentos não têm grande coisa a fazer, porque as pessoas sustentam as crenças que têm, pois as crenças de uma pessoa são determinadas por seus valores, os quais são determinados por fatos-tipo, fatos fisiológicos e psicológicos sobre que tipo de pessoa inevitavelmente somos.

Nietzsche está, por certo, interessado em dar aos leitores uma noção da emoção do pensamento. Mas Horstmann parece ter esquecido que é a emoção do *pensamento* que Nietzsche quer transmitir e que não existe pensamento se não estamos preocupados em ter bons fundamentos para nossas afirmações.

De fato, Nietzsche parece defender com vigor ainda maior a conexão entre filosofia e argumentação em *ABM* 213. O que deveríamos, antes de mais nada, aprender a fim de nos tornarmos filósofos seriam as técnicas *dialéticas*, técnicas que tornam uma pessoa boa na argumentação. Contudo, não é isso que Nietzsche parece dizer no início do aforismo:

> É difícil saber o que um filósofo é porque isso não pode ser ensinado, é preciso "sabê--lo" pela experiência — a não ser que fôssemos tão orgulhosos a ponto de não querer sabê-lo. Nos dias de hoje, porém, todo mundo fala de coisas das quais *não pode* ter qualquer experiência, o que é extremamente verdadeiro, e da pior maneira, quando se fala dos filósofos e dos estados filosóficos; um número muitíssimo limitado de pessoas os conhecem, podem conhecê-los, e todas as opiniões populares sobre o assunto são falsas. (*ABM* 213)

Embora as palavras de abertura tragam a expectativa de que o aforismo será sobre "o que um filósofo é", nossas esperanças de saber qualquer coisa acerca do assunto são frustradas de imediato pela ressalva de que isso não pode ser ensinado, que a pessoa sabe ou não sabe, e que a maioria das pessoas não sabe e não deveria ter a arrogância de fingir que sabe. E tal interpretação é respaldada por sugestões no final do aforismo, as quais são frequentemente interpretadas como lamarckianas: a de que "é preciso ser *gerado* para os mundos elevados", a de que só temos "direito à filosofia" graças a "nossos ancestrais", que também aqui o "sangue" decide e que as virtudes de um filósofo são herdadas do trabalho de "muitas gerações". Porém, como acontece com tantas outras coisas em *ABM*, as aparências são enganadoras. Essa interpretação cruamente naturalista não consegue dar conta do ponto crucial no meio do aforismo relativo à "combinação genuinamente filosófica" de rigor e ritmo presto. Pois é aqui que Nietzsche nos diz por que a maioria das pessoas não sabe o que é um filósofo: a combinação em questão é "desconhecida pela experiência da maioria dos pensadores e eruditos", pois eles imaginam a necessidade envolvida na severidade dialética "como uma espécie de dever, como um tendo-de-seguir e sendo-compelido-a". Imaginam, portanto, o "pensamento em si" como "algo lento e indeciso, quase como um trabalho penoso [...] de modo algum como algo leve, divino, intimamente relacionado à dança e ao entusiasmo"

(*ABM* 213). O próprio Horstmann expõe de modo preciso o problema para o qual Nietzsche chama nossa atenção em seu pressuposto de que a celebração de Nietzsche do "andamento presto" é incompatível com a preocupação de se ter um bom argumento.

Mas por que a "maioria dos pensadores e eruditos" interpreta mal a experiência da necessidade dialética do filósofo — como algo que está antes restringindo a liberdade que a tornando possível? É porque seus antepassados não desenvolveram as virtudes relevantes a serem herdadas por eles? Seria uma suposição muito implausível. Uma resposta mais plausível é que eles simplesmente não têm a prática prolongada do exercício de aptidões dialéticas que os filósofos têm. O que não significa negar que certos traços herdados possam nos tornar mais aptos a adquirir habilidades dialéticas e mais interessados em exercitá-las. Há pouca razão, no entanto, para duvidar que passamos a compreender a necessidade dialética do modo como Nietzsche afirma que fazem os filósofos quando nos instruímos em filosofia, quando nos envolvemos repetidamente com a prática dialética. Mas mesmo se essa é uma resposta plausível, é a de Nietzsche? Julgamos haver um forte motivo para pensarmos que sim se compararmos as coisas que ele diz sobre os filósofos em *ABM* 213 com as coisas muito semelhantes que já havia dito sobre os cientistas em *GC* 293. No segundo trecho, descreve os aspectos que tornam a ciência "assustadora para os não iniciados", para aqueles "que meramente a olham de relance ao passar": "a severidade de seu serviço, este rigor tanto em pequenas quanto em grandes coisas, esta rapidez em examinar, julgar os assuntos e dar a sentença". "Nossa atmosfera", título de *GC* 293, refere-se ao elemento em que os cientistas se sentem em casa, que é sua segunda natureza, o ambiente no qual eles podem voar. Em *ABM* 213, Nietzsche transfere para os filósofos as metáforas e os traços que já associou aos cientistas em *GC* 293, em particular os relacionados a rapidez e severidade, e em seguida nega que outros pensadores e eruditos (incluindo cientistas, é claro) os compartilhem. O que torna isso inteligível é que há um elemento faltando na descrição da ciência em *GC* 293, um elemento que encontramos na descrição da filosofia em *ABM* 213: o tipo de severidade que ele chama de "dialética".

Deduzimos de uma comparação dos dois aforismos que Nietzsche chama nossa atenção para o fato de que a maioria dos pensadores e eruditos não tem a mesma experiência de movimento dialético que os filósofos costumam possuir. A oscilação dialética do argumento — fazendo distinções, apresentando contraexemplos, levando outras posições em conta — é o ambiente da filosofia e, portanto, é uma segunda natureza para os filósofos, sua "atmosfera", de um modo que tipicamente não existe para aqueles ligados a outras disciplinas. Pelo fato de outros pensadores e eruditos não terem a mesma prática que os filósofos nessas atividades, eles surgem como "não iniciados" quando se trata de dialética. Comparar os dois trechos, portanto, nos dá razão para pensar que *ABM* 213 está concebido no intuito de indicar àqueles capazes de lê-lo que aptidões dialéticas são absolutamente cruciais para "o que um filósofo é". Naturalmente, os que são capazes de lê-lo são aqueles que já "sabem" disso pela própria experiência.

Retornando agora à frase de abertura de *ABM* 213, podemos ver que Nietzsche diz ser *difícil* saber o que é ser um filósofo, não que seja impossível; do que ele diz aqui, deveria estar claro que o único modo de saber o que é um filósofo é aprender *a ser um filósofo, a fazer filosofia*. Então, ninguém pode nos ensinar o que é ser um filósofo simplesmente nos dizendo, mas isso não é negar que os mestres possam levar os discípulos a terem a experiência de fazer filosofia, ensinando--os assim a aprender pela experiência "o que é um filósofo". Quando lido dessa maneira, *ABM* 213 sugere que o ensino de filosofia é feito, ao menos em parte, ensinando-se os discípulos a desenvolver as aptidões dialéticas padrão que todos os filósofos reconhecem como valiosas. São essas aptidões-padrão, quando desenvolvidas num alto nível, que *ABM* 213 apresenta como condições necessárias a uma experiência de pensar que "a maioria dos pensadores e eruditos" não tem — como "alguma coisa leve, divina, intimamente relacionada à dança e ao entusiasmo" (*ABM* 213).[4]

Em nossa exposição, isso tem muita relação com o motivo pelo qual Nietzsche escreve do modo como escreve em *ABM*. Parece óbvio que sua escrita está concebida, pelo menos em parte, no intuito de atrair leitores para seu pensamento — talvez nem todos os leitores, porém muito mais leitores que os filósofos costumam tentar atrair.[5] E, a fim de escrever de um modo que de fato atraia muitos

---

4. Mais evidência vem da sugestão de *ABM* 213 de que a experiência de necessidade dos filósofos é semelhante à de artistas que sabem "muito bem que precisamente quando não fazem mais qualquer coisa 'voluntariamente', fazendo tudo por necessidade, seu sentimento de liberdade, de refinamento, de plenos poderes, de situar, dispor e dar forma a suas criações atinge o pico — em suma, a necessidade e o 'livre-arbítrio' se tornam neles uma coisa só". (*ABM* 213).

5. Observemos o modo como o sucesso de Nietzsche parece estar em violento contraste com o próprio aforismo em que ele introduz "a diferença entre o exotérico e o esotérico" (*ABM* 30). Aqui ele nos diz que "livros para todo mundo são sempre livros que cheiram mal: o cheiro da arraia miúda adere a eles", e isso sugere que, se você quer escrever um livro que interesse aos capazes de grandes coisas, não escreva um livro que interesse a toda a gente.

leitores, parece óbvio que ele tem de apelar a instintos mais rudes do que aqueles a que apela a maioria dos filósofos. Faz isso porque, como defende Elijah Millgram, pertence à tradição da "construção da persona" em filosofia? Nesse caso, Nietzsche, em vez de assumir a tradicional responsabilidade do filósofo de dar razões para seus pontos de vista, estaria tentando persuadir os leitores de suas opiniões ao fazer com que o personagem que as sustenta — isto é, ele próprio — lhes pareça atraente ou fascinante. Nossa posição é que Nietzsche não faz nada disso. Sim, ele tenta atrair muitos leitores para seus livros e o faz em grande parte apresentando a si próprio de um modo que apelará a impulsos muito mais rudes que aqueles aos quais os filósofos normalmente apelam, impulsos encontrados especialmente entre pessoas no final da adolescência e relacionados com a conquista da própria independência. Mas, ao agir assim, a intenção não é persuadir os leitores de suas opiniões, mas atrair para sua escrita quem ele pode treinar nas técnicas dialéticas que tornam possível a experiência de pensamento do filósofo.

Isso pode parecer implausível: se ele tenta selecionar e reforçar técnicas lógico-dialéticas, então o objetivo não é diverso daquele de Platão. Mas se é assim, por que seus *meios* para atingir esse objetivo são tão radicalmente diferentes? Por que Nietzsche não celebra de modo aberto o argumento como Platão? Nossa sugestão para responder a essa questão vem de uma consideração do nexo entre dialética e diálogo. Até agora tratamos a dialética como equivalente a lógica ou argumentação, "dialético" como equivalente a "argumentativo". Mas certos argumentos são mais "dialéticos" que outros, precisamente os que estão mais atentos a outros pontos de vista e sempre retornam às respostas que lhes dariam os que se situam em outras perspectivas. Ao escrever diálogos, Platão assegura que sua apresentação de argumentos seja dialética neste sentido: não precisamos nos perguntar o que um oponente *diria*, porque ele *efetivamente* o diz. Nietzsche não escreve diálogos, é claro — mas, se estamos certos, tenta envolver *o leitor ou a leitora* numa espécie de diálogo, um diálogo que requer que ele ou ela se envolvam numa argumentação dialética. O texto de Nietzsche só se torna disponível se nos aproximamos dele com perguntas e objeções — isto é, se estamos dispostos a *testar* nossa interpretação interrogando se ela se ajusta à lógica do trecho, a outras coisas que Nietzsche diz e ao que é razoavelmente tomado como verdade.

Mas se Nietzsche tenta envolver o leitor num diálogo, talvez isso pareça tornar a conversa desnecessariamente difícil. O leitor tem de lutar até mesmo para determinar o que Nietzsche está dizendo e não menos para descobrir o que o argumento diz. Por que Nietzsche desenvolve as coisas dessa maneira? Por que sua forma de diálogo lembra mais uma luta romana que a dialética platônica? A razão, sugerimos, é que Nietzsche encara a dialética platônica *como* uma espécie de luta romana. Em *Crepúsculo dos Ídolos*, Nietzsche nos diz que, na dialética, Sócrates "descobriu"

> [...] um novo tipo de *agon* [...] [e assim] tornou-se o primeiro instrutor de esgrima dos círculos nobres de Atenas... Fascinava apelando ao impulso agonístico dos gregos — introduziu uma variação na luta romana entre homens jovens e rapazes quase adultos. (*CI* "O problema de Sócrates" 8)

O toma-lá-dá-cá dialético, segundo a compreensão que Nietzsche tem da prática de Sócrates, é antes de mais nada uma *competição*. Sócrates provoca os interlocutores, os quais lutam com ele num esforço de se mostrarem à altura dos desafios. Nietzsche também trabalha com a provocação. Adverte leitores potenciais de que o estão lendo por sua conta e risco, que a trilha que ele percorre está cheia de perigos, que seu pensamento só é adequado aos que têm sede de aventura e desprezo pelas convenções. Os que prosseguem, a despeito dessas advertências, veem-se confrontados por afirmações destinadas a provocar, como: "a falsidade não é objeção a um julgamento", "toda grande filosofia [tem sido] [...] um involuntário e inconsciente livro de memórias" — a lista vai longe. As provocações estão concebidas no intuito de forçar os leitores a levantar objeções ao que Nietzsche aparentemente afirma e questionar as interpretações iniciais que eles, leitores, dão ao texto. Nietzsche desafia o leitor a "reagir", a levantar questões, a fazer objeções e entrar, assim — como fazem os interlocutores de Sócrates —, num diálogo.

Nietzsche desafia o leitor a decifrar seu argumento por meio de um diálogo com o texto. Naturalmente, nem todos os leitores entram *de fato* no diálogo. Alguns ficam demasiado desconcertados pelas provocações, enquanto outros não chegam a se desconcertar de todo: os primeiros rejeitam Nietzsche como um excêntrico sem sofisticação filosófica, enquanto os segundos o veneram precisamente por libertá-los da disciplina dialética. Contudo, apenas *ter* a habilidade dialética necessária para compreender os argumentos de Nietzsche não é suficiente para a excelência filosófica. Mesmo o dialético mais competente ganha o desprezo de Nietzsche se usa suas habilidades a fim de erigir uma fortaleza argumentativa impenetrável em volta das próprias opiniões. Para entendermos isso, basta dar uma olhada na condenação, em *ABM* 5, da obra de Spinoza como caracterizada por

[...] esse malabarismo de tipo matemático no qual, como se gravasse em ferro, Spinoza escuda e camufla sua filosofia ("o amor por *sua* sabedoria", para apresentar clara e francamente a palavra) infundindo terror no coração de qualquer agressor que se atreva a olhar de relance para essa insuperável donzela Palas Atena — quanta timidez pessoal e vulnerabilidade revela esta mascarada de um ermitão doentio! (*ABM* 5)

Aparentemente Nietzsche considera que Spinoza usa a complexidade dialética para isolar suas opiniões da crítica. Mas Nietzsche diz, em *ABM* 18, que "o fato de uma teoria ser refutável não é certamente o menor de seus encantos: é precisamente graças a isso que ela seduz mentes mais refinadas". De fato, como vimos, Nietzsche parece fazer afirmações e levar os leitores a presumir interpretações *que eles podem em seguida tentar refutar!* Assim, ele "seduz mentes mais refinadas" (*ABM* 18) a participar do que não pode simplesmente lhes "ensinar": isto é, a *experiência* — e, portanto, a alegria — do pensamento filosófico. E com frequência, se tiverem sorte, os leitores descobrirão que não o refutaram, mas que foram levados a um nível mais profundo de seu pensamento.

Spinoza está longe de se encontrar sozinho entre os filósofos ao escrever de um modo que deixa de encorajar suficientemente a experiência do pensamento em seus leitores; de fato, Nietzsche pensa que agir assim é *característico* dos filósofos. "Tudo que os filósofos manejaram nos últimos milênios", ele nos diz,

[...] foram múmias conceituais; nada de real escapou com vida de suas mãos. Quando esses veneráveis idólatras de conceitos cultuam algo, eles o matam e o empalham; ameaçam a vida de tudo que cultuam. (*CI* "'Razão' em Filosofia" 1)

Filósofos treinados nas técnicas de argumentação usam com muita frequência essa competência a fim de drenar a vida do pensamento. Tenham ou não por objetivo criar fortalezas argumentativas impenetráveis, Nietzsche pensa que os filósofos não têm conseguido fazer o pensamento chegar vivo aos leitores — em parte porque seu trabalho não consegue engendrar o vaivém característico dos diálogos platônicos.

Ao treinar dialéticos, então, Nietzsche precisa tomar cuidado para não produzir o tipo de "ermitão doentio" dialeticamente competente de *ABM* 5. Antes, porém, de dizermos alguma coisa sobre como ele o faz, queremos deixar claro que, para ter algum acesso ao texto de Nietzsche, para aprender, portanto, qualquer coisa com ele, devemos já possuir ou já ter desenvolvido aptidões dialéticas em algum nível significativo. Sem dúvida nossa tese não é que ele esteja tentando "treinar dialéticos" a partir do nada. É, na realidade, que Nietzsche tenta encorajar um desenvolvimento adicional de técnicas dialéticas, evitando, porém, encorajar o uso dessas técnicas de um modo que tende a extrair a vida do pensamento.

Para ver como ele faz isso, é de novo útil voltar a Sócrates e Platão. É célebre o comentário de Nietzsche sobre Sócrates, que seria "um grande *erótico*" (*CI* "O Problema de Sócrates" 8). Os rapazes com quem Sócrates pratica a dialética são inicialmente atraídos para ele não devido a um "amor pela verdade"; começam com um amor *por Sócrates*. "Nada é menos grego", Nietzsche nos diz,

> [...] que a teia de aranha conceitual de um ermitão — *amor intellectualis dei* à maneira de Spinoza. A filosofia à maneira de Platão poderia ser antes definida como uma competição erótica, como um desenvolvimento adicional e uma internalização da antiga ginástica agonística e de seus *pressupostos*. O que finalmente brotou deste erotismo filosófico de Platão? Uma nova forma artística do *agon* grego: a dialética. (*CI* "Incursões de um Extemporâneo" 23)

Apesar dos argumentos mais destacados de Platão, seu filosofar não poderia ser muito diferente da "teia de aranha conceitual" de um filósofo como Spinoza. Enquanto a "teia de aranha conceitual" do segundo reflete uma visão da filosofia como uma forma de *amor intellectualis dei*, Platão considera que ela envolve algo muito mais básico: o amor erótico. Longe de tentar extinguir esse amor, Sócrates o encoraja e capitaliza em cima dele, não a fim de transformar em discípulos seus parceiros de esgrima, mas para engendrar neles as técnicas de argumentação e as virtudes (como integridade e severidade) que constituem um amor pela verdade.

Essa noção de filosofia como arrebatamento erótico é tematizada por Platão tanto no *Banquete* quanto no *Fedro*. Nietzsche interpreta Platão dizendo que

> [...] não haveria absolutamente filosofia platônica se não houvesse jovens tão bonitos em Atenas: é apenas a visão desses jovens que transporta a alma do filósofo a um êxtase erótico, não a deixando em paz antes que ela deposite a semente de todas as coisas exaltadas num solo tão belo [...] Supõe-se que filosofavam de um modo diferente em Atenas, especialmente em público. (*CI* "Incursões de um Extemporâneo" 23)

Segundo Nietzsche, Platão pratica a dialética não apenas como *agon*, mas como uma forma de "erotismo filosófico", precisamente pelo uso da figura de Sócrates, que ele apresenta como objeto de atração erótica. A dialética apela aos impulsos agonísticos da audiência de Platão, mas é o fato de os argumentos serem apresentados *por Sócrates*, e de uma maneira dramática, que apela a seus impulsos eróticos. Os leitores de Platão não querem simplesmente vencer a argumentação, mas participar do drama, estarem próximos de Sócrates do modo como for possível, ser como Sócrates e ganhar sua aprovação. Sem dúvida a noção de Platão do arrebatamento erótico deixa claro que lhe é crucial que seus leitores passem a amar de forma explícita o que eles realmente amam, embora amem de modo implícito, em Sócrates, *o bem* que ele encarna. Em outras palavras: Platão induz nos leitores uma atração por Sócrates a fim de levá-los *a valorar o que ele valora*, isto é, o bem e a verdade.

O genial dos textos de Platão se encontra na capacidade que eles têm de fazer penetrar nos leitores as técnicas dialéticas necessárias para alcançar o que, por meio de Sócrates, elas os ajudam a reconhecer como valioso. A técnica dialética não é, portanto, um fim em si mesma ou um meio de se defender, mas uma ferramenta usada para alcançar aquilo de que o acólito passa a gostar muito: a verdade e o bem. Pondo o assunto em termos nietzschianos, a habilidade dialética é incutida com uma vontade de verdade e uma vontade de valor. Mas é a atração por Sócrates que devia induzir os leitores de Platão a entrar no drama da dialética de um modo que os impedisse de se tornarem "ermitões doentios". Afinal, os leitores participam do *agon* da dialética com alguém que desejam não simplesmente sobrepujar, mas com quem desejam estar junto e a quem procuram se igualar.

Assim como Platão usou Sócrates e o drama que o cercava, Nietzsche usa a persona apresentada em sua obra. A de *ABM* é um protagonista provocador, o qual permanece sozinho e otimista ante verdades profundas e sombrias, convidando-nos para participar de uma jornada que nos tornará dignos de sua confiança. Enquanto a apreciação da obra de Nietzsche requer aptidão dialética, a apreciação da persona de Nietzsche será feita de modo muito natural pelo tipo de leitores que ele tenta atrair. Ele acena para o leitor, mas não deixará que o apanhem, levando quem de forma cada vez mais decidida o persegue para seus "labirintos" (*ABM* 214). É tanto devido à linguagem erótica que Nietzsche emprega por todo o livro quanto à persona dramática com que se apresenta que o *agon* colocado pela obra é erótico — o leitor não quer apenas ganhar,* mas estar na companhia de Nietzsche a fim de ouvir e ser provocado pela vibração de seu pensamento e para reagir de um modo que conquiste a admiração de Nietzsche e o torne digno dela. Assim, Nietzsche, como Platão, recorre antes de mais nada aos impulsos eróticos não

---

* Isto é, sair-se bem no *agon*, ganhar o combate verbal. (N. do T.)

sublimados de seus leitores. Sem dúvida devemos estar atentos a outro paralelo com Platão, ou seja, a noção de arrebatamento erótico: para Nietzsche, amor pela *persona* é amor pelo que a *persona* ama.

Há, evidentemente, uma diferença crucial entre a compreensão do arrebatamento erótico por Platão e por Nietzsche referente à educação da alma filosófica. Platão sustenta que o objetivo de tal arrebatamento é encontrado numa visão do Bem, uma visão que Nietzsche não pode aceitar. Mas o que é, se não é a Forma do Bem, que o leitor passa a amar em Nietzsche? Propomos que seja nada mais que o *próprio* eu do leitor, embora em sua forma mais elevada, idealizada. A fim de termos uma ideia de como isso pode acontecer, consideremos a compreensão que Nietzsche tem de sua própria admiração por Schopenhauer e Wagner, por ele expressa em *Ecce Homo*. "Agora que revejo de uma certa distância as condições das quais estes ensaios são testemunho, não pretendo negar que, no fundo, eles só falam de mim". "Schopenhauer como Educador", ele nos diz, poderia ter sido mais adequadamente chamado "Nietzsche como Educador" (*EH* "As considerações Intempestivas" 3). Nessa obra, Nietzsche instrui os leitores a começarem a compreender seus verdadeiros eus levando em conta o que verdadeiramente amavam e a entender que

> [...] nosso verdadeiro eu não se encontra profundamente oculto dentro de nós, mas incomensuravelmente acima de nós ou pelo menos acima do que geralmente consideramos que somos. Nossos verdadeiros educadores, aqueles que nos formaram, revelam-nos o que é o verdadeiro sentido primário e substância fundamental de nosso ser. (SE 1)

A ideia, então, é que a educação do tipo que Nietzsche tenta aplicar em *ABM* visa levar leitores filosóficos a seus "verdadeiros eus", levá-los a encarnar os valores que se acham dentro da "substância fundamental de [seu] ser". Fazê-lo implica desenvolver uma vontade de verdade, um compromisso de ver as coisas como elas são, o que significa manter afastadas aquelas tendências que nos levam a ver as coisas não como elas são, mas do modo como gostaríamos que fossem. Sem dúvida essas tendências devem *elas mesmas* evoluírem para uma vontade de valor, um compromisso de articular uma visão do modo como as coisas — incluindo, como destaca a citação precedente, nosso eu — *deveriam* ser, e isso *apesar* da pressão exercida pelo conhecimento do modo como as coisas são. Nietzsche não equipara ter uma vontade de valor a ter um desejo pelos valores *dele*, como está claro no trecho citado de "Schopenhauer como educador" — ele não poderia tentar *indu-*

zir os leitores a valorizar o que ele valoriza sem violar suas opiniões expressas sobre o que a educação envolve.

C.2 EDUCAÇÃO E A ALMA

Nietzsche escreve no intuito de reforçar a vontade de verdade e a vontade de valor — ele escreve, poderíamos dizer, a fim de cultivar as almas de seus leitores. A alma não é uma metáfora ociosa: como já discutimos, é a noção central de *ABM* Um e da obra como um todo. Chegou o momento de examinar como a compreensão que Nietzsche tem da alma afeta o modo como ele escreve. Expusemos o ponto de vista de Nietzsche sobre a alma por meio de uma leitura cuidadosa de trechos essenciais de *ABM* Um; será útil fazer aqui um breve resumo dessa exposição. Recordemos que, para Nietzsche, a alma é a ordem política dos impulsos. É essa ordem que constitui os valores de uma pessoa: é na medida em que a ordem causal dos impulsos se alinha com sua ordem política que uma pessoa age de acordo com seus valores. A *eficácia* da ordem política — assim como o fato de haver *realmente* uma ordem política — é devida à operação da vontade de poder entre os impulsos. Ou seja, é na medida em que cada um dos impulsos procura alcançar não apenas o próprio objetivo, mas dominar outros impulsos, que eles formam uma ordem política na qual os impulsos não têm apenas poder, mas *autoridade* e, portanto, uma alma. Então, quando uma pessoa atua com base em seus valores, a ordem política dos impulsos mostra eficiência e também, por conseguinte, a vontade de poder dos impulsos. E como a vontade de verdade e a vontade de valor são elas mesmas expressões dos valores de uma pessoa (isto é, do compromisso da pessoa de ver o mundo como ele é, no caso da vontade de verdade, e de ver o mundo como seria bom que ele fosse, no caso da vontade de valor), a ação de acordo com *elas* se dá em função de os impulsos expressarem também uma vontade de poder.

A contribuição da teoria da alma de Nietzsche para compreendermos por que ele escreve do modo como escreve é a seguinte: a fim de reforçar as vontades de verdade e de valor, ele tem de reforçar a posição política dos impulsos que as constituem. Assim, Nietzsche não pode simplesmente *dizer* aos leitores para terem vontades de verdade e de valor mais fortes — qualquer tática que não envolva os impulsos é inútil. Mas Nietzsche sabidamente nega que a identidade de nossos impulsos seja evidente para nós.[6] De fato, ele defende que *diferentes* impulsos poderiam constituir as *mesmas* virtudes em diferentes pessoas (*GC* 8). Como Nietzsche pode esperar afetar as vontades constituídas pela ordem política desses impulsos, se não sabe o que são os impulsos? Embora ele sustente que as identidades dos impulsos que constituem os valores de qualquer pessoa específica não são facilmente discerníveis, há motivos para pensar que Nietzsche tem uma opinião sobre os *tipos* de impulso altamente situados na ordem política e que, como resultado, constituem valores.

A fim de entender isso, lembremos de nossa discussão, no Capítulo 2, sobre *ABM* 2. É aí que Nietzsche descreve a "fé dos metafísicos" de que "as coisas de valor mais elevado devem ter outra origem, uma origem *própria* — não podem ser deriváveis [...] deste turbilhão de desejo e ilusão". Nietzsche passa a dar razões para se duvidar dessa fé e culmina na seguinte afirmação:

> Pode até mesmo ser possível que *aquilo que* constitui o valor dessas coisas boas e veneradas resida precisamente no fato de estarem engenhosamente relacionadas, emaranhadas e costuradas às coisas perversas, aparentemente antitéticas, talvez até, no fundo, de serem essencialmente idênticas a elas. (*ABM* 2)

Se aqui Nietzsche só apresenta isso como possibilidade, o restante do trecho sugere que ele endossa tal visão "perigosa" como hipótese, e uma hipótese que espera ser adotada, dentro do mesmo espírito, por "uma nova espécie de filósofo" — presumivelmente educado por sua própria obra. O que, exatamente, é essa visão "perigosa"? É a noção de que o valor das "coisas boas e veneradas", aquelas estimadas como sendo "do mais alto valor" pelos metafísicos, se deve a serem "essencialmente idênticas" a coisas "perversas, aparentemente antitéticas". Dada nossa exposição sobre a compreensão que Nietzsche tem da alma, o significado dessa afirmação é claro: é porque os valores de uma pessoa são constituídos por impulsos — e, especificamente, *impulsos torpes* — que esses valores podem fazer diferença na ação humana.

Nossa discussão de *ABM* 2 revela a simpatia de Nietzsche pela opinião de que os impulsos que constituem os valores de uma pessoa são de determinado tipo: isto é, são impulsos que seriam considerados "perversos". Mas *por que* Nietzsche pensaria assim? E como isso deveria funcionar? Respostas a essas perguntas po-

---

6. Cf. *GC* 8, 335 e 354, assim como Leiter (2002, pp. 101-04).

dem ser obtidas ao examinarmos a exposição de Nietzsche (discutida no Capítulo 7) sobre como a ordem política se forma entre os impulsos. Os impulsos que, devido a imposição de restrições sociais, tiveram rejeitada uma satisfação externa "voltaram-se para dentro" e procuraram satisfação à custa de outros impulsos, negando-lhes satisfação. Essa competição interna por expressão levou os impulsos a buscar não só seus próprios fins individuais, mas também poder sobre outros impulsos, não apenas como meio de alcançar seus objetivos prioritários, mas também a fim de expressar a agressão aos impulsos, privando-os de satisfação — isto é, levou ao desenvolvimento da vontade de poder entre os impulsos rejeitados. Mas consideremos agora *a que* impulsos foi negada satisfação externa quando a ordem social foi imposta: impulsos para comportamentos que ameaçam a ordem social — especialmente os associados a agressão e a sexo. Isso significa que a vontade de poder teria sido mais forte entre *esses* impulsos e, como resultado, *eles* estariam altamente situados na ordem política. Então, faz sentido Nietzsche pensar que os valores (isto é, coisas consideradas ou não valiosas) sejam "essencialmente idênticos" a "coisas perversas, aparentemente antitéticas", isto é, a impulsos agressivos e eróticos.

A consequência para a compreensão do modo como Nietzsche escreve é impressionante: a fim de ser bem-sucedido no reforço da vontade de verdade e da vontade de valor de seus leitores, ele terá de reforçar a posição desses impulsos "torpes" nas estruturas políticas que são suas almas. Mas a questão crucial diante de nós é: *como ele pode fazer isso?* Como *ABM* pode *de fato educar a alma?* Terá, evidentemente, de ser escrito de um modo tal que *mexa* com os impulsos, o que vai exigir que a escrita seja arrojada e provocadora. Mas como Nietzsche pode mexer com os impulsos de modo a influenciar sua posição política? Aqui a analogia traçada no Capítulo 7 entre a ordem política dos impulsos e a ordem política encontrada entre certos primatas é de novo útil. Num grupo primata, um membro do grupo se tornará dominante "dando demonstrações de comando, impondo-se" como alguém a quem teremos de prestar contas (de Waal, 1997, p. 132). Isto é, ele vai assumir os *adornos* de autoridade na esperança de que, como resultado, os outros consintam com sua atitude e lhe outorguem uma autoridade *real* (ou seja, eficaz em termos causais). Essa estratégia para adquirir e conservar autoridade não deixa de ser familiar: os que comandam (querem comandar) — sejam presidentes ou professores — têm de projetar autoridade na expectativa de que cheguem (chegarão) a tê-la. A ideia, então, é que a escrita de Nietzsche ofereça aos impulsos "torpes" uma oportunidade para assim se afirmarem diante dos outros impulsos.

Para entender como isso funciona, devemos (como vimos no Capítulo 7) nos mover entre o nível dos impulsos e o da pessoa. Pense numa leitora que admite para si mesma ser inviável chegar a uma compreensão razoável de determinado trecho de *ABM* e depois encontra uma interpretação que esclarece não só o trecho, mas outras passagens do início ao fim do livro. Como isso acontece? O que se passa entre os impulsos dessa leitora? Nossa ideia é que, quando ela começa a ver que há alguma coisa errada com uma leitura há muito defendida, seus impulsos "torpes" têm êxito em se afirmar contra impulsos que preservariam o *status quo*. Quando ela se torna capaz de "ver" o caminho para uma nova leitura, provavelmente como resultado da sensação persistente de que a velha leitura é problemática, os impulsos "torpes" se veem justificados contra seus rivais — tendo assumido ares de autoridade, proporcionaram satisfação e promoveram, assim, seu perfil político. E como o *status* político desses impulsos constitui os valores da pessoa, tais valores são — finalmente — reforçados, Nietzsche espera, numa vontade de verdade e numa vontade de valor mais altamente desenvolvidas. É significativo que impulsos agressivos e sexuais sejam provavelmente aqueles em que a vontade de poder é forte e pelos quais (como resultado) serão constituídos os valores de uma pessoa. Vimos que são esses os tipos de impulsos que, em termos ideais, a dialética incita e satisfaz — impulsos agressivos em seu aspecto agonístico e impulsos sexuais no aspecto erótico. Na medida em que tiver êxito em treinar os leitores na dialética, Nietzsche fortalecerá o *status* político de ambos os tipos de impulso, engendrando assim as duas vontades em que está, acima de tudo, interessado. O que de início eram impulsos agressivos e eróticos não sublimados passam a ser sublimados de um modo que os leva a constituir genuínas vontades de verdade e de valor.

Isso não significa dizer, contudo, que o processo de ponderar razões seja uma ilusão ou que na sua base existam *realmente apenas* impulsos expressando uma vontade de poder. É crucial ter em mente que a exposição de Nietzsche examina um fenômeno único a partir de dois níveis, os quais chamamos o "macronível" da pessoa e o "micronível" dos impulsos. Quando uma pessoa age de acordo com seus valores — incluindo sua vontade de verdade ou vontade de valor —, os impulsos operam de acordo com a vontade de poder que eles têm. (A *pessoa* não precisa agir de acordo com sua vontade de poder — talvez seja até possível que *ela* não tenha essa vontade. É, contudo, na medida em que os *impulsos* que a constituem têm uma vontade de poder que ela é, de fato, uma pessoa — um ser com valores.) Ver a vida normativa de uma pessoa consistir na atividade política (motivada pela vontade de poder) dos impulsos que a constituem não é negar mais a realidade de uma pessoa do que ver a dureza de uma mesa consistir das propriedades dos átomos que a constituem seria negar a realidade das mesas.[7]

Não obstante, Nietzsche admite como importante o fato de que, para seu projeto educacional ser bem-sucedido, ele tem de desenvolver esses impulsos "torpes" nos leitores. De fato, é essa implicação de sua visão que Nietzsche encara como a mais difícil de aceitar: é em virtude dela que ele — e quem se juntar a ele — deve estar "além do bem e do mal". Em *ABM* 23, a seção final de *ABM* Um, Nietzsche nos pede para supor

> [...] que quando alguém chega ao ponto de considerar as emoções de ódio, inveja, cobiça e a ânsia de dominação como emoções condicionantes da vida, como algo que deve fundamental e essencialmente estar presente na economia total da vida, *consequentemente que deve ser ainda intensificado se quisermos intensificar a vida* — essa pessoa experimenta tal juízo como um enjoo marinho. (*ABM* 23; destacado por mim)

Se Nietzsche está certo, então não há modo de incrementar a vida no sentido normativo sem também incrementar a potência desses impulsos. Isso significa que o ideal de pureza de uma pessoa boa, e que não é de modo algum caracterizada por aquilo que é "mau", é uma quimera. Alguém que pudesse livrar-se desses impulsos seria o causador de seu próprio fracasso; quem conseguisse livrar-se deles minaria seu compromisso com valores e seria também incapaz de desenvolver a alegre atitude para com a vida que Nietzsche encoraja em nós. A fim de aceitar esse ponto de vista, ele nos diz, temos de nos desvencilhar de "preconceitos morais e atitudes de timidez" — temos de estar além do bem e do mal.

Nossa explicação do modo como Nietzsche escreve em *ABM*, um modo destinado a cultivar em seus melhores leitores tanto uma vontade de verdade quanto uma vontade de valor, parece exigir uma explicação da metaética de Nietzsche. Sem dúvida uma explicação do *status* do valor dentro da filosofia de Nietzsche

---

7. Naturalmente, alguns filósofos contemporâneos realmente negariam, com base nesse fato, a existência das mesas, pelo menos entre os constituintes básicos de sua ontologia (ver, por exemplo, Van Inwagen, 1995). Não temos razão para supor, contudo, que Nietzsche endosse os princípios mereológicos que tornam essa negação plausível.

parece necessária se quisermos ser capazes de determinar se a vontade de verdade e a vontade de valor são compatíveis, isto é, se a vontade de valor poderá alguma vez ser plenamente satisfeita sem ilusão. Vimos no Capítulo 5 que as duas vontades são compatíveis no caso da compreensão do pensamento e das ações humanos, mas não extraímos as implicações para a ética. Propusemos em outro lugar os fundamentos para a eventualidade de que essas duas vontades fossem compatíveis argumentando que Nietzsche é um expressivista metaético (Clark e Dudrick, 2007, pp. 192-226), mas não quisemos atar o presente projeto a essa explicação. Suspeitamos agora que talvez existam outros meios de compreender sua metaética, os quais podem estar igualmente de acordo com a explicação dada no Capítulo 5 e que fornecem uma base para a compatibilidade da vontade de verdade e da vontade de valor. O que sugerimos, com base em nosso trabalho neste livro, é que tentativas futuras de compreender a metaética de Nietzsche terão de ser respaldadas por uma tentativa de entender as virtudes da vontade de valor que ele tenta incutir pelo modo como escreve em *ABM*. Essa é uma das muitas áreas de investigação que esperamos que nossa introdução a *ABM* ajude a abrir. Mas está na hora de nos despedirmos dela e de convidar outros a participar.

Nietzsche se despede da parte em prosa de seu livro com um dos trechos mais comoventes jamais escritos por um filósofo. Dirigindo-se aos "pensamentos escritos e pintados" do livro, diz que eles foram um dia "muito coloridos, jovens e maliciosos", mas que agora "já perderam a novidade"; na verdade Nietzsche teme que alguns estejam até mesmo prontos "para se tornarem verdades: já parecem tão imortais, tão pateticamente decentes, tão desinteressantes".

> E alguma vez isso foi diferente? Que coisas copiamos, escrevemos e pintamos, nós, mandarins com pincéis da China, nós, imortalizando coisas que *podem* ser escritas — quais são as únicas coisas que conseguimos pintar? Pena que sempre só o que está à beira de murchar e perder o perfume! Pena que sempre só tempestades exaustas que estão de passagem e sentimentos tardios e amarelados. Pena que sempre só passarinhos que ficaram cansados de voar, erraram o caminho e podem agora ser apanhados com a mão — com a *nossa* mão. Imortalizamos o que não pode viver e voar por muito mais tempo — só coisas cansadas e sentimentais. (*ABM* 296)

Isso está certamente destinado a nos lembrar do famoso trecho de Hegel sobre a filosofia, que entra em cena "tarde demais" para "*dar instruções* sobre como o mundo deveria ser": "Quando a filosofia pinta seu cinza sobre cinza, uma forma de vida envelheceu e não pode ser rejuvenescida, mas só reconhecida pelo cinza sobre cinza da filosofia; a coruja de Minerva só alça voo no início do anoitecer" (Hegel, 1991 [1820], p. 23). Poderia parecer que Nietzsche nos diz que os filósofos só podem pintar pensamentos em seus entardeceres, apenas "cinza sobre cinza". Mas, é claro, não é esse seu ponto de vista. Se ainda não percebemos, *ABM* 254 nos diz que Nietzsche visa alguma coisa além do "horrível cinza sobre cinza setentrional", o qual ele associa à "assombração conceitual desprovida de sol" e à "moléstia do gosto alemão". E lá, no aforismo final de *ABM*, prossegue dizendo a seus "pensamentos escritos e pintados" que é apenas "vossa tarde [...] para a qual somente eu tenho ainda cores, talvez muitas cores, muitos afagos multicores e cinquenta tons de amarelo e marrom, de verde e vermelho; mas ninguém imaginará com base nisso qual era vossa aparência na vossa manhã, ah fagulhas repentinas, prodígios da minha solidão, ah meus velhos e amados — *maus* pensamentos!".

Nietzsche está, assim, relacionado aos pensamentos que constituem o conteúdo de *ABM* em três diferentes estágios: manhã, tarde e noite. Embora fale deles como estágios dos próprios pensamentos, poderemos vê-los melhor como estágios de sua relação com seus pensamentos. Como agora volta a olhá-los à noite, quando não está mais trabalhando com eles, parecem muito menos empolgantes que os pensamentos coloridos e pintados que enchem as páginas de seu livro. Podemos reconhecer que pelo menos alguns deles são verdadeiros (outros podem ser equívocos ou ilusões) — são os pensamentos que emergem de uma leitura esotérica de *ABM*. Mas como Nietzsche não se ocupa mais deles, são despidos das cores que vêm da interação dos impulsos e dos sentimentos que estão na base de todo pensamento (cf. *GC* 333). Nietzsche nos diz que os pensamentos que ele realmente pinta nas páginas de *ABM* estão em sua tarde. Esses pensamentos são os mesmos pensamentos da noite, alguns dos quais verdadeiros, que constituem o texto esotérico, mas iluminados por todas as cores que ele é capaz de lhes trazer a fim de permitir que outros acessem sua reflexão. Essas "cores" são levadas para o texto pelo modo como Nietzsche escreve a fim de atuar sobre os impulsos e os sentimentos dos leitores e atraí-los para seu pensamento. Mas como esses impulsos e sentimentos são significativamente diferentes daqueles que informam e iluminam o próprio pensamento de Nietzsche, as interpretações iniciais de *ABM* não podem deixar de ser apenas "exotéricas". O estágio mais importante da relação de Nietzsche com seus pensamentos está associado, é claro, à manhã. Ninguém imaginará, com base em como eles aparecem nas páginas de *ABM*, como pareciam em sua manhã, tanto porque a experiência de pensar não pode ser posta na página, quanto porque muito trabalho, superando impressões iniciais e educação de impulsos e sentimentos, é necessário para ir de como eles aparecem na página a como pareciam quando Nietzsche estava pensando neles. Neste livro, tentamos mostrar como conseguimos obter um pouco da experiência do que eram os pensamentos de Nietzsche em sua manhã, pensando por meio do material de seu livro. Ter escrito um livro, como Nietzsche fez com *ABM*, que diz tanta coisa verdadeira e ainda proporciona, aos leitores dispostos e capazes de trabalhar com ele e de serem mudados por ele, uma experiência do que ele foi em sua manhã, é um feito impressionante, realmente extraordinário.

Agradecimentos

Este livro é em grande parte produto de uma conversa entre duas pessoas, que teve lugar durante muitos anos. No entanto, outros contribuíram para ele, e queremos começar por agradecer a todos que dele participaram, que o encorajaram, inspiraram ou simplesmente o toleraram enquanto ele rodopiava à sua volta nos gabinetes, nas salas e no saguão da Colgate's Hascall Hall. Vocês sabem quem vocês são. Mas alguns indivíduos merecem menção especial. Jim Wetzel e Jane Pinchin deram um encorajamento indispensável à coautoria, de um ponto de vista administrativo, num momento crucial. Jerry Balmuth foi uma fonte constante de inspiração pelo modo como modela a conversa filosófica e a vida filosófica. Dois ex-alunos da Colgate, Reid Blackman, hoje um colega, e Jeremy Fix, agora em pós-graduação em Harvard, dedicaram um verão de pesquisa ao projeto, e Jeremy também fez comentários extremamente úteis sobre todo o penúltimo manuscrito. Jean Getchonis merece agradecimento especial por nos aturar e fazer tudo que podia para ajudar. Todos foram amáveis e encorajadores. Estamos muito gratos a todos eles.

Também agradecemos à maravilhosa cafeteria de Judy e Susan, no Hamilton, o Barge Canal, por sediar boa parte de nossa conversa e, com Arthur e Candi, no incrível Blues Concept (antigo Sushi Blues), também do Hamilton, por fornecer comida e bebida para manter corpo e alma unidos e nossos cérebros funcionando enquanto trabalhávamos no projeto. Cheryl e Patrick, na maravilhosa Jammin' Bread, em Riverside, proporcionaram ingredientes essenciais similares do outro lado do país. Não seria possível superestimar o quanto as pessoas que criam esses lugares contribuem para a vida da mente.

Gostaríamos de agradecer a todos os estudantes do seminário de pós-graduação de Maudemarie Clark sobre *ABM*, na Universidade da Califórnia, Riverside, na primavera de 2009. Leram todo o manuscrito, como ele existia na época, e fizeram muitos comentários e sugestões úteis. Foram também grandes anfitriões quando da visita de David. Justin Coates, Joshua Hollowell e Mark Johnson deram contribuições particularmente importantes. Joshua também se dedicou a compilar um índice bastante detalhado. Monique Wonderly deu contribuições muito importantes na etapa da preparação dos originais. Estamos gratos a todos.

Versões iniciais de partes do livro foram lidas em conferências e colóquios na Universidade do Texas, Austin; na Universidade da Califórnia, Riverside; no Center for Values da Princeton University; no University College, Londres; no Radcliff College; na Universidade de Southampton; na Ohio State University; na Universidade da Carolina do Norte; na Texas Christian University; e (desde muito cedo) na Yale University. Agradecemos às audiências de todos esses encontros por comentários e críticas que contribuíram para o livro e a forma que ele acabou tomando. Gostaríamos especialmente de agradecer a Simon Blackburn, Ken Gemes, Chris Janaway, Kathleen Higgins, Brian Leiter, Robert Pippin, John Richardson, Bernard Reginster e Mattias Risse, os quais organizaram as conferências e os colóquios e/ou deram contribuições particularmente importantes para nossa reflexão sobre os temas do livro.

Versões do material do livro foram originalmente publicadas como: "Nietzsche's Post-Positivism", *European Journal of Philosophy* 12, nº 3, 2004, pp. 369-85; "The Naturalisms of *Beyond Good and Evil*", em K. Ansell Pearson (org.), *A Companion to Nietzsche*, Oxford: Blackwell, 2005, pp. 148-67; "Nietzsche on the Will: A Reading of *BGE* 19", em K. Gemes e S. May (orgs.), *Nietzsche on Autonomy and Freedom*, Oxford: Oxford University Press, 2009, pp. 247-s268; e "*Beyond Good and Evil*", em J. Richardson (org.), *Oxford Companion to Nietzsche*, Oxford: Oxford University Press, no prelo. Agradecemos às editoras Blackwell e Oxford University Press pela permissão para usar esse material nos Capítulos 1, 2, 5 e 7.

Maude agradece ao Conselho de Pesquisa da Colgate University por uma licença sênior que lhe permitiu começar a trabalhar neste livro antes de David entrar em cena. Ela está grata aos colegas da Universidade da Califórnia, Riverside, por convencê-la a juntar-se a eles e por proporcionarem uma atmosfera tão esplêndida e calorosa para a conclusão do livro, bem como aos alunos de pós-graduação em filosofia da UCR, os quais contribuíram substancialmente para essa atmosfera e ajudaram a tornar o departamento da UCR muito especial. Maude também gostaria de agradecer a seus sete irmãos, com todos os seus filhos maravilhosos, pelo amor e pelo apoio no decorrer dos anos e pela compreensão, mesmo quando ela faltava a reuniões de família a fim de trabalhar no livro. Também expressa sua gratidão à variada equipe médica — doutores Richard Buchatzsche, Kellie Cosselman e Ruth Weinstock — que manteve seu corpo diabético tipo 1 capaz de produzir filosofia durante todos esses anos, e a Suzanne Holland, por fazê-la voltar ao golfe, um grande antídoto para a vida sedentária. E, finalmente, está muito grata ao governador e à assembleia legislativa do grande estado de Nova York por legalizar o casamento entre pessoas do mesmo sexo, permitindo--lhe assim agradecer à sua esposa, Connie Jones, por todo o amor, o apoio e o diálogo que tornou possível não só este livro, mas o que veio antes e tudo o que houve durante. Possam tal sensatez e boa vontade não demorarem a reinar em toda a terra dos "livres e dos valentes". Acima de tudo na Califórnia.

David agradece aos pais, Jack e Sandra, pelo amor e pela atenção que tornaram seu livro possível, e aos irmãos, Dan e Dara, por encherem esse período de riso. A seus filhos, Emma e John, que são uma constante fonte de alegria. A seu avô, Dan, o qual faleceu durante a redação do livro, que o manteve a par das vitórias dos Yankees e das notícias sobre o Notre Dame quando o trabalho no livro interferia nas paixões que eles compartilhavam. A Sutton e Carol Hamilton, que foram uma fonte inestimável de apoio. Ele agradece a Michael J. Murray por inspirar nele um amor pela filosofia e por mostrar-lhe que a vida filosófica e a vida cristã poderiam ser uma só. Agradece a Gary Gutting pelo encorajamento e por fornecer um modelo de virtude filosófica ao ler filósofos "continentais". E, mais que tudo, ele agradece à esposa Julie, amor de sua vida e sua melhor amiga.

Finalmente, estamos gratos um ao outro por todo o trabalho árduo, a paciência e a boa vontade que acompanharam este projeto de coautoria. Foi um trabalho muito árduo e se arrastou por mais tempo do que o esperado. Mas no que teve de mais positivo, foi muito divertido, aprendemos muita coisa um com o outro, e as percepções que nós dois pudemos alcançar, quando um só não conseguiu, foram impressionantes. Recomendamos o livro a todos.

Bibliografia

I. Obras de Nietzsche

NIETZSCHE, F. *Sämtliche Briefe. Kritische Studienausgabe*, org. G. Colli e M. Montinari, Berlim: Walter de Gruyter, 1986 [1850-1889].

_____. *Sämtliche Werke. Kritische Studienausgabe*, org. G. Colli e M. Montinari, Berlim: Walter de Gruyter, 1980 [1872-1887].

_____. "On Truth and Lies in a Non-moral Sense", em *Truth and Philosophy: Selections from Nietzsche's Notebooks of the 1870's*, trad. D. Breazeale, Atlantic Highlands, NJ: Humanities Press, 1979 [1872].

_____. "Schopenhauer as Educator", em D. Breazeale (org.), *Untimely Meditations*, trad. R. J. Hollingdale, Cambridge: Cambridge University Press, 1997 [1874].

_____. *Human, All Too Human*, trad. R. J. Hollingdale, Cambridge: Cambridge University Press, 1996 [1878].

_____. *Human, All Too Human (I)*, trad. G. Handewerk, Stanford: Stanford University Press, 1997 [1878].

_____. *Daybreak: Thoughts on the Prejudices of Morality*, trad. R. J. Hollingdale, Cambridge: Cambridge University Press, 1997 [1881].

_____. *The Gay Science*, trad. W. Kaufmann, Nova York: Vintage Books, 1974 [1882/1887].

_____. *The Gay Science*, trad. J. Nauckoff, Cambridge: Cambridge University Press, 2001 [1882/1887].

_____. *Thus Spoke Zarathustra*, em W. Kaufmann (org.), *The Portable Nietzsche*, trad. W. Kaufmann, Nova York: Viking Penguin, 1982 [1883-1885], pp. 103-439.

_____. *Beyond Good and Evil*, trad. R. J. Hollingdale, Nova York: Penguin Classics, 2003 [1886].

_____. *Beyond Good and Evil*, trad. J. Norman, Cambridge: Cambridge University Press, 2002 [1886].

_____. *Beyond Good and Evil*, trad. W. Kaufmann, Nova York: Vintage, 1989 [1886].

_____. *On the Genealogy of Morality*, trad. M. Clark e A. Swenson, Indianápolis: Hackett, 1998 [1887].

_____. *The Antichrist*, em W. Kaufmann (org.), *The Portable Nietzsche*, trad. W. Kaufmann, Nova York: Viking Penguin, 1982 [1888], pp. 565-656.

_____. *Ecce Homo*, em W. Kaufmann (org.), *Basic Writings of Nietzsche*, trad. W. Kaufmann, Nova York: Modern Library Classics, 1982 [1889], pp. 655-791.

_____. *Twilight of the Idols*, em W. Kaufmann (org.), *The Portable Nietzsche*, trad. W. Kaufmann, Nova York: Viking Penguin, 1982 [1889], pp. 463-563.

II. Outras Obras

ADAIR-TOTEFF, C. "Neo-Kantianism: The German Idealism Movement", em *The Cambridge History of Philosophy*, Cambridge: Cambridge University Press, 2003, pp. 27-42.

AINSLIE, G. *Breakdown of Will*, Cambridge: Cambridge University Press, 2001.

ANDERSON, L. "Sensualism and Unconscious Representations in Nietzsche's Account of Knowledge", *International Studies in Philosophy* 34, nº 3, 2002, pp. 95-117.

_____. "Nietzsche's Will to Power as a Doctrine of the Unity of Science", reeditado em *Angelaki: Journal of Theoretical Humanities* 10, nº 1, 2005 [1994], pp. 77-93.

ANNAS, J. *An Introduction to Plato's Republic*, Oxford: Oxford University Press, 1981.

ANSCOMBE, G. E. M. "Intention", *Proceedings of the Aristotelian Society* 57, 1957, pp. 321-32.

BEEBEE, H. "The Non-governing Conception of Laws of Nature", *Philosophy and Phenomenological Research* 61, nº 3, 2000, pp. 571-594.

BLACKBURN, S. *Essays in Quasi-Realism*, Oxford: Oxford University Press, 1993.

_____. *Ruling Passions*, Oxford: Oxford University Press, 1998.

BOSCOVICH, R. *Theory of Natural Philosophy*, Cambridge, MA: MIT Press, 1996 [1763].

BURNHAM D. *Reading Nietzsche: An Analysis of* Beyond Good and Evil, Durham: Acumen Press, 2007.

CHISHOLM, R. *Theory of Knowledge*, Englewood Cliffs, NJ: Prentice-Hall, 1966.

CLARK, M. *Nietzsche on Truth and Philosophy*, Cambridge: Cambridge University Press, 1990.

_____. "Nietzsche's Immoralism and the Concept of Morality", em R. Schacht (org.), *Nietzsche, Genealogy, Morality*, Berkeley: University of California Press, 1994, pp. 15-34.

_____. "On Knowledge, Truth and Value: Nietzsche's Debt to Schopenhauer and the Development of Empiricism", em C. Janaway (org.), *Willing and Nothingness: Schopenhauer as Nietzsche's Educator*, Oxford: Clarendon Press, 1998a, pp. 37-78.

_____. "Nietzsche's Misogyny", em K. Oliver e M. Pearsall (orgs.), *Feminist Readings of Friedrich Nietzsche*, State College: Pennsylvania State University Press, 1998b, pp. 187-98.

_____. "Nietzsche's Doctrine of the Will to Power", *International Studies in Philosophy* 32, n⁰ 3, 2000, pp. 119-35.

_____. "On the Rejection of Morality: Williams' Debt to Nietzsche", em R. Schacht (org.), *Nietzsche's Postmoralism*, Cambridge: Cambridge University Press, 2002, pp. 100-22.

_____. "Green and Nietzsche on the Transcendental Tradition", *International Studies in Philosophy* 37, n⁰ 3, 2005, pp. 37-60.

_____. "On Nietzsche's Darwinism", *International Studies in Philosophy* 39, n⁰ 3, 2007, pp. 117-34.

_____. Nietzsche on Causality and Responsability", apresentado como a Bernd Magnus Lecture na Universidade da Califórnia, Riverside, 2009.

CLARK, M. e DUDRICK, D. "Nietzsche's Post-Positivism", *European Journal of Philosophy*, 12, n⁰ 3, 2004, pp. 369-85.

_____. "The Naturalisms of *Beyond Good and Evil*", em K. Ansell Pearson (org.), *A Companion to Nietzsche*, Oxford: Blackwell, 2005, pp. 148-67.

_____. "Nietzsche and Moral Objectivity: The Development of Nietzsche's Meta-ethics", em B. Leiter e N. Sinhababu (orgs.), *Nietzsche and Morality*, Oxford: Oxford University Press, 2007, pp. 192-226.

_____. "Nietzsche on the Will: A Reading of *ABM* 19", em K. Gemes e S. May (orgs.), *Nietzsche on Autonomy and Freedom*, Oxford: Oxford University Press, 2009, pp. 247-68.

_____. "Beyond Good and Evil", em K. Ansell Pearson (org.), *Oxford Companion to Nietzsche*, Oxford: Oxford University Press, no prelo.

CLARK, M. e LEITER , B. Introdução a *Daybreak: Thoughts on the Prejudices of Morality*, trad. R. J. Hollingdale, Cambridge: Cambridge University Press, 1997, pp. vii-xxxiv.

COOPER, J. "Plato's Theory of Human Motivation", em J. Cooper, *Reason and Emotion: Essays in Ancient Moral Psychology and Ethical Theory*, Princeton: Princeton University Press, 1998, pp. 118-37.

DANTO, A. *Nietzsche as Philosopher*, Nova York: Columbia University Press, 1965.

DENNETT, D. *Brainstorms*, Cambridge, MA: MIT Press, 1978.

_____. *Darwin's Dangerous Idea: Evolution and the Meanings of Life*, Nova York: Simon & Schuster, 1996.

DE WAAL, F. *Good Natured: The Origins of Right and Wrong in Humans and Other Animals*, Cambridge, MA: Harvard University Press, 1997.

DUDRICK, D. "The Shameful Wisdom", *International Studies in Philosophy* 38, nº 3, 2008, pp. 61-83.

FOOT, P. "Nietzsche's Immoralism", em R. Schacht (org.), *Nietzsche, Genealogy, Morality: Essays on Nietzsche's* Genealogy of Morality, Berkeley: University of California Press, 1994, pp. 3-14.

GARDNER, S. "Nietzsche, the Self, and the Disunity of Philosophical Reason", em K. Gemes e S. May (orgs.), *Nietzsche on Freedom and Autonomy*, Oxford: Oxford University Press, 2009, pp. 1-32.

GARRETT, D. "Hume, David", em E. Craig (org.), *Routledge Encyclopedia of Philosophy*, Londres: Routledge, 2005. Disponível em: http://www.rep.routledge.com/article/DB0o4oSECT4.

GREEN, M. S. *Nietzsche and the Transcendental Tradition*, Champaign: University of Illinois Press, 2002.

GUTTING, G. "Post-Structuralism", em E. Craig (org.), *Routledge Encyclopedia of Philosophy*, Londres: Routledge, 1998. Disponível em: http://o-www.rep.routledge.com.library.colgate.edu/article/No45SECT4.

_____. *French Philosophy in the Twentieth Century*, Cambridge: Cambridge University Press, 2001.

_____. *What Philosophers Know: Case Studies in Recent Analytic Philosophy*, Cambridge: Cambridge University Press, 2009.

GUYER, P. *Kant and the Claims of Knowledge*, Cambridge: Cambridge University Press, 1987.

_____. *The Cambridge Companion to Kant and Modern Philosophy*, Cambridge: Cambridge University Press, 2006.

HALES, S. e WELSHON, R. *Nietzsche's Perspectivism*, Urbana: University of Illinois Press, 2000.

HEGEL, G. W. F. *Elements of the Philosophy of Right*, org. A. Wood, trad. H. B. Nisbet, Cambridge: Cambridge University Press, 1991 [1820].

HORSTMANN, R.-P. *Introduction to* Beyond Good and Evil, trad. J. Norman, Cambridge: Cambridge University Press, 2002, pp. vii-xxviii.

HUME, D. *A Treatise of Human Nature*, org. L. A. Selby-Bigge, 2ª ed. revista por P. H. Nidditch, Oxford: Clarendon Press, 1975ª [1740].

_____. *Enquiry concerning Human Understanding*, em *Enquiries concerning Human Understanding and concerning the Principles of Morals*, org. L. A. Selby-Bigge, 3ª ed. revista por P. H. Nidditch, Oxford: Clarendon Press, 1975ᵇ [1748].

HUSSAIN, N. "Nietzsche's Positivism", *European Journal of Philosophy* 12, nº 3, 2004, pp. 326-68.

IRWIN, T. *Plato's Ethics*, Oxford: Oxford University Press, 1995.

JANAWAY, C. *Self and World in Schopenhauer's Philosophy*, Oxford: Clarendon Press, 1989.

_____. *Beyond Selflessness: Reading Nietzsche's Genealogy*, Oxford: Oxford University Press, 2007.

KANT, I. *Critique of Pure Reason*, trad. e org. P. Guyer e A. Wood, Cambridge: Cambridge University Press, 1999 [1781, 1787].

KAUFMANN, W. *Nietzsche: Philosopher, Psychologist, Antichrist*, Nova York: Vintage, 1968.

KORSGAARD, C. *The Sources of Normativity*, Cambridge: Cambridge University Press, 1996.

LAMPERT, L. *Leo Strauss and Nietzsche*, Chicago: University of Chicago Press, 1997.

_____. *Nietzsche's Task: An Interpretation of* Beyond Good and Evil, New Haven: Yale University Press, 2001.

LANGE, F. *History of Materialism*, trad. E. C. Thomas, Nova York: Humanities Press, 1957 [1865].

LARMORE, C. "Der Wille zur Wahrheit", em O. Hoffe (org.), *Nietzsche: Zur Genealogie der Moral*, Berlim: Akademie-Verlag, 2004, pp. 163-76.

_____. *The Autonomy of Morality*, Cambridge: Cambridge University Press, 2008.

LEITER, B. "Perspectivism in Nietzsche's *Genealogy of Morals*", em R. Schacht (org.), *Nietzsche, Genealogy, Morality: Essays on Nietzsche's* Genealogy of Morals, Berkeley: University of California Press, 1994, pp. 334-57.

_____. *Nietzsche on Morality*, Nova York: Routledge, 2002.

_____. "Nietzsche's Theory of the Will", *Philosophers' Imprint 7* (setembro): 1-15, 2007.

_____. "Who Is the 'Sovereign Individual'? Nietzsche on Freedom", em S. May (org.), *Nietzsche's* On the Genealogy: *A Critical Guide*, Cambridge: Cambridge University Press, 2011, pp. 101-19.

LEITER, B., e SINHABABU, N. (orgs.) *Nietzsche and Morality*, Oxford: Oxford University Press, 2007.

Loeb, P. "Will to Power and Panpsychism: A New Exegesis of *ABM* 36", em P. Kail e M. Dries (orgs.), *Nietzsche on Mind and Nature*, Oxford: Oxford University Press, no prelo.

MACKIE, J. L. "Causes and Conditions", *American Philosophical Quarterly* 2, nº 4, 1965, pp. 245-64.

MADDY, P. "Three Forms of Naturalism", em S. Shapiro (org.), *Oxford Handbook of Philosophy of Mathematics and Logic*, Oxford: Oxford University Press, 2005, pp. 437-59.

MILLGRAM, E. "How to Make Something of Yourself", em D. Schmidtz (org.), *Robert Nozick*, Cambridge: Cambridge University Press, 2002, pp. 175-98.

MOORE, G. *Nietzsche, Biology and Metaphor*, Cambridge: Cambridge University Press, 2002.

MOORE, G. E. "A Reply to My Critics", em P. Schlipp (org.), *The Philosophy of G. E. Moore*, Evanston: Tudor, 1942, pp. 543-667.

NEHAMAS, A. *Nietzsche: Life as Literature*, Cambridge, MA: Harvard University Press, 1985.

_____. "Who Are the 'Philosophers of the Future'? A Reading of *Beyond Good and Evil*", em R. Solomon e K. Higgins (orgs.), *Reading Nietzsche*, Oxford: Oxford University Press, 1988, pp. 46-67.

_____. *The Art of Living*, Berkeley: University of California Press, 1998.

PIPPIN, R., *Nietzsche, Psychology, and First Philosophy*, Chicago: University of Chicago Press.

PLATÃO. *Republic*, trad. G. Grube e C. Reeve, Indianápolis: Hackett, 1992.

POELLNER, P., *Nietzsche and Metaphysics*, Oxford: Oxford University Press.

REGINSTER, B. Review of Brian Leiter, *Routledge Philosophy Guidebook to Nietzsche on Morality*, *Notre Dame Philosophical Reviews*, 2003. Disponível em: http://ndpr. nd.edu/news/23223-routledge-philosophy-guidebook-to-nietzsche-on-morality/.

_____. *The Affirmation of Life: Nietzsche on Overcoming Nihilism*, Cambridge, MA: Harvard University Press, 2006.

RICHARDSON J. *Nietzsche's System*, Oxford: Oxford University Press, 1996.

_____. *Nietzsche's New Darwinism*, Oxford: Oxford University Press, 2004.

RISSE, M. "The Second Treatise in *On the Genealogy of Morality:* Nietzsche on the Origin of the Bad Conscience", *European Journal of Philosophy* 9, nº 1, 2001, pp. 55-81.

SCHABERG, W. *The Nietzsche Canon: A Publication History and Bibliography*, Chicago: University of Chicago Press, 1996.

SCHACHT, R. *Nietzsche*, Londres: Routledge & Kegan Paul, 1985.

_____. "Nietzsche's *Gay Science*, or, How to Naturalize Cheerfully", em R. Solomon e K. Higgins (orgs.), *Reading Nietzsche*, Oxford: Oxford University Press, 1988, pp. 68-86.

SCHOPENHAUER, A. *The World and Will as Representation*, trad. E. F. Payne, Nova York: Dover, 1969 [1818].

_____. *The Fourfold Root of the Principle of Sufficient Reason*, trad. E. F. Payne, La Salle, IL: Open Court Press, 1974 [1813].

SELLARS, W. *Empiricism and the Philosophy of Mind*, org. R. Brandom, Cambridge, MA: Harvard University Press, 1997 [1956].

SPIR, A. *Denken und Wirklichkeit. Versuch einer Ereuerung der kritischen Philosophie*, 2ª ed., Leipzig: J. G. Findel, 1877. Todas as traduções são de Clark.

TEICHMÜLLER, G. *Die wirkliche und die scheinbare Welt: Neue Grundlegung der Metaphysik*, Breslau: Verlag von Wilhelm Koebner, 1882.

THIELE, L. P. *Friedrich Nietzsche and the Politics of the Soul: A Study of Heroic Individualism*, Princeton: Princeton University Press, 1990.

VAN INWAGEN, P. *Material Beings*, Ithaca, NY: Cornell University Press, 1995.

VELLEMAN, J. D. *The Possibility of Practical Reason*, Oxford: Oxford University Press, 2000.

WEGNER, D. *The Illusion of Conscious Will*, Cambridge, MA: Harvard University Press, 2002.

WILCOX, J. *Truth and Value in Nietzsche*, Ann Arbor: University of Michigan Press, 1974.

WILLIAMS, B. "Nietzsche's Minimalist Moral Psychology", em R. Schacht (org.), *Nietzsche, Genealogy, and Morality: Essays on Nietzsche's* Genealogy of Morals, Berkeley: University of California Press, 1994.

YOUNG, J. *Schopenhauer*, Nova York: Routledge, 2005.

_____. *Friedrich Nietzsche: A Philosophical Biography*, Cambridge: Cambridge University Press, 2010.

Índice

Os números de páginas destacados referem-se a trechos citados das obras de Nietzsche.

a priori, 34, 36, 37, 38, 39, 40, 41, 48,
52, 58, 65, 71, 75, 78, 80, 81, 95, 96,
97, 98, 100, 101, 102, 103, 104, 105,
106, 107, 108, 110, 112, 127, 129,
130, 134, 137, 138, 143, 151, 152

adultério, 241

agon, 289, 291, 292

Ainslie, G., 253, 254

Além do Bem e do Mal, 15, 16, 17, 20, 32,
36, 37, 38, 43, 44, 46, 48, 243

   ABM 1, 24, 28, 51, 52, 53, 54, 55,
56, 57, 58, 86, 101, 282

   ABM 2, 28, 52, 57, 58, 59, 60, 62,
63, 66, 67, 68, 69, 70, 84, 85, 86, 87,
88, 282, 295

   ABM 3, 28, 50, 70, 71, 74, 75, 76,
77, 78, 79, 81, 86, 89, 98, 102, 104,
105, 106, 198, 282

   ABM 4, 28, 50, 70, 71, 72, 73, 74,
75, 76, 78, 79, 80, 81, 84, 86, 89,
104, 105, 106, 282

   ABM 5, 28, 58, 63, 70, 87, 88, 89,
90, 109, 282, 289, 290

   ABM 6, 58, 63, 70, 87, 88, 89, 90,
167, 168, 169, 170, 171, 174, 175,
176, 177, 178, 179, 180, 181, 182,
183, 185, 196, 201, 203, 207, 213

   ABM 7, 58, 63, 88, 171, 173, 179

   ABM 8, 58, 63, 88

   ABM 9, 81, 87, 88, 89, 90, 92, 163,
164, 167, 168, 169, 173, 174, 185,
207, 221, 246, 264, 283

   ABM 10, 28, 88, 90, 91, 92, 94, 95,
96, 97, 98, 109, 123, 124, 133, 134

   ABM 11, 28, 88, 95, 96, 97, 98, 99,
100, 101, 102, 104, 106, 107, 108,
109, 144

   ABM 12, 121, 123, 152, 165, 168,
182, 183, 184, 185, 186, 187, 191,
192, 202, 204, 206, 207, 213, 218,
221, 232, 242, 250, 251, 256, 258,
261, 273

   ABM 13, 123, 163, 243, 244, 245,
246, 249, 250, 252, 254, 255, 256,
258, 261, 263, 264, 267, 273, 278,
279

   ABM 14, 28, 110, 111, 112, 115,
117, 120, 121, 122, 123, 124, 126,
130, 132, 137, 189, 190, 258, 259,
260, 261, 262, 279, 283

ABM 15, 28, 94, 110, 111, 122, 124, 126, 127, 128, 129, 130, 131, 132, 133, 134, 137, 138, 143, 158

ABM 16, 28, 78, 104, 110, 111, 118, 128, 134, 136, 137, 152, 265

ABM 17, 134, 185, 188, 189, 213, 214, 215

ABM 18, 290

ABM 19, 165, 177, 205, 206, 207, 208, 209, 210, 211, 212, 213, 214, 215, 216, 218, 219, 220, 221, 222, 223, 224, 225, 226, 228, 229, 242, 251, 256, 267, 268, 270, 277, 278

ABM 20, 104

ABM 21, 110, 117, 119, 120, 132, 214, 222, 225, 269

ABM 22, 115, 116, 120, 132, 163, 243, 244, 245, 256, 257, 258, 259, 260, 262, 263, 264, 270, 274, 278, 279

ABM 23, 123, 129, 163, 165, 199, 239, 243, 244, 250, 251, 258, 298

ABM 30, 22, 123, 282, 287

ABM 32, 170, 182, 221

ABM 34, 134, 188

ABM 36, 25, 163, 244, 245, 263, 264, 265, 267, 268, 269, 270, 272, 274, 275, 276, 277, 278, 279

ABM 43, 36, 134, 152

ABM 54, 189

ABM 61, 18

ABM 62, 18

ABM 63, *282*

ABM 134, 120

ABM 188, 69

ABM 190, 203

ABM 204, 34

ABM 209, 45

ABM 211, 94

ABM 213, 18, 284, 285, 286, 287

ABM 230, 54, 55, 139, 161, 190

ABM 231, 18, 54

ABM 232, 18

ABM 233, 18

ABM 234, 18

ABM 235, 18

ABM 236, 18

ABM 237, 18

ABM 238, 18

ABM 239, 18

ABM 252, 18

ABM 253, 18

ABM 254, 300

ABM 259, 169

ABM 296, 299

ABM Um, 24, 25, 27, 28, 46, 49, 50, 51, 52, 54, 55, 57, 63, 69, 81, 101, 115, 133, 163, 165, 167, 183, 184, 205, 244, 246, 250, 281, 283, 294, 298

ABM Dois, 163

ABM prefácio, 32, 42, 43, 45, 47, 51, 70, 95, 122, 165, 192, 201

alma, 24, 25, 42, 44, 46, 49, 60, 68, 69, 91, 92, 94, 115, 123, 139, 157, 160, 161, 165, 166, 167, 168, 177, 183, 185, 190, 194, 195, 197, 199, 200, 201, 202, 203, 204, 205, 206, 207, 213, 218, 221, 225, 226, 231, 232, 234, 235, 236, 238, 242, 243, 244, 245, 250, 253, 254, 257, 258, 263, 264, 273, 274, 275, 276, 278, 279,

283, 284, 291, 293, 294, 295, 296, 303

alma filosófica, 139, 161, 184, 243, 283, 284, 293

alma mortal, 191

almas subalternas, 218

altruísmo, 67, 145, 146

ambição, 171, 172, 173

amor, 64, 65, 140, 193, 203, 290, 291, 293, 304, 305

amor intellectualis dei, 291

Anderson, L., 96, 164, 185, 188, 244

animais, 64, 86, 165, 193, 194, 195, 196, 197, 205, 230, 232, 240, 273, 275

Annas, J., 203, 204

Anticristo

A 2, 164, 264

A 14, 198, 267

A 36, 197

A 50, *283*

A 52, *260*

antidogmatismo, 110

antiperspectivista, 20

antirrealismo cético, 93, 95

antropomorfismo, 164

apetite, 193, 194, 195, 199, 200, 201, 202, 204

apreciação superficial, 83-4

arco, 45, 46, 47, 50, 71, 165

Aristóteles, 262

arte de interpretação, 258

artes mágicas, 43

artistas da violência, 231

artistas, 109, 231, 234, 237, 238, 287

árvores, 142

Assim Falou Zaratustra, 16, 22, 67, 168, 241, 255

Z I: Dos que Desprezam o Corpo, *167*

Z II: Da Vitória sobre Si Mesmo, *233*

Atenas, 289, 291

ato de vontade, 207, 208, 212, 217, 229

atomismo da alma, 184, 186, 187, 188, 189, 191, 192, 251, 252

átomo-partícula, 121, 187

atos desejados, 278

atos não desejados, 278

Aurora, 48, 67, 267, 283

AR P: 5, *23*, 283

ausência de livre-arbítrio, 117

autopreservação, 245-49, 252, 253, 254, 255, 256

autoridade, 177, 204, 213, 216, 218, 219, 220, 224, 226, 229, 233, 234, 237, 239, 251, 294, 296, 297

Banquete, 65, 291

Beebee, H., 114, 117, 120

belas possibilidades, 91

bestas louras, 232-35, 237-39, 242

bichos-papões, 228

biologia, 109, 165, 235, 244, 246, 248

biologia do poder, 165, 246

bivalência, 83

Blackburn, 85, 119, 304

bons europeus, 47-8

Boscovich, R., 121, 122, 183-90, 261

Burnham, D., 32

cadernos; *ver Nachlass*

campos de força, 185, 186, 187

cardinalidade, 252

caricatura, 43, 44, 46

cativeiro, 232, 233

causa sui, 126, 214, 222

causação, 118, 119, 121, 206, 223

causalidade, 110, 114, 117, 118, 119, 121, 122, 206, 215, 222, 265, 266, 267, 268, 269, 270, 271, 275, 276

causalidade da vontade, 206, 214, 222, 264, 265, 266, 267, 268, 269, 270, 271, 272, 274, 275, 277

causalidade mecânica, 266, 267, 268

certezas cartesianas, 128

cético, 33, 40, 41

céus, 139, 141, 142

Chisholm, R., 136

ciência antinatural, 159, 161, 165, 262

ciência empírica, 37, 261

ciência natural, 33, 34, 110, 117, 120, 123, 132, 156, 157, 158, 160, 165, 182, 185, 198, 199, 268

Clark, M., 16, 19, 21, 37, 41, 53, 64, 67, 73, 96, 133, 144, 152, 163, 164, 165, 183, 200, 201, 221, 222, 242, 253, 256, 259, 263, 264, 265, 267, 268, 269, 299

classe dirigente, 177, 219

classe média espiritual, 145

cochilo dogmático, 45

cogito, 135, 136

coisa em si, 58, 62, 63, 64, 65, 77, 78, 93, 95, 104, 106, 118, 132, 133, 136

comunidade, 77, 177, 213, 218, 219, 220, 224, 225, 226, 233

confissão, 178, 179

conformidade da natureza à lei, 115-16, 257, 259, 261, 262

consciência intelectual, 125

construtores de pontes do futuro, 122, 123, 124

contradictio in adjecto, 136

contrato social, 234

convicções, 70, 109, 180

Cooper, J., 192, 193, 195, 200, 202

Copérnico, 186, 187

coruja de Minerva, 300

credor, 239

Crepúsculo dos Ídolos, 16, 53, 65, 267, 289

    CI Alemães 6, *197*

    CI Alemães 7, *197*

    CI «Erros» 3, 269

    CI Incursões de um Extemporâneo: 23, *291*

    CI O Problema de Sócrates: 8, *289, 291*

    CI "Razão": 1, *65, 183*

    CI "Razão": 3, 72, *112*

    CI "Razão": 5, 53, 140

    CI II: 3, 267

    CI II: 5, 267

crianças, 194, 208-10

cristianismo, 18, 45, 184, 197

Crítica da Razão Pura, 16, 31, 33, 38

dança, 197, 285, 287

Danto, A., 263

Darwin, C., 18, 151

darwinismo social, 145

de Waal, F., 230, 296

demandas eternas, 43, 44, 47, 49, 94

democracia, 18

Demócrito, 185

demônios, 170

Denken und Wirklichkeit, 37, 134

Dennett, D., 19, 226, 227, 228, 271

Derrida, J., 61

Descartes, R., 135, 188, 189

desconhecimento, 169, 203

desconstrução, 61

determinismo, 114

Deus, 39, 92, 94, 116, 129, 157, 240

devedor, 239

dialética, 88, 284, 285, 286, 287, 288, 289, 290, 291, 292, 297

dialéticos, 288, 290, 291

diletantismo, 41

discípulos, 144, 171, 282, 287, 291

doença, 38, 44, 144, 146, 156, 202, 237

dogmatismo, 20, 28, 29, 31-48, 51, 52, 58, 59, 60, 110

domínio fenomênico, 118

drama do querer, 213, 214, 215

Dudrick, D., 65, 144, 152, 242, 299

duendes, 170

Ecce Homo, 220, 293
    EH I: 9, *220*
    EH III, 16, 17, 55
    EH III: 3, *55*
    EH As considerações intempestivas: 3, 293

Édipo, 53

efeito do comando, 223

egoísmo, 58, 67, 145, 146

emoção de comando, 209, 211, 212, 214, 215, 216

empirismo, 28, 29, 40, 41, 109, 111, 112, 121, 123, 132, 137, 138, 171, 173

enraizamento, 142

Epicuro, 171-73, 179, 185

epifenomenalismo, 216

epistemologia naturalizada, 96, 111, 137, 138

ermitões doentios, 292

erótico, 291, 292, 293, 296, 297

erotismo, 32, 291

erro de dogmático, 44, 46, 51

escolas, 197

esfinge, 53

esgrima, 289, 291

esotérico, 22, 23, 24, 101, 123, 165, 282, 287, 300

espaço das causas, 150, 151, 155, 160, 227, 242, 267

espaço das razões, 150, 151, 152, 155, 159, 160, 165, 207, 227, 230, 242, 261, 267

espírito, 44, 99, 192, 193, 194, 195, 198, 241, 251, 295

espíritos inspiradores, 170

espíritos livres, 17, 47, 48

estoicismo, 87, 168, 169

estrutura de domínio, 234, 235, 237, 238, 242, 250

ética, 24, 156, 157, 169, 221, 299

etiologia, 113

evolução, 53, 75, 81, 108, 146

exotérico, 22, 23, 24, 86, 101, 123, 164, 165, 282, 287

experiência, 33, 34, 37, 39, 40, 100, 103, 104, 107, 108, 109, 113, 134, 136, 148, 152, 155, 158, 196, 205, 206,

207, 208, 211, 212, 213, 214, 215, 216, 218, 219, 220, 223, 224, 266, 267, 269, 278, 285, 286, 287, 288, 290, 300, 301

explicação, 57, 111, 112, 113, 117, 121, 156, 228, 269

   científica, 156, 157, 158, 159

   definitiva, 113, 114, 120

fábula, 145, 146

faculdades, 98, 99, 106, 107, 108

falácia genética, 89

fanáticos puritanos da consciência, 90-2

fatos-tipo, 175, 176, 185, 186, 284

fé das governantas, 188

fé em oposições de valores, 60-3

Fedro, 291

fenomenalismo, 93, 94, 124, 126, 127, 131-35, 136, 137, 143, 144

fenomenologia, 61, 205, 206, 207-14, 215, 216, 221, 222

filologia, 115, 257, 258, 260

filosofastros, 93, 94

filosofia alemã, 98, 106, 108, 109, 144

filosofia analítica, 23

filosofia do futuro, 122, 282, 283

filosofia idealista, 124, 125, 126, 131, 134

filosofia metafísica, 58, 59, 60, 63, 69, 88

filósofos do presente, 143

física, 111-12, 113, 114, 115, 116, 120, 121, 151, 161, 165, 184, 190, 243, 256-62, 279

física do poder, 165, 256, 257

fisiologia, 33, 75, 84, 122-36, 138, 175, 199, 258

flecha, 45, 47, 50, 71, 165, 283

fome, 196, 235

força de vontade, 211, 212, 220, 226

forma de vida, 81, 82, 83, 85, 102, 103, 105, 272, 273, 299

Forma do Bem, 44, 293

Foucault, M., 84

fraqueza de vontade, 193, 194, 277

fundacionalismo, 128

Gaia Ciência, A, 25, 48, 56, 267

   GC 110, 128, 169, 197, 218

   GC 127, 267

   GC 2, 284

   GC 293, *286*

   GC 300, 42

   GC 301, 118

   GC 333, 300

   GC 344, 180

   GC 355, 159

   GC 357, 55

   GC 371, 141

   GC 372, 143, 144

   GC 373, 145, 147, 148, 149, 150, 154, 155, 227, 228, 273

   GC 374, 150, 153, 154, 155, 156, 157, 227, 231, 273

   GC 8, 295

   GC 99, 151

   GC Prefácio, *140*

   GC V, 28, 153

Garrett, D., 119

Genealogia da Moral, 16, 25, 231

   GM I, 232

   GM I: 1, 179, 218

   GM I: 11, *233*

   GM I: 12, 31, 164

GM I: 13, *175*
GM I: 6, 86
GM II, 235, *273*
GM II: 16, 233, 235, 236, 238, 241, 254
GM II: 17, 233-34, 236, 237, *237*, 238
GM II: 18, *232*
GM II: 19, *240*, 240
GM II: 22, *240*, 240
GM III, 57, 64, 69
GM III: 12, 21, *201*
GM III: 24, 55
GM III: 25, 55, 159
GM III: 26, 55
GM III: 27, 53, 55
GM III: 7, 249
GM P: 2, 142, 143
GM P: 5, 113
generalizações tipo lei, 116, 117, 122, 257, 258, 260, 261
Goethe, 232
Green, M. S., 37, 41, 134, 150, 151
gregos, 22, 198, 289
guerra sem quartel, 184, 187
Gutting, G., 61
Guyer, P., 100, 101

Hales, S., 83
Hécuba, 33
hedonismo, 171, 173
Hegel, G. W. F., 299, 300
hipótese antiga, 191, 195
hipótese da alma, 191, 192, 193, 256
Hollingdale, R. J., 32, 43, 61, 188
homens superiores, 141

homo natura, 139
Homo sapiens, 231
homúnculos, 226, 228
horizonte da ciência, 147, 148
Horstmann, R., 17, 19, 20, 44, 46, 284-86
Humano, Demasiado Humano, 17, 48, 56, 78, 110, 134
   HD 1, *66*, 97
   HD 34, 85, 95
Hume, D., 16, 23, 45, 113, 114, 116, 118, 119, 120, 121, 151, 270, 277
humeano, 113, 114, 115, 117, 118, 120, 121, 122, 203, 204, 269
Hussain, N., 127-35

ideal ascético, 45, 57, 64, 65, 73, 91, 203
idealismo transcendental, 96
idealismo, 93, 99, 134, 143, 144, 145
identidade, 205, 294, 295
iluminismo democrático, 28, 47
impulso cardinal, 245, 252, 253, 254, 256
impulso do conhecimento, 196, 197
impulso dos impulsos, 253, 254
impulso sexual, 175
impulsos, 50, 139, 167, 168, 169, 170-83, 185, 186, 190, 191, 195, 196, 199, 200, 201, 203, 204, 207, 212, 213, 216, 218-42, 248, 251, 252, 253-56, 258, 265, 266, 268, 269, 270, 271, 272, 273, 274, 275, 277, 278, 288, 291, 292, 294-98, 300, 301
   ordem causal dos, 176, 178, 220, 225, 268, 294
   ordem hierárquica dos, 175, 176, 177

ordem normativa dos, 168, 178, 225, 270, 275, 278

ordem política dos, 177, 182, 183, 218, 220, 225, 231, 232, 238, 242, 268, 271, 294, 296

impulsos agressivos, 233, 235, 236, 239, 240, 241, 242, 254, 296, 297

impulsos torpes, 295

incontinência; *ver* fraqueza de vontade

indecisão, 228-29

iniciativa, 154, 156, 157, 227, 228

instinto de liberdade, 232-34, 236, 237, 239, 241

intuição intelectual, 98

inveja, 172, 232, 298

inverdade, 52, 53, 56, 84, 85

Janaway, C., 264, 267, 276, 304

jesuitismo, 47

jovens, 140, 289, 291

jovens egípcios, 140

juízos (julgamentos) sintéticos *a priori*, 39, 96, 100, 102, 103, 105-08

justiça, 149, 192, 253

Kant, I., 16, 23, 31, 32-45, 89, 95-109, 118, 120, 139, 144, 152, 159, 202

kantiano, 31, 36, 37, 69, 93, 99, 101, 107, 108, 118, 155, 159, 270, 282

Kaufmann, W., 17, 32, 61, 164, 188, 199

labirinto do peito, 232

Lampert, L., 17, 21-4, 46, 52, 54, 55, 58, 59, 60, 69, 168, 282, 283

Lange, F., 93, 96, 127, 131-35, 185, 187-88

Larmore, C., 72, 74, 82

lei da natureza, 113

lei física; *ver* lei da natureza

lei lógica, 152

Leiter, B., 16, 21, 24, 53, 67, 73, 118, 138, 140, 141, 147, 149, 150, 160, 161, 165, 175-82, 185, 190, 200, 205, 207-12, 214-17, 220, 221, 222, 223, 225, 267, 268, 270, 284, 304

Lichtenberg, G., 188

livre-arbítrio, 117, 212, 213, 214, 218, 219, 225, 287

Locke, J., 33, 104, 151

logocêntrico, 15

lua de mel, 106

luxúria, 58, 59, 63, 64, 65, 86

má consciência, 141, 231, 232, 235, 236, 237, 238, 239, 240, 242

Mach, E., 131, 136, 137

Mackie, J. L., 223

Maddy, P., 129

magnífica tensão do espírito, 27-8, 45-9, 50-1, 57, 69, 70, 71, 86, 87, 95, 97, 110, 122, 123, 139, 141, 143, 165, 167, 184, 283

materialismo, 93, 171, 173

materialista redutor, 147

medo, 144, 145, 193, 202, 253

memória, 178, 289

mestre, 113, 242

metaética, 298, 299

metafísica, 32-4, 37, 40-3, 49, 60, 65-66, 98, 99, 100, 114, 164

metafísico, 35, 36, 38, 41, 58, 59-66, 68, 69, 86, 87, 91, 192, 295

Mill, J. S., 18, 134, 151
Millgram, E., 288
modernidade, 94
Molière, 96, 101
mônada, 184, 188
Moore, G. E., 72, 186, 273
morte de Deus, 94
mulheres, 18, 32, 43,
múmias conceituais, 290
mundo das formas, 64
mundo metafísico, 59, 62, 63, 66
música, 148, 150, 154

Nachlass, 244, 245, 263
naturalismo metodológico, 138, 140, 160
naturalismo, 28-9, 112, 138, 139, 140, 141, 147, 156, 157, 158, 160, 175, 176, 181, 206, 231, 282
naturalistas desastrados, 186, 191, 204
navalha de Occam, 188, 247, 267
necessidade atomísta, 184, 187, 188, 189, 190, 200, 202, 203, 206,
Nehamas, A., 18, 19-21, 35, 36, 37, 38, 44, 46
niaiserie allemande, 83, 106
niaiserie, 74, 75, 76, 79, 80, 83, 106, 107
niilismo, 91-2, 94, 109
nobre mentira, 23, 54, 60, 199
nobre, 9, 41, 44, 109, 123, 130, 174, 190, 232, 289
nômades, 33, 232-33, 234, 235, 238, 239, 242, 254
nova linguagem, 74, 78, 79, 80, 84, 105, 106, 107

ódio, 298
ontologia do poder, 165,

organicidade, 251-53, 254, 273
orgulho, 36, 108, 115, 285

padrão transcendente, 86, 106, 107, 128, 134
Palas Atena, 290
pensamento de comando, 211, 214, 216, 222
Pensamento e Realidade; ver Denken und Wirklichkeit
perspectivismo, 20, 21, 44, 164, 200, 201, 202
pesadelo, 45, 192
Platão, 27, 45-46, 48, 51, 52, 54, 60, 64, 76, 77, 139, 144-45, 171, 173, 190, 191-95, 199, 200-02, 203-04, 231, 238, 243, 250, 251, 252, 254, 256, 261, 262, 283, 288, 291, 292, 293
platonismo, 18, 43, 45, 110, 111, 123, 124, 192
popular sensualismo, 190, 261, 279
positivismo, 93-5, 109, 131
pós-modernidade, 15, 16, 19, 61, 62
práticas cognitivas, 78, 81, 102, 103, 105, 109, 128, 134
praxis, 143, 144
prazer, 194, 196, 218, 219, 236, 237, 241, 255
preconceitos dos filósofos, 52, 63, 183
prejulgamentos, 52, 63, 183
princípios teleológicos, 245, 248, 249
procedimento dogmático, 38
Protágoras, 76, 77, 193
protopessoas; *ver* homúnculos
psicofisiologia, 123, 199, 250

psicologia, 19, 75, 123, 124, 159, 161, 163, 165-66, 183-87, 190, 191, 192, 199, 200, 203, 225, 227, 239, 240, 243, 244, 248, 250, 252, 258, 261, 262, 271, 278, 279, 283

psicólogos ingleses, 179

punição, 55, 235, 236, 239, 254

querer, 205, 206-08, 213-16, 219, 242, 270

rainha das ciências, 199, 243

raiva, 171-73

razão prática, 97

reductio ad absurdum, 126

Reginster, B., 164, 165, 176, 304

relações de domínio, 221

relativismo, 18, 86

República, 46, 191, 192, 193, 194, 202

repugnância, 33, 93, 196

Revolução Copernicana, 100, 103, 108

Richardson, J., 16, 141, 171, 175, 195, 196, 246, 248, 304

rigor, 284, 285, 286

ritmo presto, 284, 285

sabedoria, 290

Saís, 140

sangue, 285

sanguessuga; *ver* vampirismo

santidade, 240

Sartre, J. P., 231

Schaberg, W., 48

Schacht, R., 16, 140

Schopenhauer, A., 64, 93, 113, 114, 116, 120, 151, 202, 207, 208, 265, 276, 293

seleção natural, 102, 103, 149, 196, 248

Sellars, W., 150

selva, 232, 233

sensualismo epistêmico, 121, 122, 124

sensualismo ontológico, 121, 122, 261, 262

sensualismo, 109, 111, 122, 123, 126, 127, 130, 131, 133, 136, 137, 138, 143, 158, 189, 190, 261, 262, 279

sentimento de poder, 249

ser orgânico, 245, 250, 252

severidade, 284, 285, 286, 291

Sobre a Verdade e a Mentira no Sentido Extramoral, 56, 78

Sócrates, 46, 65, 144, 193, 194, 202, 203, 277, 289, 291, 292

sorte moral, 225

Spencer, H., 18, 145, 146, 148, 149, 151

Spinoza, B., 89, 246, 247, 289, 290, 291

Spir, A., 35, 37-8, 40, 41, 42, 44, 77, 78, 86, 93, 127, 131, 132, 133-37, 150-55

Sr. Mecânico, 146-50, 153, 155, 156, 228, 273

Strauss, L., 23, 54, 60, 282

supraterrestre, 42, 43

Teeteto, 76

teia de aranha conceitual, 291

Teichmüller, G., 37, 93

tentação, 17, 210, 213, 214, 229, 278

tese da falsificação, 62, 71, 86, 97, 104, 111, 132, 133, 137, 138

Thiele, L. P., 177, 192

trabalho árduo, 122, 123, 130, 190

validade objetiva, 151

valor da verdade, 52-9, 60, 82

valoração, 58, 82, 83, 87

valores aristocráticos, 259

valores humanitários, 115

vampirismo, 143

Velleman, D., 73, 82

ventre do ser, 62

verdades matemáticas, 129

vigília, 45

vontade, 205-207, 217, 219, 222, 224, 225, 241, 274

vontade de poder, 19, 60, 115, 116-17, 163, 164, 165, 168-171, 184, 195, 200, 234, 237, 239, 241, 242, 243-45, 249, 253, 254-60, 262, 263, 273-76, 278, 279, 283, 294, 296, 297-98

vontade de valor, 28, 36, 50, 65, 70, 71, 73, 86, 87, 88, 89-92, 93, 94, 97, 109, 110, 115, 123, 141-142, 145, 146, 147, 149, 156, 157, 158, 159, 160, 168, 169, 170, 173, 174, 182, 242, 283, 292, 293, 294, 296, 297, 298, 299

vontade de verdade, 27, 28, 29, 50, 51-7, 60, 63, 65, 69, 70, 71, 72, 73, 82, 86, 90, 91, 92, 94, 95, 108, 109, 110, 112, 115, 123, 124, 126, 132, 137, 138, 139, 140, 141, 142, 143, 145, 146, 147, 149, 152, 156, 157, 158, 160, 161, 165, 167, 182, 203, 242, 282, 283, 284, 292, 293, 294, 296, 297, 298, 299

vontades subalternas, 218

Wagner, R., 293

Wegner, D., 216

Welshon, R., 83

Williams, B., 282

Young, J., 24, 25, 113

Zaratustra, 16, 22, 131, 167, 233, 241, 255

zombadores, 32, 36, 38, 42

Impresso por :

gráfica e editora

Tel.:11 2769-9056